段德智学术思想
研究论集

主编　翟志宏　黄超

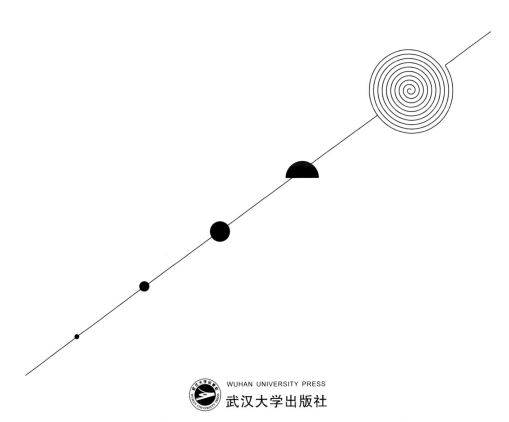

WUHAN UNIVERSITY PRESS
武汉大学出版社

图书在版编目(CIP)数据

段德智学术思想研究论集/翟志宏,黄超主编.—武汉:武汉大学出版社,2016.9
　ISBN 978-7-307-18605-7

　Ⅰ.段… Ⅱ.①翟… ②黄… Ⅲ.段德智—哲学思想—研究—文集
Ⅳ.B262-53

中国版本图书馆 CIP 数据核字(2016)第 214139 号

责任编辑:胡程立　　　责任校对:李孟潇　　　版式设计:马　佳

出版发行:**武汉大学出版社**　　(430072　武昌　珞珈山)
　　　　　(电子邮件:cbs22@whu.edu.cn　网址:www.wdp.com.cn)
印刷:湖北省荆州市今印印务有限公司
开本:720×1000　1/16　印张:28.75　字数:414 千字　插页:2
版次:2016 年 9 月第 1 版　　2016 年 9 月第 1 次印刷
ISBN 978-7-307-18605-7　　定价:98.00 元

七十古稀今未稀　先生学術正当

時桃李天下蹊径遠著作等身

誉馳中西通貫堂廡闊新故相資

為師四月春光來賀寿一枝一葉莫非

诗　殷德智教授與吾六師亦友之闊係

　　乙未季七十寿辰学術紀念會上予作

　　小诗以賀之今欣聞纪念文集出版重

書此小诗以祝賀文集之出版　獨興

序

就自然的海拔而言，珞珈山只能说是一个土丘。但作为现代中国的高等学府，这里一直是学术高地与精神高地。山中的樟木虽树龄不足百年，然其中自有高大、挺拔者在，不入其中，难睹真容。樟木四季常青，尤其是每年春三月新旧树叶的交替极其迅速，不见代际更新的痕迹，实乃南国诸木中之尤佳者。吾爱珞珈，尤爱珞珈山上默默无闻而高大、挺拔、壮实的香樟树，每每散步于其中，仰望其枝头的蓝天，内心总会涌动着一种莫名的激动与神圣。

弹指之间，予来珞珈山已经整三十年，进入哲学学院学习、工作也已二十七年，与段德智教授从知晓到认识，再到比较熟悉、了解，有二十余年的时间。认识段教授的契机源于他1991年出版的《死亡哲学》一书，当时我正在哲学学院攻读博士学位，在博士论文写作的过程中，先师萧萐父先生让我模仿段教授著作的章节排列形式，特别是章节目下一级的小标题用方框的形式标出，很醒目。我提交答辩的论文排版形式就是仿照了段教授《死亡哲学》一书的形式编辑的。当时我算是认识了段教授，但他未必认识我。后来逐渐熟悉段教授，是有这样的一个契机。1995年美国美田大学唐力权教授来哲学学院做"场有哲学"的系列报告后，我曾经一度组织了哲学学院的学术沙龙，与当时学院的知名教授郭齐勇、邓晓芒、段德智、桂起权等人逐渐熟悉。真正比较熟悉段教授是从2003年新哲学学院成立后，与他在学院领导班子一起共事时开始的，当时的班子里，他是党委书记，郭齐勇是院长。要说是了解他的学问，还是从认真研读他的《主体生成论》一书算起。

人生在世，攸忽百年。从当初认识的年富力强的段教授，到现在已经退休而仍然笔耕不辍的段教授，二十多年就在不知不觉之中过去了。但这 20 余年的时间对于段教授而言是充实的、忙碌的、富有成就的，因而是充满日月光辉的。这种成就不仅表现在他与日俱增的学术论著的发表与出版，更为重要的是他从哲学领域里"买水果的人"成长为一个真正自种水果的"哲学果农"。换句话讲，他是从一个教哲学的教授成为一个真正研究哲学并产生了自己哲学的教授与哲学家。因此，我们似乎也可以说，他在这 20 余年里从一个吸收中外思想家光芒的存在者慢慢蜕变、升华为能够自我发出哲学智慧光芒的"存在并活动着"的存在者。

大约由于汉文化与汉语言的缘故，"家"是一个颇为凝重的字眼与词汇。"成家立业"是所有普通人的头等大事。一旦一个人在某个领域达到"家"的高度与境界，如文学家、经济学家、历史学家、科学家等，就是一件了不起的事情。尤其哲学家的头衔，在现代汉语的学术界是不能轻意许人的。但在英语世界里，philosopher（哲学家）也无非是一个从事哲学研究的人而已，而其他如经济学家、科学家等，也无非是从事经济学、科学研究的人而已。但我们毕竟是在用汉语说话，故对"家"字的运用还是要做一番说明。段教授在本集的学术论文《七十自述》中提出了"学术人生"与"人生学术"两个概念，前者是指一个学者把自己的一生奉献给了学术事业，后者是指一个学者从自己的人生体验出发来反思与体悟学术问题。"学术人生"概念所揭示的是学术与人生的外在关系，而"人生学术"所揭示的则是学术与人生的内在关系。当一个研究哲学的学者将哲学内化为自己的人生，并从自己的人生反思与体悟的角度来重新思考哲学，发表对于哲学的看法，则哲学教授就已经是春蚕化蝶，成为名副其实的哲学家了。

作为哲学家的段德智教授，他究竟在前人的基础上给我们提供了什么样的哲学新思想呢？这就要了解段教授的"希望人学"思想了。在段教授看来，人从来就是主体，而且始终是主体。人不只是认识的主体，而且是评价主体、决策主体和实践主体；而作为精神的存在，人是道德主体、审美主体和信仰主体；作为社会存在，人还是行为交往主体、政治主体和历史主体等。作为一个具有丰富内容的、立体的、活动着的主体之人，他始终有一个面向未来的希

望之维、意义之维，因而也就是一个具有超越之维和生成之维的主
体。按照中国哲学家王夫之所言："未成可成，已成可革。"这样
一个面向未来的人并不是一种孤独的存在者，而是以"共在"的
方式"在世并活动着"。强势的"社会本体论"与"个体本体
论"，都不足以反映人生在世的真实境遇。

稍微了解现代西方哲学与中国现代文化的人都会理解，上述段
教授的"新人学"思想，可谓是综合并超越了现当代中外哲学家
关于人的哲学论述，这一新人学思想具有基督宗教哲学维度而又表
现为圆融无偏的综合性、集成性的特征。

中国哲学中的儒家修身哲学与禅宗的修炼哲学，都关注一个人
在顿悟后再做什么的问题。他们分别都提出了内容不同的"保任"
工夫。段教授从一个哲学教授蝶化为一个哲学家之后，他的"保
任"工夫是什么呢？当然还是继续研究历史上的哲学家与哲学家
的思想。一方面，他要继承陈修斋先生的遗志，翻译、编辑出版十
卷本的中文版《莱布尼茨文集》，另一方面继续完成托马斯·阿奎
那《神学大全》第二、三集与《反异教大全》等著作的汉语翻译，
同时还心系《中国的死亡哲学》一书的出版工作。由此，我似乎
可以说，他是在"人生学术"的新境界里继续从事着"学术人生"
的工作。

非常荣幸的是，段教授七十诞辰的《段德智学术思想研究论
集》也收录了我的一篇小小书评，并让我为该集作序。这是对我
的高度信任，也是一种无声的勉励与鞭策。段教授于1963年怀揣
着"哲学梦"来到武汉大学，来到美丽的珞珈山下；而我刚刚在
安徽的一个偏僻的农村里稍稍来到人世，未满周岁。而这一年的大
洋彼岸，美国的黑人领袖马丁·路德·金正在华盛顿林肯纪念堂发
表他那著名的《我有一个梦》的演讲，要求美国政府向黑人族群
兑现他们在宪法中的承诺。这些本来偶然而孤立的个体存在与事
件，在一个"世界史"的新时代里，让我突然领悟到自己的生命
在"人类命运共同体"里，其实有某种说不出的神性与喜悦。相
对段教授所达到的境界而言，我深知目前的我还在一种"学术人
生"的境界里活动着，但段教授"人生学术"的楷模已然成为我

"学术人生"的"希望之维"，这一"希望之维"颇似我常常在珞珈山高大樟树下遥望枝头的蓝天，赠予我美好的诗意与无穷的遐想。

是为序。

吴根友

2016 年 4 月 20 日星期三上午草成，21 日定稿。

目 录

1

在段德智教授七十华诞寿庆会上的讲话

吴根友

尊敬的段老师，各位同道：

上午好！

非常高兴，受邀参加段老师七十华诞寿庆会。此时此刻，我既代表学院，亦代表我个人，向段老师的寿庆会致以诚挚的祝贺，并祝段老师身体康健，学术研究再攀高峰。

有点遗憾的是，我得知寿庆会具体召开的时间有点晚，来不及准备贺礼。寿庆会之后，我将把我为段老师七十寿庆的贺诗书写出来，送给段老师。贺诗如下：

七十古稀今未稀，先生学术正当时。

桃李天下蹊径远，著作等身美誉驰。

中西通贯堂庑阔，新故相资最为师。

四月春光来贺寿，一枝一叶莫非诗。

段老师长我近二十岁，将近一代人；在学术上是我的先进；曾经在学院班子里一起工作过两年多，是我的老领导。从工作及日常的一些交流中，曾经从段老师处学到过很多东西。虽然我从事中国哲学研究，对段老师所从事的西方哲学、宗教哲学诸领域不熟悉，但对段老师的有些著作是认真拜读过的，其中最为著名的一本《主体生成论》一书，是我最为熟悉的。该书可以说熔学术与思想于一炉，是当代中国哲学界不可多得的一本具有原创性的哲学著作，值得人们认真研读。最近段老师组织、主持的托马斯·阿奎那的《神学大全》的中译本出版了，将会对中国的阿奎那研究起到长久、巨大的推动作用。

段老师不仅个人在学术研究上有丰硕的成果，尤其值得肯定的，并需要给予表彰的是，他创立了武汉大学哲学学院的宗教学学科，为武汉大学哲学学院在全国地位的提升，乃至在国际地位的提升，作出了巨大的贡献。就国家层面来说，他亦为我国的宗教学人才的培养作出了特殊的贡献。

当今的中国教育界，一方面充满着生机、活力，另一方面也被各种形式的功利主义所侵害。一系列的学术头衔以及与头衔连在一起的巨大利益倾斜与诱惑，让学术界变成了一个巨大的名利场。但段老师淡泊名利，一心一意地从事自己所喜爱的学术工作，在退休之后，每年都有大量的学术精品产出，令我非常佩服。他虽然从形式上退休了，但在实际上以更加集中的精力，在自己心爱的学术园地里耕耘。而且，在退休后他还申请了两项重大招标项目，这在哲学学院近十年来，是唯一的特例。在此，我代表学院，再一次感谢段老师。

历史用长镜头来看，在某些方面有很大的变化，正如我的小诗所云，古稀七十适合于古人，但在今天，对于一个人文学者来说，七十岁还正当年。段老师非常注意锻炼身体，而且生活极有规律，他完成了这么多高质量的学术著作和译著，却没有被这些著作压弯脊梁，这一点值得我们在座的每一位有志于学术的青年学人认真学习。我们期待在段老师八十寿诞的会议上仍然看到一个健康、硬朗的段老师形象。

祝段老师七十寿诞开心、愉快；祝今天的寿庆会圆满结束。

（本文作者系武汉大学哲学学院教授、院长）

建宗珞珈　雕玉兴章

郝长墀

　　今天我们聚集在这里为段德智先生庆祝七十华诞。我衷心祝福段先生，祝他身体健康，事业蒸蒸日上。根据翟志宏主任的安排，在这个喜庆的日子，我就段先生的学术人生谈谈个人的感想。我从2002年来武大任教以来，与段先生的交往还是比较多的。段先生的七十华诞，不仅对他个人是重要的，对于武汉大学哲学学院也是意义非同一般。他的学术研究和个人经历都与他所生活的时代紧密相关。在目前社会形势下，庆祝段德智先生七十华诞的仪式举办得非常简朴，但这丝毫不影响它的内在意蕴。借今天的机会，我谈几点感想。

　　首先，我谈一下我与段先生是如何认识和开始合作的。我2002年回国后，开始在中国哲学教研室任教，同时也参与和负责中西比较哲学试验班。在与段先生的接触过程中，段先生得知我研究的兴趣中包含宗教方面的，非常希望我转到宗教系。对于我个人而言，在哪个教研室或系所没有给予过多的考虑，感觉无论是在哪个系或教研室，都是在从事自己的研究。当时没有意识到，在中国高等教育的体制内属于哪个系或所并非小事，至少在人事等方面的影响还是比较大的（尤其是第二次回国后，有了更深刻的认识）。具体时间我记不得了，有一天，郭齐勇院长对我说，段老师希望你到宗教学系，你转过去吧。我就答应了。这么一个简单的事情，我没有思考太多。后来，我在教研等方面，主要是负责中西比较哲学试验班（比较哲学国际班），同时参与宗教学系和中哲教研室的一些活动。

转到宗教学系以后，我参与了段先生主持的一些活动。渐渐了解到，武汉大学的宗教学系是段先生从研究生专业到本科专业逐步建立起来的。人们戏称段先生为"教主"。宗教，作为一种社会现象，具有普遍性，渗透在人们的日常生活之中。可以这么说，哪里有人类，哪里就有宗教。宗教的形式和流派是多样的，宗教在人类历史上也是经历了多种的生灭和变化的历程。宗教与道德相比，对于人类的影响和决定作用丝毫不逊色。由于某些历史原因和对于某些经典理论的误解，宗教研究在中国学术界不仅不是显学，且发展势头一直不好，有压抑之感。宗教学系起步非常之晚，国内宗教学系在21世纪初仅仅有几所，而且大多数是挂靠哲学系（"哲学系宗教学系"）。宗教和对于宗教的理解是两件不同的事情：对于宗教研究的忽视是属于对于宗教的理解的层面，这种忽视丝毫不影响宗教作为人的基本生存方式或维度这样一个事实。可以这么说，不理解宗教，就无法真正全面地了解人类生活和历史变革，我们的学术研究就是残缺不全的。在武汉大学建立宗教学系，其意义不能简单地归于个人的研究兴趣或局限于丰富某个研究机构（武汉大学）。它有助于改变中国的宗教学的发展的严重滞后状况。中国人文社会科学是否繁荣的一个根本标志可以从宗教学研究的发展状况来衡量。中国的宗教学系是否可以等同或超过哲学系、历史学系、文学系的发展，这不是一个小问题。在武汉大学建立宗教学系，可以说，在中国学术史和中国高等教育史上，是一件重大的事件，它的意义将在几十年或百年之后显示出来。武汉大学的宗教学系的发展道路是不平坦的，甚至会有中断的危险，但是，段德智先生对于中国学术和教育体制的贡献将会产生永久的影响。

在建立武汉大学宗教学系的具体设想和规划方面，段先生注重以下两个方面。第一，国际化视野。与西方的宗教学系相比，我们刚刚起步，这是我们的劣势。吸收国外的学术成果，加强与国外宗教学著名研究机构和学者的交往，对于弥补我们与西方宗教学系之间的差距具有推动作用。段先生积极邀请国外著名学者来武汉大学讲学，开阔我们的研究生和本科生以及年轻教师的学术视野，接触世界宗教学研究的最新成果。起步晚，发展快，这是国际化办系的重要特点。第二，突出特色。宗教学系以西方中世纪尤其是阿奎那为主要发展方向，同时兼顾佛、道等宗教。段先生认为，宗教学系的发展不可能面面俱到，抓住一点，突出特色。即使研究基督教思想，即使研究1500年的中世纪基督教，也不可能涉及太广。研究阿奎那已经是一个宏大工程，特别是翻译《神学大全》和《反异教大全》。2003年，我邀请了Merold Westphal来武大做关于克尔凯郭尔的系列讲座。当Westphal听说段先生在组织翻译《神学大全》和《反异教大全》时，赞不绝口，说他可以介绍一位中世纪哲学研究方面的世界著名学者来武汉大学进行讲学。她就是世界著名阿奎那专家Eleonore Stump教授。Stump教授于2004年、2006年、2009年、2014年四次来武大讲学。她说，她非常敬佩段德智教授在武汉大学做的事情，翻译阿奎那的著作将会具有历史性的意义。Stump教授的导师是Norman Kretzmann，20世纪世界中世纪研究著名专家、康奈尔大学教授。Stump教授在她的导师去世后一直在找合适的地方把她的导师的藏书捐出去。她第一次来武汉大学，就决定把书捐献给武汉大学，成立克雷茨曼外文图书中心。这个外文图书中心现已经有过万的西文文献，是中国高校最大的外文图书中心之一，为研究西方哲学和宗教学提供了丰富的资源。

宗教学系的发展的重要成果不仅体现在学术研究出版方面，更重要的是体现在人才方面。段德智先生培养出了如董尚文（华中科技大学人文学院院长、教授）、翟志宏（武汉大学哲学系主任、教授）、刘素民（中国社会科学院哲学所研究员）、车桂（武汉大学宗教学系教授）、桑靖宇（武汉大学宗教学系教授）等一批学者，他们将会是推动中国宗教学研究的重要组成部分。

上面所说的可以归于"立功"的范畴，是"建宗珞珈"的功业。

作为一个学者，段德智先生在目前中国学术界树立了一个典范。国际国内的很多因素，再加上人的某些内在的特性，使得中国学术界呈现了学风浮夸，追名逐利的浮躁现象，学者对于从事学术研究的使命丧失了基本的认知。我们经常看到或听到说某些学者"淡泊名利"、"为人低调"等，这些词语说明，名与利在很大程度上是驱动学者学术研究的动力。美国人所谓的"系里争斗"（de-partmental politics）就是指利益之争，无关学术，尽管经常是假借学术之名。一个学者为何在名利面前斤斤计较，甚至不惜学术造假获得不应该得到的名利呢？人总是在他人的眼中来肯定自己，而名与利可以在他人的眼里呈现出一个虚假的自我。就如美国哲学家詹姆斯所说，获得他人的认可是人的一种高级的基本心理需求，我们甚至可以说，是一种存在论上的需求。但是，吊诡的是，这种自我恰恰是丧失了本真的自我。他人对于自己的认可应该是建立在自己的真正学术成就的基础之上的，而学术成就体现在学者自身的学术修养、学术道德和学术境界等方面，这些都不是粗制滥造的印刷品、项目、获奖或名誉等所能替代的。段先生不仅具有世界性的学术视野，而且怀有真诚的学术道德良心，具有强烈的学术使命。他不是刻意避开名利，显得为人低调，而是根本不把名利作为衡量自己学术研究的目标或尺度。他具有超越狭隘学术圈的胸怀，把学术研究看作是超越现今时代的工作，时时刻刻在雕琢学术人生之玉。大器晚成背后蕴含的是对于学术的千锤百炼，对于真理的不断追求，是一种高尚的学术境界。段德智先生潜心学术研究，不穿梭于会议之间，不拉关系，这不仅是个人的风格，而且体现了段先生的学术人格。段先生所雕刻的"玉"闪烁的是真理的光辉，这应该是任何一位学者都追求的目标。用传统的术语来形容段先生这种内在的修为，那就是"立德"。"立功"、"立言"都是建立在"立德"的基础上的，是"立德"的外化或对象化的产物。

段先生勤奋治学，不断开垦新天地。他是一个典型的学者型哲学家：他与一般的学者的不同之处就在于他不仅仅是对于历史上的哲学思想进行分析和比较，他向前更走一步，在前人思想的基础上提出自己独特的见解。我们可以从三个方面来谈段先生的研究和成果。第一，段先生是国内著名的莱布尼茨研究专家，关于莱布尼茨的研究与翻译贯穿着他的学术生涯。2015 年"《莱布尼茨文集》的翻译和研究"国家社科基金重大项目成功立项，势必将把国内莱布尼茨研究推向一个新高度。段先生在西方近代研究方面，还涉及洛克和霍布斯。第二，以《死亡哲学》（1991 年）和《主体生成论》（2009 年）为代表的人生哲学是段先生建立在前人基础之上的关于人的哲学的新观点、新思想、新体系。段先生批判以往的关于主体的原子主义思想，认为人作为主体不仅是有限的（死亡）而且是在人与人的关系中理解和成就自身，是一种生成中的共在。《主体生成论》是在中国语境中的马克思主义哲学，是汉语马克思主义哲学思想体系，在其中包含着中国哲学智慧与西方哲学话语之间的融合和创新。段先生的人生哲学是建立在对于前哲思想的扎实研究和吸收的基础上，结合个人的生活经验和人生经历，在新时代背景下提出的具有中国特色的新体系。第三，人生哲学不仅涉及人的生存和死亡，它还包含了人的宗教维度。段先生关于宗教学和宗教哲学的研究是人生哲学的进一步拓宽和深入。在关于阿奎那著作的翻译和研究方面，在关于宗教学的基本问题上，段先生已经有机地把一个学者的严谨和思想家的创新结合起来了。段德智先生勤勤恳恳，不断耕耘，在退休前后几年，成果可以说是不断涌现，就如百泉迸发。在段先生的老家，河南辉县市，有一个著名的风景区，百泉。百泉又名珍珠泉或涌金泉，这是因为在阳光照耀下，可以看到湖的底部有很多泉水奔涌而起，如颗颗明珠。段先生宽广的学术视野和深邃的哲学智慧决定了他的成果不是局限在某个狭隘的领域，而是呈现出缤纷多彩的局面。这就是兴章，属于立言的范畴。

法国哲学家福柯曾经说，人生就是艺术品。段先生的学术人生是一块用玉石雕琢的作品，是一个处于不断地"如切如磋，如琢如磨"的过程。"段德智"，不停地锻造德与智，是实与名相符的过程。"段"是过程，"德"与"智"体现的是学术人生的两个方面。

武大以珞珈山闻名。无论闻一多把"罗家山"改为"珞珈山"的本意是什么，珞珈在佛教中又翻译为"珞迦"，是音译，意思是"道场"。而段先生则是这个道场中传道授业的真正楷模。

（本文作者系武汉大学哲学学院教授、副院长）

追梦学术　成就人生

——写在我的恩师段德智先生七十华诞之际

翟志宏

　　今年（2015 年）是段德智先生七十华诞之年。段先生在回顾其半个世纪学术生涯的《七十自述》中认为，如果一个学者能够"从自己的人生体验出发来反思和体悟学术问题"，则必能有助于这个学者"得道"，也能有助于这个学者"言道"。人生有着诸多自己难以把握的"命运"，即使这些"命运"包含着一些磨难，如果能够勇敢面对这些"命运"或磨难，并思考它们的意义，则会为未来的生命带来积极的价值。应该说，段先生正是从其丰富多样的以及多少有些苦涩的人生经历中"反思和体悟学术问题"，怀揣这样的人生学术理想，把它"视为治学的根本大术和不二境界"，从而成就了他辉煌的学术人生。

一、武汉大学宗教学学科的创建

　　段先生的学术人生，是从哲学梦开始的。或者说，从一个山村学子踏入珞珈山的学术殿堂开始的，段先生孜孜不倦、一直以来对哲学问题的思考，使其不断地攀登上一个又一个人生的高峰。这些高峰不仅包含着段先生从《死亡哲学》到《主体生成论》的有关人生哲学的研究，包含着他对人的终极关怀问题思考的《宗教学》的出版与托马斯·阿奎那《神学大全》多卷本的翻译和研究，更包含着段先生《莱布尼茨》专著的出版与 10 卷本《莱布尼茨文集》编译和研究课题的立项。如果说《死亡哲学》、《主体生成论》、《宗教学》以及《神学大全》等著作的出版与翻译是段先生思考人生哲学与终极关怀问题的结晶并为其赢得至高学术声誉的话，那么近年对莱布尼茨的研究则体现了他对其学术生涯起点的回归与反思，体现他以"学术薪火相传"的自觉对陈修斋先生遗志的承继与推进。我们相信，随着10卷本《莱布尼茨文集》的翻译及相关研究论著的出版，中国的莱布尼茨研究必将被推向一个新的高峰。

段先生的辉煌和成就，不仅体现在他一部又一部声誉卓著的学术著作的面世，而且也体现在他对武汉大学宗教学学科的创建、学术方向的凝练和学术人才的培养。大约在20世纪90年代，当段先生作为一个武汉大学哲学系西方哲学方向的教师讲授并思考哲学问题，特别是人生哲学问题的时候，宗教学的问题也不断地在段先生的心灵中涌动，并最终汇聚成一部部深远的书卷，一片学术的天地。促使段先生进入宗教这一浩瀚神秘海洋的动力，可能既来自于他边远山区生存的人生感悟，更来自于他对人生终极意义的哲学思考。由于人生既是一个当下的存在，也是一个面向未来、走向未来的存在，即使这种存在是在有限的层面上展开的，它依然有着不可遏制的对未来、对无限的展望和期许，一种既在哲学上也在宗教上表现出来的终极关怀。

人生终极意义的思考，为段先生展现了一个新的领域，促使他的学术人生从哲学走向了宗教。如果说宗教就其本身来说表现为对终极的无限者的信仰、表现为一种神秘意识的话，那么段先生投身于宗教则来自于他的学术自觉，来自于他对宗教之"斯芬克斯"之谜谜底揭示的期许，以及谜底揭示之后对人的本真意义的认识。学术的自觉一旦汇聚成为思想的海洋，必喷涌出理论的行动。段先生和吕有祥教授于1995年在武汉大学开设的"宗教学原理"课程，当是这种学术自觉和思想积累在公共层面的体现。应该说，宗教和宗教学问题一直为武汉大学几代学人所关注，早在20世纪50年代，陈修斋先生、萧萐父先生、刘纲纪先生等便已认识到宗教问题的重要性，开始对之进行了研究。陈修斋先生翻译了法国神学家戴业方的六卷本著作《历史中的耶稣》，并与他人合译了休谟的

《自然宗教对话录》，萧萐父先生等主编了有关佛教和道教方面的论文集。这些关注最终在 20 世纪 90 年代汇聚成为更大的理论行动，不仅成就了宗教学课程首次在武汉大学本科生课堂的开设，而且开始了一个新的人文社会科学学科和学术群体在武汉大学的建造。

"宗教学原理"课程当是这个学科和学术群体建造的一系列行动的序幕。可能是在对宗教问题的思考以及"宗教学原理"课程的准备与开设过程中，段先生感受到一门单一的课程并不能充分揭示出宗教丰富的历史文化含义与思想意义，从而萌生了建构一个学术中心的设想，并以学科的名义把有志于宗教学研究的学者们聚集在一起，进而为中国宗教学研究的未来培养后续人才。这乃是以段德智先生为首的跨院系的科研机构——武汉大学宗教学研究中心（于 1995 年的筹建和于 1996 年的成立），以及以段德智先生为创始人的武汉大学宗教学系于 1997 年的批准设立（是继北京大学之后在全国高校中建立的第二个宗教学系）。特别是武汉大学宗教学系的成立，使得武汉大学首次有了宗教学研究的专门机构和专门的师资力量与学术团队。在此以后，更多的学术机构和人才培养模式不断地被建立起来，如 1997 年武汉大学宗教学研究所的成立，1998 年宗教学硕士点的设立与同年宗教学硕士研究生的招生，2000 年宗教学博士点的设立与 2001 年的招生，2000 年宗教学本科生专业的设立与 2001 年的开始招生。

可以说，20 世纪 90 年代中后期到 21 世纪早期，是武汉大学宗教学研究机构建立的黄金时期。这个时期，武汉大学不仅开始拥有了不同类别的宗教学研究机构和学术群体，而且也逐步形成了完善的人才培养体系。这些成就的取得，都是与段先生高屋建瓴的筹划、身体力行的实施和孜孜不倦的推动分不开的。由于宗教问题在中国社会中的特殊地位以及由此造成的种种误解，使得宗教学作为一门人文社会科学学科，特别是作为一门本科生专业在高等院校的设立与招生，面临着更多的困难需要解决。段先生以坚定的信心和坚忍不拔的精神，从学科体系的建构、研究方向的筹划、师资的引进与配备、不同部门的协调到课程体系的设置和招生规模的确定，等等，事无巨细，亲历亲为，最终在武汉大学人文学院、武汉大学哲学系和武汉大学众多相关部门的大力支持下，成立了宗教学系及其他宗教学研究机构，宗教学本科生专业也得到教育部的批准而设立。

　　当然，宗教学系等学科部门和研究机构的建立，只能说是武汉大学宗教学研究事业有了良好的开端，它们的有序运作和持续发展尚需要一系列理论和实际的条件来支撑。段先生为此不辞辛劳，不仅在学术研究上做出了表率，而且在具体的细节上也付出了大量的时间和精力。可以说，但凡一个学科的组建和专业的招生所需要的所有事项，几乎都留下了段先生辛勤的汗水。这些方面既包括了学科团队的组建、研究方向的规划与设定、本科生与研究生培养方案的制订和课程体系的选择与设置，甚至一些课程基本教材与参考书目的选定，段先生都会仔细甄别，反复推敲。例如在选择宗教学专业硕士研究生基本课程之一的"宗教学导论原著选读"的基本书目的时候，段先生利用他20世纪90年代末在美国访学的机会，广泛征求了美国一些著名高校宗教学研究学者的意见和建议，最终确定了这门课程的基本阅读著作。这些经典著作对于宗教学的研究生认识和理解现代宗教学的基本理论与基本问题提供了非常大的帮助，至今仍然使学生们受益匪浅。

　　为了建立武汉大学宗教学研究的长效机制，提升宗教学学科的影响力，段先生在作为宗教学系第一位系主任处理庞杂的日常事务之外，对宗教学理论和现当代宗教学问题进行了深入的研究，产生了具有广泛影响力的理论成果。从20世纪90年代后期开始，段先生陆续出版了一系列的专著和论文，阐发了他有关宗教学与宗教哲学理论的思想。其中主要的著作有《论儒学的宗教性》（1999年）、《宗教与社会》（2005年）、《宗教概论》（2005年）、《宗教学》（2010年）、《新中国宗教工作史》（2013年）、《哲学的宗教维度》（2014年）和《境外宗教渗透与苏东剧变》（即出）等。在《宗教学》一书中，段先生通过"概论篇"、"历史篇"、"本质篇"、"功能篇"和"时代篇"等篇章，阐释了他有关宗教学基本理论的看法，形成了视野开阔、观点新颖的宗教学理论体系。该书出版以后，受到了读者和学术界的广泛欢迎与赞誉，被公认为是"最见理论系统又最有理论深度的著作"，教育部也将其列为"普通高等教育'十一五'国家级规划教材"予以推介。

段先生有关宗教理论的思想成果，不仅在中国宗教学理论界产生了广泛的影响，而且也为武汉大学宗教学专业教学与学术研究奠定了坚实的基础，成为武汉大学宗教学学科宝贵的财富。当然，段先生对武汉大学宗教学学科的贡献不独体现在他所创建的宗教学研究中心和宗教学系等学术机构，他所做出的思想丰富的宗教学理论研究，也体现在他对宗教学学科整体研究方向的筹划与身体力行的努力，体现在他对托马斯·阿奎那与中世纪哲学以及现当代宗教学问题的精深研究。正是得益于段先生宏大的理想、持之以恒的精神和意义深远的学术成就，武汉大学宗教学专业才有了从本科到硕士研究生和博士研究生健全的招生体系与人才培养体系，才有了学缘结构合理的学术团体，从而也才形成了宗教学原理与宗教哲学原理、托马斯·阿奎那与中世纪哲学、中国佛教与中国道教和宗教社会学与当代中国宗教问题研究等整体优势明显和学术特色鲜明的研究方向。

二、学术重镇的凝练

宗教学学科的建立，使得武汉大学宗教学研究有了制度上的保障。而支撑一个学科正常有序发展的条件，尚需要进一步的完善。其中优良的学术团队和明确而富有特色的研究方向，则是不可或缺的。段先生在武汉大学宗教学系筹建过程中及建立之后，除了利用各种机会与手段广纳英才之外，自己也沉下心来进行理论上的思考与研究，找出了具有明显学术特色和学术优势的研究方向。这些方向除了上文提到的宗教学理论之外，托马斯·阿奎那与中世纪哲学研究当是国内学界与同类二级学科中最富有优势与特色的内容之一。

由于托马斯·阿奎那在西方神学思想史和哲学史上享有崇高的学术地位，是"中世纪经院哲学家中最具影响力的人物，是一个在西方思想史上堪与苏格拉底、柏拉图、亚里士多德、笛卡尔、牛顿、康德、达尔文、马克思、麦克斯韦、霍金、尼采相比美的世界历史性人物"，他的哲学思想"在中世纪经院哲学中最为丰富，也最具学理性和系统性，是中世纪经院哲学的集大成者"。以他为代表的经院哲学乃至中世纪哲学，体现出的"是一门比较纯粹的学问，是作为哲学的哲学，是一种指向性极强的形而上学和生存论，是一种与宗教文化和世俗文化密切相关的哲学，是一种在西方哲学发展史上享有崇高历史地位的哲学"；这种哲学在承继古希腊哲学思想方法的基础上，对众多传统哲学问题进行了深入的探究，在形而上学、认识论、历史观、宇宙论、人类学、语言哲学、逻辑学等方面奉献出了非常具有影响力的思想理论，成为古典哲学向现代哲学转化的一个重要的环节。

　　正是基于这样的认识，段先生从20世纪90年代后期开始，决定把托马斯·阿奎那作为他学术研究的一个主要方向。段先生认为，认识一位哲学家的最好途径就是直接进入到他的思想中，进入到表达其思想的原著之中，以近距离或零距离的方式与其展开超时空的对话。也就是说，段先生不仅认识到了托马斯·阿奎那研究的重要性，同时始终坚持认为这种研究要回到中世纪，回到阿奎那本人的著作中。而在对阿奎那原著的阅读和研究中，段先生认识到将阿奎那著作翻译为中文的基础性意义，从而于2000年前后下决心要将阿奎那最为重要的著作《神学大全》和《反异教大全》译为中文，并组织了近20人的学术团队进行翻译。经过这十几年的努力，这两部巨著的中文初稿已经全部翻译完毕，段先生现在正在依据拉丁文版本进行校订，其中部分校订完毕的译稿已送交出版社出版，这即是于2013年在商务印书馆出版的《神学大全》第一集（5册7卷）。

　　托马斯·阿奎那是西方历史上最具影响力的神学家和哲学家之一，虽然享年相对短暂（去世时尚不足五十岁），却写出了数以百万计的文字作品。除了内容丰富的鸿篇巨制《神学大全》和《反异教大全》之外，阿奎那还有众多其他的论著也在历史上产生了广泛的影响。段先生在翻译和研究《神学大全》和《反异教大全》

的过程中，也关注到了它们的价值和意义，翻译了其中的一些论著。例如《论存在者与本质》，虽然是阿奎那著作中字数不太长的一部，但却是"最具形而上学底蕴、最见形而上学系统的哲学精品"。段先生将他翻译成中文后，全文首先刊登在《世界哲学》杂志 2007 年第 1 期上，然后以单行本的形式于 2013 年在商务印书馆出版。《论独一理智——驳阿维洛伊主义者》是另一部段先生将其翻译为中文的阿奎那哲学论著，在《世界哲学》2010 年第 6 期刊登之后，于 2015 年在商务印书馆出版。

虽然将托马斯·阿奎那的鸿篇巨制和其他颇具影响的哲学精品翻译为中文，已经是中国学术界和中西文化交流史上一件功德无量的盛举，但段先生并不把翻译仅仅看作是一件翻译的事情。将历史上思想大师的作品翻译为中文，既为中文读者提供了直接接触大师思想的机会，也为翻译者提出了深入解读和研究其思想意义的要求。段先生在翻译托马斯·阿奎那诸多论著的过程中，对其思想进行了深入全面的认识和研究。他相信，"翻译一个人的著作则是研究一个人思想的最可靠最便捷的手段"，因此，他把"在翻译托马斯中研究托马斯，在研究托马斯中翻译托马斯"，看作是翻译托马斯和研究托马斯的一项基本原则。在段先生迄今为止近 20 年的托马斯·阿奎那研究中，这一原则始终是不离不弃的。

正是对这一原则的坚守，段先生一方面在全面深入把握和认识阿奎那思想的基础上进行翻译，往往是把初步译就的著作沉淀一段时期，并不急于把译稿交付出版社，而是反复斟酌，从个别的文字、概念到整个文本，都会根据对著者思想和基本意图的把握而不断修改，因此每一本最终出版的译著都可说是一部精品。这也是为什么《论存在者与本质》出版后成为商务印书馆的热销产品，而《神学大全》第 1 集（五册）出版后被评为商务印书馆 2013 年度十大好书之一的原因之所在。另一方面，阿奎那著作的翻译也成为段先生研究阿奎那思想的基础。由于段先生的每一部译著都是在深入全面把握阿奎那思想的基础上形成的，因此当他把其中的一些理论问题以研究论文的形式公开发表出来之后，都会引起学界的好评，成为国内阿奎那思想研究的精品。段先生在阿奎那著作翻译期间所发表的诸多论著，都因其观点独到、思想精深而给人们留下了深刻的印象。正是把翻译和研究相结合，使其相辅相成，使得段先生的阿奎那译作兼具了研究论著的特质。例如段先生在商务印书馆翻译出版的阿奎那《论存在者与本质》一书中，除了大量不乏研究性的注释之外，其中一半以上的篇幅是他对这部哲学小品的解读，阐释了他对其中包含的形而上学思想及其当代意义的认识和理解，堪称是一部西方形而上学研究的专著。段先生所坚守的"翻译中研究、研究中翻译"的原则，既促成了翻译的精品，也成就了研究的精深。段先生主持的托马斯·阿奎那著作的翻译，被学界誉为中外学术交流的一件盛事，美国著名阿奎那专家 F. 斯顿普教授称赞这一译事的完成将使武汉大学宗教学系在世界范围内成为托马斯·阿奎那研究的"重镇"，"一个最为重要的中心之一"。

段先生对阿奎那著作的翻译与研究，不仅使他对阿奎那的思想有着全面地把握，也使他对以阿奎那为代表的经院哲学和中世纪哲学，有更为深入的认识。这种认识促成了段先生的研究从阿奎那伸展到了中世纪。代表中世纪哲学研究成就的除了相关的学术论文之外，还包括段先生的《中世纪哲学研究》专著以及参编的《中世纪哲学》（上下卷）。特别是段先生于 2014 年在商务印书馆出版的《中世纪哲学研究》一书，阐释了中世纪哲学的基本观点、学术品性、历史概貌和主要代表人物，突出强调了中世纪哲学的理论成就和学术地位以及宗教在推动中世纪哲学开拓创新、催生其哲学形态统一性和整体性等方面的作用，是一部独具特色、观点新颖的中世纪哲学研究专著，具有极高的学术价值。

段先生长期不懈的努力和开创性的与意义深远的学术成就，推动了中世纪哲学，特别是托马斯·阿奎那研究在中国的进一步复兴与繁荣，为中西方哲学的研究作出了重大的贡献。段先生已然成为国内学界托马斯·阿奎那研究的一面旗帜。作为一位开创者和领军人物，段先生对武汉大学宗教学学科产生了深远的影响。正是在他的推动和影响下，奠定了武汉大学宗教学学科对托马斯·阿奎那思想研究在国学界重要的学术地位。虽然它不是国内学界研究阿奎那哲学思想最早的学术机构，但它却是从事阿奎那哲学研究持续时间最长、研究人数最多和成果最为突出的机构之一。在它成立之后，其一直致力于基督宗教和中世纪哲学与神学的教学与研究，形成了较为明确的理论特色与研究方向。特别是它在 2004 年前后在段先生统筹与领导下成立的"基督宗教与西方宗教文化研究中心"和"托马斯·阿奎那研究中心"等学术研究机构之后，使这一研究方向更为明确。可以说，武汉大学宗教学系是在国内高校宗教学系中，第一个明确以"基督宗教研究"为主要研究方向，第一个明确以"托马斯·阿奎那与中世纪思想"为主要研究领域的系所。段先生长期的凝练和努力，形成了武汉大学宗教学学科"基督宗教"研究方向"一体两翼"的总体研究特色——以阿奎那和中世纪思想研究为主体，以西方宗教思想史和中西宗教文化比较研究为两翼。

三、教书育人的使命

段先生在第二次进入珞珈山（1978 年 10 月）并成为武汉大学哲学系的一名教师（1981 年）之后，不仅把人生学术作为自己基本的职志，更是把教书育人看作自己根本的使命。段先生在本科生和研究生的教学上、在学术人才及其他专门人才的培养上，殚精竭虑，付出了很多时间和心血。正是在这些大量琐碎的、细致入微的日常行为中，体现了段先生对"授业、解惑、传道"使命的自觉承继与践行。

为了培养德智体美全面发展，基础扎实、知识面宽、能力强、素质高、富有创新精神的各类宗教学专门人才，段先生在宗教学系成立并招收本科生之后，除了制定全面合理的课程体系以及配备、协调专门教师从事不同课程的教学之外，对自己承担的课程，如"宗教学概论"，则精益求精，将其打造成为使学生在知识和思想等方面上都有收获的精品课程。由于"宗教学概论"是学生了解和把握宗教学的学科性质、主要内容和基础知识的一门基本课程，是学生认识宗教是什么的导论，在宗教学的课程体系中具有核心的和基础性地位，段先生在长期的教学过程中，对这门课程的内容、结构、讲授和教材等做出了精心的准备和提炼，使之成为武汉大学宗教学课程体系中的一门标杆课程。实际上，早在1995年段先生和吕教授作为全校公选课在武汉大学开设"宗教学概论"的时候，就已经在课程目标、知识板块、逻辑顺序、学时分配、重点难点、授课方法和实践教学等方面进行了统筹的安排和精心的准备，并在随后的教学实践中不断改进、提升与完善，在2001年后成为全校学生选修的公共课或曰素质教育课和宗教学专业与哲学专业本科生的"专业基础课"，受到了学生的普遍欢迎与赞誉。本课程于2004年成为"武汉大学精品课程"，2007年被湖北省教育厅列为"湖北省高等学校省级精品课程"，2008年被教育部授予"国家精品课程"称号。

段先生在"宗教学概论"的教学过程中，深深感受到一部合适的教材对一门课程教学的重要性，因此下决心搞好教材建设。他一方面使用当时通用的宗教学教材并借鉴它们的内容和成果，另一方面则根据自身的教学实践和宗教学理论的研究成果，编写出了适合自身教学需要的宗教学教材（讲义）。这部教材（讲义）在教学中不断完善、修改，数易其稿，于2004年交付人民出版社并于2005年以《宗教概论》为书名出版发行。《宗教概论》在出版前，新闻出版署图书管理司组织的有关专家"审读分析"认为，它是"2005年宗教类选题"中"唱响主旋律"的"学术性研究"代表作品之一。正式出版之后，受到了众多专家和学者们的好评，被武汉大学哲学学院、华中科技大学哲学系、山东大学哲学系、华侨大学人文科学学院等教学单位列为基本教材使用。2008年，《宗教概论》入选教育部"普通高等教育'十一五'国家级规划教材（补充）"。2010年，段先生结合自身的教学实践，特别是对宗教学理论的思考和研究的最新成果，在篇幅、内容与结构等方面对原书进行了增删、修改与提炼，在人民出版社出版了《宗教学》一书。《宗教学》作为一部内容丰富、体系完善的学术著作，极大地推进并提升了武汉大学"宗教学概论"课程的教学水平与教学质量。正是段先生认真负责的教学活动，为他的宗教学理论的思考与表达提供了良好的平台。因此可以说，段先生关于宗教学理论的思想成果，不仅体现在他立意深远的论著中，而且也体现在他孜孜不倦的教学上。

段先生在教学中丰富科研、在科研中提升教学以及通过教学科研的相辅相成而取得的优异成就，不仅聆听过段先生课程的本科生们受益无穷，而且他所负责指导以及修习他所主讲的课程的研究生们更是获益良多。在指导研究生研读宗教学经典原著的"宗教学导论原著选读"课程上，段先生将原著的基本内容与自己的宗教学理论研究成果相结合，为学生们提供了一节节视野开阔、思想深刻、知识丰富的学术盛宴。他在有关中世纪哲学原著选读的课程上，常常会将他正在翻译的托马斯·阿奎那的原著带到课堂中，指导学生阅读和讨论相关的章节与段落。即使一些个别的概念，如果产生歧义，段先生往往会引导学生反复讨论，为了准确地理解阿奎那的原意，即使花费较多的时间也在所不惜，体现了段先生一丝不苟的精神。由于托马斯·阿奎那的著作是用拉丁文写成的，段先生在翻译阿奎那的原著时，曾不惜花费大量的时间和精力自学了拉丁文，对拉丁文的掌握不仅使得段先生能够更准确地翻译和校订阿奎那的著作，而且在引导学生讨论阿奎那英文译著时起到了指向和修正的作用，极大地帮助了学生对阿奎那思想的深入理解。

段先生这种严肃认真、一丝不苟的精神在许多方面都有所体现，形成了他一贯的作风。他常常告诫学生，在翻译时不仅要关注那些表达基本思想的"大概念"，而且更要关注那些起连接和引导等作用的"小词"，正是对这些"小词"的准确翻译，才能更好地理解和翻译作者的意思。为了能够全面地认识和把握阿奎那的思想，准确地翻译阿奎那的原著，段先生常常会邀请国内外著名的学者来武汉大学讲座讲课，在广泛的学术交流中提升武汉大学阿奎那研究的水平。特别是他利用自己的关系，从 2003 年开始，每年都邀请台湾辅仁大学的阿奎那研究专家高凌霞教授，到武汉大学为宗教学的研究生开设阿奎那原著选读的课程，迄今已有十个以上的年头。从高凌霞教授踏上珞珈山之日起，十几年来，段先生不仅与高教授讨论了众多的学术问题，而且积极参加高教授主持的研讨班，与高教授一道共同引导学生学习，参与阿奎那著作的讨论。高凌霞教授广博的学识，精湛的语言能力和持之以恒、不辞辛劳的精神，以及与段先生联袂打造的阿奎那原著研讨班，惠及了众多的学子，为武汉大学的阿奎那研究带来了无穷的助益，留下了一段美好的海峡两岸学术交流的佳话。

段先生以翻译促研究、以研究促翻译的学术原则，不仅体现在研究生的教学课堂上，更是引领并推进了一代又一代学子的研究方向和论文写作。无论是在课堂上还是在私下的交流中，段先生常常鼓励并指导武汉大学宗教学系的其他青年学者展开对阿奎那哲学思想进行研究，特别是指导他的博士研究生直接研究阿奎那《神学大全》、《反异教大全》和其他著作中的哲学问题，进而选择题目撰写博士论文。这些问题与内容涵盖了阿奎那思想的众多方面，诸如自然法思想、自然神学思想、类比理论、创造论、存在论、人学思想、幸福论、理智学说、爱的学说、变质学说、形而上学、正义理论等，不仅在国内阿奎那研究上形成了群体优势，而且也保障了学术薪火的不断相传。与此同时，为了将这些研究成果介绍给国人并推进国内学者对阿奎那思想的研究，段先生在2007年前后与人民出版社合作，策划主编了《经院哲学与宗教文化研究丛书》，将阿奎那研究的著作作为其中主要的内容出版。上述研究内容的一部分，就是以这套丛书的名义出版的。这是一个优异的学术平台，众多学子正是得益于段先生所精心打造的这个平台，才能够不断地成长起来。

段先生以创新所建构的宗教学学科、以睿智所凝练而成的学术重镇、以使命所培育的学术群体，以及众多其他以学者的精神和情怀所取得的辉煌成就，无一不是他在兢兢业业、不求闻达、安心学问的学术人生中所走向的一个个高峰。虽然最近几年段先生不再承担具体的教学工作，却能够以更多的时间和精力投身于自己长期钟情的学术研究中，进而实现孜孜以求的哲学梦，成就长期"心向往"之的学术人生。正是这样的学术理想和持之以恒的精神与信念，使得段先生在从教学岗位上退下来的短短五年内，出版了16部之多的专著和译著。段先生的家乡苏门山麓有一处湖水，号称"百泉"，四季碧绿、清冽纯净，无数泉水自湖底不断喷涌，累累如珍珠，阳光照射如金似玉，享有"涌金泉"、"珍珠泉"之美誉。段先生的学术人生正如其家乡苏门山麓的百泉湖水，不断喷涌出"累累如贯珠"的甘泉，既多彩多姿又嘉惠世人。

（本文作者系武汉大学哲学学院宗教学系教授、主任）

段德智教授的学术贡献

董尚文

一

2015 年段德智教授步入其人生的古稀之年，武汉大学哲学学院特别举办了一个小型学术研讨会为段先生七十大寿祝福，时任院长吴根友教授、副院长郝长墀教授出席会议并代表学院充分肯定了段先生的学术成就以及他为武汉大学哲学学科建设和我国哲学事业的发展所作出的巨大贡献。吾辈作为段门弟子聆听了先生的"七十自述"和武汉大学哲学学院领导的讲话之后，一方面为先生所取得的巨大学术成就而感佩自豪，能够分沾段先生的学术荣耀也是吾辈此生有幸，另一方面也为弟子尚文才疏学浅之难成大器而自惭形秽，有负先生寄予弟子学术之厚望。在这此次学术讨论会上，弟子曾就段先生的学术精神与学术贡献做过简短发言，原本没有将其认真写成文字，现在武汉大学哲学学院拟将此次会议讨论的成果结集出版，要求我把会上发言整理成文字，只好勉强为之。

段德智教授从硕士毕业到退休，把自己的整个职业生涯全部献给了武汉大学哲学学院，为武汉大学哲学和宗教学专业的教学与科研作出了突出贡献。

截至 2015 年，段先生的著作年表显示出相当丰硕的学术成果，其中与人合译和单独翻译的学术著作有 10 多部，独著和合著的学术著作 10 多部，发表的学术论文达 150 多篇；主持的教育部重大项目、重大攻关项目和国家社会科学基金重大项目等多项；两次获得教育部人文社会科学优秀成果二等奖，两次获得湖北省社会科学优秀成果一等奖等多项奖励；所主持的"宗教学概论"获评国家级精品课程。这些教学与科研成果的取得首先是对武汉大学哲学学科建设的一个巨大贡献。在当前我国学科建设评估所设计的各种指标体系中，段先生的成果无疑是学科建设评估表格中的一些加分项目，在教育部学位与研究生教育发展中心组织的 2012 年学科评估中，武汉大学哲学学科在全国哲学学科整体水平排名中取得位列第四的成绩，这当然有段先生的一份贡献。从学科建设的角度来讲，吴根友教授和郝长墀教授代表武汉大学哲学学院对段先生的充分肯定应当说是实事求是的。

就段先生为武汉大学哲学学科建设所作的贡献而言，特别值得一提的是他对武汉大学哲学学院宗教学学科的建设与发展付出的巨大努力。在我国学科建制中，宗教学属于哲学的二级学科，武汉大学哲学学科的传统优势一直都是中国哲学、马克思主义哲学、外国哲学，其宗教学学科基本上是在段先生的努力下从无到有建设起来的。随着 20 世纪 90 年代中期段先生的学术研究开始从外国哲学转向宗教学和宗教哲学，他也开始着手筹划建立宗教学系，直到现在成为招收本科生、硕士生和博士生的完整学科体制，成为武汉大学哲学学院的一个二级建制单位，武汉大学具备了以基督宗教研究为特色和优势的宗教学学科，正如山东大学具备了以犹太教研究为特色和优势、四川大学具备以道教研究为特色和优势的宗教学学科一样，这是武汉大学哲学学院发展史上可以记载的浓厚一笔。从某种意义上讲，没有段先生的努力，也就没有武汉大学哲学学院现在的宗教学系。

虽然段先生早已从教职岗位荣退，但是他并未赋闲在家，而是更加专心致力于学术研究，仍然以"鞠躬尽瘁，死而后已"的奉献精神在为我国哲学事业的发展辛勤耕耘。即使在退休之后，段先生也分别主持了一个教育重大攻关项目（"境外宗教渗透与我国意识形态安全战略研究"）和一个国家社会基金重大项目（"《莱布尼茨文集》翻译与研究"），而且连续两届获得了湖北省社会科学优秀成果一等奖，一如既往地发挥着学术生命的余热，实现自己的哲学梦想。这不仅对于未来武汉大学哲学学科评估意义重大，而且对于我国宗教学和西方哲学的学术研究来说同样意义重大。

二

段德智教授所取得的巨大学术成就不仅属于武汉大学，而且属于我国整个哲学界，包括宗教学界。他的学术研究跨越西方哲学和宗教学两个二级学科，从学术思想的角度来看，他在其中的每一个二级学科领域都作出了自己的突出贡献。

第一个贡献主要在于段德智教授在国内学界首次系统地探讨了死亡哲学。

死亡哲学属于人生哲学的一个方面，段先生在自己从事西方哲学史上的认识论问题研究时，深刻地意识到要想彻底解决认识论问题就必须研究人的问题，转向西方人生哲学是他年轻时给自己的最初学术定位。功夫不负有心人，他的成名作《死亡哲学》出版后好评如潮，不仅中国内地的《中国图书评论》、《读书》、《文摘报》、《新闻出版报》、《哲学动态》、《中国社会科学》、《新华文摘》等 20 多家报刊媒体或予以报道或发表书评，而且台湾的《基督教论坛报》、《鹅湖》、《哲学与文化》等重要报刊也相继发表书评，其影响甚大。该书不仅在中国大陆热销，而且在台湾出版发行。事实上，这一研究成果分别获得的湖北省首届社会科学优秀成果二等奖和全国高校首届人文社会科学优秀成果二等奖就是最权威的肯定。段先生从理论层面上阐释了西方人心中的死亡之谜和西方死亡哲学的基本意涵，而后具体地考察了西方死亡哲学的历史发展进程。和一般哲学一样，死亡哲学具有人生观或价值观的意义，是人生哲学或生命哲学的深化和延展。他把西方死亡哲学视为一个发展中的系统，视为一个包含着"死亡的诧异"、"死亡的渴望"、"死亡的漠视"和"死亡的直面"这样几个具有质的差异性的阶段的发展过程，这样，死亡过程便成为一个向死而生的过程，充分揭示了人的死亡意识的生存论意蕴。2006 年，段先生又在该著的基础上进行修订，并且以《西方死亡哲学》之名由北京大学出版社出版。修订后的死亡哲学思想较之以前更加完善和成熟，迄今为止，国内学者对死亡哲学问题的研究仍然无出其右。

第二个贡献主要在于段德智教授提出了他的主体生成论。

如果说死亡哲学属于人生哲学的一个方面，那么主体生成论则属于人生哲学的另一个方面。事实上，对于段先生来说，死亡哲学和主体生成论无疑是他研究和思考西方人本主义哲学思潮的两个不同侧面。他对西方人本主义另一个侧面的思考结果最终于 2009 年以《主体生成论——对"主体死亡论"之超越》为名由人民出版社出版。该著的出版同样获得了学界同仁的好评。《哲学研究》、《哲学动态》、《哲学门》、《光明日报》、《中华读书报》、《武汉大学学报》等报刊发表了大量赞美性书评，《华中科技大学学报》(社会科学版)还特别安排了一个专栏发表了五位学者围绕阅读该著作后所写的"主体性哲学与希望人学"笔谈。段先生在该著作中针对国内外哲学界把主体性与主体间性对立起来，把人的社会性与个体性、理性与非理性、认知与实践对立起来的做法，针对"主体死亡论"，在中西哲学和中西文化比较的基础上，对人的主体性和主体间性作了历时性和共时性的考察，阐释现实的和历史的人是主体性与主体间性、社会性与个体性、理性与非理性、认知与实践的统一，阐释了作为主体的人的结构性、历时性和生成性，强调主体的未来之维的自由个体和自由人联合体的生存论意义。这本50 多万字鸿篇巨著，其视域之恢宏，主题之鲜明，观点之睿智，论证之精微，资料之翔实，无不令人惊叹，尤其是段先生高屋建瓴地驾驭从古希腊直到现当代西方哲学发展史的能力以及敏锐洞察、以史出论的智慧更加令人钦佩。不同的人尤其是不同专业的人阅读该著作自然会有不同的收获。最启发尚文愚玩之智的是段先生围绕在古今西方哲学令人眼花缭乱的人本主义思潮中潜伏着的从主体性到主体间性发展的这一中心线索，以一种囊括交互主体性在其自身之内的全新"主体性"的意涵超越对传统单子式的"主体性"意涵之理解，尝试建构一种作为主体的人的生成发展理论。这当然是段先生建构属于他自己的主体性哲学的一种理论努力。由于这是一种面向未来的以生成人的"理想人格"和"理想社会"为指归的理论努力，因此他把自己的这一主体生成论称为"希望人学"。应当说，段先生的理论努力在这个普遍缺乏理想信念的时代显得意义特别重大，它是对我们处身于这个时代的精神病兆的一次有效诊断。事实上，该著作所产生的巨大学术影响使其最终获得了湖北省第八届社会科学优秀成果一等奖。

第三个贡献在于段德智教授推进了我国对莱布尼茨哲学的研究。

虽然我国研究莱布尼茨哲学的卓越奠基者是著名哲学家陈修斋先生，但是由于陈先生英年早逝，继续推进对莱布尼茨哲学研究的重任就落在了作为陈先生弟子的段德智教授的肩上。段德智教授不负陈先生所望，不仅翻译了大量有关莱布尼茨研究的作品，而且先后发表了大量关于莱布尼茨哲学研究的学术论文，并且撰写了50多万字的学术专著《莱布尼茨哲学研究》，由人民出版社将其放入"哲学史家文库"第二辑中隆重推出。该著作以扎实的文本为基础，对莱布尼茨哲学作了较为全面、系统、深入的阐释，大体上从五个方面推进了莱布尼茨哲学研究的学术创新。一是从历史和逻辑两个方面论证了莱布尼茨哲学著述活动与思想发展过程的统一性和内在关联，克服了学界普遍把中年莱布尼茨的现象主义与老年莱布尼茨的单子主义对立起来的理论倾向；二是阐释了莱布尼茨哲学原则之间的辩证关系，克服了学界存在着的把其充足理由原则归结为矛盾原则的版面倾向；三是充分阐释了莱布尼茨本体论的整体性和层次性，凸显了莱布尼茨哲学中的现象主义与单子主义之间的内在统一性；四是完整地揭示了莱布尼茨的"微知觉"学说的类型学意涵、本体论意涵和动力学意涵，彰显了它的理性主义性质，克服了学界将其非理性化的倾向；五是系统地阐释了莱布尼茨关于"自由与必然"学说中蕴含的泛伦理学思想，不仅包含以"人的自由与人的快乐"为中心内容的人学思想，而且包含以"自然神学与神正论"为中心内容的神学思想以及以"普遍正义和乐观主义"为中心内容的社会思想。该著作出版后同样好评如潮，《中国图书评论》、《哲学研究》、《自然辩证法研究》等报刊纷纷发表书评，称赞它"标志着莱布尼茨研究在中国已进入一个新的阶段"。这种好评为该著作赢得了湖北省第九届社会科学优秀成果一等奖。

第四个贡献在于段德智教授推进了我国对西方中世纪哲学的研究。

在国内的西方哲学研究中，对西方中世纪哲学的研究长期以来都是一个非常薄弱的环节，不仅具有创新性的研究成果比较少，而且研究队伍也比较小。段先生以其丰足的西方哲学史学养敏锐地洞察到中世纪哲学所蕴藏的巨大而重要的学术资源，呼吁国内学者重视中世纪哲学研究。一方面，段先生亲自投入到中世纪哲学的研究中去，既翻译了大量中世纪哲学的经典著作，又发表了许多关于中世纪哲学的研究论文，而且撰写了《中世纪哲学研究》一书。段先生的中世纪哲学研究有其明确的针对性和独特方面。他主要针对的是国内外哲学史界"鄙视"和"敌视"中世纪哲学的理论倾向，不仅把哲学视为"对时代精神的实质的思考"，而且把全部哲学史视为一个"有必然的、有次序的进程"，在对中世纪哲学的基本观点、学术品格、历史概貌和主要代表人物作概括介绍的基础上着重阐述并突出强调了中世纪哲学的理论成就、学术地位以及宗教在推动中世纪哲学开拓创新、催生其哲学形态统一性和整体性等方面所发挥的无可替代的作用。另一方面，段先生带领青年学人从事中世纪哲学研究，并主编《经院哲学与宗教文化研究丛书》以帮助青年学人推介研究成果，尤其值得一提的是以他为倡导者和领军者在大陆哲学界和宗教学界所掀起的新一轮托马斯主义研究陆续推出了一系列颇具学术分量的专题性研究成果，而且多次在武汉大学主持召开了中世纪与阿奎那哲学国际学术研讨会，正逐渐在国际托马斯主义研究领域形成中国学者自身的影响力。

第五个贡献在于段德智教授对我国宗教学理论体系的创新。

段先生不仅在西方哲学领域的研究方面取得了丰硕的成果，而且在宗教学领域的研究成果同样喜人。他从20世纪90年代中期开始就比较系统地研究宗教学和宗教哲学，并陆续推出一系列研究成果。先后主编了《世纪之交的宗教与宗教学研究》、《宗教思想家论宗教与人生》、《邪教不是宗教》、《湖北宗教研究》、《境外宗教渗透与苏东剧变》等著作，而且出版了《宗教与社会》、《宗教概论》、《宗教学》、《新中国宗教工作史》、《哲学的宗教维度》等专著。在他的宗教学研究成果中，特别值得一提的是《宗教学》被选为"普通高等教育'十一五'国家级规划教材"。这本教材特别注重理论探源，在宗教原理方式多有创新之见。该教材在积极借鉴国内外优秀成果的基础上，以历史和逻辑一致的方法，对宗教学诸原理进行了全面而系统的梳理和阐释，不仅从历史和逻辑两个向度用"概论"、"历史"、"本质"、"功能"、"时代"、"宗教与社会主义"六大知识板块建构具有中国特色的宗教学体系，而且就宗教学理论阐释而言也在许多方面都超越了吕大吉先生的《宗教学通论新编》。如果说吕先生的《宗教学通论新编》明显地是以"历史"和"功能"见长，那么段先生的《宗教学》则明显以"本质"、"时代"、"社会主义宗教"见长。段先生提出了许多具有创新性的理论观点。例如，段先生在"本质篇"中提出的关于宗教的"三要素说"比吕先生的"四要素说"更具有说服力。他从共时性的角度对宗教本质进行的三重透视而提出的"三层次说"也更具有理论深度。迄今为止，国内仍然没有一本宗教学原理方面的教材能够超越这本教材。

三

除了上述五个方面的学术贡献之外，段先生还有一个非常重要的学术贡献在于他为我国西方哲学和宗教学两个二级学科领域学术经典的译介。之所以要把段先生的这一学术贡献单独加以说明，是因为它与段先生坚守的学术研究方法密切相关。自师从陈修斋先生起，段德智教授就传承了乃师的高度重视学术经典研究的方法。他不仅自己坚持这一基本研究方法，而且教导自己的学生学会这一方法。重视学术经典原著，以对学术经典原著的翻译来带动学术研究是段先生取得成功的关键。

只要我们认真检视一下段德智教授的著作年表，就不难发现他在西方哲学和宗教学研究所取得的学术成就与他对学术经典的翻译是无法分开的，正如他的"学术人生"与"人生学术"无法分开一样。

就西方哲学研究而言，他所翻译的相关元典有：《英国哲学史》、《非理性的人》、《对莱布尼茨哲学的批评性解释》、《哲学辞典》、《中庸洞见》、《迷途指津》（选译）、《大陆哲学在英美》、《哲学及其历史》、《形而上学》、《论存在者与本质》等等，其中有些译著还一再出版修订本。

就宗教学和宗教哲学的研究而言，段先生翻译的相关元典有：《论儒学的宗教性》、《宗教哲学》、《科学时代的宗教》、《上帝慰藉之书》（选译）、《论独一理智》、《反异教大全》、《神学大全》第1集第1~7卷等。

段先生翻译的哲学和宗教学经典著作不仅带动了他本人的学术研究，也为其他学人从事相关学术研究大大提供了方便，为我国的西学译介事业作出了自己的贡献。

作为段先生的弟子，尚文蒙先生训诲之恩，启迪愚玩之智，深深受益于先生从翻译和研读元典入手进行学术研究之教导，在此深表敬谢之意。先生予吾之恩远不止于此，弟子天性慵懒贪玩，先生总是因材施教地加以鞭策，甚至很善于竭尽其幽默式的"嘲讽"、"挖苦"之能事"调侃"弟子，乃至弟子亦常"师其长技以制其"，先生于弟子则总是宽宥以待，师徒关系能相处如斯，寓教于乐，不亦幸乎？

（本文作者系华中科技大学人文学院教授、院长）

在段老师七十寿辰庆典上的发言

刘素民

感谢段老师的培养与勉励！祝贺段老师寿辰！各位老师、各位同学好！

有幸成为武汉大学宗教学系博士点招收的第一个博士，我非常感恩，而最需要感谢的就是我的导师段德智教授。作为段老师的学生，我也亲历了宗教学系的一些重要发展阶段，也曾经代表段老师参加"全国宗教学负责人联席会"，到北京汇报武汉大学宗教学系建立的一些情况，把以段老师为首的武汉大学宗教学系建系的独特经验介绍给全国的同行。我在武大求学三年，段老师留给我的印象是那么的深刻和感动。

一、严师

我是 2001 年进入武大人文学院宗教学系攻读博士学位研究生，那年是宗教学系第一年招收博士，我非常幸运地成为了段老师的学生。我来自河南新乡，一个非常小的城市，没见过什么大世面。虽然在入学前已经在《自然辩证法研究》上发表过两篇文章，也写了不少东西，但是，入校之后，我发现，比起武汉大学的学生，我的理论基础与学术视野还是比较狭窄的。这时，段老师及时地给了我很有力的提醒，他说："别看你入校前发表过文章，那都不算什么，比起这里优秀的学生，你还有一定距离。"听了这些话，我明白，除了勤奋读书，我无路可走。

段老师让我上的课是比较多的。当时人文学院文史哲三个专业是一个班，因为我是党支部委员，对班上其他同学上课的情况还比较了解的，我发现，相比较而言，当时我上的课算是最多的，几乎每天都有课，除了专业课，还有二外法语。我心里清楚，这是段老师对我的严格要求和殷切期望。

在段老师的辛勤指导下，我较顺利地按时开题，而我的毕业论文开题报告则修改了6遍。我一个人开题报告用了整整一个上午；一个人毕业答辩也用了整整一个上午。无论是开题还是答辩，段老师对学生的严格要求都是有目共睹的。

二、慈师

记得我在写作毕业论文的过程中生了病，身体比较虚弱，为了能够按时毕业，我仍然咬牙坚持在较短的时间内完成了毕业论文的初稿，请老师审阅修改。每次我去老师家里聆听指导、修改论文时，知道我生病的段老师和师母都是细心照顾，让我坐在阳台上的阳光下，师母总是准备好一杯热茶给我……此情此景，历历在目，暖暖于心。

三、仁师

段老师给学生的印象似乎是很严肃的，然而，在学生遇到难处向段老师求助时，段老师总是细致周全，考虑全面，既维护大局，又保全个人。我记得，陈洁与何保林等同学都曾遇到过难题向段老师求助，段老师都给予了周到的帮助，令二人感动不已。

四、勤勉

勤勉的工作与学习态度给我们树立了很好的榜样。

段老师数十年如一日读书与笔耕不辍，无论在何种不利的形势与条件下，老师都坚持读书、学习外语和写作，一刻不曾停息。因此，段老师的文章、专著影响深广。段老师的《七十自述》既是老师几十年工作与学习的总结，也是老师对于他所钟爱的学术事业的一个真诚表白。段老师主持《神学大全》的翻译是从我入校的2001年开始，至今十几年，终成硕果。

五、淡泊

淡泊朴素的生活作风给我们留下了深刻的印象。

在我读书的时候，段老师是院党委书记，可是，在写着他名字的"书记办公桌"旁似乎很少能够见到他，他周到地履行一个院党委书记的职责，其办公方式与众不同，更大程度地体现出一个学者型领导务实的工作作风。段老师家中陈设、用具与日常生活都是很简单的。

六、平正

论证理性平正，学问融会贯通。

当今时代，我们几乎每天都可以听到来自不同角度的激烈争论，这些可以有，但是，理性平正却是作为学者应有的根本态度。段老师看问题不偏颇激烈，鞭辟入里，这与其通达的理论与人生修养和高超的逻辑运用不可分，非常值得后辈学习。

段老师著述很多，每每读来都能够有所感触。针对现代西方哲学不绝于耳的主体死亡论，段老师新近出版了《主体生成论——对"主体死亡论"之超越》一书（段老师主持的国家哲学社会科学基金项目"从主体性到主体间性——当代现代西方科学主义与人文主义研究"的最终成果，在国家哲学社会科学基金项目评比中被评为"优秀"级别），提出了主体生论与希望人学的观点。在后记中，段老师将本书视为他曾经荣获"中国图书奖"和教育部"首届人文社会科学优秀成果奖"的大作《死亡哲学》的姐妹篇，而他关于主体生成论的宗教背景的思想理论，在这两本书中也的确是一脉相承的。

在《死亡哲学》一书中，段老师指出："在西方死亡哲学中，准宗教向度（超自然的信仰的向度）同哲学向度（自然的或理性的向度）之间的关系一直很紧张。西方死亡哲学内部从一开始就存在着以赫拉克利特为代表的自然主义同以毕达哥拉斯为代表的非自然主义（准宗教精神）的尖锐对立。至中世纪，西方死亡哲学中的准宗教向度竟取得了对自然主义或理性主义向度的主导地位，致使西方死亡哲学具有明显的宗教神学性质……这种状况经过文艺复兴运动和18世纪启蒙运动，虽然有所改变，但基督宗教神学对哲学的制约作用始终未能从根本上解除……甚至到了19世纪末叶，尼采还不能不在'上帝死了'的旗帜下阐扬自己的'超人哲学'，阐扬自己的以'死的自由'和'成就之死'为核心内容的死亡哲学。事实上，即使以阐扬死亡的主体性和个体性为主旋律的现代西方死亡哲学，也不时地被笼罩在基督宗教神学的阴影中……"这无异说明主体生成论宗教背景的重要性。

段教授的《主体生成论——对"主体死亡论"之超越》一书主要谈论现代西方哲学中的主体生成论。这些理论一方面是对近代认知主体性哲学的反动，另一方面也是对黑格尔"实体即主体"的形而上学的改造。而无论是否定还是改造，都或多或少有一些宗教背景。比如，存在论的哲学家追问：黑格尔式的主体与个人有何关系？他们仍要以个人为主体，又不是自我的认知主体，而是生存主体。祁克果的个体的生存主体即是基督徒，生存的意义是个人面对上帝的决断，宗教背景十分明显。即使海德格尔使用现象学语言，仍然可以看出他摆脱不了的神学背景。比如，死亡在宗教中是生命的转折点，既是终结，又意味复活、重生或永生。海德格尔说，死亡不是自然事件，而是存在终极的意义。本真的存在主体的最后形式是"面对死亡的决断"，如果没有"复活"的背景，此在面对死亡作"先行的、良知的决断"是不可理解的。但如果把"决断"、"先行"和"良知"分别与保罗说的"信、望、爱"相联系，可以理解海德格尔要用"存在本身"替代上帝的努力。"存在本身"后期变为"天、地、人、神"的四方图，似乎返回古希腊诸神史诗。再比如，本书最后指向的"希望人学"，与"希望神学"也有密切关系，而希望神学基本上是"内在末世论"，是在精神复活和永生的意义上超越死亡。因此，不可否认，"即使以阐扬死亡的主体性和个体性为主旋律的现代西方死亡哲学，也不时被笼罩在基督宗教神学的阴影中"。

本书还涉及语言哲学、科学哲学、社会政治哲学中的主体生成问题。有些观点离开宗教背景是难以理解的。比如，早期维特根斯坦用语言逻辑分析为意义划界，最后得到的却是可说的科学命题与不可说的神秘之域的界限，即使他的晚期哲学也有宗教背景。科学哲学的范式革命思想，与科学知识社会学对宗教作用的考察，有密切关系。社会哲学和政治哲学中的基本观念与"罪"和"自由"、"称义"和"拯救"等宗教观念，有解脱不了的干系。总之，如果从主体生成论的宗教背景来看，"主体生成论"在何种意义上"超越"了"主体死亡论"将是一个值得深思的问题。

段老师的两本姐妹篇，"一个谈死，一个谈生，都是从形而上学的高度来讨论人生哲学和历史哲学，犹如凤凰涅槃，有关人的思考达到了新的高度"。段老师论证理性平正、学问融会贯通，对于后学后辈的我们，具有长久的启示意义。

祝愿段老师健康长寿！

（本文作者系中国社会科学院哲学所研究员）

"有人文情怀的人学家"：
两位哲学家穿越时空的对话

—— 学习"《论独一理智》导读"的一点体会

白 虹

我的导师段德智先生致力于托马斯·阿奎那著作的研究与翻译近二十年，成就斐然，他遵守翻译与研究相结合的原则，以信实的译本和深刻的研究分析，正本清源，改变了人们对于托马斯，对于经院哲学，乃至对于中世纪的"刻板印象"，为将托马斯哲学介绍到中国作出了开创性的贡献。2015 年 4 月，段师翻译的阿奎那哲学小品《论独一理智》单行本出版，其中附录了他专门撰写的与译文正文篇幅相当的"《论独一理智》导读"。正是在这篇"导读"中，段师将"有人文情怀的人学家"① 这一称号赋予了托马斯·阿奎那。

应该说，对于那些对哲学史上的托马斯·阿奎那略知一二的人们来说，称呼阿奎那为"有人文情怀的人学家"，这多少有点石破天惊的味道。长期以来，在世人眼里，托马斯·阿奎那所代表的那个时代，是一个"阴霾而黑暗的时期"，一个"夹在希腊人繁荣鼎盛的年月中显得格外无聊、龌龊，那么沉闷，毫无生机"的"宗教信仰时代"②，黑格尔在《哲学史讲演录》中也"打算穿七里靴

---

① 托马斯·阿奎那著：《论独一理智》，段德智译，商务印书馆 2015 年版，第 134 页。以下引此书只在文中标明页码。

② A. 弗里曼特勒：《信仰的时代》，程志民等译，光明日报出版社 1989 年版，第 2 页。

尽速跨过这个时期"①，通常人们认为，这是一个"人"被"神"遮蔽起来的时代，而且这个遮蔽了人的神并非希腊神话里的那些具有人的喜怒哀乐、与人相似的神，而是创造人，在人之上，与人相异的神；也正因为如此，这个时代留给我们的思想资源通常被称为"神学"，与"人学"是不大相干的；作为这一时期最主要代表人物的托马斯·阿奎那也是以神学家著称于世的，虽然人们也惯常于将其称呼为"神哲学家"，但是在一些现代哲学史家看来，"阿奎那没有什么真正的哲学精神"，"他是不配和古代或近代的第一流哲学家相提并论的"②。因此，依据流行的观点来看，"人学家"，而且还是"有人文情怀的人学家"这样的头衔无论如何是安不到托马斯头上的。

然而，段师不仅将"有人文情怀的人学家"这一冠冕戴在了托马斯·阿奎那的头上，而且还稳定地、令人信服地将这一冠冕戴在阿奎那头上的。他之所以能够做到这一点，完全是因为他在翻译研究《论独一理智》的过程中，将这一哲学小品放置在人类人学认识发展的全部历程中进行考察，从而深刻领会到了这一作品穿越时空的哲学价值以及它在丰富我们当下哲学生活方面的重要作用，通过对这篇哲学小品作出精当而深刻的解读，使得作为人学家的阿奎那以及他的人文情怀清晰地呈现在我们面前。

在"《论独一理智》导读"中，段师首先从学术立场的区分入手，阐明了阿奎那著述《论独一理智》的哲学立场和学术背景。段师指出，阿奎那既未追随传统的、当时占据统治地位的奥古斯丁主义哲学观，又没有盲从当时新起的、时髦的阿维洛伊哲学观，而是持守了"一种既反对极端信仰主义也反对极端理智主义的中道立场"（第81页）。这一"执两用中"的立场所带来的阿奎那式理性辩护主义超越于奥古斯丁式理性辩护主义的地方在于它"赋予

---

① 黑格尔著：《哲学史讲演录》（第三卷），贺麟、王太庆译，商务印书馆1959年版，第233页。

② 罗素著：《西方哲学史》（上卷），何兆武、李约瑟译，商务印书馆1963年版，第562页。

哲学以某种相对独立的地位，使之能够在更大范围内核更高的程度上将基督宗教信条理论化和系统化"（第81页）；而它所带来的阿奎那式"双重真理"观不同于阿维洛伊式"双重真理"观的地方则在于"在肯认和强调两种真理（理性真理和信仰真理）区分的基础上又进一步强调了这两种真理之间的一定程度的统一性和兼容性"，从而"并没有因此而否定和贬低信仰真理"（第85页）。段师充分肯定阿奎那的这一哲学立场，用中国古人"极高明而道中庸"的"中庸"来形容这一立场的品格，认为该立场的中庸品格不仅"保证了中世纪经院哲学的可能性、合法性和可行性"（第86页），而且还使得阿奎那经由这次学术论争，一方面超越保守的奥古斯丁主义，另一方面又战胜有异端危险的极端亚里士多德主义，从而完成了"拨乱反正，正本清源，回到亚里士多德本身，对亚里士多德作出本真的创造性的诠释，创造出一种既符合时代潮流又符合亚里士多德哲学和基督宗教教义的经院哲学形态"（第94页）这一崇高的时代使命。站上时代最高峰的托马斯哲学也由此成为中世纪欧洲文化最为亮丽的一道风景，成为人类精神家园里的宝贵财富。

进而，在"导读"中，段师通过引证阿奎那《论独一理智》的原文，概括了阿奎那运用其"理智能力论"和"可能理智复多论"对阿维洛伊"理智实体论"和"独一理智论"的批判。段师指出，"在《论独一理智》里，托马斯是从考察我们人的具体的理解活动入手来阐述他的理智能理论和理智复多论的理据的"（第106页），他之所以坚持理智是一种能力而非一个实体，其根本的原因就在于"我们要想对人的现实的理解活动或'这个人在理解'作出合理的解释，唯有将理智视为人的灵魂的一种能力一途"（第116页）。而在指出阿维洛伊可能理智独一论的荒谬之处时，阿奎那论证的理据依然是：这种独一理智论"要解释'这个人在理解'就是一件完全不可能的事情了"（第118~119页），"理智的单一化或独一化……而且还会导致理解活动对象和理解活动本身的单一化或独一化"（第119页），"阿维洛伊用独一理智来解释人类普遍必然知识的来源这样一种做法有违亚里士多德的'白板说'和'习得说'"（第119页）等。正是在这样的论证中，阿奎那"坚持一条从外物到概念，从感觉到理智的致思路线"（第107页），因此，段师总结到，"《论独一理智》的不朽性不仅在于他在这部哲学小品中鲜明地提出了认知主体的个体性问题，亦即他所谓'这个人在理解'的问题，而且还在于他在这部哲学小品中较为系统地阐述了作为认知主体的个人何以从外感觉到内感觉，何以从认知对象（有形事物）的'可感形式'上升到'可理解形式'的认知路径问题，从而一方面将我们的认识活动一方面解说成一个从感觉到理智、从可感形式到可理解形式、从被动理智（潜在理智）到能动理智（现实理智）的质变或飞跃过程，另一方面又将其解说成一个从感觉到理智、从可感形式到可理解形式、从被动理智（潜在理智）到能动理智（现实理智）的具有连续性和渐进性的过程"（第133页）。段师高度评价阿奎那对作为认知主体的人及其灵魂活动的"个体性"、"实存性"和"不朽性"的认识，认为正是这一认识使其认识论与其"在自然神学方面坚持从感性事物到超感性事物、从受造物到造物主的宇宙论范式，在形而上学方面坚持从存在者到存在、从形下到形上的致思路线，在人学方面特别注重身体的实体性质和生成性功能"（第107页）保持了体系上的一致。从西方人学思想的发展来看，阿奎那对人及其灵魂活动的"个体性"、"实存性"和"不朽性"的认识推动了西方人学思想实现其从片面强调"魂"之"魂论"到强调"魂"、"身"结合之"人学"的转折，从重视对普遍人性的抽象化、平面化认识到重视对个体人格的具象化、立体化认识的转折，从对人之受造和被救赎的被动地位的单向度肯认到既肯认人之被造和被救赎，又肯认人之回应救赎以及参与创造的双向肯认的转折，从而使得阿奎那成为"中世纪鲜有的具有人文情怀的思想家中最为杰出的一个"（第134页）。可见，段师站在前所未有的认识高度上，将"有人文情怀的人学家"的桂冠稳稳地戴在了托马斯·阿奎那的头上，应该说是非常恰如其分、毫不虚妄的。

当我们搞清楚段师是如何将"有人文情怀的人学家"的称号赋予托马斯·阿奎那的，接下来我们不禁要问：为什么要找到这位七百年前的神学家，教会的圣人，将"有人文情怀的人学家"的

帽子戴在他的头上呢？如果这么做只是出于鲁迅先生曾经批评过的
"考据癖"，那再细致入微的解读也不过尔尔，没有什么了不起的
意义。然而，段师却不是这样的，他解读阿奎那的《论独一理智》
以及他对阿奎那著作的所有翻译研究都渗透着他深刻的哲学思考和
深切的人文关怀。应该说，在托马斯哲学研究史上，循着与段师相
同或相似的思路去评价阿奎那以及解读他的作品的学者也不乏其
人。法国哲学家、新托马斯主义者吉尔松就曾经指出，天主教思想
家们是先尝试了柏拉图，后尝试了亚里士多德，然后才在超越二者
的基础上，在阿奎那的思想里展现出了原创性①；美国托马斯哲学
研究者罗伯特·帕斯劳（Robert Pasnau）赞赏"阿奎那确实解决
了人的身心问题，而且是以一种完全安全的方式做到这一点的"②；
思想史家理查德·塔纳斯（Richard Tarnas）认为，阿奎那"创造
了一种世界观，这种世界观戏剧性地体现了中世纪全盛时期西方思
想绕其轴心朝向一个新方向的转变，而现代思想则将成为这一新方
向的继承者和受托者"③；与段师一样，20世纪比利时鲁汶大学的
新托马斯主义者费尔南德·冯·斯坦伯根（Fernand Van Steen-
berghen）也十分重视阿奎那的《论独一理智》，并多次运用这一哲
学小品作为教材，他反复强调，阿奎那对人以及人的灵魂的研究和
论证总是从现实的经验开始的，他认为，阿奎那通过《论独一理
智》所显示出来的人学观念"完美地回应了心理学经验所提供的
证据，而根据我的知识，从13世纪以来没有更好的诠释被提供出
来"④。这些学者虽然都能够对阿奎那的真知灼见及其历史贡献作

① 参见吉尔松：《中世纪哲学精神》，沈清松译，（台北）"商务印书
馆" 2001 年版，第 164 页。
② Robert Pasnau . Thomas Aquinas on Human Nature：A Philosophical
Study of Summa Theologia 1a 75-89 ［M］. Cambridge：Cambridge University Press，
2002，p. 140.
③ 理查德·塔那斯：《西方思想史》，吴象婴等译，上海社会科学出版
社 2007 年版，第 203 页。
④ Fernand Van Steenberghen. Thomas Aquinas and the Radical Aristotelianism
［M］. Washington. D. C.：The Catholic University of Amercia Press，1980，p. 70.

出积极的、肯定性的评价，但是据我所知，他们这样做，要么是出于哲学派别论争的需要，要么是为了在哲学史研究中成一家之言，他们都没有能够在"人文情怀"这一高度上把握对托马斯·阿奎那的评价。段师之所以能够高屋建瓴而又恰如其分地评价阿奎那，将"有人文情怀的人学家"这一称号授予给他，按照他自己的说法，乃是由于他洞察到《论独一理智》这篇哲学小品"它所内蕴的不朽的内容至今依然是人类宝贵的精神财富"，从而希望用它来"呼唤托马斯参与我们的哲学生活和哲学讨论，为我们时代的哲学建设继续奉献他的智慧"（第 134 页）。可见，段师之倾力研究译介托马斯·阿奎那，并褒奖这位七百年前的神学家为"有人文情怀的人学家"，其根本的原因是着眼于我们时代的文化发展以及当代人的精神家园建设的。在谈到自己对主体性、主体间性等问题的认识时，段师曾说，"对这些问题的清醒的和深层次的认识固然与我四十多年的哲学学习和哲学思考（我是 1963 年考入武汉大学哲学系的）有关，但是更多地则应当归因于我自己在人生和社会方面的刻骨铭心的梦魇般的经历和体验"①；既然《主体生成论——对"主体死亡论"之超越》的创作主要源于段师对生存环境和时代处境的深刻反思，那迻译、解读《论独一理智》乃至托马斯·阿奎那的其他著作又何尝不是段师把握时代命脉、聚焦文化发展的孤心苦诣呢？我以为，段师虽然看透了"很难说他（阿奎那）在解说人类理解活动的普遍性或共同性方面没有缺失"，却依然要用"有人文情怀的人学家"称号来褒扬他"在解说'这个人在理解'方面有所成就"（第 181 页），这表明段师对当代文化发展，以及对走在现代化道路上的国人的精神家园建设是有着深刻的认识和深切的关怀的。在人类文明发展的历史长河中孜孜以求，寻找资源，以期对现代人的发展和文化的进步有所裨益，这不就是我们所说的"人文情怀"吗！在这个意义上，我们完全有理由说：虽然"有人文情怀的人学家"这一称号是由段师赋予托马斯·阿奎那的，但

---

① 段德智：《主体生成论——对"主体死亡论"之超越》，人民出版社 2009 年版，第 434 页。

是这一冠冕其实是属于他们两人的。作为 21 世纪中国"有人文情怀的人学家",段师借着翻译解读《论独一理智》及其他作品,与 13 世纪西方的"有人文情怀的人学家"托马斯·阿奎那展开了一场跨越时空的对话,这场对话的成果,也即段师翻译、研究托马斯·阿奎那,将其引入中文世界的丰硕成果不仅会成为我们创建新时代中国文化的重要资源,同时也必将成为我们在"认识你自己"的道路上不断前行的重要精神动力。

（本文作者系武汉轻工大学艺术与传媒学院副教授、副院长）

莱布尼茨的理性启蒙事业
——评段德智先生的莱布尼茨哲学研究

范志均

　　莱布尼茨与笛卡尔、斯宾诺莎并称为近代三大理性主义哲学家，与培根、霍布斯和洛克三大经验主义哲学家遥相呼应，共同开创了西方近代理性启蒙的事业。但是相较于笛卡尔奠定了近代启蒙理性的主体性原则，这一原则被康德创造性地继承，并在胡塞尔先验现象学那里得到深化，斯宾诺莎奠定了近代启蒙理性的实体性原则，这一原则被"自由的斯宾诺莎主义"者谢林、黑格尔发挥成庞大的绝对哲学体系，莱布尼茨似乎暗淡了很多，没有提出什么启蒙理性的新原则被铭刻在近现代哲学史上。一种看法是，莱布尼茨只是一个调和主义者，善于在各家各派之间进行协调，乐于找到不同原则的共同点，试图把所有哲学理论熔为一炉，集成自家之言。莱布尼茨哲学本身的论争性质与"庞杂"更是加深了人们的这种印象。但是事实并非如此。自从罗素、雷谢尔、陈修斋先生和段德智先生关于莱布尼茨的创造性研究著作问世以来，我们可以去掉戴在莱布尼茨头上的中庸帽子了，记住他其实是一个具有创造性的启蒙哲学家，知道他不仅在笛卡尔主体性原则基础上更进一步，揭示和确立了主体、我思的基本的和次要的理性原则，勾画了主体自由思想的原理体系，而且改造了斯宾诺莎近似宿命论的实体主义，使之成为建立在自由之上的个体实体主义，从而在本体论上奠定了近代启蒙哲学的个体性原则。

自由思想的原则体系

在古典哲学那里，认识论是从属于本体论的，只有先行建立本体论，认识论才是可能的。近代笛卡尔颠倒了这个逻辑，认识论具有了本体论意义，成为为本体论奠基的理论，本体论就是从认识论出发推出来的，灵魂、物质和上帝的存在即通过我思得到证明。斯宾诺莎没有重复走笛卡尔认识论的道路，而是从几何学或数学出发，借助于数学精确的方法程序推演实体本体论，因此数学在他那里就获得了本体论意义，成为其实体本体论的基础。就把认识论和数学与本体论结合起来，认识论和数学成为本体论论证的基本支点而言，笛卡尔和斯宾诺莎在哲学上是具有创造性的，正如近代科学家把数学和对自然的认识综合起来一样，因为即使在古典时代认识论和数学已经形成了，但是当时的哲学家并没有把它们和本体论联系起来，通过自由思想的方式把本体论建立起来。笛卡尔和斯宾诺莎在近代实现的哲学的认识论和数学转向具有重大意义，他们联袂扭转了哲学或思想的客观向度，使之回到人自身，回到理性自身，要求人瓦解一切预设、成见，按照自明的原则自己思想，摆脱一切权威，只服从理性本身的法则。因此笛卡尔和斯宾诺莎确立了近代启蒙理性的自由思想原则。关于这一点人们是没有异议的，但是对于莱布尼茨思想的基础是认识论还是数学，或者是其他，人们莫衷一是。有人从认识论入手，像理解笛卡尔那样理解莱布尼茨哲学的进路，也有人从物理学或物质哲学出发来看待莱布尼茨哲学的切入点。如果是前者，他和笛卡尔就无二致，他充其量算作一个笛卡尔思想的追随者。但显然他不是。如果是后者，则他就回到古代哲学，但明显他不完全是这样。如果我们像批判时期的康德那样看待莱布尼茨，则他就是一个理性独断论者，但是这似乎又过于消极地看待莱布尼茨哲学了。

罗素对莱布尼茨哲学的研究开启了新方向，具有奠基意义。他对逻辑学的敏感和重视使其发现了莱布尼茨哲学不同于笛卡尔和斯宾诺莎哲学之处，即他既不是从认识论，也不是从数学进入本体论，而是从逻辑学切入本体论，在他那里，逻辑学和本体论是同一的。他认为，莱布尼茨的哲学始自"命题分析"，莱布尼茨通过分析纯粹理性思维的逻辑形式、把实体还原成主谓项命题的形式对本体论进行了一种逻辑学的演绎和证明。莱布尼茨如笛卡尔一样回到了"我思"，只是他回到的是排除了感性，想象和意志的纯粹理性思维，即进行纯粹逻辑思维的"我思"，而这种思维与本质、存在是同一的，即是本质性思维、存在论思维，因此逻辑学实际就是本体论。莱布尼茨把一切命题都还原为最基本的主谓项形式的命题，或者说主谓项形式命题即是元命题，是理性判断的原型，其他一切命题皆源于此。实体的概念就是理性判断的基本概念，是合乎逻辑地被设定的，所谓实体即一切谓项的主项，而且它只能做主项而不能做谓项，只能被述谓而不能述谓。莱布尼茨赋予实体以逻辑的形式，实体符合逻辑而非逻辑符合实体，理性思维即一种把谓项归于主项的实体性思维。由此扩展开去，理性对事物的思考是合乎逻辑的，而逻辑的思考就是把事物看作实体，就是将其看作包含诸多谓项的主项。罗素顺着莱布尼茨逻辑哲学的思路，清晰而简洁地呈现了其逻辑本体论的两种命题，即必然命题与偶然命题，两种真理，即理性真理和事实真理，两种理性思维的原则，即矛盾或同一原则和充足理由律。不过罗素认为，相较而言，对莱布尼茨来说，两种命题、真理和原则不是并列的，必然命题、理性真理和矛盾原则是更为根本的，他尤其认为，在涉及可能存在的事物时，充足理由律是必然的和分析的，因此是一个作为矛盾原则的结论，而非与之并列的原则，只有在它是作为适用于现实事物的原则时，充足理由律才是与矛盾原则并列的一个原则。这样一来，罗素就大大低估了莱布尼茨逻辑哲学，特别是其事实真理和充足理由律的启蒙意义。

中国莱布尼茨哲学研究的奠基者陈修斋先生在其发表的关于莱布尼茨思想研究的第一篇论文——也是迄今最高水平的莱布尼茨哲学研究论文之一——中，首先关注的就是莱布尼茨思想中矛盾律和充足理由律的"二元并列问题"。陈先生纠正了罗素对矛盾律的偏重，并且指出矛盾律乃笛卡尔和斯宾诺莎哲学的最高思想原则，但是他们都没有提出或把充足理由律看作思想的另一个最高原则，而

段德智学术思想研究论集

莱布尼茨在矛盾律之外，还提出了充足理由律，并把它看作与矛盾律并列的逻辑的最高原则。陈先生认为，在莱布尼茨哲学中，这两大原则"并肩存在"，各有其"特别功用"，不能把一个原则归到另一个原则中去。矛盾律仅仅是理智的原则，充足理由律则是涉及意志的理智原则；每一个原则都表现一种必然性，但矛盾律是一种绝对的、决无可逃的，或者说形而上学的必然性，它的反面是不可能，而充足理由律是相对的，一种虽"理无固然"而"势有必至"的必然性，它的反面不是不可能，而是"不可共存"的，不是和自己的本性相矛盾，而是和它所在其中而为其一部分的系统不相容。陈先生还考察了矛盾律和充足理由律二元并列问题在德国古典哲学中的发展，指出黑格尔的绝对真理体系、总体的辩证法最后解决了这个问题：黑格尔认为实在并非如用矛盾律的人所主张的只是"在己"，也不是如根据抽象的充足理由律所说的只是"在他"，而可以说是经过"在他"，然后"在己"，成为自身的。

陈修斋先生开创了中国的莱布尼茨哲学研究，而他在开创之初就把中国对莱布尼茨哲学的研究带到了国际级的水准，他的研究是足以和罗素、雷谢尔的莱布尼茨哲学研究比肩和对话的。段德智先生继承和发扬了陈先生开拓的中国莱布尼茨哲学研究事业，不仅深化和创新莱布尼茨逻辑本体论的研究，而且首次在汉语语境中对莱布尼茨哲学做了系统化的研究。在罗素提出矛盾律是莱布尼茨哲学基本原则后，雷谢尔认为充足理由律是其根本原则，陈先生提出其思想中存在矛盾律和充足理由律二元并列问题的基础上，段先生提出莱布尼茨哲学有三大原则，即矛盾律、充足理由律和圆满性原则，其中矛盾律是关于本质的大原则，充足理由律是关于存在的大原则，圆满性原则是关于自由的大原则；如果矛盾律是古已有之的原则的话，那么充足理由律和圆满性原则完全是莱布尼茨自己独创出来的。段先生认为，莱布尼茨充足理由律承担两种角色，既是逻辑学规则，也是本体论规则，总体来看，它乃是形而上学原则：一种事物是否存在，或为什么它这样存在而不那样存在，即取决于它是否有"可共存性"，是否与事物的整个系统相适合。

段先生对莱布尼茨逻辑本体论研究的最重要贡献是他把通常被

44

视为次要原则的圆满性原则提升为与充足理由律同等级的原则，认为它是同本质原则、存在原则一样重要乃至更为重要的自由原则，因为它就是莱布尼茨道德哲学或实践哲学的大原则。段先生强调，不惟存在问题，而且自由问题乃是莱布尼茨哲学关注的两个基本问题。莱布尼茨认为，无论上帝还是人都是自由的，但他们的自由不是斯宾诺莎意义上出自本性的必然性，而是行动或存在的众多或复数的可能性，人们可以在这些众多可能性中做出选择。因此自由不是行为或存在绝对的或形而上学的必然性，也不是假设的必然性或任性，而是道德的必然性，也即偶然性。但自由的行为也必然是有理由的，否则是不会发生的，而自由行动的充足理由律即是圆满性原则或最佳原则。

段先生充分凸显了莱布尼茨充足理由律和圆满性原则的哲学意义。他认为，这两个原则的提出是哲学史上一个具有"划时代意义"的事件：充足理由律的提出突破了哲学史上居支配地位的思维与存在，本质与存在"直接同一"原则的局限，把存在问题作为一个原则问题明确提出来；圆满性原则不仅彰显了作为实践主体的人的主体性地位，还把人的自由、把人的自由选择作为一个原则问题提了出来。

个体原则与自由问题

罗素机敏和富有洞察地发现了莱布尼茨通向自身哲学体系的两个路径：逻辑学道路和物体哲学道路。从其逻辑本体论的三个原则，即矛盾律、充足理由律和不可辨别的同一性原则出发进行理性的推演，可以推出实体、其存在与活动是偶然性的实体、个体实体、单子论体系。这个路径应该是莱布尼茨独立和创造性地开辟出来的，它不同于笛卡尔认识论渠道，也区别于斯宾诺莎几何学或数学的途径。从物理学推进到形而上学属于哲学的固有路径，形而上学的本意即元物理学或后物理学，物理学属于物象学、现象学，形而上学是本体论、存在论。罗素在莱布尼茨那里发现了物体或物质哲学，而连续体问题是它的根本问题。连续体的迷宫被莱布尼茨看作其哲学致力于解决的两大难题之一。不同于其逻辑本体论的主观进路，其物质哲学的思路是客观的，不是从命题逻辑出发而是从物质的本质、构成问题出发，通过对广延和机械运动的物质的本体反思，破解连续体的迷宫，解决单一物和复合物，可分与不可分，被动与主动，力与阻碍的二律背反问题。由此罗素认为，本体论意义上的活力论和形而上学的单子论体系是莱布尼茨物质哲学研究最后得出的结论。

但是罗素虽然从莱布尼茨物质哲学推出了其本体力学和单子论，却没有进一步阐发莱布尼茨基于活力论的单子论体系的意义。他本人对形而上学的冷淡和抵制使他止步不前。陈修斋先生弥补了罗素研究的不足，他充分阐发了莱布尼茨本体原子论即形而上学单子论的哲学意义及莱布尼茨对近代哲学的重要贡献。陈先生追随莱布尼茨思想的进程，从其连续体的迷宫中推演出单子论，把单子论看作走出连续体迷宫的出口，即莱布尼茨哲学的形而上学体系。进而陈先生从单子论伸展开去，把单子论阐释为一种个体主义哲学，认为它是哲学上首次系统地从本体论上确立了个体原则。如果笛卡尔和斯宾诺莎只是确立了实体和主体原则的话，莱布尼茨在近代哲学上的一个最重要的贡献就是把个体原则作为本体论原则建立起来，并且为每个人争得了个体实体的地位，而不像斯宾诺莎那样人只落得个实体样式的下场。陈先生指出，莱布尼茨哲学个体性原则具有多重含义，至少人作为个体实体具有单纯性、能动性、差异性或独特性、独立性、自身同一性和人格的同一性、道德的同一性。陈先生对莱布尼茨单子论阐释的另一个贡献是把个体性原则与自由问题紧密联系起来。陈先生认为，莱布尼茨个体原则为人的自由提供了必要的理论前提。如果人不是一个独立不依的个体，而是依附于别的东西，则必然就为别的东西所决定，当然也就毫无自由可言。在莱布尼茨那里，必然与受决定是两回事，自由是自发的和偶然的，即不必然的，却不是不受决定或规定的，而是受决定或规定的，偶然和被规定、被创造性地综合在一起，莱布尼茨因此在对自由的理解上比前人前进了一大步。

段德智先生在罗素和陈修斋先生研究的基础上，对莱布尼茨物质哲学和单子论的研究又上了一个台阶，取得了更大的成就。段先生有着广阔的国际视野，对国际莱布尼茨学界非常熟悉。固然当代对莱布尼茨哲学的研究取得了巨大的成绩，莱布尼茨哲学的诸多问题得到了深入探讨，但是段先生也深刻地指出，国际莱布尼茨学界存在从各个方面"肢解"莱布尼茨，使莱布尼茨哲学研究呈现碎片化的趋势，以至于诸多学者对莱布尼茨哲学的研究看上去很新很深刻，但不过是"瞎子摸象"而已。在众多的"肢解"中，尤以对中年和晚年莱布尼茨，即对莱布尼茨物质哲学和单子论、现象主义和单子主义的割裂为甚。实际上，段先生认为，从来都不存在两个莱布尼茨之说，其现象主义和单子主义从来都是统一的。

段先生指出，莱布尼茨物体哲学即一种现象主义哲学：他不认为物体是实体，物质是实在的，相反，物体只是现象；不过物质也不是纯粹主观的现象，而是由实体堆积而成的现象，而且是有良好基础的现象。由此可知，莱布尼茨现象主义与实体主义或单子主义不是分离的，而是相关的，莱布尼茨即是从物体哲学同其形而上学体系的关联中来讨论和处理他的物体哲学的，他是从形而上学高度来讨论物理学问题的：如果从实体或单子的视角来看的话，物体不是实体或单子，而是由实体或单子堆积起来的现象。现象是相对于实在而言的，离开实在谈现象，或脱离单子谈物体，逻辑上是行不通的。段先生因此认为，莱布尼茨物体哲学可以还原为实体哲学或单子主义，其物体哲学或现象主义是其实体哲学或单子主义的一个重要组成部分，甚至也就是其实体哲学或单子主义。段先生进而指出，有形实体、次级物质和派生的力构成了莱布尼茨现象主义和单子主义相互关联的基本中介。由此不能孤立地看待莱布尼茨的现象主义和单子主义，应当整体地和分层次地对待现象主义和单子主义，如果是的话，那么现象主义和单子主义即是统一的：当莱布尼茨说"物体是现象而不是实体"时，他是从逻辑的和本体层次看物体的；而当他说"物体是实体"时，他是从现实的和现象的层面看实体的。

段先生对莱布尼茨自由和个体原则的研究在罗素和陈修斋先生研究的基础上达到了一个新的高度。自由和必然的二律背反问题被莱布尼茨看作困扰哲学，常使人类理性陷入迷津的根本难题，而莱布尼茨先于康德深入思考和探讨了这个问题，并为人类理性走出这个迷津指出了一个方向。段先生认为，莱布尼茨的伟大和高明在于，他一方面提出和坚持了一种决定论，另一方面又给人的自由和自由选择留下了充足的余地。莱布尼茨之所以能够做到这一点，在于他提出了三种必然性理论，而基于这三种必然性理论，莱布尼茨既没有否定必然性，也保证了自由。按照莱布尼茨的划分，推理和数学真理具有绝对的必然性，即其反面是矛盾的，不可能的，因此这种绝对必然性是与自由完全对立的，有这种必然性的地方是不存在自由的可能性的。假设的必然性关涉的是事实真理或偶然真理，因此不是绝对必然的，反面是可能的；段先生指出，假设的必然性关涉的不是现存的或过去的偶然事物，而是将来的偶然事物，是关于上帝的预见或预先安排的假定或假设，是把它强加在未来的偶然事物上的必然性，但是这种必然性一般指自然事物或物质运动的必然性，因此它与自由几乎是无关的，或者说这样的事物是自发的，但还不是自由的。只有道德的必然性是关涉自由的，使自由是可能的，因为道德的必然性相关于道德主体的选择活动，关涉的是现存的和当下的存在，因此是以充足理由律为基础的必然性；道德的必然性关涉的还是一种面对诸多现实的可能性，从而可以不断地自行选择、自行筹划、自我实现的事物或精神性存在，因此道德的必然性不是那种强的必然性，而是一种弱的必然性，即造成倾向或势有必至的必然性。当然道德的必然性只是自由的必要条件，它使行动或存在是偶然的和自发的，但是自发性还必须加上理智才是自由的，因此只有理智存在者或人以上的存在者才可能是自由的，人以下的自然存在者，即非理智的存在者不可能是自由的，莱布尼茨赋予自由以近代启蒙特有的理智特征，使之区别于基督教的自由——一种独立于理智的意志自由。道德的必然性使得自由是不绝对必然的，是偶然的，自发的，而理智又使得偶然的和自发的行动是受规定的，即有理由的而非任意的。由此段先生对莱布尼茨独特的自由观念给予了准确而又富有创新性的阐发。

段先生还通过莱布尼茨与斯宾诺莎自由观念的比较突出了莱布尼茨自由观念的划时代意义。斯宾诺莎把自由看作对必然性的认识或认识了的必然，因此他完全否认偶然性而只强调必然性对于自由的重要性和必要性，并宣布自然中没有任何偶然的东西，其自由观念难免与否定自由的宿命论合流，自身陷入一种悖谬之中。而莱布尼茨超越斯宾诺莎之处在于，他在承认必然性的同时也承认了偶然性和事物发展变化的多种可能性，从而为自由和自由选择留下了空间。另一方面，如果在斯宾诺莎那里存在一种自由的话，那么这种自由只能是一种实体的自由或神的自由，因为这样实体或神才是在自身并通过自身而存在与活动的东西。世界上现实存在的个体事物，包括个体的人，从本体论上讲是谈不上享有自由的，因为一切个体事物都是为他物所决定的，而非由自身所规定的。相反，莱布尼茨强调的不是那种唯一普遍实体的自由或作为类概念的神的自由，而是一种个体性的自由，因为在他那里，实体是个体性的，在自身通过自身存在和活动的。由此莱布尼茨在本体论意义上为现代自由主义奠定了基础。如果说霍布斯在社会意义上是现代自由主义的鼻祖的话，那么莱布尼茨在存在论意义上就是现代自由主义的奠基者，在此意义上，他早于康德完成了对自由的个体主义的本体论论证。

段先生对莱布尼茨的本体论、认识论、语言哲学、伦理思想等各个方面研究都作出了巨大的贡献，这里不再一一列举。理性和自由是启蒙运动的两个原则，而莱布尼茨对这两个原则都做过独特而深入的阐发，奠定了其启蒙思想家的地位。段先生对莱布尼茨的研究把其启蒙精神发挥到极致，因此在莱布尼茨哲学研究上取得了重大的成就。

主要参考文献

段德智：《莱布尼茨哲学研究》，人民出版社 2011 年版。

陈修斋：《陈修斋论哲学与哲学史》，段德智编，人民出版社2009年版。

罗素：《对莱布尼茨哲学的批评性解释》，段德智、张传有、陈家琪译，陈修斋、段德智校，商务印书馆2010年版。

（本文作者系东南大学人文学院副教授）

段 师 父

王成军

今年是我的授业恩师段德智先生七十华诞，作为弟子，我很想为恩师写点什么，但每每提笔，千言万语便哽塞在笔端，种种思绪也无从流露。这实在是件困难的事情，这种困难，既是因为，要在一篇短文中准确而翔实地展现段师为人为学之高妙深邃，似是不可能的，也是因为，作为跟段师学习时间最长的弟子之一，我至今没什么可以告慰师门的成就，实觉有愧，怕是没什么资格像我的那些同门一般为恩师写一篇祝寿文章。但我最终还是要硬着头皮写出它来，决意"说不可说"，乃是因为，纵使我卑微的赞颂与我所赞颂的对象并不相称，这赞颂也完全应该归于他，纵使我这一不才不肖之徒有愧于师门，但一颗拳拳感恩之心，总是应该借机表达的。

一

我与段师的相遇甚早，对我个人的经历而言，这是一件具有决定性意义的事件，尽管我个人的经历可能最终也没有什么意义。在我六年前博士论文的"后记"中，我曾称段师为"精神上的父亲"，就是对这一决定性事件的另一种表达。因为，我感到，我的学术志趣的树立，我的内里的成长，乃至我的灵魂的完善，都与这一事件相关。我走上学术的道路，成为今天这样的人，除了是自己自由意志选择或者"筹划"的结果，也是先生这个"动力因"作用所致。如果说在我十八岁之前，对我影响最大的是我的父亲的话，那么，十八岁之后，对我影响最大的，实是段师。

　　我与段师的相遇，要推到十八年前。那时，我在母校武汉大学读哲学本科二年级，段师则刚从哈佛访学归来不久。彼时，他的《死亡哲学》声誉正隆，又新近出版了为学界交口称赞的译著《论儒学的宗教性》（杜维明著），再加上他在中国的莱布尼茨研究领域的执牛耳地位，无不令我这个哲学的初学者仰慕不已。于是我琢磨着去听段师的课。我依稀记得第一次走进段师的课堂时的情景。那是在理学院二楼那个正对走廊的教室，当时他正在教授我们高一级的哲学专业本科生"专业外语"。当我偷偷溜进那个教室，在最后一排坐定，抬起头看时，首先见到的是一副黑框眼镜——它低低地垂在一个人的鼻梁上，在那厚厚的镜片后面，则是两只深邃有神的眼睛，它们发射出的光芒几乎要穿透那两只镜片，令我顿觉威严。这两只眼睛属于一个个子不高、头发黝黑、面容清瘦，身着深灰色西装的中年男子——十八年前的段师，正处在一个人生命的鼎盛期！关于这堂课的内容，我已记不太清了，可能是某个哲学史家的英文读本，但有一点我却始终不曾忘记，那就是，每每在他以稍带些地方口音的英语读完一段文本后，总要略微抬头，用他那双威严的眼睛盯着下面的学生，问："What does it mean?"而下面的学生大多抱以沉默，然后，向他们提出这个可畏问题的长者会笑一笑说，"来，让我们再看一看作者是怎么说的……"一时间，整个理学院二楼的回廊间，都会回荡着他那浑厚的嗓音——那跟哲学之厚重是相配的！

　　我对段师的初次印象最深刻之处，就是他的那个问题："这到底意味着什么？"尽管他的那门课我最终没有坚持下来，但当我开始读那些哲学文本，开始思考一些关于人生、世界的大问题时，他的这个提问却屡屡回想在我的耳边。这个问题，在我入门当他弟子的那些年，也不时听到，而每次面对这个问题时，我总是如当年那个课堂上的哲学初学者一样，心怀忐忑，不断在心里排除闪过的一个个可能是错误的答案。事实上，当我成为一名哲学教师，在课堂上向我的学生提问的时候，我也总喜欢问的是："这到底意味着什么？"在我看来，这句话，实是一句古老的哲学咒语，当我们念出它的时候，我们就如同推开了 C.S. 刘易斯在《纳尼亚传奇》里所虚构的那个衣橱的门，经由这扇门，我们得以摆脱了日常生活的肤浅碎片和浮光掠影，进入一个超拔的世界。而在我的理解中，这就是我们之所以是人而不单纯是动物之关键——当我们面对生活、恶和死亡，质询"这到底意味着什么"并试图去回答时，我们就是在反抗生命的无意义并且试图去成为完全的人。

随着这个问题给我带来的纠结，在我本科毕业的时候，我毫不犹豫地选择了段师作为我的毕业论文导师。我当时看了不少的克尔凯郭尔，却不知为何他要将"成为一个个人（person）"置换为"成为一个基督徒"，而且我也读了杜维明先生所著、段师翻译的《论儒学的宗教性》，也不甚明白在一个宗教性的语境之中，儒家的学说为何却被归结为"成为一个君子"。于是，我的论文主题就确定为克尔凯郭尔所说的"基督徒"与儒家之"君子"的比较。段师对这个题目颇觉高兴，对我进行了悉心的指导。尽管对于一个本科生来说，这个论文题目太难，而且就完成的水平而论，也很稚嫩，但段师却给了我很高的评价，当年参加答辩的其他评委（我记得还有邓晓芒老师和何卫平老师）也没有吝啬他们的赞赏和鼓励。在当年的本科毕业论文答辩当中，我的论文得了最高的95分（另一篇跟我并列第一的论文也是由段师指导的）。对于一个哲学的初学者来说，这是一个莫大的激励，直到今天，我也认为，这是我做过的最感自豪的事情之一。

在我毕业离校前几天，我又到段师的家中，请他给我的论文写评语并签字。他拿着我的表格先是低头考虑了一会儿，照例，微微抬头，用他眼镜后面那双令我不敢直视的眼睛盯着我，然后问道："你觉得你的这篇论文还能不能更好？"听他这么一问，我顿觉惶恐，连忙答道："当然还可以更好，而且，还有一些问题，包括答辩时评委老师给我提的问题，我也还没有考虑清楚。"段师轻轻点了点头，似乎对我的这个回答感到满意，他告诉我说，当年他在陈修斋先生门下当弟子的时候，很少会得到90分的高分，因为陈先生对他的要求非常高，而且曾反复告诫他，学习是没有止境的，思想也是没有止境的。我大约能明白他那番话的意思，他给我高分，是对我的鼓励，而他说那番话，又是对我的提醒和鞭策。最后，他说："那些问题你没有搞清楚是正常的，正因为这样，你才会进步。我希望你将来能进一步思考这些问题，找到问题的答案!"

毕业之后，我到了某知名媒体工作，尽管收入不菲，工作也顺风顺水，被认为是那个媒体最有前途的年轻人之一。但是，日日夜夜，我总是能够感觉到存在主义所说的那种"生命的沉沦"。而每当念此，段师当年的那个问题总会迅速将我捕捉，逼迫我回答："这到底意味着什么?"此外，段师在我毕业离校前对我说的那番话也令我一直不能忘怀，我一直希望找到那些"历史遗留问题"的答案，特别是，我希望找到这个问题的答案："怎样去成为一个个人?"

于是，在 2002 年底的时候，我毅然决定考研，继续我的追寻答案之路。心仪的导师，当然是段师，而且，段师这时的研究精力也主要放在了宗教学和欧洲中世纪哲学，这是我非常陌生的领域，却也是我渴慕去认知的领域。我打听到了段师的电话，怀着一颗忐忑之心，拨通了那个号码。在电话中，我刚报上名字，电话那一端的段师就发出了爽朗的笑声，声音也提高了八度："我记得你! 你的本科毕业论文是我指导的! 你现在怎么样了? 为什么一直都没跟我联系?"我立即向段师表明了我想考研究生的想法，并说我还是想弄清楚我毕业论文中没有考虑清楚的那些问题。听得出来，段师颇为此而高兴，他对我考研的志愿给予了热情的欢迎和鼓励，并交代了我应该去看哪些书。事就这么成了，在 2003 年秋季，我顺利进入到段师的门下读硕士，而后又读博士，专攻中世纪哲学和宗教学，成为了段门的"亲炙弟子"。

考研的决定，大概是我一生中最为重要的决定之一了。这是我人生中的一个转折点，它将我的人生带入了另一个"平行宇宙"。至今，我当年的那些同事还会跟我念叨，当年如果你不走，你今天一定会如何如何。每听此言，我都一笑了之。借用阿根廷作家博尔赫斯一篇小说的标题说，人生就像"交叉小径的花园"，它有无限种可能，而且，你永远不能预知你将要走的这条路上会有些什么。而对种种可能性做出选择，又何尝不是"成人"的过程呢! 因为，如果人是这个世界最可贵的动物，那么，令它如此可贵的品质之一，无疑是人所独有的、令我们能够进行选择的自由意志。而自由意志之所以可贵，乃至如普兰汀格所论证的那样令这个世界"好过没有自由意志但不作恶的可能世界"，也许并非如基督宗教哲学所说的那样乃是因为它来自于"上帝的形象"，而是因为它自身所具有的绝对价值——它是"人"的自然能力，是一种被给予的事实。当我在人生的交叉小径，做出了读研的选择，无疑是我运用自由意志的结果，而诱使、敦促我去行使我的自由意志的，无疑是段师！

正式成为段门弟子后，我才得以跟段师有更多的交往与交流，得以更好地了解这位哲学教师、"爱智慧者"和"父亲"。在他门下受教的这些年，用"如沐春风"来形容是一点也不为过的！

二

他是一位在教学上很有风格的哲学教师。他的哲学课堂，并不是我们印象中的那种"老师在台上正襟危坐、侃侃而谈，学生在台下呆若木鸡"的样式。事实上，在他门下受教的六年间，我们的课很少在教室里进行，而是大多安排在哲学学院的某间会议室。会议室通常有一暗红色的椭圆形大桌，有绕桌一圈的敞大的黑皮座椅，上课时，硕士博士们围着桌子一坐，就是一个课堂。你可以端坐，也可以跷着二郎腿，你可以趴在桌子上，也可以整个身体后仰，倚在那宽大的椅背上，以至于能闻见座椅的皮子散发出的独特香气。我们时常可以品尝到段师给我们带来的上好的茶叶，也能经常吃到段师带来的零食，大多是他从老家带回来的花生、大枣一类。据说，在更早的时候，学生还有在他课堂上抽烟的自由，你可以一边大谈宗教和哲学，一边吞云吐雾，飘飘然宛若"云中仙"，比我入门早的桑靖宇师兄（现为武汉大学哲学学院教授）和董尚文师兄（现为华中科技大学人文学院院长、教授）就是这其中的"翘楚"。很可惜，虽然也有此好，但在他门下的六年间，我几乎没有享受过这样的"特权"。这大概是因为空间逼仄，吸烟会危害到他人的健康，特别是因为学生当中的某些淑女的反对，段师下了一道禁令，禁绝了学生中的这类过分自由的行为。无论如何，这种无拘无束让我们感到非常的放松，在这样的课堂上，你的身体总不会有任何的不适，以至于会干扰到你灵魂的活动。我总以为，追寻知识，尤其是追寻智慧，到底应该是件令人非常愉悦的事情，且有所得，似应如孟子所说的"则不知足之蹈之手之舞之"（《孟子·离娄上》），而对于外在形态的过分严格的要求，如果不会冲抵掉这种愉悦，也大概会减损这种愉悦。

在段师的课堂上，这种无拘无束不仅是肢体方面的，也是思想方面的。段师的教学从来不是那种灌输式的、宣讲式的，而是通常由对话和论辩构成。一般说来，我们会事先被要求读一些经典文本（段师称之为"元典"），在上课时，则由我们先解读文本，然后，段师就文本抛出一些问题，要求大家进行讨论。必须说，就我的体验而言，这种讨论是非常自由的——我们每个人都可以有自己的见解和理由，而且，时常还会有非常激烈的论辩，同门间为了一个问题相执不让的场景时有发生。每当起争执时，段师都会充当协调者的角色。当然，他不会立刻肯定哪一方的答案，而是要求双方先把自己的理由讲清楚，然后大家再来一步一步地考量双方给出的论证或理据。他的课堂就像一片海洋，那些辩论就是些理智的浪涛，而他则赋予清风与和平。更为难能可贵的是，虽然在智识与学养上要远甚于我们这些年轻人，但段师从来没有以权威而自居，当我们向他的观点发起挑战的时候，他也并不以此为愠，而是努力去倾听并为自己的观点进行辩护。如果最终证明他的看法是对的，他就会跟一个老小孩一样，满脸笑意，得意地对他的论辩对手（这个倒霉的对手常常是我）说："怎么样？你觉得是这样吗？"而一旦最终证明我们对他的挑战是合理的，他也会做出让步，大方地承认他可能出了错。段师在对待我们这些学生的时候，总是抱有的一条原则是：在真理面前，人人都是平等的。故此，在我们有人想发表跟他相左的意见又嗫嚅不敢言的时候，段师总是爱引用亚里士多德的"吾爱吾师，吾更爱真理"加以鼓励。这样一种宽容、自由的氛围，实在是亲近真理、培养思想的最好的土壤。而且，这样的思想修习无疑就是古希腊哲学家们所倡导的"沉思生活"的一种形式——按照亚里士多德的说法，那就是如神般的"幸福"！这样一种幸福的感觉，是我在段师的课堂上经常可以体味到的。我们的课常常上得忘了时间，特别是下午的课，好多次都拖延到夜幕降临，一直到大家饥肠辘辘了才不得不停下来。可是，谁也不会因此而有抱怨，起码在我而言，往往还意犹未尽，那种徜徉于思想之境的愉悦，岂是一顿晚餐可以比拟的！

虽然如此，但这并不意味着段师不会在课堂上设置任何的边界。比如，我们的课堂讨论不能信马由缰、东扯西拉，必须围绕着要讨论的问题展开，一旦谁的发言与问题无关，段师总会及时制止，把讨论拉回到轨道上来。再比如，我们也被要求在发表意见时务必清楚明晰，每每听到我们支支吾吾说不清楚一个观点或论证的时候，段师总会把头从他面前的文本微微抬起，然后用眼镜后面那双威严的眼睛盯着那人，问道："你说的到底是什么意思？"因此，尽管在他的课堂上，气氛是极为宽松的，而且，他也时常用他一辈子也未曾摆脱的河南乡音给我们幽默一下，引得我们前仰后合，但我知道，我的那些在座的同门，跟我一样，在享受这样的思想之宴的同时，也不免有"战战兢兢，如履薄冰"之感！

段师总是跟我们强调"思想的谦逊"。在我看来，这跟他所言的"真理面前人人平等"的要旨是一致的。如他经常向我们告诫的：哲学，并不等同于要求有精确答案的数学题，它的真理或者智慧，是一个我们必须努力趋近然而却可能终不能到达的目标，正因此，我们要在真理面前保持谦逊。进而，正因为作为有限的人，我们都可能在真理的问题上犯错，因而，在真理面前，我们也是人人平等的。他也时常给我们提起我们的师公，也即他的尊师陈修斋先生的一个著名观点：哲学无定论。每次谈到陈先生的这个主张的时候，段师总会加上一句说："有定论的东西，称不上哲学！"可是，我那时年轻气盛、颟顸鲁莽，并不能深刻领会这句话的意思，每有所得，便如真理在握，遇到与人争执的时候，毫不相让。印象最深的一次是在讨论安瑟伦的关于上帝存在的"本体论论证"的时候，我跟段师发生了激烈的争论。我坚持认为，我们使用的那个流传颇广、被奉为经典的读本在翻译安瑟伦的这个论证时有根本性的错误，我力陈："按照那个版本，安瑟伦的论证在形式上就是有问题的，根本逻辑就不通；而且，我也有好几个英文的版本表明，那个汉译本是有误的。"但看起来段师却对我的这一意见并不买账，决意要维护那个汉译版本的权威性。我在据理力争的同时，也是声色俱厉，情急之下，竟然对着段师拍了桌子！当时的课堂气氛，极为紧张，霎时间整个房间都安静下来。大家先是惊看着我，然后都望着段师，而我也意识到刚刚已是极为失态，乃至"嚣张"了。还是段师老辣，马上以幽默化解了尴尬气氛："有理不在声高，桌子敲得响就表示你有道理了？敲坏了桌子谁来赔？"他就那样看着我，带着笑容，眼光里又有说不出的严厉，就像一位父亲看着自己气急败坏的孩子一样。我顿时哑口无言，恨不得找个地板缝钻进去。后来，段师专门给我打了一个电话，给我语重心长地讲起了"为人之学"和"为己之学"的区别。他说，我知道你说的有你的道理，可是，我需要提醒你的是，哲学是没有定论的，但凡认为自己真理在握的人，往往就偏离真理的道路了。他还说，学问之道，并不在于展示自己的智力以获得别人的夸赞，那是一种理智上的骄傲和夸耀，是学问之大忌，真正的学问之道，乃在于真理面前的谦逊，只有先确立这种态度，我们才可能真正靠近真理。这种深刻的教诲，令我终生难忘！尽管直到今天，我仍然认为，在哲学的研究领域，有一些东西是有定论的，比如对某个哲学文本的翻译（包括引起我跟段师争执的那篇译文）和理解，无疑是有正误、好坏之分的，但是，段师对我的敲打，却使我这个哲学门徒深受震撼。当我成了一名哲学教师之后，我跟自己的学生最先传达的，也往往是这个理念。哲学的精神，如段师所言，在于"求真"而不是"获真"，或者如苏格拉底在两千多年前就给我们这些后世的门徒定下的，在于爱智慧的活动，而不是自以为有智慧并为之沾沾自喜。

段师对我们这些学生，既慈且严。他会准许我们犯错，甚至会宽容像我那样对他敲桌子的忤逆不道的行为，但他不会容许我们在根本性的问题上犯错。这些根本性的问题，除了上述的对待真理的态度，也包括为人处世方面。比如，段师不会容许我们对前辈师长不尊重，尽管我们跟他说话很随意，有些胆子大的师兄（比如董尚文师兄）更是口无遮拦，经常没大没小地拿他开涮，但段师从来都是嘻嘻哈哈不以为意，但是，一旦我们论起别的前辈师长的不好，段师立马就会脸色一沉，对我们加以呵斥和训诫。段师极少在我们面前臧否人物，也不容许我们对别人尤其是同行妄议，无论是评论别人的文章还是为人。我能意识到，我当时对那篇译文的激烈批评，之所以引得段师对我的严厉敲打，除了我的无知骄横之外，也因为那无形中已是对那篇译文的译者——一位德高望重的、已逝的哲学界老前辈的贬损。那本书是由新中国成立后最早的、最为优秀的那批西方哲学学者所编译的，而那些译者中，不仅包括我的师公、段师的恩师陈修斋先生，也包括许多其他的曾经对段师有过教诲与提携之恩的老一辈学者。段师当时之所以决意要维护那个译本的权威性，恐怕也是想维护那些大多已逝的前辈学者的尊严。这也符合段师一直以来对我们的教导：作为一名好的学人，不仅在学术上要谦虚，在为人上也必须谦逊忠恕。我还记得在我博士论文开题的时候，因为我的开题报告涉及一位前辈学者的观点，而我的评价不太客气，段师当即就对我指了出来，认为我的那一评价过低了，有失公允，并且责令我必须改过来。尽管我当时并不服气，但事后还是听从了他的意见。他让我明白，尽管学术是一种智力活动，但学术之更深刻的意义乃在于，它是一个学人养心问道的过程。在前一个意义上，以任何形态出现的学术争论都是正当的，然而，在后一意义上，那些对同行恶语菲薄，乃至人身攻击的所谓"学术争论"根本就算不上学术争论，更不是君子之道。

但这也绝非意味着段师要教我们做孔子所贼之的"乡愿"。段师本人无疑是一个思想独立而自由，对人对事原则性都很强的人。对于社会的不公义和各种悖德悖理之事，他自然是视之如仇。虽然极少议论别人的是非，但是，对于丑恶之人，他也毫不姑息。只不过，在表达自己对人对事的意见时，他并不会如怒目金刚一般，而是尽量温和委婉。用他经常跟我们说的一句话就是，为人为学的"极高明"境界，不是别的，恰恰是"中而庸"，任何事情若走了极端，就会适得其反。于此，我只举个例子。细心的读者，如果看他所著的《宗教概论》和《宗教学》两本书，就可以领会他这方面的智慧。他是深受马克思主义影响的那一代学人中的一位，熟谙马克思主义的理论，也深得马克思主义的精髓，他的这两部著作，就是以马克思主义的宗教观为指导，再结合他自己对宗教的深刻理解而写就的。在这两本著作中，尤其是在后出版的《宗教学》一书中，他花了很大的篇幅来谈"宗教与社会主义"，而且其笔调与党的有关宗教工作的文献所持的口吻很像。若年轻的读者看了，定会觉得那一部分过分老套，与整本书的格调并不协调，简直是有损整本书的学术价值。说实话，当初我作为他的书稿最早的读者之一，也曾为之感到疑惑不解，还曾就此向他表达了"抗议"。但是，如果读者细读的话，就能发现其中的深意。他在这部分的写作，决不是为了批判宗教、倡导国家对宗教进行更严厉的管控，而是相反，作为一名宗教学领域里的资深学者，他是在呼吁我们的各级政府，呼吁主管宗教的各级官员们恪守我国宪法所规定的"宗教信仰自由政策"，"依法治教"，防止宗教工作中的"左的"倾向，以正确、合理而温和的手段来引导宗教与我国的社会主义制度相适应。其实，根据他与我们这些弟子数次的谈话，对于我国的宗教政策和法规，他是十分拥护的，但是，对于其具体实践却多有看法，在本省主管宗教工作的有关部门向他"咨政"的时候，他也曾直言不讳地当面对他们工作中的一些失误提出批评和建言。他之所以这么写，并不意味着其学术独立性的丧失，相反，他是在以列维-斯特劳斯所言的"隐微写作"的方式，谨慎而理性地表达自己的观点和立场，尽一位知识分子的本分。可惜，他的这一"中庸之道"，我至今仍然学不来，看来还是修为不够！

三

我所认识的段师，不仅仅是一位杰出的哲学教师与人生导师，也是一位为学界所公认的优秀学者，为我所高山仰止的哲学家。

作为一名学者，段师是极为勤奋的，这恐怕是他这一代学人共有的特点。在1960年代于武大读本科期间，他恰好碰到史无前例的"文革"，最好的求知年月由此被无情的历史打断。毕业后，他又被迫下乡"劳动锻炼"，在偏远的鄂西县城鹤峰一干就是十年。这十年里，他下田干过农活、执过中学的教鞭，也曾在县委宣传部任过职。直到国家恢复高考，武汉大学哲学系于1978年重新恢复研究生招生，他才得以重续他的求学之路。这样一种经历，不仅养成了他特别能吃苦、特别耐得住寂寞的坚忍品格，而且也使他始终在求学、治学的道路上有种紧迫感。他在当学生时的情况我无从知晓，但依据他过去的导师杨祖陶先生的回忆以及他自己偶尔对我们透露的信息，我大概可以想见，他那时是极为用功的。据杨先生的回忆，段师在其以洛克哲学为主题的硕士论文进行答辩的时候，面对答辩委员的提问，不仅对答如流，而且竟能准确地说出洛克《人类理智论》哪一章哪一节在相关问题上是如何论述的，引得满座皆惊。要知道，洛克的那本书可是一本700多页的巨著！我想，这样一种能力，固然是与段师的过人天资不可分的，但也能从一个侧面，反映出他在学术方面的发奋程度。

在他门下受教的这些年，对于他的辛勤，我是多有所见。除了教学之外，他几乎把一切时间都投入到了看书与写作上面。如果没有什么急需处理的事情扰乱他的生活节奏，他的生活完全就是康德式的：每天四五点钟就起床，开始看书写作，然后吃早饭，出门走两圈，继续看书写作，吃午饭，午休两个小时，起来继续看书写作，吃晚饭，绕着珞珈山散步一圈，回家看会儿书或者处理邮件之类的杂事，晚上十点准时就寝。任何时候我去他家拜访的时候，都会见他在书房忙碌，一般他会要我先在客厅吃点他或者师母预先准备的小零食等着他，直到手里的工作告一段落，他才会从书房出来跟我谈事情。他极少外出，特别不喜欢开会，在他看来，很多会议，包括所谓的学术会议，都是在浪费时间，他甚至也奉劝我们这些学生少开些会，把时间花在正事上。在家中，他似乎也没有多余的心情来处理家务活，所有的家务事，都由我们师母扛了下来，以至于我有次听见师母跟我们抱怨说："你们的老师属于那种油瓶倒了都不知道扶一下的人！"他也曾担任过几年的行政职务（哲学学院的党委书记），但是后来在本有机会连任的时候，他却毅然退了下来。一般人会为此感到失落甚至愤懑，但是，段师对此倒是平静得很。不唯如此，有次我们谈起了这事儿，段师还笑着说："我哪有什么失落的？我高兴还来不及呢！我原来担任行政职务，既是因为不好推脱，也有为我们宗教学学科发展考虑的缘故。现今，我们的学科已经发展起来，我也不用操这份心了，刚好可以摆脱那些杂七杂八的事情，专心做学问！"更有甚者，为了与时间赛跑，他连自己的一些个人爱好都戒掉了，比如，他特别喜欢打"双升"，但是在我的印象中，除了有一段时间，他会定期召集我们这些弟子（一般一周一次）打上两把放松一下，后来就再也没有了。而其原因，无非是他认为太浪费时间了。我常常觉得他就是一架工作机器，如果不是机器的话，那也至少够得上"清教徒"的标准！这种超负荷的工作强度，常常令我们为他的身体状况担忧，而每次我们向他表达这种关切的时候，他总是不以为然。他还老拿托马斯·阿奎那的例子来为自己辩护说，阿奎那虽只活了49岁，但其留下的，却是人类思想永久的遗产，而他之所以能够如此，概因心无旁骛、全神贯注。他总觉得，人生在世，总要留下点有价值的东西才好，对一个学者而言，尤其如此。

苍天毕竟是有公义的，并没有亏待这位勤勉的学者。段师多年的辛勤耕耘，已然结出了丰硕果实。他早年跟随陈修斋、杨祖陶两位先生治近代唯理论与经验论，尤其专攻莱布尼茨哲学，成为了这个领域内的顶尖学者，并且具有了国际知名度——早在二十多年前，他就是极少数能够坐到"世界莱布尼茨大会"主席台上的中国人。在20世纪90年代于美国访学期间，他又分出一部分精力研究"死亡哲学"，回国后撰写的《死亡哲学》风靡一时，成为国内死亡哲学研究的开拓之作，不仅获得过国家级的图书大奖，就连中国台湾、香港一些地区的知名大学都引为教材或参考书。再后来，他的研究兴趣又转向了宗教学和欧洲中世纪哲学，不仅一手创建起武汉大学的宗教学学科，发表、出版了数十篇（部）宗教学领域的论文和专著，而且，还为国内之前几乎是空白的中世纪哲学研究立下了筚路蓝缕之功，这十多年来，他一直在翻译、研究阿奎那的《神学大全》、《反异教徒大全》、《论存在者与本质》等经典著作，成果斐然，不仅引国内学界侧目，而且还获得了国际性的关注，被世界著名的中世纪哲学专家、哲学家、美国人文和科学院院士 Eleonore Stump 教授誉为"中国的波埃修"。与此同时，他也没有放弃原来对莱布尼茨哲学和人本主义哲学的研究，他在近些年出版的《莱布尼茨哲学研究》、《主体生成论》等著作也为他赢得了诸多美誉。综合而言，就段师这四十多年来的学术生涯看，他的研究领域之宽广，哲思之深邃，完全可配得上"博大精深"四个字，而其等身之著述，论质论量，都无愧于一个一流学者的标准！

在我看来，段师不仅是一位一流的哲学学者，而且，早已经登堂入室，成了一位真正的哲学家或者说"爱智慧者"。他对于"哲学"这门学问有着清晰的看法，如他曾告诫我们这些学生的，要做好哲学，有三点是必备的：其一，要有清楚的论证，也即说话要有根据、讲逻辑；其二，要对生命有深刻之体悟；其三，要在前二者的基础上有所创见。以我的体会来看，这实在是判定一个哲学家的"三法印"：论证、情怀与创造力。论证的明晰当然是一个哲学家之必备的技能，从古希腊哲学摆脱神话的束缚独立发展之始，清晰的论证就是"哲学"这门科学的"刚需"。而这恰恰也是当下的中国哲学学人比较缺乏的能力，国内眼下的人文社科类学术期刊上，充斥着太多的主题大而无当、内容空洞无物、逻辑混乱不堪的所谓"哲学论文"，它们之令人最不堪忍受的毛病，就是只有似是而非的断言而没有精细的论证，这实在是哲学之大害！但是，另一方面，如果一个哲学学者没有情怀，没有对宇宙和生命的敬畏和关怀，那他的学问也不能算好哲学，他也不能算作一个真正的哲学家，即便他进行哲学论证的技巧非常纯熟，可以在逻辑上做到无懈可击，那也只是在玩一种智力游戏而不是在从事灵魂之事业。除此以外，一个哲学家，还必须有自己的创见，对于哲学的那些主要问题有自己独到的看法与贡献，如果只是孜孜于"义理"、"考据"之类，即便做到极致，也只能是一位哲学史家而不是哲学家。我之所以认为段师应该被归入哲学家之列，概因从他在他所擅长的那些研究领域的耕耘成果看，他无疑是满足这"三法印"的。

段师这些年以论文或专著形式发表的作品，每一件都堪为上乘。如果我们细细读的话，不仅可以发现其逻辑之严谨、说理之透彻，而且，还可以看到他深切的问题意识，看到一个对世界和人有着深切关怀的爱智慧者的形象。更为难能可贵的是，如果我们把他这些年的学术撰著及其思想放在一起看，我们会发现，段师借助于在其多个领域的研究和思考，已然形成了自己对于人（以及世界）的系统性的而且内在一致的哲思。根据我的粗浅理解，段师最近几十年的学术工作，大致集中在这三大主题上：主体、死亡与宗教。这三大主题看似相互独立，但在段师的处理下，它们之间获得了内在一致的逻辑关联。

段师的整个哲思体系是以"主体"作为起点的。"主体"不仅是整个西方哲学的核心主题之一，而且也是对于有意识的人来说最大的、恒久的迷思之一。在某个意义上，它甚至可以被视为一切哲学致思的首要问题。因为，任何的思考，都是"我在思考"，无论我们是否相信那些能被思考的"外在"对象是实在的，我们都必须在第一步就对"自我"的实在及其本性进行确认，这是我们一切思考的绝对前提。这样一种观念，不仅可以追溯到笛卡尔，而且可以一直追溯到哲学之真正的开端者苏格拉底那里。我以为（而且段师也一定会同意），苏格拉底之所以要通过"认识你自己"这一主张把哲学"从天上拉回人间"，其原因不仅在于苏格拉底更关心在我们能力范围之内，而且与我们的生命关联更大的"人事"，也在于这样一种很强的理由：除非我们能确认"自我"这一主体的实在及其本性，否则，我们不可能对世界有任何的可靠言说。

我暗自揣摩，这恐怕正是段师那部被许多业内同行誉为"真正的哲学著作"的《主体生成论》的逻辑起点。在这部著作中，段师探讨了人性主体的建构问题。他不仅翔实地考察了整个西方哲学史关于主体的学说，而且也用比较缜密的哲学论证表明，主体的"实存"是我们能够确认的最基本的事实之一（如果不是唯一的事实）。那么，这一主体的性质如何呢？段师指出，这一主体的最根本的性质，就是其有限性与未完成性。就这一主体是有限的而言，它与"神"相区别；就这一主体是未完成的而言，它不仅与"神"相区别，而且也根本不同于并且超越于动物。然而，我们还需要进一步追问：当我们说这一主体是"有限的"与"未完成的"时候，我们的根据是什么？在这个问题上，段师的《死亡哲学》又给出了丰满的回答：人的最根本的有限性，乃在于人的"有死性"。正是因为人的这种最大的、无可逃避的可能性，人因此是"向死而生"的（海德格尔语）且"未完成的"存在者。作为"未完成的"存在者，这一主体对于生存的完满，或者说，对于"成为你自己"（尼采语）乃至自我生命的超越性形式保持着一种本底的冲动——它永远渴望着成为自己尚不是的"未来之人"。在段师看来，这是我们人性主体之深刻的"意义之维"、"未来之维"与"超越之维"，也是人之主体性的终极意义所在。借助于这一意义，段师别出心裁地将主体之"向死而生"的规定性升拔为"为希望而在"，并且在此基础上建构了他自己的"希望人学"：真正的主体，乃是一个满怀着希望或理想，面向未来的各种可能性，不断地以创造性的人生筹划"生成"自身并最终走向完满的自由的个体。以我的粗浅理解，这一"希望人学"正是祛魅了的"希望神学"，它与段师的另一重要研究主题——宗教乃是暗合并呼应的。因为，当这个"有限的"、"未完成的"主体在面对绝对超越于"我的"认知、为"我的"理智与经验皆不能把握的死亡时，它所能借以抵抗死亡、抵抗非存在之绝望的，唯有希望！而希望，正是一切宗教的核心要义。或者如段师在他的宗教学著作中反复阐明的：一切宗教的秘密，都在于一个有限的、未完成的、此在的自我对一个无限的、完成的、美善而理想的自我的渴望！

综而论之，段师在这三个主题上的倾心研究与沉思已经形成了他对于"人生在世"的完整的、内在一致的且带有鲜明的个人印记的看法：我们是实存着的主体，但也是有死的主体，并因此而是有限的与未完成的主体；这一主体要反抗死亡，最终生成或完成自己，必须满怀希望；而宗教，正是这个主体将其希望付诸实践时所采取的最古老，也是最崇高的一种形式！显而易见，即便并不是所有人都能欣赏、认同这样一种沉思，但谁又能否认它的深刻性与独特性呢！谁又能否认它其中所饱含的对于生命以及世界的深切关怀呢！作为这一沉思的"主体"，段师岂非是一位真正的哲学家，真正的爱智慧者！

四

对我而言，段师不仅是一位良师，不仅是一位令我仰望的优秀学者和哲学家，更是一位父亲。在他门下的这么多年，除了在学业上受教于他，得他的耳提面命、教诲敲打之外，在生活上，也受到他的诸多关照。

段师并不是那种跟自己的学生往来密切的老师，这倒不是因为他在人情方面比较冷漠，而是因为他绝大部分时间都放在了自己的学术研究上，极少有精力来处理那些"俗务"。我们这些门生也深知此点，所以，尽管在任何时候，我们都可以不用预约就敲响他家的大门，但我们却并不愿去叨扰他，除非有比较重要的事非得他处理不可。虽然如此，但他总在默默地关注我们的成长，只要他的学生碰到困难，他总会在第一时间知晓并提供慷慨的支持与帮助。我相信，他门下的学生，没有哪个是不曾受过他恩惠的。

段师给我的恩惠甚多！他曾对我多有偏爱，虽然我不时在课上跟他发生争执，甚至无礼顶撞，他也从不曾怪罪于我，只是旁敲侧击，对我循循善诱。尽管他从未曾当面夸赞过我，但在背后，在跟别人，甚至在跟我的那些同门面前提起我的时候，他也总说我的好处。他曾对我在学术方面寄予了一定的期望，早在我读硕士学位的时候，他就命我做他的学术秘书，还让我以唯一的硕士生的身份参与他所主持的阿奎那著作的翻译工作。对于当时的我来说，这是一份极难得的荣耀，也是一份极好的"工作"，不仅令我可以在他身边跟着他学习怎么做学问、做事、做人，还能从他那里得到一定的报酬，纾解我囊中之羞涩。在我成家之后，他也时常关心我的家庭情况，嘘寒问暖。我不会忘记，在我女儿刚出生那段时间，我过得异常艰难，若无段师与师母那般扶助和救济，我当时断断是难以坚持下来的！段师给予的此等恩情，我没齿难忘！

在段师与我们的师生关系之中，他都是一个给予者，从来不曾求得任何的回报。比如，逢年过节，我们这些学生照例都要去他府上拜望，但若拿了东西，他总是会过意不去，甚至嗔怪一番，说他不缺吃不缺穿，根本就不需要我们给他买些什么东西，临了，他还要转赠一些东西给我们。我记得，当我参加工作拿到第一笔工资后，因为听说师母时常脚痛，为表孝心，我给师母买了一只带有按摩功能的洗脚盆送到府上，结果却遭到段师的好一顿说，直言我是浪费钱财，不会持家，弄得我颇不自在。去年年底的时候，众同门相约要为段师今年的七十大寿大办一番，因为深知武汉冬天之湿冷，而段府又地靠山阴，冬天尤其难熬，于是我倡议大家凑钱为段师安装一套取暖设备，以便他在冬天里也能安然工作。结果，当牵头的翟志宏、黄超两位师兄（现分别为武汉大学宗教学系正、副主任，教授）把这一提议报与段师知晓后，又遭到了段师的无情否决！其理由也不外乎他"不需要那东西"，怕我们为他"浪费钱财"。他甚至连学生的饭都不吃。我们每次同门聚会的时候想邀约他，基本被他拒绝了。在印象中，除了在答辩或者接待国内外来讲学的学者这样的公务场合外，我跟他一起吃饭的次数实在是少之又少——一次是他过六十大寿的时候，我们这帮学生偷偷为他安排了一个简单的寿宴，他虽百般推脱，但还是被我们硬架着去了；一次是去他府上找他有事，正值吃饭的时间，陪他吃了一大碗师母做的烩面；另有一次，是我跟白虹师兄（现为武汉轻工大学艺术与传播学院副院长、教授）在他家讨论一本书的提纲，因天色已晚，师母又不在家，我们就近找了一家餐馆吃了一顿，饭钱还是他来付的！我知道，段师之所以一再拒绝我们的邀约，乃是因为他是个清静的人，吃饭、闲聊并非他所爱，更重要的是，他的拒绝其实也是在体恤我们，怕我们为他花钱。他对我们这些学生，从来都是这样，只有白白的赐予而不求回报。而这，恰恰就是"恩典"。这一恩典，在神伦而言，是神对人的爱；在人伦而言，则是父母对子女的那种情感纽带的固有表达形式。

尤其令我感怀的是，每次带着妻小到段师家里拜望，临告辞的时候，段师总会拉上师母，执意要把我们送到楼下，跟我们挥手道别。好多次，我都忍不住回头，看到那个日渐消瘦而衰老的身躯仍然站在楼下，目送着我们离开。那样的场景，也是我每次离家跟我父亲道别时所看到的!

最近一次见段师,是在三个月前。我告诉他我新买了一辆车,段师听闻后,亲自跑到车旁前前后后地看了一番,多有美言,脸上有难掩的笑意。看得出来,他的高兴是发自内心的。那样的神情,我之前还曾经见到过两次。一次是我以全优的成绩获得硕士学位的那天晚上,我们几个同时答辩的同学办谢师宴,他在席上高兴得很,很少沾酒、更不抽烟的他,不仅酒喝得微醺,而且还破天荒地抽了好几根烟。另一次,则是我跟濮荣健师兄(现为山东大学老师)博士论文顺利通过答辩当晚的宴席上,他又是喝得满脸通红,还频频举杯,四处出击,向答辩的委员们敬酒。尽管在我而言,买车根本就是件微不足道的事情,其意义远远比不上我当初在学业上取得的进展,也比不上我出版一本专著或写出一篇像样的文章。我把这事向他呈报的时候,本是内心惶惶然。但他仍会为我而高兴,似乎只要是我这个不肖门生在生活或事业上取得了哪怕一丁点儿的进展,都足以使他欣慰了。而我,在每次面对他的时候,则总是为自己仍没有作出一点成就,有负于他的一番栽培而感到愧疚,感到诚惶诚恐。这也是我常常从我自己的父亲那里领受的!那天,在我告别的时候,段师同往常一样,在楼下跟我挥别,并叮嘱我注意身体、注意行车安全。当我驱车离开,从后视镜回望的时候,依然没有落空地看到了他的身影——他就那样直直地站在那里,向我的车远远地挥着手,像一棵摇曳着的大树!

光阴荏苒!当我第一次见段师的时候,他是一位五十出头的中年人,那时的他还是满头黑发、额头平展,精、气、神俱足。十年前他六十大寿的时候,虽说皱纹已爬上了额头,但精、气、神也俱在,当时,他还戏言,别人是"三十而立",他是"六十而立"。最近两年,他已明显地现出了些老态,那些皱纹如他的思想一般在不断加深,而满头的华发也已如秋天的蒹葭白露一般,闪烁在时间之河畔。然而,他却没有真正地老去!直到古稀之年,他也依然保持着他一直以来的对于智慧的热忱,保持着对他所未完成的人生的渴望!退休之后,他依然保持着康德式的生活节奏,保持着清教徒般的简朴与节制,他似乎永远都穿着同一套土气的衣服,梳着同样的平庸发型，戴着陪伴了他好几十年的那副黑框眼镜，操着一生未变的河南乡音。他就像珞珈山上的那些磐石，有着至极的单纯，却比所有的花草都要丰富！他只是愈发的辛劳，他并没有像一般的老人那样含饴弄孙、颐养天年，也没有像某些退而不休的"资深教授"那样仍然在名利场里奔波劳碌，而是如一颗孤独而决绝的流星，在思想的天空加速燃烧自己——他想赶在他坠落之前，留给世间更灿烂的光亮！没错，他仍然在"生成"他自己，他仍然在向永恒的时间叩问着那个倔强的问题：这一切，究竟意味着什么？

好了，我亲爱的师父，生日快乐！

（本文作者系中南财经政法大学哲学院副教授）

教诲点滴在心 风范引我前行
——受惠终生的一段求学生涯

陈文安

2006 年，在步入中年之际，我重回美丽的武汉大学校园，有幸成为哲学学院段德智教授的一位博士研究生。初入段门的时候，段老师就语重心长地叮咛我，要能够静下来、坐下来研读元典，他反复告诫我，只有在哲学圣贤的真学问中方能感悟真智慧、品味人生至福，而领会哲学圣贤的真学问的最好方法就是静下心来研读元典。在攻读博士学位六年间，我和同门师兄弟一道苦读元典，聆听段老师的学术真言，慢慢进入中世纪神哲灵性时空，尝试着去分享中世纪西方神哲圣人托马斯·阿奎那的慧思之精微，每每忆及自己之前所怀有的种种关涉中世纪和阿奎那近似无知的看法，时有脱胎换骨之感。在攻读博士学位六年中，我更受惠于段老师对学术的孜孜以求的精神、对名利的淡然处之的境界、对学生的宽严相济和因材施教的教育行家的品格、对他人的宽容大度的胸怀。尤其是在进入博士论文选题、写作阶段，我遭遇到众多难题（特别是颈椎疾病的严重干扰，乃至威胁），人生之路突然陷入死胡同。正是段老师对我非常艺术的严格要求，还有更为重要的是先生给予我的充满慈爱的鼓励、竭力的支持和细致的指导，让我重拾信心，直面时艰，继续我的学业。段老师从博士论文的选题的确定、提纲的拟定，到博士论文的撰写，倾注了大量心血，还将他关于托马斯·阿奎那正义理论研究的近七万字的文字材料无偿供我使用，能遇上段老师这样严谨治学且精于教化之道的导师，是我的博士学业得以完成的根本前提，而攻读博士学位六年也是我终生受惠的一

70

段求学生涯。

　　段老师自20世纪80年代以来一直从事西方哲学和宗教学的教学和研究，其研究领域主要涉及欧洲近代唯理论和经验论、现代西方哲学人本主义、死亡哲学、宗教学原理和中世纪哲学，著作等身，硕果累累。段老师的开拓和创造性哲学探索填补了我国哲学研究领域的诸多空白。就像一滴水无法知道大海的浩瀚，我深知以我微薄的知识和根基尚浅的学养，既无法真正领会段老师丰富的哲学思想，更遑论去体悟段老师深邃的学术眼光和宽广的学术气度。下面我以段老师对阿奎那公平价格理论为例，来谈谈我这滴水的感受和体会。段老师在《晋阳学刊》2010年第4期发表了他的重要论文《试论阿奎那公平价格学说的理论基础及其现时代意义》，这篇文章给予了我撰写博士论文的信心，正是在此文的启示下，我形成了我博士论文的基本框架。在此文中，段老师首先从阿奎那的"正义论"入手，比较深入地探讨阿奎那公平价格学说的理论基础；进而紧密结合文本从托马斯·阿奎那价格学说的理论维度和实践维度依次对托马斯·阿奎那的"同等性原则"、"效用价值论"和"成本价值论"以及在"拒恶"中"行善"、在消除"不正义"和"不公平"现象中实现"正义"和"公平"的"辩证的实践观"进行比较全面、系统和深入的探讨和阐述；最后，对阿奎那的这一学说的历史启示和现时代意义做出了扼要的说明。该文考察并给出了阿奎那的"空前完备和系统的正义理论的框架"，对理解阿奎那正义理论的深度和广度及其对前人正义理论的超越，具有重要的学术价值；同时该文对阿奎那正义理论中的人学意涵的挖掘，对阿奎那公平价格学说中所蕴涵的辩证实践观和"执两用中"的方法论原则的强调，凸显了阿奎那公平价格学说对中国经济学研究的现当代意义。

　　公平价格学说是阿奎那经济正义理论的核心内容，西方研究者对此要么存而不论，要么仅侧重从其神学维度着手，将其仅看作是对基督宗教相关教义的被动适应，即仅关注其神学意义，而在汉语学术界对阿奎那公平价格学说的研究更为稀少，仅有一些学者从经济史料视角提及，且出现常识性错误。段老师论文对阿奎那公平价格学说的研究，既阐明了阿奎那公平价格学说的理论基础是正义与公平的张力，又分别从理论维度和实践维度对阿奎那公平价格学说予了更为深入和具体的说明和阐释，这一系统性、辩证性的研究澄清了一些学者在这方面的误解和偏见，对我们深入理解西方中世纪公平价格理论有重大的学术意义。

博士毕业后，我实际从事的工作领域和攻读博士学位的研究方向有较大的分隔，无法将段老师给予我的许多具有前瞻性的和富于深刻洞见的学术指导融入到我研究工作中去，但是段老师的人生价值取向和处世态度、学术精神、学术风范，已经如春雨入泥，浸润我的人生，引领我前行。

令我印象最为深刻的是，段老师真正将学术等同于人生，把哲学研究和对哲学真理的追求当作了生命的核心。段老师常和我们讲，人是一种面向未来、走向未来的未完成的存在，是面向无限、走向无限的有限者。段老师的学术人生就是这句话的最好阐释。从1963 年，段老师作为刚刚从豫北一所中学毕业的学子进入武汉大学哲学系学习开始，他一直耕耘在哲学学术园地，几十年如一日，把学术研讨作为自己人生最好的生存方式，无论是在喧嚣纷乱的"文化大革命"年代，还是在 20 世纪 90 年代后至今的物欲横流、道德日下的市场大潮中，他始终不为外界所扰，惜时如金，建构他自己的学术、工作、生活浑然一体的世界。我们这些段老师的学生都知道，段老师从不花时间和精力去经营社会人脉圈子。每次去段老师的家里，他都在埋头钻研，很少去应酬和出差，在这个浮躁和喧嚣的年代，一个人为了学术的信仰而踏踏实实地做自己喜欢做的学问，不为名利左右，这很少见了。记得，有一次和段老师在他家后珞珈山散步时，我向他请教对灵魂不朽命题的理解时，他从西方哲学和宗教学两个视角给了我一个很有启发性的梳理，进一步补充说，普通个人也可以做到灵魂不朽。当时我颇为诧异，一脸困惑，见我此状，段老师微笑着对我讲，你现在做阿奎那正义理论研究，真正弄懂阿奎那，研究透阿奎那的正义理论，并在此基础上进入正义理论学术历史中，然后从你对时下社会正义困境的反思出发，建构你自己的正义理论，当千年之后，人们为解决那个时代的问题而从你的理论中去找寻启迪，那么可以说你的灵魂已经开始不朽了。段老师就是这样一位追求灵魂不朽的学术大师，他将其一生奉献给学术事业，生命不息，学术研究不止，不断从自己的人生体验出发，反思和体悟学术问题，探寻具有超越时空的永恒价值的学术真理，实现有限人生向无限时空的转化。

也许在多少年以后，在某个炎热的夏天，我依旧能想到2006年9月，在武大人文馆六楼，那个逼仄的小屋里面，一大帮子人顶着西晒，唯一的小小的电扇很慵懒地扇着热热的风。我和师兄师姐们一起，第一次聆听着段老师的课程。我还清楚地记得，那时候段老师戴着黑框眼镜，清清瘦瘦的，操着带着河南口音的普通话，不紧不慢地讲着，还不时地抬头看看我们，我们十多个博硕学生一起挥汗如雨地记着笔记，大气都不敢出一口。这就是那时候上课的情景，也是后来很多次上课的情景。

在段老师的课堂让我印象深刻和受益匪浅的是他的教育行家的品格。在培养自己研究生过程中，段老师特别强调研读第一手资料，而且第一手资料也是他精心挑选的，他常说二手资料要查阅，但二手资料毕竟是别人的理解，虽然可以参考，但真正把捉哲学大贤的智慧只有一法，那就是反复研读元典。我刚入段门时就听师兄们讲段老师要我们扎实地读阿奎那的原文，不能偷懒，是很费时间和精力的研修作业。其中阿奎那的论文《论存在者与本质》，师兄们已经读过两次，我入段门后研读过两次，大部分还是原来的学生（除毕业的学生外），具体研读时，段老师会在开学初分配大家重点阅读和翻译相关的章节，正式研读时先由一个学生逐词逐句讲解并翻译，大家讨论。他给我们的授课就是如此，从来都是一段一段、逐字逐句地阅读或翻译元典，有时，我们甚至会在课堂上为了一个词的理解或者翻译问题激烈地进行辩论乃至争吵半晌，常常是大家相互评论驳斥，争得面红耳赤，吵成一锅粥，最后由段老师来总结评说。段老师这种方法常常吸引哲学院其他专业的博士生和硕士生前来旁听，这些旁听者受到感染，他们也积极加入论战，由于专业不同，导致讨论话题常常逸出研讨的范围，为此我们还不时临时更换教室，以便讨论更能深入集中。我们这些学生就是在段老师这种教学活动中较快地进入到我们的专业领域的本真地带，而不是浮在外围。段老师为实施这种教学讨论方式，常常付出大量的艰辛。他常说给人一碗水自己要准备一桶水，他备课认真，准备充分，教学严谨，在哲学院是有口皆碑的。段老师教学的严谨负责精神还表现在指导学生论文方面，学生从论文选题确定下来，就会面临段老师穷追不舍地追问，开题报告、论文大纲的每一个环节都要经得起段老师的拷问，就是在一次又一次问与答中，一次又一次的反复修改中，学生的论文框架基本形成。我的一个师兄告诉我段老师在指导他的博士论文的时候，就让他把论文的提纲改了七八遍，反复地调整，当时有种崩溃的感觉，心里埋怨段老师太苛刻了，简直是在折腾他，但是现在他经常和我讲，正是段老师在他读博士时的严格要求，让他充满学术自信地开展研究工作。段老师对学生的要求是严格的，但段老师做学问有大师的气魄，对学生不同专业背景、学术观点和宗教信仰的包容，并能因材施教，宽严相济，让每个学生得到恰切的指导。

段老师所体现出的那种淡泊宁静、治学严谨、踏实诚信、与人为善的精神风范，使我无论是在知识能力，还是在个人素质修养方面，都受益匪浅。今天，尽管段老师年已七旬，他依然奋力地耕耘在哲学、宗教学的学术园地，不断创造出令人惊讶的学术成果。

（本文作者系武汉理工大学马克思主义学院副教授）

也 是 生 活

——段德智教授七十华诞暨学术研讨会有感

郭金波

　　梁子湖是武昌鱼的故乡，也是武汉容水量最大的湖泊之一，流域面积 3200 多平方公里。今年（2015 年）4 月中旬的时候，我有幸到梁子湖参加段德智教授七十华诞暨学术研讨会，感慨无以言表。

　　段德智先生是我的研究生导师，也是享受国务院特殊津贴的国家二级教授。先生虽已古稀高龄，但身体硬朗，精神抖擞，在参会人员中格外引人注目。参会人员主要是先生的学生、学生的学生以及有关院系领导。哲学学院院长吴根友教授赋诗致贺："七十古稀今未稀，先生学术正当时，桃李天下蹊径远，著作等身美誉驰"。副院长郝长墀教授盛赞先生"立德、立功、立言"，为哲学研究特别是宗教学学科建设所作的杰出贡献。同门师兄弟姐妹一起解读先生的哲学沉思，追忆先生的谆谆教诲，有的甚至激动得流下泪来，严师、慈师、恩师的点点滴滴，有如梁子湖的水，表面上平静，内底里翻腾。七十古稀今未稀，先生学术正当时。

　　其中，提得最多的当属"段老师家的阳台"。同门大师兄桑靖宇教授回忆，在"段老师家的阳台"，先生指导大师兄修改硕士毕业论文六七次之多。大师兄精神"几乎崩溃"，甚至在一段时间里"不再来了"，硕士也"不读了"。先生也曾数次提到，后来这位大师兄还是回来了，并顺利完成了一篇较高质量的硕士毕业论文。及至大师兄攻读博士学位，先生说："就再也没怎么管过他了。"先生的"阳台"教导，有如"当头棒喝"，又如"化骨绵掌"，于有形无形之中，引领一众学生"登堂入室"。同门师兄弟王成军副教授断言，"段老师家的阳台"在不久的将来会成为一个新的典故。

而于我，参加这样一场学术研讨会，别是一番滋味。11年前，当我辜负同门师兄、师姐好意，决意不去攻读博士学位的时候，内心深处不无挣扎。先生在研讨会致辞中提及此事，让我唏嘘不已。11年来，我在岭南从事与学术完全无关的工作，本就少得可怜的语言和专业知识早已九霄云外。"段老师家的阳台"的召唤也不复存在。毕业论文后记中"期待重返，期待复归"的憧憬，怕是一去不复返了。

不过，感慨的绝不仅仅如此这般。研讨会的前一天晚上，我拿到先生《学术人生与人生学术——七十自述》一文，认真研读，仔细品味，以致辗转反侧，夜不能寐。先生"两进珞珈山，追逐哲学梦"。第一次是在1963年，先生"怀揣着录取通知书，背着一个包袱（用一个床单包着一个被子、一个毯子和几件衣服），从太行山脚下，几经辗转，来到了珞珈山"。第二次已是1978年，先生受教于陈修斋、杨祖陶两位老先生，学成毕业后留校任教。"两进"之间，先后在黄陂朱湖军垦农场劳动锻炼，在恩施鹤峰县担任中学校长，从事县委宣传等工作。重返珞珈山之后，先生于学海中苦心孤诣，独树一帜，在死亡哲学、人生哲学、宗教学、西方哲学史等诸多领域屡有建树，至今出版各类著作40余种，发表学术论文150多篇。更加难能可贵的是，先生退休后，几乎婉拒一切邀请和应酬，笔耕不辍，退而不休，每年至少出版两本著作。如此思想"井喷"状态，又岂能不让有志学术事业的后生望尘莫及，以至于"绝望"呢？

人间四月天，世外三春梦。江城四月，天气变化莫测，阴雨的天气给研讨会增添了几分厚重感。先生身上体现的人格魅力和学术人生精神更是如此。当同门师兄、武汉大学宗教学系主任翟志宏教授授意我也讲几句的时候，作为先生的一名学生，我只说了三句话：祝福段老师，感恩段老师，学习段老师。现在想来，学生学习老师乃应然之意，温习可能更为贴切，而且祝福、感恩、温习当三位一体，因为从某种意义上讲，温习、继承先生的学术人生精神，就是对先生最大的感恩和最好的祝福。而作为一个学术"局外人",我更应该温习、践行先生的学术人生精神,因为它已经超越了学术本身,具备了更广泛的人生和时代意义。

研讨会后,先生和学生们畅游梁子湖,接着又一起采摘草莓。师生谈笑间,其乐融融,其趣陶陶。先生两耳不闻窗外事,一心只读圣贤书,但也绝非"四体不勤、五谷不分"之辈。早年在朱湖军垦农场劳动锻炼时,先生开着插秧机,一天能拿下38亩地,当地农民也比不过他。先生关于生与死、人与神的哲思与他个人的人生体验不无关系。

先生还特意送给我一本他的专著——《新中国宗教工作史》,并对我说:"这本书可能对你有用。"书的扉页上竟写着:请郭金波先生斧正。内心里,我几欲跪拜。

古人云:读书不为稻粱谋,但开风气不为师。先生也写道:"梦想是一个人生目标,它总能激发人的种种潜能,排除万难,去实现梦想。"在功利主义盛行的当下,有梦想的人不可谓不多,但甘贫乐道、坐"冷板凳"的读书追梦人则少之又少。为师,或不为师,还有什么好说的呢?

活在当下,生活不在别处;

不忘初心,人间自有春天。

并遥祝先生健康长寿!

(本文作者现任职于佛山市公安局)

感 恩 的 话

姜廷翠

　　光阴似箭，无意中，恩师已步入古稀之年。恩师段教授在国内开创的对中世纪阿奎那神哲学的研究，如圣经所说的，由一粒芥菜种长成一棵参天大树，天上的飞鸟也来宿在它的枝上。对于老师的努力，我们已经不能用呕心沥血、桃李满天下等术语来形容，段老师强调的是一种人生境界和学术风范，不只是为学术而学术，更是将后人带入真理的殿堂。突出中世纪经院哲学在西方哲学发展史中的重要地位，同时也将基督宗教的研究作为一种终极实在的学说，为国人的哲学研究和基督宗教研究提供了坚实的哲学基础。在国内高校率先开创的宗教学研究不仅与国际学术接轨，也为国内宗教界争取了生存空间。

　　遗憾的是，从师三年，我并没有按照这个路径走下去，所以我感到愧疚。一是我智力水平有限，二是我作为一个新教徒，从情感上偏向于教父神学以及现代神学对人生存处境的关怀。那时我感觉到在中国社会更需要一个有"激情的上帝"，而不是阿奎那的"上帝没有激情"，同时阿奎那以研究自然科学的方法将上帝和人作为对象的研究使得神学系在知识论上不足以体现完备的圣经真理。这使我选择了作神学的研究，但是在本体论的探索过程中，发现多有力不从心之时。这才使我意识到经院哲学在神学研究中的重要性。幡然悔悟，唯愿时光倒流！

　　恩师在我们心目中不仅仅是一位卓越的哲学家，也是一位慈爱的父亲，一位体贴的丈夫，一位严厉、幽默和平易近人的师长。从未显出刻板和不近人情，老师的批评是高水平的——全是反语！幽默诙谐更让人无地自容!

从一件件小事我们能感受到老师的仁慈,有一次,我有很急的事情要处理,段老师在电话中说慢点,别急,注意安全!这提醒让我记忆犹新,内心充满温暖!

对于我选择另外的研究方向,段老师也非常支持和鼓励我,我感到老师对异己者的包容和接纳。老师那种积极向上的精神,使我在学途中遇到困难也不轻言放弃。

说不完感恩的话,盼望有机会再次聆听老师的智慧之言……

唯愿上帝赐福老师身体健康!全家人幸福美满!生命之水长流,寿诞快乐,春晖永绽!

(本文作者系香港浸会大学宗教及哲学系博士)

宗教多元论的生存论维度、
难题及其超越

杨乐强

一

宗教多元论所涉及的是人与终极实在或宇宙—神—人统一体的多元回应和多元会通关系，以及围绕这一关系展开的对人与自然、人与人、宗教与宗教、宗教与文化（科学、政治）的共生互补关系，对人在宗教上的未完成性、人的意义实现过程、人的圣化趋向以及人的自我陶冶、升华和超越等问题的多元叙事。

宗教多元论和生存论的关系问题是一个大课题，而简单地把前者归结为宗教问题，把后者归结为哲学问题未必是符合实际的。因为一方面，宗教多元论的核心关切是人与终极者的多元回应和多元会通关系，它以对人的主体意识的张扬，对人的多元救赎、人的意义的多元实现以及宗教际的求同存异和互补互促等重大问题的探讨，不可避免地切入生存论问题，或者说是以生存论的问题为其现实源泉的。另一方面，生存论涵摄多元论并进而涵摄宗教多元论，生存论层面的一般问题，也必然显现或具体化为宗教多元论问题，宗教多元论从宗教关系和宗教整体语境彰显出生存论问题所触涉到的广度和深度，并通过把宗教多元论的问题提升到生存论层面而使宗教问题同现实问题、人的宗教生存方式同人的多元生存方式实现合一，从而表明多元论问题在根源上的不可避免性、现实情势下的紧迫性和理念指向上的价值性，宗教多元论最终是对生存意义的建构，是对和谐生存之道的张扬，因而无论是作为问题还是作为命运，都既不可回避又无法选择，这在根本上是一种生存论定势。

宗教多元论之所以与生存论形成一种彼此涵摄或核心同一和层次分有的关系，这既与生存论的特点有关，也与宗教多元论的生存论禀性有关。

一般而言的生存论是一种关乎人之生命本体或生命存在的根本理论，是人作为空间存在和时间存在以及人作为个体存在和群体存在的具体方式及过程同天地物或宇宙、神、自然物的相互关系的理论。它以揭示和诠释生存之道来表达对人的生命、人的生存过程、人的实然生活与应然生活之转化关系、人的人化和人的圣化等要素构成的总体维度的根本关怀。作为对于人的自由自觉的生命活动的理论阐释与自我批判活动，生存论要求把经验的、感性的生活作为哲学活动的直接出发点，要求超越对人之生存的陋俗性的、素朴性的和实存性的理解，自觉地把人的生存看作是一种确定性与可变性、内在性和超越性、暂存性和永恒性、有限和自由的统一，人的这种张力性特征使人的存在具有一种既超越于一般存在物，又与周遭世界形成本质性关联的意义性存在。生存论强调个体生命存在的意义，强调个体生命存在意义的社会实现过程和宗教实现过程的统一性，强调人的生存意义具有从自然的、社会伦理的到信仰的无限上升升华的成人成圣的完满性质。生存论的这种理解和侧重本身就已经预设并内含着对于人的生存的整体性的和历史性的理解，包含着对从自我中心到终极性的实在转变的总体结构的再现和内在脉络的握捉，简言之，生存论既肯定人的当下生命存在、价值构建和意义积淀，也突现对未来图景的预设、对未来应然性群己和谐、天人贯通的期盼以及终极价值的实现，因而生存论本身就表达着一种关于人的应然生活的追求、理解与引导，并作为人自身生存实践活动的深层意蕴彰显人与终极者的关系、人与自然的关系、人与社会的关系、人与精神世界的关系、人与永恒或不朽的关系之中，从而突现人的生存的总体性、过程性和价值性等特质。

而宗教多元论之所以具有生存论的禀性，是因为宗教多元论在实质上是从宗教关系的视域所切入的对人的一种生存论探讨。这种生存论探讨的基本旨趣在于它把诸信仰河系中人的生存看成是未完成的过程，看成是从此在到彼在、从有限到无限、从自我到实在的转变过程，显现为在救赎/解脱之道中的生生不息、升华和超越以及圣化的终极价值的追求过程。其特点在于它张扬了信仰生活的个体性与群体性、极性存在和整体存在、经验与回应、主体自为性和信仰超越性的互渗互存、互促共融和信仰内与信仰之间的互补互益等特质。这就意味着宗教多元论本质上是作为一种生存论出现的，它以对宗教关系新的和谐境遇的期望和祈求，切入对人类总体境遇的生存论反思，因而，促发生存论语境的一般问题，也是引发宗教多元论的基本问题，宗教多元论既以对生存难题的宗教折射与生存论形成本质性的关联，又通过希克和潘尼卡的具体叙事显现其对生存难题的不同超越，即希克的宗教多元论作为一种生存论的探索，更多的是在自我与实在、真理认知和意义实现、苦难与心灵锻造、个体生活和伦理实践、成人与成圣等方面的互动中所表现出来的理性定规和理性框范的特征，潘尼卡的宗教多元论则直接从对人类困境的忧思中整合人的意识的不同凯逻斯阶段并厘定宇宙性信心，从而表现出它作为一种生存论所具有的信仰关怀的性质。两种多元论皆显现了其与生存论的内在关联，都分别表现和张扬着生存论的底蕴与维度，但希克更重于在宗教间突现其生存论特色，潘尼卡则直接以生存论突现人的实现是与整个宇宙相关联的整体性过程，人的圣化同人与宇宙的合一是一致的。

二

宗教多元论对人的生存张力、困境和人的未完成性的言说，本质上承袭了诸宗教关于当下处境的残缺不全、流弊虚假、苦难重重等否定性的观点，但它更重于从宗教关系的角度，从宗教之同一性和差异性的张力视域，或者通过把宗教上的张力同人的世俗困境关联起来的手法，来看待和处理宗教层面或宗教之间的生存论难题，这些难题可以看作是一般生存论视域中的张力和困境在宗教多元论语境中的再呈现或再探讨，从而突现宗教多元论所禀赋的生存论特质和价值旨趣。

第一，人在宗教信仰上的生存张力究竟是两极张力还是多极张力？一般生存论的张力预示着人的生存是在多重关系的交织中的生存，虽然如同人在信仰上与终极者的关系是一种两极性的张力关系一样，人与自然、人与社会他者、人与自身都被分别看作是一种两极化的张力关系，但从总体上看，人在一般生存论上面临的张力事实上是多极共在的，多极化的互动作为整体和完整的过程是不可分割开来的。而在宗教多元论的语境中，人在宗教信仰上面临的究竟是两极化生存还是多极化生存？对这个问题的肯定性或否定性的回答，都会使宗教多元论在理论上难以弥合实际的张力。若是两极化的生存，即要么趋向自我中心，要么趋向信仰对象代表的中心，那么两极之间的张力何以形成？它是否是决定一切的一种力量？它对人的实际的多极性存在有何影响等，需要宗教多元论做出比一般生存论更加具体的厘定和阐释。若是多极化的生存，那么这种生存是否构成对宗教信仰本身所要求的独一性和专注性的削弱和瓦解？是否会拆解信仰上的两极张力？对这类问题的解答也是宗教多元论在理论上的重任。对于宗教多元论而言，肯定两极化的生存与同时肯定多极化的生存无疑会产生某种不可避免的冲突，而如何化解这种冲突，却是宗教多元论不能不面对的难题。

第二，诸宗教作为生存方式，彼此之间充满张力，诸宗教之间究竟是本质同一还是决然对立？一般生存论不曾专门涉及宗教关系，但就其厘定人在信仰上与终极者的张力关系而言，它显然是把诸宗教统一在终极者上，因而诸宗教之间的关系被看作是以终极者为核心的同一性关系。宗教多元论无疑应该区别一般生存论的视域，能够见出比一般生存论更多或更深的生存论见解。但它如何摆置宗教之间的关系？如何从宗教关系的生存论上厘定诸宗教应然性关系？诸如此类的问题，必然促成不同多元论者的不同生存论取向，因而宗教多元论的生存论取向将折射出宗教多元论的定位难题。

第三，宗教意义实现的基础究竟是存在于宗教内还是存在于宗教外或宗教间？一般生存论断定意义——任何意义的实现都是一个参与生存过程的诸因素综合作用的结果，没有所谓内外、高低的区分。而宗教多元论对人的意义所作的生存论意蕴的厘定显然需要把宗教意义和世俗意义区别开来，把宗教内的意义同宗教外和宗教间的意义区别开来，这是显现宗教多元论之生存论意蕴的必然要求，以便与一般生存论相区别。但是，这样做的结果，显然是与生存论所要求的总体关联性发生冲突的，宗教多元论的生存论不可脱离或背弃一般生存论的总体关联性、过程性和价值性等特性，因而在人的意义维度彰显其生存论独特意蕴的同时，就不可避免地陷入与生存论的总体关联性的对抗。如何解决这一冲突或对抗，是宗教多元论的又一难题，它决定着不同宗教多元论的叙事理路的分野，也决定着不同多元论的价值取向。

第四，人的宗教化生存究竟是理性主导性的还是信仰优先性的？人面对不同的宗教生活方式究竟是以理性的观点加以审视还是以信仰的观点加以裁断？一般生存论张扬信仰对生存价值的引导，看重信仰在人的全部生存中的动力作用，信仰在总体上被看作是人的完整生活和趋向终极价值实现的精神标志；而对不同宗教生活之流的裁断，对不同宗教河系所涵摄的生存论指向的厘定，也同样顺理成章地采用信仰的观点。既然信仰被视作人的生存在精神上的核心内容，那么信仰的观点也就成为判断人类诸宗教的标准。但同时，一般生存论也并非以排斥或牺牲理性作用的方式来抬高信仰，事实上，理性在一般生存论语境中是作为人的构成性要素中的主导性力量，显现其在生存的"形而下"层面所具有的统摄作用，诸如对生存境遇中问题的判决、知识体系的建构、社会认知合理性的形成、政治方案或社会发展图景的设计、人际交往中同一性的寻求和确定性的获得等方面都贯穿着理性的主导性。简言之，一般生存论是分别在"形而上"和"形而下"的层面言说信仰和理性的地位和作用的，在"形而上"层面突出或强调信仰的优先性与在"形而下"层面张扬理性主导性和运用理性的观点其实是并行不悖的，不会造成生存论的语境冲突。宗教多元论有别于一般生存论，它是在宗教及宗教关系层面来看待宗教语境中人的生存所面对的信仰和理性的张力问题，对于这一问题的解决，既需要跳出传统宗教神学或者重信仰轻理性或者重理性轻信仰这一两极跳跃偏于一端的窠臼，又需要在宗教关系层面或在宗教多元的时代境遇中重新检视和厘定信仰和理性的作用，诠释人的宗教化生存所面临的理性与信仰的张力问题。对这个问题的解决，毫无疑问需要运用理性的观点，理性分析和比较是确定宗教关系的主导性的方式，信仰则变成了一个对象化的元素，服从于理性的检视，但这样一来，就必然与人的宗教化生存的信仰本质和信仰主导性形成对抗；毕竟，信仰若服从理性，人的宗教化生存将会崩解。而运用信仰的观点检视和厘定人的宗教化生存的张力问题，要么陷入从某一宗教立场看待所有宗教的褊狭立场，把其他宗教看成是非真实的宗教或原始的、不成熟的、低层次的宗教；要么需要建构一种全新的信仰观，保持信仰的精髓而同时对所有传统宗教作出一种统摄性的评断。这两种情况保全了信仰的主导或优先性，避免了理性对信仰应有地位的侵蚀和对信仰应有作用的消解，但同样带来了新的问题或使宗教间原有的问题更为突出和严重；即新的信仰的建构如何突现其普遍性的规范功能和根本性的价值关怀，它与传统信仰体系如何构成一种统摄性的包容关系，宗教间原有的排他性问题、宗教互动性问题、宗教伦理资源的再利用问题、宗教与世俗、与时代的关系问题等，不仅可能得不到解决，而且可能更为紧迫。简而言之，人的宗教化生存之理性与信仰的张力问题，是宗教多元论必须面对并应该加以断定的一个重要问题，它同样影响和决定着宗教多元论的不同路径和风格。

第五，人的宗教性和人的世俗性、人在宗教上的难题和未完成性与人在世俗生活中的难题和不完全性究竟如何划界，谁先谁后，彼此间是否具有同一性，诸如此类的问题似乎在一般生存论的维度和语境中并不构成一个根本性的实质问题，一般生存论以本体论的方式探讨人的生存，探讨生存过程的难题和生存过程的趋势以及人的生存价值性等问题，它言说超越性，但更主要的是立足了生存过程的具体现实性和对人之生存的种种张力和难题的分析和解构，达到对人的困境和人的不完全性的具体克服，一般生存论对人的建设性维护、对人的潜能的发掘和总体性价值关怀是当下的、现世性的，而不是末世论或彼在性的。但是在多元论的生存论语境当中，人的宗教性和人的世俗性的张力及其相互关系、人在宗教上的难题和人在世俗维度上的难题、人在宗教上的未完成性与人在世俗生活中的不完全性究竟是本质上相同的问题还是实际上彼此有别的问题？从宗教多元论的视域看这类问题能否获得一种属于宗教多元论所独有的统一性的划分标准？宗教多元论在构建宗教关系的应然性语境时是否应该涉及世俗性的问题？或者说是否应该以及如何确立人的宗教性和人的世俗性的关系问题？对诸如此类的问题的探讨是否能够获得某种确定的答案？既然宗教多元论注重的是相互性问题，宗教间的相互性当然是其语境中的最本己的内容，但从宗教多元论应有的基本特质看，除了宗教的相互性之外，它也内在包含着宗教间的开放性和平等性，其自身所张扬的相互性是以开放性和平等性为前提的相互性。如果仅此而已，或者仅仅把宗教多元论的开放性局限于宗教间的视域，那么，宗教多元论的开放特质无疑是一种内向性的特质。对于宗教与文化、宗教与政治或者一般而言的宗教与世俗等相互关系的考察，对于人在宗教上的难题和未完成性与人在世俗生活中的难题和不完全性之关系的厘定，如果不进一步贯彻宗教多元论的开放性等价值旨趣，那么几乎是不可能得到确定的和积极的成果的。在此显然包含着另一个悖论或难题，那就是宗教多元论之开放若是内在的，它对有关问题的阐释将是不彻底的；宗教多元论之开放若是从宗教关系维度转向所有维度的开放，那么它将由于过度开放而丧失自身确定性的标志，从这种开放性所能达到的确定性的结果可能在根本上不是一个宗教多元论所要求的结果，至少是不具有宗教多元论性质的确定性或结果，因而，人的宗教性与人的世俗性、人在宗教上的难题和未完成性与人在世俗生活层面的难题和不完全性的关系问题可以归结为宗教多元论之内在开放与外在开放的关系问题，而无论宗教多元论语境是倾向于内在开放还是倾向于外在开放，都会带来问题，这也是宗教多元论不得不面对的难题。

综上所述，宗教多元论所涉及的诸多难题在根本上是以宗教信仰方式表现出来的生存论问题，是人的宗教生存问题。它具有一般生存论视域中的张力性或悖论性，但它又不同于一般生存论，它更多的是在人的宗教生存视域中检视和把握人的信仰、人的意义、宗教同一性与宗教差异性、人的宗教性与人的世俗性、理性与信仰的关系等多重维度和多重张力。这些问题在宗教多元论语境的展陈中是作为不可逾越的难题促使宗教多元论倾向于与生存论关联起来的，从而表明宗教多元的深层源泉实质是由生存的多元性所建构的；同时，生存的多元性也在根本上决定着多元论的不同路径和各具特色的不同语境，即多元论的不同倚重和不同主题旨趣而呈现出来的各种彼此有别的多元论，包括哲学性的宗教多元论、宗教性的宗教多元论和伦理性的宗教多元论。不同多元论在凸显其具体性的宗教建构和宗教关怀时，有的凸显出对理性主导性的看重，把理性提升为一个通行标准，用以说明宗教关系，规定人在宗教关系上应该采取的态度和行为规范，从而表明人的宗教生存中的理性定规机制；也有的多元论看重信仰的优先性和信仰对人的生存困境的救治功能。由此可以说，宗教多元论是一个通称，在其名称之下呈现出来的是各种具体的、凸显不同特色的和不同主旨的多元论，这些彼此个别的多元论在叙事方式、价值倚重、末世言说等维度上很难见出某种一致性或统一性，因而宗教多元论作为宗教关系语境，是一种彻头彻尾的语境多元或多元语境。但是，尽管如此，不同宗教多元论以其宗教生存的内蕴和生存论旨趣而呈现为某种共同性的东西，这就为宗教多元论的生存论探索提供了现实的必要性和可能性。

三

我们已经厘定生存张力的多元性决定着宗教生活方式的多元性，决定着宗教多元论对生存论问题的不同反思和叙说，因而我们可以说，对人在宗教上的生存论难题的多元论探讨，实质上代表着对人类困境的不同解决或超越。本文主要以希克和潘尼卡的宗教多元论为例，说明对生存论难题的理性维度和信仰维度的解说，即希克以理性为尺度，试图通过达于信仰间的求同实现对生存论难题的超越；潘尼卡以信仰为准则，试图通过谋求信仰间的互补共存的叙事实现对生存论难题的超越。

希克从人的未完成性或人的生存困境出发，提出中介人理论和救赎论标准理论显现他对人之救赎的终极关怀，并凸显理性定规的特色。一方面，从宗教上看，人的生存问题直接被断定为人是未完成物，人始终作为过程而存在，人的生存始终表现为一个从当下状况到彼在的理想状态的演进过程，表现为从已达到的状态向更高情境的永恒运动；另一方面，人的成长又是在中介人的引导下走上救赎之道的。希克所谓的中介人是指所有那些信仰执著、灵性完善、道德高尚并以自己的实践展陈出激动人心的实在图景和显示出一种巨大转变性的力量的人物。最初的中介人是各大宗教传统的奠基者，之后有第二代中介人使其传统得到传承和发展。"由于中介人对更高的实在异常开放并作出相应的回应，因而他们为人类带来了认识神或实在者的方法以及与神或实在者相关的生活方式。"① 中介人的作用在于他能够洞见并揭示出一个最终是善的实在图景，引领人们对这一图景的憧憬并建立与这一图景的关联，以趋向实现一种更好的崭新生活，或者说，当人们按照中介人所揭示的实在图景展开生活的行程时，他们事实上已经进行了一场转变，并且相信中介人确实向他们传达了或展陈了实在的一个样式或实在的一个面貌，在这种传达和展陈过程中，实在从含混变为确定，从恐怖性的压力变成了激动人心的吸引力，人从受限制、不确定和悖逆转而获得自由、确定性与和谐。这些都是中介人及其揭示的实在图景所导致的转变，从中显示出无限好的生存所具有的价值导向功能。

希克进而认为，在轴心后时代，宗教之为宗教的核心性规定，在于它是否有一种救赎论的关切，也就是在其创造的语境中是否能够促使人的生存从自我中心到实在中心的转变。"轴心后宗教通过对各种不同语境的创造，使得人的生存能够从自我中心向实在中心

---

① John Hick. Problems of Religious Pluralism [M]. London: Macmillan, 1985, p. 75.

转变。因此，判定宗教的基本标准一定是救赎论标准。"① 救赎论标准提供了判断宗教的本质功能和基本价值的一般原则，由之我们就可以根据不同宗教传统及其构成部分（信仰、伦理、生活方式等）是促进还是阻碍从自我中心到实在中心之生存转化，来判定它们的价值。

救赎论标准对人的从自我中心到实在中心转变的勘定，在本质上和基本倾向上是通过伦理规则或伦理标准完成的，后者既构成救赎论标准的内容和具体的操作性，也以对人在道德上的生存转化的确定突显救赎论标准的主导性和普遍性，二者是相辅相成不可分割的。总体上看，由对生存转变过程中"中介人模式"的提出，到生存转变的伦理成果的厘定，再到救赎论标准与伦理标准的交织关系的分析，都表明希克的理性分析精神的贯注，其基本的旨趣和理路不单是张扬一种理性求同，也表达一种理性定规的特质。一方面，在对中介人模型的刻画上，的确是要表明诸宗教都存在一种中介人的中间环节，中介人的道德禀性及其超越能力和转化功能是作为诸宗教中的同一性的东西而存在的，没有中介人的宗教或没有相关经典的宗教在实质上可能根本不称其为宗教，因而也就谈不上宗教间的同一性问题。同时，生存转变不可能不表现为一定的伦理成果，诸宗教在伦理成果上的同一性无疑是诸宗教作为生存转变之道的同一性在伦理上的表现和具体化。救赎论标准与伦理标准的交织关系，表明救赎论标准对于诸宗教的同一性是具体涵摄于诸宗教共有的伦理原则或伦理标准之中的，诸宗教在伦理原则和伦理标准上的同一性表征和贯穿着救赎论标准的同一性。不可否认，从中介人模型到伦理成果标志再到救赎论标准的伦理化，的确显现出宗教关系上的理性求同，显现为对诸宗教作为生存转化之道的同一性的逻辑分析，但这仅仅是问题的一个方面。另一方面，这种理性求同和对宗教同一性关系的厘定，同时也是对宗教关系的理性定规过程，潜在而已然的同一性或不曾被认可的同一性必须反过来成为宗教间

---

① John Hick. An Interpretation of Religion: Human Responses to the Transcendent [M]. London: Macmillan, 1989, p. 300.

应然的同一性，规定宗教间同一性关系和宗教作为生存之道的同一性趋向。对宗教生存转化功能从理性上抽取出来的同一性服务于宗教间和谐关系的建构，具体表现为诸宗教和谐共在相互依存的根据，成为诸宗教携手解决人类所面临的共同难题而寻求精神资源的条件，也是进行直接的宗教对话的前提。没有理性定规，宗教间未然的同一性不能转化为应然的同一性，宗教间和谐关系的建构就必然是不可能的。所以，从理性上所指认和规定的诸宗教作为生存转化之道在中间环节、伦理成果、救赎论标准和伦理标准等维度上的同一性在根本上证明了诸宗教在生存论上的同质性，从中间环节和伦理维度层面规定和丰富了诸宗教作为共同的从自我中心到实在中心转化的共性特征和具体内容。虽然，希克承认，"理性工具无法让我们检验和评价不同的基本宗教经验及其相关的实在图景"①，但是，跳出特定的宗教经验，在特定宗教所代表的实在图景之外客观地言说诸宗教的生存论同质性、言说诸宗教作为生存转化之道的共性特征和包括伦理在内的各种具体内容的同一性，却不能不是在理性的框架内通过理性的分析完成的，而且对于同质性之合理性的认可、共性特征及同一性的合理性认定，也同样不能离开理性的观点。因此，指认希克在救赎论标准下对生存转化的中间环节、伦理成果、伦理标准所作出的同一性分析具有理性化特质及理性定规功能，是合理的，符合希克一贯的学术理路。

与希克以理性为尺度达于信仰间的求同有别，潘尼卡则更突出诸宗教的互补及其对人的总体救赎。

在潘尼卡看来，人的困境的解决，人的未完成性的改变，以及把人引向真正的人的实现，显明了宗教和人文主义等信仰形态的范导价值，但诸信仰并不能单独显示其对整个人类生存的普遍价值，这不仅因为不同信仰体系对人的终极关怀的方式和途径不一样，而且还因为某种单一信仰总是要受到地域的、文化的、语言的、生活方式的等等因素的限制，"没有一个宗教、体系或传统是完全自足

---

① John Hick. Problems of Religious Pluralism [M]. London: Macmillan, 1985, p. 80.

的。我们彼此需要，但我们又发现我们的观念和态度互不相容，而且我们自己常常无力跨越不同世界观和人类对实在的不同基本态度之间的鸿沟"①。因此，不可能将某一宗教或人文主义信仰绝对化，不能用某一种信仰解决所有困境。在潘尼卡看来，信仰对人的生存论关怀和对人之实现的范导性，是在诸信仰的相互修正、相互警戒和相互补充中完成的。在承认诸信仰的张力的同时避免信仰间的折中主义和混合主义的前提下，促进诸信仰的相互修正、警戒和补充，"不仅可以缓和相互的猜疑和常常是片面的立场，而且可以有助于培养人的真实成长，从而积极地促进人类生活在这世上具体的人性化"②。

佛教语境中排除了某种外在的"启示"，启示对于人的成长是无力的；佛教也涤除了理性至上性，理性对于人的真正完成也不是根本性的或唯一性的，因此，佛教关于人的核心关切对基督教和人文主义诸信仰是一种适时的警戒和提醒，即没有多少"启示"或"理性"能证明在"上帝的意志"或"理性的要求"的幌子下操纵人以便将人和世界引向确定好的目标这一做法是合理的。在佛教的话语体系中，终极目标被当作是难以描述和难以形容的东西，甚至它是否存在也是难以确定和难以确信的，佛教以这种不可知论的方式提供了对终极的、绝对不可把握的生存之奥秘的彻底辩护，并确信和维护了奥秘的内在性。

基督教的语境排除了人的自我努力和善意充分应付人类困境的可能性，排除了非神性的自在自为和非至善的善行趋向永恒的可能性，张扬拯救和救赎永远是与神性关联的神意显现，因而，基督教关于人的核心关切对佛教和所有人文主义信仰是一种适时的警戒和提醒："我们对实在本身意想不到的、不可预见的爆发必须不断保持开放，这个实在本身，基督徒可能要称之为上帝或神意。基督教

_____

① 雷蒙·潘尼卡：《宗教内对话》，王志成等译，宗教文化出版社2001年版，第31页。

② 雷蒙·潘尼卡：《宗教内对话》，王志成等译，宗教文化出版社2001年版，第162~163页。

代表了对实在的原初权利无私而真诚的辩护，而我们不是实在的主人。"① 成为人，即是努力追随基督，趋向与实在的合一；做一个信仰者，就是要坚信和维护奥秘的超越性。

人文主义的语境则排除了宗教引路和宗教启示的绝对性，它讲求理性的法度和理性审视的绝对性，并强调与理性关联的责任意识和伦理规范在人的实现中的总体意义，因此，人文主义关于人的核心关切亦同样是对基督教和佛教等宗教信仰的一种警戒，"传统宗教常常忘却他们自己的话——如佛陀的非权威性，他甚至可以成为一个觉悟自身佛性的最大障碍，或者像安息日是为人而设而非相反，以及上帝儿女的自由是由真理本身而来——还有，'人'的人性化不能忽略使具体的个人人性化"②。如果诸宗教不能现实地为人的人性化、为人摆脱困境创设具体的物质条件，那么仅仅指明道路或宣称信息是绝然不够的。因此需要张扬人的主体自为性，张扬人的责任意识，人文主义的这种价值取向和不懈努力，现实地推动了世俗主义对人类中心的建构，确信和维护了奥秘的内在性和超越性，换言之，奥秘就显现在世俗主义的潮流中，显现在人对人的世界的建构过程中。

综上所述，无论是基督教的还是佛教的，也无论是宗教的还是人文主义的，只要从生存论上整体性地关切人，并从精神维度寻找人之真正实现的出路，任何信仰就不可能不表现出一种终极性的范导力量。特定信仰对特定信仰群体的灵性实践是范导性的，所有类型的信仰则共同显现其普遍范导价值，这个过程通过不同信仰的互补互促互益显示出人在生存论上张扬自身丰富内涵的同时突现朝圣之旅的灵性升华的总体价值。

比较而言，希克对人之救赎问题的探究超越了诸宗教的差异性和具体多样性，寻求到了诸宗教在中介人模式、生存转变的伦理成

---

① 雷蒙·潘尼卡：《宗教内对话》，王志成等译，宗教文化出版社 2001年版，第 163 页。

② 雷蒙·潘尼卡：《宗教内对话》，王志成等译，宗教文化出版社 2001年版，第 163 页。

果、救赎论标准等问题上的共同性，这表明希克从生存论出发所作的理性求同，在理性的勘定和规制下，诸宗教是同一的，至少在搁置教义分别、从生存论的总体视域加以审视，诸宗教具有共同的生存转变模式和共同的救赎论标准，这是从理性见出的必然结论。潘尼卡走的则是非同一性理路，他通过分析不同宗教作为实现之道的具体差异，通过确认诸宗教各自的特点及其非自足性，以及宗教信仰同人文信仰的相互关联性，说明诸宗教或诸信仰必须通过相互补充和彼此成全，才能现实地发挥其对人之生存转化的关照，实现对人的总体性的信仰关怀。

尽管希克重理性的本质捉握而同时导致差异性、多样性和具体性的忽略；潘尼卡重生存总体的把握和具体分析而同时导致对同一性或本质性的东西的淡化，但是，希克的探析所代表的是一种在宗教语境下对生存论难题的理性超越方式；潘尼卡的反思所代表的是一种对人类处境总体关怀的信仰超越方式，这是符合他们思想实际的一个断定，也是思考宗教多元论时需要注意的基本区别。

（本文作者系武汉大学马克思主义学院教授）

我的宗教伦理学求索之路的引路人

方 永

我知道段老师，是从 1992 年考入武汉大学哲学系攻读伦理学硕士研究生时开始的。那时，段老师于前一年出版的《死亡哲学》在研究生中成为一个不时谈论的话题。当时曾在资料室借过这本书，虽然苦于当时的有限学识，实在是有些看不懂，但这给我留下了深刻的印象。同时，由于伦理思想史中的许多东西，离开生与死这样的基本背景，很难得到深刻的理解，特别是在涉及欧洲中世纪和中国古代、尤其是南北朝以后的思想家们的思想时，若不了解宗教，甚至连皮毛都摸不着，所以，在涉猎伦理学方面的知识时，同时也有在意有意之间开始涉猎宗教方面的知识，并选修道教和佛教方面的课程。

1995 年我硕士毕业留校工作之后，段老师开始担任哲学系的领导，同时开始筹建宗教学专业。这使得我直接地认识了段老师，并且使得正在考虑博士应该选什么专业的我，更多地关注起宗教学专业。由于我是伦理学方面的专职教师，在读博士时无论如何是不能放弃伦理学的，至少应做到兼顾伦理学，因此，我暗中就把宗教伦理学作为我以后读博士的首选专业。

众所周知，在经典的伦理中，人伦是根本；而在宗教中，人与信仰对象之间的关系是根本。这两者可能协调吗？这样的问题，不仅在我自己的头脑中挥之不去，而且许多多年从事伦理学教学与研究的人对此问题的回答也是断言否定的，其理由就是要么人本要么神本，不可能二者都是本。因此，在我告诉他们我将要报考宗教学专业，以宗教伦理学为方向时，他们中的许多人是极其不理解的，他们有力的劝说，几乎使我动摇到了要放弃的地步。但是，幸运的是，他们始终没能够说服我。我当初坚持的理由之一就是：正如许多西方人说无神论者不可能有道德的，许多中国人说有神论者是不可能有道德的，前者的理由是道德不能没有一个终极的保证者，后者的理由是道德不可能是他律的，而实际上，这两者都是有失偏颇的。

那么伦理与宗教能否可以协调，宗教伦理学是否可以成立呢？带着这个问题，我在报考之前请教过段教师。段老师耐心地接待了我，与我谈了很多，给我留下了极深的印象。其中，最让我铭记不忘的是这样一句话：神学即人学。这句话不但回答了在我心中挥之不去的问题，坚定了我报考的决心和信心，而且成了这十多年来我作宗教伦理学的核心指导思想。我把它称之为宗教伦理学的坐标。

就我自己的理解，可以把宗教伦理学的这一坐标的四个方向，用段老师本人的四个判断来解说。这四个判断就是：道德乃宗教的立教之"本"；道德乃宗教的立教之"的"；宗教乃世俗道德的"神圣帷幕"；宗教乃世俗道德的"有力引擎"。

一、道德乃宗教的立教之"本"

对于这一判断，段老师的核心解释是："道德之所以能够被称作宗教的立教之本，最根本的理据在于：宗教的本质规定性在于宗教信仰，而宗教信仰的本质规定性又在于道德。"

段老师认为，这一判断包括两个子问题：一是宗教信仰何以是宗教的本质性规定，二是道德何以是宗教信仰的本质规定。

就前一个子问题，段老师的回答是："在任何意义上，我们都可以说，离开了宗教信仰也就根本无所谓宗教。"就我本人的理解而言，从根本上讲，宗教信仰是一个或一组核心的观念，宗教中的任何其他要素，都是围绕着这些核心观念来加以解释和架构的。就宗教信仰的神圣性来说，最神圣的其实不是信仰对象，而是信条，因为信仰对象是由这些信条加以规定的，而非相反。同一宗教存在不同教派，这一现象，最真切地说明了这一事实。正是因为信条的不同，对具有一定名称的信仰对象就具有了不同的解释，所以才造成名相同而实不相同，导致了信仰上的根本分歧。导致天主教与东正教分裂的最为根本的神学分歧"和子句"，典型地说明了信条上的分歧是如何造成对信仰对象的规定之不同的。当然，"和子句"在基督教神学中，是在上帝的三个位格之间的关系上的理解不同。而天主教与新教的根本分歧，在称义问题上是因"信"还是因"行"，则反映了它们在人神关系上的理解不同。在这里，我认为，信条规定信仰对象，而不是信仰对象规定信条，非常真切地说明了神学即人学。因为实际上规定和确立信条的是人，而不是神。

就后一个子问题，段老师的回答是："道德信仰的本质规定在于对于道德人格的信仰或崇拜。"就我本人的理解而言，信仰对象从表面上看是神，但从根本上看则是人，是理想的人，这在伦理学中称为理想人格或道德人格。因为神实际上是人的投射。但是，神不是现实人的现实投射，而是人的抽象投射。所以，这投射所反映的人，不是现实的人，而是抽象的人；而且，这抽象的人也不是完全虚幻的，而是理想的。这是宗教信仰的神具有道德属性的根本原因。正基于这一点，段老师明确指出："各宗教只有不断加强自身道德建设，才能一方面，确保自身的纯洁性，既不为世俗社会所消解，又不为新生宗教或其他宗教所取代；另一方面，又有望使其充分发挥其服务社会、造福社会的社会功能和文化功能。"我在这里再加上一点，算是对段老师这一观点的发挥。也就是：宗教加强自身的道德建设，还是防止自己堕落、变质的根本途径。宗教本身当然是神圣的，但由于宗教总是人的宗教，正如人可能堕落、变质一样，宗教本身也可能堕落、变质，被人当成作恶的工具来使用，甚至本身也变成邪恶的。为此，各宗教必须加强自身的道德建设。

二、道德乃宗教的立教之"的"

在宗教伦理学中，宗教的道德功能是宗教的诸功能中最为重要的一个方面。而道德乃宗教的立教之"的"这一判断，把道德提升为宗教必须服务的对象，说明在道德与宗教的关系之中，道德是主，宗教是从。这一判断，与一般的宗教家对道德与宗教之间的主从关系上所下的判断恰恰相反；因为一般的宗教家，在道德与宗教之间的关系上，总是认为宗教是主，道德是从。就我本人的理解而言，段老师的这一判断，完全是基于神学即人学这一理念作出的。正是在这一理念之下，段老师才有宗教信仰的本质规定在于对道德人格的信仰或崇拜这一判断，而从宗教的本质规定在于对道德人格的信仰或崇拜这一判断，也就自然而然地推出道德的立教之"的"这一判断。

当然，道德乃宗教的立教之"的"，就不意味着道德是最高的或终极性的东西。如果真是这样，那么，这就成了道德宗教了。但是，正如神学即人学这一根本理念所暗示的，人才是最为根本的。古希腊智者普罗泰戈拉的被认为是人道主义之根本渊源"人是万物的尺度，是存在者存在的尺度，也是非存在者不存在的尺度"这一段话所昭示的，真正的终极存在者，是道德人格，或者说理想的人。也就是说，道德也是因人而立、为人而立的。

按照我自己的理解，宗教是为道德而立的，道德是为人而立的，这说明作为一种意识形态，宗教虽然也是为了人，但它必须经过道德的检验，只有合乎道德的，才是合于人的，否则便是不合于人的。宗教若不合于人，便可能害人。邪教之所以被称为邪恶，正教之所以被称为正道，根本原因就在于前者危害人，而后者造福人。

宗教之造福于人，是以道德为中心并通过道德来实现的，这是道德乃宗教的立教之"本"这一判断所蕴含的意思。

不过，宗教在不同的历史阶段，是以不同的方式来造福于人的，因为道德在不同的历史阶段有着一定程度的不同。

在前轴心时期，道德的基本内容是血亲关系的凝聚与加强，在个体与最高的存在者之间没有强大的中介，因此，相应的"氏族—部落宗教"是人神混一的，其基本的功能就在于维护基本的社会秩序。这样，秩序论便是前轴心时代宗教的中心话题。

在轴心时期，道德的基本内容是对民族政权或国家政权的顺服，在个体与最高存在者之间横亘着强大的中介，这个中介不但实际地统治着个人，而且在一定程度上决定了什么样的个人可以与最高存在者接触以及可以在什么层次或境界上接触，也就是说，这个中介起着代理最高存在者来拣选个人的作用。因此，在轴心时期的宗教，特别强调对人类实行救赎，尤其是通过中介对个体实施救赎。这样，救赎论便成了轴心时期宗教的中心话题。

由于宗教救赎的根本就是由神或人变成神来实施救赎，所以，神人关系，是轴心时期宗教中最为根本的关系。当然，依据我自己的理解，神人关系的根本，其起点是信与行，而终点是解与证。在强调神就是神、人就是人、在人神之间存在着不可逾越的鸿沟的宗教中，只有起点是人可以在某种程度上把握的，而终点完全控制在神的手中，所以，它们更多地强调信与行，忽视解与证，对于后者基本上不提。但是，在强调人可以成真成佛成圣的宗教中，起点和终点，甚至在同等程度上可由人把握，所以，它们既强调信与行，也强调解与证。在轴心时期的这两大类的宗教中，前一类宗教更多地强调在救赎中神恩的作用，对于人自己努力所起的作用，强调不够；后一类宗教更多地强调在救赎中人自己的力量所起的作用，对于神恩所起的作用比较忽视。突出神恩，便更多地强调信；突出自力，便更多地强调行。信是内在的，行是外在的。但是，不论是内在的信，还是外在的行，就宗教而言，都是一场革命。信是心灵中的革命，行是行动中的革命。而且，这两种革命，所针对的对象，都是自我。所以，信与行，都是针对自我的革命，而且是自我针对自我的革命。不论自我针对自我的革命是否借助外力，它都是道德意义上的革命。因为道德的境界，就是自我针对自我。所以，神人关系中的起点，是道德性的。至于神人关系中的终点，即解与证，其道德性就更不用说了，因为解与证，是在信与行的基础上进行的。所谓的解，就是悟；所谓的证，就是印。解悟是最高程度的信，印证是最高程度的行。最高程度的信，就是由于解悟而自信，无须再借外力而信；最高程度的证，就是行动契合真理或法印。如果用基督宗教的话语来说，前者就是借自身具有的智慧之光而得光明，后者就是与神同在，也就是与真理同在。

有人说，现在已经到了第一轴心时代后的时代，开始了第二轴心时代。如果说第一轴心后时代的宗教所面对的基本问题是人的失落，那么，在所谓的第二轴心时代，宗教所面临的基本问题是人的碎片化。失落的人需要寻找栖息之地，碎片化的人需要寻求整全。不论是寻找安身之命之地，还是寻求整全，都是在寻求救赎，不过，救赎的基本内容有了根本的变化。在第一轴心时代后的宗教中，救赎的基本内容是人神的复合；在第二轴心时代，救赎的基本内容可能就是人自身的统一。在一定程度上可以说，人自身的统一所具有的道德性，比人神的复合所具有的道德性更强。

道德即为宗教的立教之"的"，那么，较后的宗教比较前的宗教更具有道德性，就是理所当然的，否则便是宗教的退步或堕落。因为越往后，宗教应当离其"的"越近，否则那"的"便不成其为"的"了。

三、宗教乃世俗道德的"神圣帷幕"

道德既然是宗教的立教之"的"，那么，道德就是核心，宗教就是围绕这核心的保护层。段老师用著名的宗教社会学家 Peter L. Berger 的话，称它为"神圣帷幕"，说宗教乃世俗道德的"神圣帷幕"。我认为，这一判断揭示了宗教道德与世俗道德之间的根本关系：世俗道德被神圣化，也便成了宗教道德；而宗教道德，一旦剥去其神圣帷幕，也便成了世俗道德。因此，宗教道德与世俗道德的根本区别，不在于其实际内容，而在于其表现形式，在于是否有一张"神圣帷幕"笼罩于道德上。

我认为，这一判断揭示了宗教为道德服务的基本形式。用段老师的话说，宗教为道德服务的基本方式就是世俗的道德神圣化，使它获得普遍的同意，并赢得一种敬畏感。

在段老师看来，宗教为道德所提供的这种神圣化的服务，主要体现在宗教戒律上。

从形式上看，宗教戒律是神圣的。宗教戒律通常以一种否定性的形式出现，因为"律"本身就具有"约束"和"除灭"之意。"宗教戒律实质上是对宗教信众宗教行为的一种明确的和否定性的规定，而且，也正因为如此，它对宗教信众的行为便具有一种明确的、强制性的约束力。"依我自己的理解，凡神圣的东西，都是禁忌的对象，因此，宗教戒律总是以否定性的形式出现。当它以肯定性的形式出现时，那都是在赞扬圣人、圣徒或先知的神圣德行。

从内容上看，宗教戒律的内容，总是可以基本上分为两个方面，其中一个方面是对人神关系的直接规定，另一个方面是对人人关系的直接规定。这两个方面，总是前一个方面在前，而后一个方面在后。前一个方面，其神圣性是不言而喻的；后一个方面，其神圣性是建立在前一个方面所具有的神圣性之上的。但是，如果没有后一个方面的内容，那么，前一个方面的规定就将是空洞的、无用的，因为那将使得它们与人的现实生活无关；而与现实生活无关的东西，无论把它说得是如何地神圣，都不可能得到人在现实生活中的现实回应，至多把它当成一种玄想，聊以打发精神上的空虚。

因此，宗教戒律中对人人关系的规定，虽然在表达的秩序上后于对人神关系的规定，但在宗教戒律的现实性上却远远高于对人神关系的规定。

佛教的"三皈"是针对人神关系的，但在佛教的戒律中，"五戒"远比"三皈"重要得多。"五戒"，完全可以依据世俗生活来解释，可以说是古印度人普遍遵循的基本世俗法则。即便是"不饮酒"一条，也可以从健康、财产和心智清醒的角度来言说，这从《长阿含经》中就可以得到印证。即便是"三皈"，所谓的皈依佛、法、僧三宝，最实质的内容还是归结为供养，而供养的实际对象主要是僧，供养僧，实际上是供养一类特殊的人，出家专修梵道之人。所以，"三皈"最终还是人人关系，神圣还是落实于世俗之上的。

著名的"摩西十诫"，情况与此相似。其内容的十条是：（1）"除了我以外，你不可有别的神"；（2）"不可为自己雕刻偶像"；（3）"不可妄称耶和华——你上帝的名"；（4）"当纪念安息日，守为圣日"；（5）"当孝敬父母"；（6）"不可杀人"；（7）"不可奸淫"；（8）"不可偷盗"；（9）"不可作假证陷害人"；（10）"不可贪恋人的房屋，也不可贪恋人的妻子"。前四条关涉人神关系，后六条关涉人人关系。这十诫都被认为是神圣的,虽然后六条规定人人关系,但出于上帝之口,就其来源而言是神圣的。关键是前四条,虽然直接来说是神圣的,但其神圣性却基于这样一条基本的理由:耶和华是亚伯拉罕、以撒和雅各的神,而亚伯拉罕、以撒、雅各是以色列人的祖先。现在的人与祖先的关系,不是人神关系,但由于祖先与神发生了关系,所以,现在的人通过祖先与神发生了关系。在这里,祖先是一个不可忽视,但常常被忽视的因素,正是这个常常被忽视的因素,揭示了现在的人与神的关系,是以血缘传递这种非常基本的世俗关系为基础的。当然,人们可以说,血缘传递关系是人与人之间最为重要的关系,因而是非常神圣的,但这是以其重要性来说明其神圣性。但是,从这种说明中,我们实际上可以体会到,在十诫中,表达血缘传递关系的第五诫,可能正是整个十诫的真正基础。而反复宣讲的亚伯拉罕的神、以撒的神、雅各的神,所要强调的,正是最为重要的人人关系。这说明,摩西十诫,归根到底,是把最重要的人人关系神圣化,而把其神圣化的根本方式,就是强调这是出自曾经照顾现在的人之先祖的那个神。如果没有先祖这一环节,"出埃及"这样的事件可能不会发生,摩西可能不被挑选,也就不会有所谓的摩西十诫了。这说明,神圣还是必须建立在某种世俗之上的。

四、宗教乃世俗道德的"有力引擎"

宗教为世俗道德提供"神圣帷幕",不但对世俗道德有保护作用,而且对世俗道德有促进、提升作用。段老师就宗教对道德的这种作用,做了这样一个判断:宗教乃世俗道德的"有力引擎"。段老师以"审视功能"、"标杆功能"和"警示功能"来言说宗教作为道德的"有力引擎"所起的作用。

就我自己的理解而言,"引擎",所起的作用,无非是提供动力。至于规定方向和保持稳定这两种功能,引擎本身是不能提供的,只能由其他的东西来提供。这在太空活动中所使用的火箭方面,是最为明显的。

不过，对于段老师的这一判断，我在基本认同的同时，有一些小小的不同。虽然我的想法可能是不正确的，但在这里还是权且提出来。

我的不同，从根本上讲，就是认为：宗教固然具有超越性，但道德也不缺乏超越性，否则道德就会在层次上屈从于宗教之下，不再是主而变为从了。

稍微展开一些说，大体上就是四点：

其一，宗教固然可以审视道德，可以作为道德的标杆，可以警示道德，但是，这些作用都是在为道德服务的过程中所起的辅导性作用，而不是在为道德服务的过程中所起的主导性作用，否则宗教就可能从道德的仆人而变身为道德的管家乃至道德的主人了。

其二，道德作为宗教的立教之"本"和立教之"的"，本身是具有超越性的。也就是说，道德所具有的超越性，既不是从宗教中借来的，也不是由宗教提供的。虽然宗教愿意为道德提供超越性，而且实际上可以为道德提供超越性，但这样的超越性对道德来说，可能是多余的。

其三，在相当多的时候，是道德在审视宗教，为宗教提供标杆，并警示宗教。当然，这里所说的道德，是促进和改善人类生活的道德，是理想的道德。

其四，我个人认为，宗教作用世俗道德的"有力引擎"这一判断之所以成立，是有一定条件的。这所谓的一定条件，就是：这种"有力引擎"所具有的功能，不是针对理想的道德而言的，而是针对现实的个人道德和群体道德而言的。因为宗教信仰的实质就是对道德人格的信仰或崇拜，而道德人格就是理想的道德的人格化。所以，宗教作为对世俗道德的"有力引擎"所具有的作用，实际上是理想道德对现实道德所具有的作用。

我的看法，出于宗教伦理学的"神学即人学"这个核心理念。这是自从与段老师有师生关系开始就一直铭刻于我心中的。说出这点小小的不同，就算是我这个学生向老师所提交的一次作业吧。

"路漫漫其修远兮，吾将上下而求索。"

是段老师把我引上宗教伦理学这条漫长的求索之路。他的教诲，已经润泽我多年，而且将一直陪伴着我，如迷雾中的灯塔，指引我觅路前行。

（本文作者系武汉大学哲学学院副教授）

乐从何来？

黄　超

甲午岁末，我和方永师兄陪段老师到外地参加学术会议，随着高铁速度显示屏的跳动变化，我们离开武昌，穿过鄂北丘陵，进入河南，风驰电掣让人有梦幻迷离之感。段老师笔耕不辍，罕有外出，也很久没有回过河南新乡老家，车窗外广袤的华北平原长久地吸引着他的目光。我正要打个盹，段老师以一种淡淡的喜悦的口吻说："你看外面的雪。"我没有觉得有什么新奇，前两天武汉刚下过一场雪，这田野里黑一道、白一道的斑驳残雪也不是一幅绝美的风景。"你看看，雪在哪里？"段老师像在出一道谜题。我蓦然想起段老师多次提到的一个关于家乡的记忆——豫北隆冬，北风如刀，滴水成冰，但阳光却不稀缺，家乡的男女老幼总会找到一段低矮的土墙、一截凸起的田埂、一方高出的草垛，面朝南方，蹲坐自如，以"烤日头"消磨过冬。戏言天高皇帝远，笑纳日月无私照，这大概是段老师关于家乡"阳光灿烂的记忆"，阳光的背面是冰雪、寒风、阴冷，但是，人却"负阴而抱阳"，背负苦难，拥抱阳光。车窗外的雪景所体现的天地阴阳之道不正是段老师学术人生所揭示的生命意向吗？

青年时期开始于珞珈山下的哲学梦是段老师生命中的阳光，这道阳光超越有限、启迪智慧、大爱无疆，引导段老师走出一个与大多数同时代人不一样的人生。正是有了哲学梦，段老师面对人生苦难总能甘之如饴，每一次的"边缘处境"都可以开拓新的人生境界。段老师大学毕业被分配到"英雄的恩施"——湖北省最贫穷地区的最贫困县，我们这一代人感知那一代大学生的心境，大多通过文学家以阴郁的笔触创作的数量可观的"伤痕文学"，哲学家与文学家似乎有所不同，美学家刘纲纪先生下放湖北襄阳放鸭子时，他画笔下的鸭群活泼灵动，野趣盎然，在我看来当属他所有画作中最精彩的部分。这绝不意味着哲学家对苦难的麻木和文过饰非，而是因为苦难和"边缘处境"不仅不会磨灭哲人的梦想，反而会激发其内在的反思和生命意识。"一箪食，一瓢饮，在陋巷，人不堪其忧，回也不改其乐。"这是哲学家的生命意识。苦难彰显生命的高贵，在段老师的作品和日常言谈中，我看不到他对这一时期艰难生活本身的抱怨，但是，他对"以阶级斗争为纲和斗争哲学"这类导致苦难的思想因素很厌恶，对诡辩之风不能容忍。丰富的人生体验是段老师哲学致思的源头活水，背靠一段土墙、一截田埂、一方草垛，"辩证法是活生生的"，哲学梦在延伸，生命中阳光灿烂。段老师始终保持着最简单的物质生活，杂粮窝头、红薯、玉米面粥是段老师和师母最主要的食物。有一次，师母将刚从家乡带回的玉米面装了一袋给我，我回家熬了两次，每次都糊在锅底，虽然知道要不断搅动，但是缺少这份耐心。此后，我脑中总是浮现师母不停搅拌玉米面的画面，师母以自己的耐心和细致默默支撑着段老师的哲学梦。

珞珈山的南面山腰有一条哲学家小道，曲径茂林，鸟鸣山幽。李达老校长在这里批判"顶峰论"，发出了毛泽东思想处于半山腰的空谷足音；陈修斋先生在这里思考哲学的本性问题，提出了以人的精神自由为旨归的"哲学无定论"。处于半山腰似乎是哲学家的天命，也可以说是只有哲学家才自觉拥有的洞见和狂傲。段老师经常谈起叔本华对康德的批判，叔本华之所以批判康德，是因为康德值得批判。对于西方哲学，段老师不满足于"拿来主义"，他像一个倔强的豫北果农，看不顺眼"从水果店里买来的一篮子水果"，下决心栽种并培育出自己的水果。从1986年到2009年，整整23个年头，段老师种出了自己的水果。《主体生成论》批判了西方近代哲学认识主体的单一性，论证了人的主体的多样性和统一性；批判了对人的主体或主体性作抽象化的理解，强调人的主体和主体性本质上乃一生气勃勃的生存活动和创造活动，凸显人的主体的"希望之维"和"超越之维"；批判了对人的个体性与社会性的撕裂，强调人的主体的"共在"或"在世"，指向建构一种"自由人的共同体"。在珞珈山南麓段老师家的阳台上，段老师指着阳台外斜伸过来的一段树枝启发学生，不要因为这段树枝向下伸展就说整个树是向下生长的。自由是生命的本质，哲学是生命自由的提炼与表达。

人生是有限的，超越有限的人生是人类的"终极关切"。有人将理想化的人生摹本投射到彼岸世界，希望在彼岸世界实现"北京人在纽约"的梦想；庄子逍遥于九霄，鼓盆而歌："以有涯随无涯，殆已"；东坡居士泛舟赤壁，感悟不朽之境界："盖将自其变者而观之，则天地曾不能以一瞬；自其不变者而观之，则物与我皆无尽也，而又何羡乎！"段老师在《死亡哲学》中系统地阐释出哲学家的"终极关切"，柏拉图的死亡排练彰显出哲学的死亡意识，但是以彻底摆脱肉体为代价，忽略了真实生命个体的存在意义；海德格尔"向死而在"，展现生命流星的壮观与价值，但是其时间概念失之消极和悲观。段老师的《死亡哲学》充分肯定和吸收了雅斯贝尔斯的"边缘处境"与海德格尔"向死而在"的思想，但是，与西方哲学家不同，我们在《死亡哲学》一书中总可以感受到阳光的明亮与温暖。西方哲学的"光照论"更多地表达抽象的理智之光，中国哲学对生命与阳光温度的感知更直观而真切。因此，《死亡哲学》是段老师亲手种下的另一棵果树，人类对死亡的"终极关切"不朽，《死亡哲学》亦将不朽。

李泽厚先生说中国文化是一种乐感文化，"乐"在中国文化中有根源意义。儒家推崇"先天下之忧而忧，后天下之乐而乐"，但是总在"乐不思蜀"与"思蜀而不乐"之间分裂，旷达如欧阳修者也只能借酒浇愁，"醉而同其乐"。是否有一种明亮、清醒的快乐？这种快乐从何而来？段老师的学术人生与人生学术可以给我们以启迪。哲学之乐先于、寓于和后于哲学活动本身，正如托马斯所说："存在是一切活动的现实性，因此是一切完善的完善性。"段老师将人视为面向未来的未完成的存在，而学者的存在和现实性就是其学术活动。

噫！微斯人，吾谁与归？

（本文作者系武汉大学哲学学院宗教学系副教授、副主任）

《死亡哲学》序

陈修斋　萧萐父

　　死亡之成为人所思考的问题，也许同人类本身一样古老；对死亡问题作哲学的思考，把它作为一个哲学问题，也几乎和哲学本身同时开始；但把对死亡问题的哲学思考系统化成为一门哲学学科，或哲学的一个分支，并冠以"死亡哲学"之名，则还是较为晚近的事。在我国，就我们所知，本书作者段德智同志于1989—1990年在武汉大学哲学系开出"死亡哲学"选修课，似乎还是破天荒第一遭的事。在此之前，也许是我们孤陋寡闻，还未听说我国有什么学校在什么时候开过这样的课程；更未见出版过有一定水平的讨论"死亡哲学"的专著，甚至这样的论文也极为罕见；以致"死亡哲学"这个名词，在我国也显得生疏。而在国外，则"死亡哲学"的课程以及有关专著和论文早已司空见惯。

　　死亡，作为每个人都无可逃避的事实，从原始人类超出动物界之日起，面对着同类的死亡，初具人类意识的人也就不能不考虑这个问题。只是这在当时多半是在原始宗教或神话，以及以与原始宗教相结合的原始艺术和礼仪等形式中反映出来。随着人类智力的提高，这种思考也就日益深入。到人类产生哲学时，人类自身的身心生死问题，也一开始就自然而然地成为哲学所探讨的中心问题之一。但死亡问题并不只是个哲学问题，也不只是宗教、艺术的问题，随着各门科学的产生和发展，或从哲学中分化独立出来，死亡问题也成了许多门科学所要关注和探讨的问题，例如生物学、生理学、医学、心理学、政治学、法学，乃至现代物理学、环境科学、社会心理学等等，都要从本门科学的角度，涉及死亡问题。在西

108

方，也还有以死亡的原因及与死亡相关的各种现象作为对象进行系统研究的科学，即称为"死亡学"（thanatology）。死亡哲学与这些科学（包括"死亡学"）对死亡问题的研究，虽不无联系，但又不能混同。死亡哲学作为一门哲学学科或哲学的一个分支，是要对人类死亡现象和死亡事实"进行总体的、全方位的、形而上的考察"，"换言之，它是以理论思维形式表现出来的关于死亡的形而上学"。大体上说来，它和其他科学关于死亡问题的研究之间的关系，也就类似于一般哲学与各门具体科学或精确科学之间的关系。它也和宗教及文学艺术等文化部门对死亡问题的态度和处理方式不一样。例如它并不具体地讨论或描述"死后的天国生活图案"之类，也不讨论其他具体科学要处理的"临床死亡"，"安乐死"的具体措施，植物人的死亡权利，器官移植技术和器官遗赠手续，以及其他类似的具体问题，而是要讨论"死亡的必然性与偶然性、死亡的终极性与非终极性、人生的有限性与无限性、死亡和永生的个体性与群体性、死亡的必然性与人生的自由、生死的排拒与融会"以及"诸如此类有关死亡的形而上学问题"。因此死亡哲学对其他科学有关死亡的研究的关系，也正如一般哲学对具体科学一样有一种统摄和指导作用。

由于"死"与"生"是对立统一、密不可分的，死亡哲学虽名为谈死，实乃谈生，明显地具有人生观和价值观的意义，或毋宁说它是人生哲学或生命哲学的一种深化、延续和扩展。这不仅因为人只有具有死亡意识，才可能获得对人生的整体观念和有限观念，使生活具有紧迫感而克服惰性；更重要的还在于死亡哲学的一个中心问题，就在于死亡的意义或价值问题，其实质是一个赋予有限人生以永恒或无限的意义或价值的问题，因而归根到底是一个人生的意义或价值问题。众所周知的孔子的名言"未知生，焉知死"，不管其全部真实含义如何，至少说出了一个真理，即"知生"乃"知死"的前提，这无疑是对的；但反过来说，"知死"也为全面"知生"所必需，不"知死"，也无由全面"知生"，故"知死"实也为"知生"，即建立全面透彻的人生观价值观所不可或缺。

死亡哲学不仅具有人生观和价值观的意义，也还明显地具有世界观和本体论的意义。这道理其实也并无深奥难解之处。这就在于一个人的人生观和价值观总是与他的世界观或所持的本体论密不可分，一般总是建立在其世界观或本体论基础上的；有些人也可能在实际思想程序上是先建立了某种人生观与价值观，然后才导致持某种世界观或本体论。但就逻辑顺序而言，则世界观或本体论总是人生观与价值观的逻辑前提或理论基础——不论其为明示的或暗含的。由以上的观点来看，死亡哲学既具有人生观与价值观的意义，自然也就因此而具有世界观或本体论上的意义。本书导论中对死亡哲学何以有世界观或本体论的意义，已作出了较详明的阐发，这里就不再赘述。

死亡哲学作为一门独立的哲学学科，虽出现较晚。但对死亡问题的哲学思考，则并非从该学科出现之日始。如果把对死亡问题的哲学思考就称为"死亡哲学"，则它是源远流长，几乎和哲学本身同其古老的。中外历代哲学家，对死亡问题多有论述，内容也极为丰富；而在现代西方哲学的某些流派中，则更成为热门的话题。特别值得注意的是：马克思主义经典著作中虽并无标明为"死亡哲学"的文献，但马克思主义经典作家和大师们对死亡问题都有精辟的论述，将其集合、整理，加以系统化，即可构成马克思主义的死亡哲学。本书作者就做了这样的工作，并在导论中概括地指出："人的有死性与不朽性、死亡的必然性与人生的自由的辩证联结，个体生命（小我）的有限性与群体生命（大我）的无限性的辩证联结，个体死亡价值与人类社会发展走向和人类解放大业的辩证联结，无疑是马克思主义的死亡哲学的基本内容"。作者并表明这也正是马克思主义人生哲学乃至整个马克思主义思想体系的一个理论重心。毋庸讳言，在我国理论学术界，死亡哲学尚未得到应有的重视，这是和死亡哲学本身应有的地位很不相称的，不能不说是我国理论学术界的一个缺陷。

段德智同志在访美进修中注意到这一问题，搜集有关资料，经过笃学深思，归国后不仅开出了"死亡哲学"的课程，还奋力写出了《死亡哲学》这部系统的史论结合、古今贯通的哲学专著。这是一部饶有新意的补白之作，在马克思主义的哲学专题和哲学史论的研究论著中是一部具有开拓性的深入浅出的理论著作，在一定程度上弥补了上述缺陷。

本书暂以西方死亡哲学为主体，兼及中国死亡哲学。全书纵贯古今，阐述了古代奴隶社会、中世纪封建社会、近代、当代和马克思主义的死亡哲学。我们喜读书稿，感到本书具有以下特点：

首先是史料翔实。作者经过艰苦爬梳，所搜集的哲学家们有关死亡的哲学思考资料，大都来自哲学原著，以此立论，铮铮有据。

其次是方法得当。作者深入领会并力求坚持从黑格尔到马克思的哲学史观，运用历史和逻辑相统一的方法论原则，努力揭示历代死亡哲学理论发展的逻辑进程，把人类死亡哲学的历史发展描述成一个包含着诸多不同质的阶段于自身内的"有机全体"，一个"在发展中的系统"，并给予各家各派死亡哲学以适当的历史定位。

再次，本书的一个突出特点是以最后一章系统地历史地阐述了马克思主义的死亡哲学，并指明只有马克思主义的生死观才是过去时代死亡哲学发展的必然结果和历史总结，是当今时代精神的精华，是我们时代不可超越的伟大成就。这正是本书超越于西方同类著作的优势所在。

最后，本书从标题到论述，都力求生动和深入浅出，既是一部专精的理论著作，又具有较强的可读性。而书的主题——生死问题，几乎是人人都必须思考的问题。作者努力阐述的马克思主义的死亡哲学的理论意义和实践意义，作者搜集的中国古代哲学家和革命先烈有关生死问题的语录，无疑地对人们，特别是对当代青年树立正确的人生观（包括死亡观）、价值观会有帮助，也会有吸引力的。

此外，为了使读者能更好地理解本书，我们愿在这里对其作者段德智同志其人略作介绍。因为了解其作者对掌握一本书的内容、理论深度、风格特点等是有帮助的。

段德智1945年1月出生于河南辉县农村，1968年毕业于武汉大学哲学系。从这毕业的年份知情者就可推出，当1966年"文革"开始时，他是（五年制的）三年级学生，虽学了哲学系的一些基本课程，但像中外哲学史等课程在当时都还并未系统地学过，就"停课闹革命",在大学本科阶段再也没机会学了。他在当时当然也不可避免地参加一些活动但却从来不搞打、砸、抢那一套,而是想尽各种办法多读一点书来充实自己。到 1968 年毕业后,他也和其他一些同期的同学一起先被送到湖北朱湖军垦农场"劳动锻炼"了一段时间,后来被分到当时属恩施专区的鹤峰县工作,曾当过区里的中学教师和校长,后来又被调到县委宣传部当干部,做宣传工作,也常为报刊写些报道和短文。在那阶段,他也因"莫须有"的"罪名"受过"审查"。这种经历也使他对那场浩劫的本质有较切身的感受和认识。同时也引起他对生死问题的深沉思考。

十年浩劫过后,大学恢复以考试方式招生,并重新开始招研究生。这时在鹤峰县委宣传部工作的段德智给我们来信,表示要报考外国哲学史的研究生,并用英语写信以表示他通过自学已提高了外语水平,有条件学习外哲史。我们自然去信表示鼓励。后来在 1978 年秋他果然以优异成绩通过考试,成了陈修斋和杨祖陶联合指导的外哲史专业硕士研究生。他在入学前为准备应考而刻苦自学外语和西哲史基本知识所付出的辛劳是可以想见的。

我们武大中、外哲学史两个教研室自 1978 年开始招硕士研究生以来,一直联合开设"哲学史方法论"这一硕士学位课程。最初是两个教研室的教师和研究生全都在一起学习,旨在通过教学相长,师生共同来努力正确掌握马克思主义的哲学史观,以其基本原理来指导哲学史的学习和研究。针对当时的具体条件,我们既着重在解放思想,努力摆脱在极"左"思潮影响下严重的教条主义习气和片面性、简单化等不良学风,同时也历来十分注意防止以"解放思想"为名而有意无意地背离马克思主义基本原理的错误倾向。我们这个课程收到了较好的效果,也受到了历届参加学习的研究生的欢迎,对他们在毕业以后的教学研究工作中树立正确的指导原则和学风也有良好的影响。应该说,段德智同志在学习期间既能很好地掌握上述的基本精神,在毕业后的教学和科研工作中也很好地贯彻了这种马克思主义的哲学史方法论的基本原则。他的《死亡哲学》这一著作,就是一个明证。

1981 年秋段德智完成学业并取得哲学硕士学位后,因成绩优秀就留在本校外哲史教研室任教，直到如今。他在学习上的勤奋刻苦是有口皆碑的。有不少例子可说明他在这方面过人的努力和严肃认真态度。例如他为了研究洛克的哲学，撰写这方面的硕士学位论文，就把洛克的主要著作《人类理智论》读得滚瓜烂熟。以致你不论问他一个关于此书的任何问题，他都能立刻说出洛克在该书的第几卷第几章第几节对此问题是怎样论述的。这使亲见此情景的参加一次学术讨论会的许多外哲史界人士大为惊讶。须知这是超过700页的一部巨著！本着他一贯的严肃认真态度，在撰写本书时，凡有所论列，他也都必读过有关原著或第一手资料，而决不满足于抄录第二手材料或单纯凭耳食之言信口雌黄。

他在教学上也成绩卓著，深受同学欢迎。他已讲授过多遍"西方哲学史"课程，有的是为本系学生开的必修课，有的是为外系学生开的选修课。例如1990年下半年他为外系开的选修课，据说照名单看来报名要选此课的各系学生竟多达700余人，而因武大最大的教室也只能容纳300余人，他的学生已每次坐满300余座位的最大教室，许多学生因没有座位而不得不忍痛割爱，为被迫放弃此选修课而深表遗憾。除了"西方哲学史"之外，他也还开过多门选修课，包括以上已曾提到的这门"死亡哲学"，也参加过多次为研究生开的学位课程的辅导。

特别要提到的是1987年至1988年他曾作为访问学者，去美国西东堂大学进修。他没有借此机会去游览名胜古迹，领略异国风情；也没有去为购置"几大件"、"几小件"而到处奔忙，既把时间全部用在学习有关课程和了解美国学术界情况及有关的社会状况上，也把钱省下来准备借此延长半年学习时间以便多学几个课程。后来因学校不准延长，他就把钱买了些有用的图书和必要用具而如期回国了。凡认识段德智的人都明显感到他从国外归来后文思大进，仿佛豁然开朗，精神风貌焕然一新，知识面也大大拓展了。的确，若不是这次出国进修，段德智恐怕是写不出这样一本书来的。

近几年来，段德智除教学外，科研成绩也很显著，除了发表过多篇很有独创见解的论文外，特别在哲学著作的翻译方面也完成了多部重要的译稿，其中包括威廉·索利的《英国哲学史》，罗素的

《莱布尼茨哲学述评》（与人合译由段统稿），威廉·巴雷特的《非理性的人》，以及雅克·乔朗的《死亡与西方思想》等。在相当短的时间内完成如此大量的哲学书籍的译述，也不是通常人能轻易做到的。而这些书的认真钻研和精心翻译，也为作者撰述本书打下了知识和学术素养上的坚实基础。没有这个基础，也是写不出这样一部有分量的著作的。

我们向读者介绍段德智的为人和上述情况，目的只在说明他能写出这样一部著作决非偶然。基于上述认识，我们乐于向广大读者推荐本书，至于这部著作的价值究竟如何，自当有广大读者来评说。

（本文原载《死亡哲学》，湖北人民出版社 1991 年版，作者系武汉大学哲学学院已故著名学者和教授）

《死亡哲学》：一部颇具特色的补白之作

杨祖陶

　　死亡哲学在当代西方已成为一门独立的哲学学科，在我国则尚未得到应有的重视。段德智同志新著《死亡哲学》（湖北人民出版社1991年出版）虽借鉴了西方研究的成果，但主要以马克思主义为基点，对死亡哲学进行了独立的再考察和新研究，从而超出了西方死亡哲学的眼界，建立了一个堪称具有自己特色的马克思主义的死亡哲学体系。

　　作者在"导论"中对死亡哲学的概念进行了深入的、创造性的理论探索。首先提出死亡哲学是"以理论思维形式表现出来的关于死亡的形而上学"或"死而上学"，不仅具有人生观、价值观的意义，而且具有为一般人所见不到的本体论和世界观的意义。其次作者不是生造或拼凑什么体系，而是通过艰苦的研究，从死亡哲学的历史发展中揭示出其逻辑的进程，把人类对死亡哲学的思考描述为一个在自身中包含若干不同质的阶段的、有机进展的全体。以一个"在发展中的系统"，从而确定了本书的系统框架。第三。作者第一次提出和规定了马克思主义死亡哲学的概念、内容、意义和地位，论证了它是马克思主义哲学的一个重要组成部分，是历代死亡哲学史上的伟大变革，是当代死亡哲学中占主导地位的和不可超越的死亡哲学。

　　基于"导论"的理论规定，全书以"死亡的诧异"、"死亡的渴望"、"死亡的漠视"、"死亡的直面"和"马克思主义的死亡哲学"为章名，纵贯古今，系统地阐述了古代奴隶社会、中世纪、近代、当代和作为死亡哲学之最高发展的马克思主义死亡哲学。作者的论述，以大量的原始资料为依据，以观点与材料相统一为原则，标题、行文都力求生动和深入浅出，因而读起来引人入胜，发人深省，爱不释手，欲罢不能，直到通读全书而后已。

读罢全书，深感此书既是一部具有独创性的学术价值的专著，又是一本有助于人们树立正确的人生观、价值观和世界观的大众读物。既有理论价值，又有现实意义，一身两任，这样的哲学著作正是我们所需要的，但也是罕见的。

（本文原载《社科信息》1992 年第 6 期，作者系武汉大学哲学学院著名学者和教授）

"死而上学"的沉思
——段德智《死亡哲学》读后

东 雪

> 所谓精神的生活不是害怕死亡而幸免于蹂躏的生活，而是敢于承担死亡并在死亡中得以自存的生活。
>
> ——黑格尔:《精神现象学》

死是什么？死是一个与人类同在而又不能不猜的谜，一个斯芬克司之谜。自从有了人类，关于死的恐惧、悲哀、困惑、反思和各种方式的处理，便成为人类心灵、民俗和文化的重大而经久不衰的课题。巫术、禁忌、图腾、神话、诗歌、艺术、宗教、哲学，说它们莫不发轫于人之死亡，恐怕不算过分；至若生物学、医学、心理学、政治、军事、法律、伦理，乃至今天的国际外交活动、生态环境科学、社会心理、现代物理，则现在都与死亡结下了不解之缘。据说现今有一门综合性的新兴学科——"死亡学"因此而应运而生且相当走红。

一、关于死亡的形上睿智

《死亡哲学》不讨论诸如临床死亡、器官移植移赠、植物人、安乐死亡之类涉及的医术、法律和伦理的问题，它凭借哲学概念、范畴和方法，对人的死亡及与之密切联系的自然和社会现象作总体的、全方位的、形而上学的省察。换言之，它是以理论思维形式或生命体验、濒死经验的形式表现出来的关于死亡的形而上学。作者杜撰了一个名词，叫做"死而上学"。评者以为这个名词造得妙不可言。也就是说，一般"死亡学"中包含的大量的具体文化门类、具体科学之所以研讨的诸如丧葬祭祀方式、死刑、死亡税、核污染及死亡过程理论等有关死亡的形而下的问题，不构成死亡哲学的对象。在《死亡哲学》里，我们讨论的是死亡的必然性与偶然性（亦即死亡的不可避免性与可避免性），死亡的终极性与非终极性（亦即灵魂的可毁灵性与不可毁灭性），人生的有限性与无限性（亦即死而不亡或死而不朽），死亡和永生的个体性与群体性，死亡的必然性与人生的自由（如"向死而在"与"向死的自由"），生死的排拒与融会诸如此类有关死亡的形而上学的问题。① 毋宁说，死亡哲学是死亡学之内核或最高层面。

段著关于死亡哲学的界定，关涉的主要是实存主体、生死解脱、终极存在的问题，而这些问题恰恰是各种宗教或准宗教（儒、释、道、耶、回及各种民间宗教如萨满教等）探讨的主要问题。当然各种宗教文化包罗的内容致广大，尽精微，其中关于死亡的形而上学的层面，既是宗教学的最高问题，也是死亡哲学的研究对象。

叔本华曾经说过："由于对死亡的认识所带来的反省，致使人类获得形而上学的见解，并由此得到一种慰藉……所有的宗教和哲学体系，主要即为针对这种目的而发，以帮助人们培养反省的理性，作为对死亡观念的解毒剂。各种宗教和哲学达到这种目的的程度，虽然千差万别互有不同，然而，它们的确远较其他方面更能给予人平静地面对死亡的力量。"这就把宗教和哲学由对死的反思上升到本体意识，最终给人以安身立命的终极依据的目的和功能表达了出来。

《死亡哲学》的作者指出，作为哲学的一个分支，死亡哲学有着我们不能穷尽的丰富内涵。概述地说，至少有两个基本层面：第一是人生观的或价值观的层面，第二是世界观的或本体论的层面。

---

① 段德智：《死亡哲学》，湖北人民出版社1991年版，第4页。以下引此书只在文中标注页码。

从前一层意涵来说，死亡哲学是人生哲学或生命哲学的深化或拓展。其所以如此，按作者的观点，首先是因为只有具有死亡意识的人才有可能获得人生的整体观念和有限观念，从而克服世人难免的怠惰、消沉，萌生出生活的紧迫感，有一种鲁迅式的万事"要赶快做"的"想头"，从而"双倍地享受"和利用自己的有限人生，把自己的人生安排得"紧张热烈"（蒙太涅语）；其次，"所谓死亡的意义或价值问题，说透了就是一个赋予有限人生以永恒（或无限）的意义或价值问题，因而归根到底是一个人生的意义或价值问题。"（第5页）这一层意涵当然不难理解。塞涅卡讲"一个人没有死的意志就没有生的意志"。这也就是说"未知死，焉知生"。生只有通过死才能获得它的意义和价值，换言之，这与孔夫子的"未知生，焉知死"恰恰构成对立互补的两极。

作者强调指出，人生观或价值观的意义尚只是死亡哲学的表层意涵，与它相互区别而又相互贯通的更为深邃又更为基本的意义层面是世界观的和本体论的意涵。因为只有通过对死亡问题的哲学思考，只有倚重死亡意识或者消解死亡意识，才能达到本体的洞观、天人的契合。正视死亡，看重并借助死亡，树立正确死亡意识，是我们达到哲学意识、达到哲学本体境界的必要工具和阶梯。正是在这样的意义上，柏拉图讲"哲学是死亡的练习"；叔本华讲"死亡是哲学灵感的守护神"；雅斯贝尔斯讲"从事哲学即是学习死亡；从事哲学即是飞向上帝；从事哲学即是认识作为实有的存在（大全）"。作者认为，死亡意识的哲学功能，正在于它是我们超越对事物个体认识，达到对事物的普遍认识，达到万物生灵流转，"一切皆一"（赫拉克利特）认识的一条捷径，是把握世界和人生之全体和真相的充分条件。《易传》讲"原始返终，故知死生之说"是一个极高明的见解。不过评者愿特别指出中国死亡哲学与西方略有不同，它是在"重生""尊生""天地之大德曰生"的背景下正视死亡，因而强调唯有超越，消解死亡，然后才能达到人与天地万物同体的境界。《庄子·大宗师》曰："外天下……外物……而后能外生；已外生矣，而后能朝彻；朝彻，而后能见独；见独，而后能无古今；无古今，而后能入于不死不生。"王阳明《传习录》曰：

若于"生死念头""见得破，透得过，此心全体方是流行无碍，方是尽性至命之学"。按庄生之论，只有遗世独立，飘然远行，超然物（利害、毁誉、荣辱、是非）外，才能进而"外生"（无虑于生死），"见独"（体悟绝对的道），进入不知"悦生""恶死"，"不死不生"，无古今、成毁、将迎的"撄宁"状态，即万物齐一的本体境界。按阳明之论，一个人的声色利欲已难脱落殆尽，而"从生身命根上来"的生死念头，则更不易"见破""透过"，然不超越死亡意识，遑论见得贯通著的宇宙生命、人类生命和个体生命之统一的本体（"仁"体）？

似乎西哲西圣是从正面建构死亡意识的阶梯、桥梁，以达致形上本体；而东哲东圣则从负面拆毁死亡意识的阶梯、桥梁，以当下体悟本体。这是从死的角度说的。如果从生的角度来说，则西方是从生命意识的自我否定出发，通过建构死亡意识的曲折周章来接近形上世界；而东方是从生生不息的"一体之仁"之自我肯定出发，就在生命与生活的当下，直接地进入本体境界。这恐怕与西方哲学主流派的主谓结构、二分模式、理性主义与知识论的进路和中国哲学主流派的"整体—动态"结构、机体模型、生命体验与道德学的进路之区别有关。然而正所谓道并行而不相悖，并育而不相害，同归殊途，一致百虑。

评者认为，作者对死亡哲学两大层面的分析，尤其是对死亡哲学本体论的建树，使得本书成为中国人写作的第一部真正具有学术水平的死亡哲学的专著，填补了我国哲学界的一大空白。

二、死亡意识及其向生命意识的升华

作者的功力在翔实地爬梳了西方哲学的原始资料（本书引证的资料有三分之一是作者亲自翻译的），对西方死亡哲学作了全面、完整的梳理和批导，并以黑格尔—马克思的逻辑与历史统一的哲学史方法学加以建构和重释。

作者把西方死亡哲学史看作是一个动态的"在发展中的系统"，认为其间相应地呈现出"死亡的诧异"（原始社会和古希腊罗马)、"死亡的渴望"(中世纪)、"死亡的漠视"(近代)、"死亡的直面"(现当代)四个具有质的差异性的阶段。作者认为,死亡哲学史是发展的阶段性与连续性辩证统一的历史,是一个从肯定到否定再到否定之否定的过程,一种基于历史上诸死亡哲学形态对立统一关系的矛盾演进,一种螺旋式的前进上升运动。例如,古希腊罗马的死亡观虽遭后两阶段哲学家们的否定,但它所内蕴的相对平衡和相对稳定的"生—死""有—无"的张力结构,却是否定和推翻不了的,因而终于在当代死亡哲学中以更为明确、更为充分的形式再现出来。再如,中世纪死亡哲学的"重死"思想,虽遭近代哲学家否定,但它于几个世纪之后又以一种更为积极、更为昂扬的形式出现在当代死亡哲学中了。

这部近四十万字的著作,清晰地呈现了人类对自身死亡作出深沉的哲学反思的曲折历程。首先是如何用自然的眼光审视死亡和死亡本性,在关于灵肉、生死的有限与无限的怀疑和震惊中进入"死而上学"的思考;继而是如何用宗教或神的眼光看待死亡,将其视作实现永生、回归天国的必要途径,因而"厌生恋死";接着是如何以人的眼光漠视死亡,视"恋生厌死"为人之天性,追求现世的幸福;最后是如何斥责漠视和回避死亡为"自我"的失落和沉沦,要求直接地面对死亡,重新体认死亡的意义,更加积极地思考和筹划人生。

评者非常佩服这一架构。作者对三千年西方死亡哲学史的建构,的确颇费匠心。但评者特别看重,特别欣赏的尚不是这一架构,而是作者对西方有活力的、有原创性的哲学家的死亡哲学思想的敏锐的捕捉和深刻的洞悉,对人类面对死亡所生发的许许多多哲理的淋漓酣畅的评介、诠解。其中透显的作者本人的生命体验,人文睿识,自然流于笔端的激情,字里行间跳动着的思想火花,和一些只可意会不可言传的形上意蕴,每每引起评者共鸣,而不觉手之,舞之,足之,蹈之。

最深的感受是:没有死亡意识,就没有生命意识。人类全新的死亡观,诞生于文艺复兴时期。蒙太涅针对基督教为了神而牺牲人的罪恶主张,痛心地指出:"我们最无人性的弊病就是鄙视人的存在"，从而把"研究我自己"规定为哲学的根本课题。人不再是自己命运的奴隶，而是自己命运的主人、筹划者，人生也不再意味着忍耐、受苦、消极无为，而是可以依照自己的设计过得生气勃勃、轰轰烈烈、奋发有为的。正是面对死亡，省视了生命的个体性和有限性，才赋予生命以内在的价值！由"借死反观生"到"以生界说死"，人类的生死观发生了质变。殉道者布鲁诺虽遭八年囚禁，面对罗马广场的熊熊烈火，仍然从容镇定，厉声高喊："你们宣读判决可能比我听到这判决时更加胆战心惊！"

而后，在近代哲学家那里，人及其理性则成了死亡问题思考的唯一尺度和准绳。斯宾诺莎断言："自由人的智慧不是默思死而是默思生。"而所谓自由的人，乃是"纯依理性的指导而生活的人"，由于他的自由和智慧，由于他依理性认识到必然性，他才能摆脱死亡恐惧情绪的支配而直接地要求善。当然，一般地说，近代思想家是以割裂、二分的思维模式看待生死关系的。拉美特利的下述十分机智颇为俏皮的话，典型不过地表达了近代西方人追求现世的凡人的幸福的生死观："我的生死计划如下：毕生直到最后一息都是一个耽于声色口腹之乐的伊壁鸠鲁主义者；但是到了濒临死亡的瞬间，则成为一个坚定的禁欲主义者。"启蒙主义健将、百科全书派首领狄德罗的话，字字掷地作金石之响："如不能向恶毒的敌人正当复仇，我死不瞑目；如不竖立一座丰碑，我死不瞑目……如不在世上留下时间无法消灭的若干痕迹，我死不瞑目！"

这种生死态度，当然是壮怀激越，令人神往的！但是，真正深邃的所谓死亡意识，不仅仅是理性的，尤其是辩证的。惟其如此，才能升华为生命意识。黑格尔的精神辩证法，生与死矛盾运动的观念，尤其是对事物内在的自我否定的颂扬，克服了近代生死二元对峙的局限性，是真正打开死亡之谜的钥匙。既然死亡是一种内在的矛盾运动的结果，是事物通过自我否定获得新生的契机，那有什么理由害怕，又怎么可能躲避呢？评者在本文开篇引用了黑格尔《精神现象学》的一段话作为题记。对于这段话，作者是这样解释的："如果精神害怕死亡，它就没有勇气直面自己的应当被否定的方面。""所谓承担死亡，就是不要害怕死亡，也不要躲避死亡，敢于去否定自己应当被否定的方面，不管自己经受怎样的风险和精神痛苦也在所不辞。而所谓在死亡中得以自存，就是要在不停顿的自我否定中求得自己的生存和发展，不断地超越自身又不断地回归自身，不断地实现自我和认识自我。"（第203页）可见死亡在黑格尔那里是一种扬弃，是精神的肯定与否定的统一，取消与保存的统一，分裂与和解的统一。而这一点，正为马克思主义经典作家所看重。以这样的死亡观去观照天、地、人、我，还有什么牵挂黏滞而不能达观自如呢？行文至此，评者眼前所浮现的是青年郭沫若描绘的凤凰在火中涅槃的图景，耳际所回荡的是青年周恩来铿锵的诗句："生死参透了，努力为生，还要努力为死，便永别了又算什么！"还是马克思和恩格斯说得好："辩证法是死"；"生就意味着死"！死与生在辩证的否定中相互转化。在自我否定的驱动下，死亡意识向生命意识升华。没有死的自觉，就没有生的自觉；没有对死的意义的透悟，就没有对生的真谛的把握。

三、自由原则和个体性原则的地位

在西方死亡哲学中，自由原则和个体性原则是死亡意识向生命意识、道德意识和文化意识转化的枢纽。那么，这两项原则是如何产生的呢？在理论上应如何定位呢？静心沉思，死亡的另一个更为本质的意涵，是在个体、群体与类的关联，和自由意志与普遍必然性的关联中展示出来的。原始死亡观的一个重要内容是对超个体灵魂不死的信念。这实质上是一种由原始社会公有制中生发出来的集体不死的信念。超个体的灵魂主要通过氏族或部落首领体现出来，并随着首领的代谢传承下来，成为集体的"守护神"。原始公社的解体，私有制的出现，使得不死的超个体灵魂原子化或个体化了，从此由集体的灵魂不死信仰过渡到个体灵魂不死信仰。作者认为原始死亡观的崩解与人的死亡的发现的先决条件就是"人的个体化"。在荷马史诗里，个体灵魂的双重性（有死的灵魂即认识能力与不死的灵魂即生命原则）得以确立。人的死亡的发现内蕴着两个层面，一是死亡的必然性或不可避免性，一是死亡的终极性。这就启发了肉灵（身心）关系或精神与自然界的关系和死亡与人生的关系等问题的思考，也就呼唤了哲学的产生。直到亚里士多德，才在西方哲学史上第一次明确提出了如何使我们的有死亡的生命具有不朽意义这个死亡哲学的极其重大的问题，奠定了理性主义的死亡哲学的基础。作者认为，"亚里士多德注重从人的社会性和政治性入手，从个人同群体和类的关联来考察待死态度问题，提出借道德和勇气战胜死亡的问题，这同苏格拉底着重从个人的人格和形象出发来考察待死态度相比，显然要高出一筹"（第81页）。

这是什么意思呢？人的个体化是人的死亡发现的前提，然而人毕竟是社会的人，人是普遍的自我与个体的自我的统一。任何正常的人都知道，界定"自由"离不开普遍必然性，界定"个体"离不开群体和类。所以康德提出了自由人自己选择去死这样一个死亡哲学重大命题，强调了"意志自律"，同时又要求人们把死亡方式的选择自觉地建立在超乎个体的普遍利益和普遍道德准则的基础上，黑格尔进一步指出，"死亡的根据是个体性转化为普遍性的必然性"。这是因为，自然或肉体生命作为类的一个个体原本就潜在地具有普遍性（类的特征）。精神或理念突破自然生命的局限，使自身从片面的直接性和个体性中解放出来，达到自身的普遍性，达到现实的个体性与普遍性的辩证统一。然而，自然生命达到这一点的最有效的手段便是死亡。死亡是对肉体生命的"个别的纯粹的个别性"的克服，因而也就是对事物世界和功利世界的否定。唯有死亡我们才能超越"意识"而达到"自我意识"，超越功利世界而进入道德世界。"在黑格尔看来，一个人要达到独立的自我意识，非有死亡意识不可，非有点拼命精神不可。因为所谓独立的自我意识，其本质必然是一种自为的存在，是一种自由的意识，一种不束缚于任何特定的存在的意识，然而它又必须是通过另一个意识而存在的意识。这样作为这种精神现象的对立的双方，必然处于一种互相拼命的状态，即它们自己和彼此间都通过生死的斗争来证明它们的存在。"（第207页）正是从独立和自由的自我意识的立场出发，黑格尔对人格作了颇具特色的界说："一个不曾把生命拿去拼了一场的个人，诚然也可以被承认为一个人，但是他没有达到他之所以被承认的真理性作为一个独立的自我意识。"正是在这个意义上,黑格尔以待死态度区别了主人意识和奴隶意识。主奴意识之间的辩证紧张正是构成历史运动的基础的东西。总之,在黑格尔哲学体系中,死亡不仅是精神超越意识达到自我意识的重要契机,不仅是精神从主观精神达到客观精神,达到道德世界,成为伦理实体的重要契机,而且也是精神超越有限制的伦理实体达到更为普遍的"世界精神"乃至"绝对精神"(狭义的)的重要契机。通过死亡,达到人与上帝的同一,即人的个体性与人的普遍性的同一。

评者饶有兴味地注意到本书关于尼采和叔本华、海德格尔和萨特死亡哲学的比较。作者认为,尼采和叔本华的一个重大分歧表现在人及其生死的个体性的问题上。叔本华死亡哲学的根本目标是消灭人的个体性,把个体提升到族类(本质)的高度;尼采则强调人及其生死的个体性,把"成为你自己"看作一条基本的哲学原理,呼吁人们不断超越自己的同类。尼采不能容忍那种教人安于现状、苟且偷生的学说,那种贬抑人、抹杀人、使人永远沦为"末人"的学说。在他看来,我们生存的意义和价值,就在于不断排除我们自己身上趋向死亡的东西,创造永恒不变的东西,也就是赋予个体生命一种永恒性,或者说是以一种负重精神、自由精神和创造精神,以生存的勇气,敢于把自己的生命承当起来,进而全身心地投入永恒无限的自由创造中去。这种生命意识、道德意识和文化意识显然有合理的层面,对柏格森哲学,对陈独秀、鲁迅一辈的中国现代思想家起了震撼的作用。

海德格尔强调了死亡的个体性、原我性和不可替代性,认为"死亡是此在最本己的可能性"。这就是说,"唯有死亡才可以把'此在'的'此'开展出来,使单个人从芸芸众生中分离出来,从日常共存的沉沦状态中超拔出来"。在海德格尔这里,人并不是一个抽象的概念(man),而是涵指单一的,具体的和不可以替代的个人(person)。如果此在指日常共存中丧失了自己的个体性和具体性,他也就因此而丧失了他自身,变成了"人们"(Das Man),这也就是他所谓"此在的沉沦",这时的此在就不再是"本真的存在"，而成为"非本真的存在"。死亡对于此在之所以"性命攸关"，就在于只有"先行到死"才能使此在震惊不已，才能使人由"我自己的死"充分鲜明地意识到"我自己的在"，才能使他保持自己的个体性和具体性，或者推动他从日常共在的沉沦状态中超拔出来，"本真地为他自己而存在"。（第 263 页）海德格尔的"本真的向死而在"与"向死的自由"是一码事。所谓"直面死亡"，感受到死亡的迫切性和本真状态，可以使我们从日常的繁忙中超脱出来，领悟死不是遥远的事，死就在当下，"此在实际上死着"。此在把死亡这一最本己的可能性自己担当起来，面对着自己的死亡凭自己的良心自己选择自己，自己筹划自己，自己把自己的可能性开展出去！这就是"向死亡的自由"。在海德格尔看来，哲学的基本目标是"存在意义的证明"，而只有死亡才可以把此在之存在的本真性与整体性从生存论上带到明处。但正如本书作者所分析的："海德格尔的死亡哲学也内蕴着一个巨大的悖论，这就是：死亡是此在的终结，然而它却是使此在成为此在的终结，如果套用歌德的话说，就是：死亡是黑暗，然而它却是给此在之存在以光明，给此在之存在以意义的黑暗，这或许正是海德格尔死亡哲学的奥秘所在"。（第 169 页）

在死亡哲学方面，萨特同海德格尔大相径庭。他反对海氏把死亡生命化的一切企图，断言死亡不是自为存在固有的可能性，而只是一个偶然的事实，它也不能从外面把意义赋予生命；断言"我们的自由原则上是独立于死亡的"。作者以为，这种对立或分歧是由二者哲学的总体结构和趣向的差异所决定的：海氏主要是通过"时间性"概念来阐明存在的意义的，因而，关于作为此在"终结"的死亡的理论自然就成了他阐明其存在意义的主要工具。萨特的重心在"虚无"，在人及其意识的能动作用，在人的自由，因而他是从人的主观性和自由的角度来看待死亡的。在他看来，死亡非但不能给人的存在以意义，反倒需要经由人的主观性和自由加以说明。在萨特看来，死亡是一种双面的"雅努斯"，具有两重性。一方面，我们可以把它看作是对它的紧附着限制着的人类生存过程

的一个否定；另一方面，我们又可以"逆向而上"，强调它和它完
成的人的生存过程和生命系列的"粘连"，强调它对人的生存过程
和生命系列的决定性意义，强调它本身就属于这一生存过程和生命
系列。对死亡的第一种理解强调的是死亡的非人性，是它对生命的
外在化；而对死亡的第二种理解强调的则是死亡的人化，是它对生
命的内在化。显然萨特是主张前者而反对后者（也即是海氏的死
亡观）的。

萨特驳斥了海德格尔全部论证的基础性论据，即死的不可替代
性，并由此而否定了死给生命以意义，认为死取消了自为存在本
身，取消了"赋予意义者"，因为自为存在是自己赋予自己意义
的。死亡从根本上毁灭了人的全部筹划，从而也就彻底取消了生命
的全部意义。海德格尔试图通过死，即通过生的中断，突出死的本
己性、不可替代性，通过这种迂回曲折，领悟生的本己性、个体
性；而萨特断然否定了这个理路，从主观性出发，直接论证生的本
己性、个体性。他说："我不是'为着去死而是自由的'，而是一
个要死的自由人。"作者认为，"萨特的死亡哲学从否定海德格尔
关于死是'此在最本己的可能性'的死亡定义开始，以肯定人的
自由的绝对性告终。他的死亡哲学的重要功绩在于驱散了笼罩在海
德格尔死亡哲学上面的悲观主义迷雾，抨击了海德格尔把死亡乃至
整个物质世界人化和生命化的唯心主义意图，在一定程度上恢复了
18 世纪法国唯物主义死亡哲学的现实主义和乐观主义气氛，因而
在当今西方世界产生了深广的影响。但是，他也因此而重蹈了 18
世纪法国唯物主义者割裂死生辩证关系的覆辙，并且由于他把人的
自由绝对化，把他的死亡哲学的结论放在他所谓的'主观性原理'
上面，因而最终也和海德格尔一样，陷入了唯心主义的泥淖。"
（第 279～280 页）

综上所述，自由原则和个体性原则是死亡意识内蕴的生命意
识、道德意识和文化意识敞开或升华的极其重要的关节点。在这些
方面，西方哲学史上的有关争论给予我们许多理论思维的经验教
训，值得认真地记取。"存顺殁宁"，"生寄死归"，中国传统哲学

自有一套特殊的生死智慧。本书尽管在不少地方论及中国的死亡哲学，但毕竟未及深究。我们期待着作者在本书的姊妹篇《死亡文化》中再行展开。

（本文原载台北《鹅湖月刊》1993年第4期，作者系武汉大学国学院教授和院长）

"死亡哲学" 与生的盼望

刘清虔

对于死亡的问题，人人都会去思考、去感受、也终必经历；而对于死亡作理性的哲学思考，则形成"死亡哲学"。本书应属国内首部系统性的论述，由我国武汉大学哲学系段德智先生所著。基督徒读此书可明白各种关于死亡的哲学观点，在福音的表达上，较能深入且贴切地触摸人心中的终极关怀。

在方法论上，作者认为"生"与"死"基本上是一种在对立中的统一，死亡哲学虽名为谈死，实则谈生。他本着从肯定到否定，到否定的否定这条辩证的思路，来考察哲学史中诸位哲学家对死亡的探究。在这种黑格尔式的架构下，作者将死亡哲学的历史区分为四个部分：死亡的诧异、死亡的渴望、死亡的漠视、死亡的直面（死亡真实的层面）。

"死亡的诧异"所分析的是希腊早期到晚期如苏格拉底、柏拉图、亚里士多德甚至到伊壁鸠鲁的死亡观，基本上是对死亡的本性作思考，以及对死亡恐惧的治疗。"死亡的渴望"则处理基督教的死亡观，认为基督教对死亡的回答是：在耶稣基督中复活；其中，收录了德尔图良、奥古斯丁、阿奎那及后来的马丁·路德、布鲁诺的论证。

作者认为，理性主义是对基督教的批判，在"死亡的漠视"中，他举出了笛卡尔等人对人的"不朽性"的论证，也列出伏尔泰等人对不死信仰的理性否定，然后，用德国观念论的康德与黑格尔的看法作补充。作者指出，费尔巴哈人本主义的观点，是近代死亡哲学的最高成就。最后，"死亡的直面"所整理的是从叔本华、尼采到存在主义的雅斯培、海德格、沙特，及弗洛伊德等人的看法。

全书的内容在结构上堪称完整，叙述的语句也不致太艰涩，想要有系统地了解人类历史的"死亡智慧"，本书可作为入门。然而，吾人必须承认，人的理性与悟性尚不足以去领略作为最高智慧的"生与死"，这其中的矛盾与吊诡也不一定是辩证思考中就能解开的。就是连基督徒也很难完整明白基督教的生死观，更不要说能向人解释清楚了。

正如同德尔图良在《论基督的肉体》中有一句名言："上帝之子死了，正因为讲不通，所以才是可靠的；在埋葬之后，他又复活了，正因为是不可能的，所以是完全确实的。"我们所企望的是：在对死亡的思索中寻找生命的智慧，而敬畏耶和华正是智慧的关键。

（本文原载台湾《基督教论坛报》1994 年第 1497 期第 4 版"读书乐·教会新闻"，作者系台湾神学院硕士班学生）

关于"死亡"的哲学思考

——读《死亡哲学》

戚 永

　　巴金老人曾经说过："像斯芬克司的谜那样，永远摆在我眼前的是一个字——死。"死是我们每个人不能不猜的谜！人类自诞生以来，关于死的恐惧、悲哀，面对死的激越、达观或卑琐、无耻，乃至于各种困惑、反思和各种处理习俗，构成了一部围绕人之死亡的奇特图景。《死亡哲学》正是从哲学的角度破译这奇妙之谜的可读性很强的一部学术专著。

　　"死"是什么？古今中外哲人对它的理解真是五花八门。其中有没有什么线索可循？作者通过对原始死亡观到现代死亡观的潜心研究，发现了其中的认识轨迹。作者把死亡哲学史看作是一个动态的、"在发展中的系统"，认为其间相应地呈现出"死亡的诧异"、"死亡的渴望"、"死亡的漠视"和"死亡的直面"四个具有质的差异性的阶段。首先，在关于灵魂、生死的有限与无限的怀疑和震惊中，在人的死亡的发现中，产生了古希腊罗马的死亡哲学，人类开始用自然的眼光审视死亡和死亡本性，并提出了对死亡恐惧进行心理治疗的诸种方法。其次，在"渴望"阶段里，人类不再用自然的眼光而是用宗教的或神的眼光看待死亡，把死亡看作是人实现永生、回归到神中的必要途径，因而把对死后天国生活的渴望转移到对死亡的渴望上。其特征是"厌生恋死"；其逻辑是"若不能死，便不能生（永生）"。再次，在"漠视"阶段里，人类不再用神的眼光而开始用人的眼光理性地看待死亡，视"恋生恶死"为人之天性，断言"自由人的智慧不是默思死而是默思生"（斯宾诺莎语）。启蒙思想家表达了对现世的凡人的幸福的执著追求，对生采取了非常积极、奋斗不息的态度。但他们以机械二分的思维模式割裂了生死关系。最后，在"直面"阶段里，人们斥责漠视和回避死亡为"自我"的失落和沉沦，要求直接地面对死亡，重新体认死亡的意义，更加积极地思考人生和筹划人生。

实际上，只有真正具有死亡意识的人，才能真正具有生命意识。从一定意义上，我们可以说，没有死的自觉，就没有生的自觉；没有对死的意义的透悟，就没有对生的真谛的把握。生与死之间，在辩证的自我否定中转化。正是在这样的意义上，黑格尔把死亡理解为内在的否定、扬弃，理解为精神的肯定与否定的统一、取消与保存的统一、分裂与和解的统一。马克思和恩格斯指出："辩证法是死"；"生就意味着死"！以这样的死亡观去观照天、地、人、我，还有什么牵挂粘滞而不能达观自如呢？

在西方死亡哲学中，自由原则和个体性原则是死亡意识内蕴的生命意识、道德意识和文化意识敞开和转化的枢纽。静心沉思，死亡的更为本质的意涵，是在个体、群体与类的关联，和自由意志与普遍必然性的关联中展示出来的。人的个体化是人的死亡的发现的前提，然而人毕竟是社会的人，人是普遍自我与个体自我的统一。作者对康德与黑格尔、叔本华与尼采、海德格尔和萨特的死亡哲学，作了深中肯綮的马克思主义的分析和批导，足以使读者理解死亡意识如何通过一些中间环节升华为生命意识、道德意识和文化意识。

本书把死亡哲学分为相互区别又相互联系的两大层面，一是人生观和价值观的层面，一是世界观和本体论的层面。通过对死亡问题的哲学思考，倚重死亡意识或者消解死亡意识，才能达到本体的洞观、天人的契合。西方哲人把死亡意识的树立，看作是我们达到哲学意识，达至形上本体的阶梯或桥梁，因此他们说"哲学是死亡的练习"（柏拉图），"死亡是哲学灵感的守护神"（叔本华），"从事哲学即是学习死亡"（雅斯贝尔斯）。中国哲人则不需要这样的曲折周章，他们在"重生""尊生""天地之大德曰生"（《易传》）的背景下，强调唯有消解或超越死亡，"见得破，透得过"（王阳明），才能于生命与生活的当下，直接地进入人与天地万物同体的本体境界，即“不死不生”的“撄宁”状态（庄子）。中国哲人是孔夫子所谓“未知生，焉知死”的理路，西方哲人或可称为“未知死，焉知生”的理路。同归殊途，一致百虑。

作者对中西死亡哲学的许多具体、细致的分析，以及书末附录的古今中外哲学家、革命先烈和导师关于死亡的精辟论断，相信能对青年人正确地树立健康向上、积极进取的生死观、价值观和世界观以有益的帮助。本书不仅填补了死亡哲学研究的空白，尤其填补了马克思主义的死亡哲学的空白。本书系统地、历史地论述了马克思列宁主义的生死观，正确地指出她是过去时代死亡哲学发展的必然结果和历史总结，是当今时代精神的精华，是我们时代不可超越的伟大成就。作者指出，“人的有死性与不朽性、死亡的必然性与人生自由的辩证联结，个体生命（小我）的有限性与群体生命（大我）的无限性的辩证联结，个体死亡价值与人类社会发展走向和人类解放大业的辩证联结，无疑是马克思主义的死亡哲学的基本内容”（第18页）。在国际风云变幻的当今，让我们重温马克思主义的生死观，不是别有兴味和深意吗？

（本文原载《中国图书评论》1992年第1期，作者系武汉大学哲学学院教授）

《死亡哲学》评介

李维武

死亡，对于人来说，不单是有机体的生命终止问题，而且涉及灵与肉、个体与族类、死灭与不朽、必然与自由等一系列重大哲学问题，成为一个人们不能不猜的斯芬克斯之谜。自有哲学以来，人们也就开始了对死亡之谜的哲学思考。死亡问题是中外古今哲人说不完、道不尽的永恒课题之一。然而，在马克思主义哲学指导下，对数千年死亡哲学的历程加以清理和总结，开展死亡哲学研究，这在中国哲学界还是一个有待深入开拓的领域。段德智同志的近著《死亡哲学》（湖北人民出版社 1991 年出版）就是这方面的最初的劳绩之一。

一

人对死亡的关心与思索，是通过多种方式进行的。首先是宗教的和艺术的方式，然后才有哲学的和科学的方式。宗教的和艺术的方式，以情感的表达为主；哲学的和科学的方式，以理智的研究为主。对于后者来说，又有一个死亡哲学与研究死亡问题的诸实证科学进行划界的问题。

段著一开篇就明确指出：死亡哲学是哲学的一个分支，它关涉的只是对死亡的哲学思考，如死亡的必然性与偶然性、死亡的终极性与非终极性、人生的有限性与无限性等有关死亡的形而上的问题，而不像其他各种以死亡为研究对象的具体科学，对死亡进行实证性的具体的研究，探讨死亡时间的确定、植物人的死亡权利、安乐死的具体实施等非形而上的问题。即使是"死亡学",也不应与死亡哲学混为一谈。由罗斯韦尔、帕克所开创的"死亡学"(thanatology),是一门研究死亡问题的综合性学科,但它所讨论的仍是各种具体的死亡问题,属于实证科学的范围。这样一来,段著就从哲学与科学的关系上,明确了死亡哲学的研究对象与研究范围。

段著又进而揭示了死亡哲学的丰富意蕴,认为死亡哲学所思考的形而上的问题,实际上包含了两个基本层面:一是关于死亡的人生观或价值观的意义的一面,一是关于死亡的世界观或本体论的意义的一面。两者相比,前一层面表达的是表层的意蕴,后一层面表达的是深层的意蕴。一定的人生观或价值观,总是为一定的世界观或本体论所决定的。在对死亡之谜的哲学思考上也不例外。这就明确地提出,人们不能停留在对死亡的人生观或价值观的探讨上,而应当进一步深入思考死亡的世界观或本体论的意义。

根据所确定的死亡哲学的研究对象与研究范围,段著对哲学史料进行了严格的选择,一方面把不属于死亡哲学的内容摒之于外,另一方面又把一些死亡哲学的资料从其他形式的文献中剥离出来。如作为基督教经典的《旧约》与《新约》,现在国内的欧洲哲学史教材往往很少涉及,而段著却对此作了认真发掘,把它们作为基督教死亡哲学发展的重要逻辑环节。

二

黑格尔曾提出一个重要思想:"我们的哲学,只有在本质上与前此的哲学有了联系,才能够有其存在,而且必然地从前此的哲学产生出来。"①

正是基于这一方法论原则,段著以对死亡哲学史的考察为全书的主干。段著认为,从西方死亡哲学的发展看,大体上经历了古代的"死亡的诧异"、中世纪的"死亡的渴望"、近代的"死亡的漠

---

① 黑格尔:《哲学史讲演录》第一卷,贺麟、王太庆译,商务印书馆1959年版,第9页。

视"、现代的"死亡的直面"四个逻辑阶段。在"死亡的诧异"阶段，人们用自然的眼光审视死亡，侧重于讨论死亡的本性问题。在"死亡的渴望"阶段，人们不再用自然的眼光而用神的眼光看待死亡，把对死后天国生活的渴望转化为对死亡的渴望。在"死亡的漠视"阶段，人们不再用神的眼光而开始用人的眼光看待死亡，但又把生与死割裂开来，一方面看重人的生存，另一方面又对死亡取极端漠视的态度。在"死亡的直面"阶段，人们一改近代人对死亡的漠视，把死亡作为人生的一个基本问题重新提出，要求人们面对死亡积极地思考人生、筹划人生。这样一来，段著就逐步地、合逻辑地展现了死亡哲学的丰富而深刻的意蕴。把这些历史上的死亡哲学中必然的、有生命力的活东西加以昭示和阐释，就是我们所理解的死亡哲学。

段著的这种写法，可以说把哲学的史与论较好地结合起来，既有强烈的历史感，又有鲜明的逻辑层次；既体现了死亡哲学的活力，又不乏一定的理论深度和力度。这对时下哲学理论著述的撰写，确有值得借鉴之处。

三

段著的一个很大特点与优点，就是对马克思主义的死亡哲学作了比较系统的阐发。该书明确指出，死亡哲学是马克思主义哲学的一个重要分支，不仅具有无产阶级人生观和价值观的意义，而且具有无产阶级世界观的意义。这就从根本上揭示了马克思主义死亡哲学的性质、地位与意义，从而进一步显示了马克思主义哲学的博大体系与丰富内涵。

段著对马克思主义死亡哲学的发展历程进行了多方面的发掘。这种发掘的重心，不是收集一些以往研究并不大重视的资料，而是对马克思主义哲学的创始人及其后继者的思想与实践，从死亡哲学的视角加以再理解、再总结。一些人所熟知的文献，如毛泽东的《纪念白求恩》、《为人民服务》，经过这种发掘工作，显示出更深刻的意蕴，使人们从中读出了以往所未曾领悟到的东西。

段著肯定了马克思主义死亡哲学与历史上死亡哲学之间的联系，如指出司马迁的死亡观对毛泽东的《为人民服务》的影响，即是一例；但它更重视阐发马克思主义死亡哲学自身的特点和根据：如果说各派非马克思主义死亡哲学都只是与这种或那种形式的私有制社会相联系，都只能以解释现存社会为旨趣，那么马克思主义死亡哲学则立足于消灭一切私有制社会的共产主义运动，以改造现存社会为目标。因此，马克思主义死亡哲学是一种完全奠基于无产阶级和千百万群众批判旧世界、创建新世界的伟大革命实践的哲学，是一种最富于现实性的死亡哲学。

段著对马克思主义死亡哲学的这些阐发，对于帮助人们更深刻地理解马克思主义哲学，对于向大学生及广大青年进行马克思主义的世界观、人生观、价值观的教育，都具有积极的意义。

四

在评者看来，该书对中国死亡哲学论之过略，没有说明中国死亡哲学的特点和贡献。笔者以为，中国死亡哲学至少有以下特点：第一，形成了一种为族类、为社会、为真理而敢于牺牲个体的精神，这种精神养育了一代代志士仁人。他们忧国忧民，慷慨悲歌，前赴后继，成为中华民族的真正脊梁。第二，用人的清醒的理性态度对待死亡，从孔子的"不语怪、力、乱、神"（《论语·述而》）到王夫之的"贞生死以尽人道"（《张子正蒙注·太和》），都表现了这种理性的自觉。第三，中国人始终重视现世的生活，即使在宗教生活中所表现的也是对"生存的渴望"，中国本土生长的道教是如此，中国化的佛教也是如此。以上这些特点，也正是中国死亡哲学对人类死亡哲学史的重要贡献。这种中国哲人的智慧，是西方死亡哲学的框架所难以容纳的。而不了解这些特点和贡献，对于死亡哲学的理解也就不可能是全面的。

（本文原载《哲学动态》1992年第5期，作者系武汉大学哲学学院教授）

生的渴望与死的沉思

沙　水

在人类哲学思维的发轫之初，"生死"问题就如同"有无"问题一样，成为困扰和推动人类哲学思维的一个根本问题。对这个问题的回答，由于时代背景、历史条件、阶级立场和哲学信念的不同，有着千差万别的形态；然而，在这些不同的回答方式中，无疑也贯穿着人类思维从幼稚到成熟、从低级到高级、从肤浅到越来越深刻的有规律的逻辑发展过程。新近出版的段德智同志的专著《死亡哲学》，就是对这一合乎逻辑的历史过程从哲学高度所作出的一个总结，这也是国内第一部从"死亡"的角度探讨人生哲学的著作。

"死亡哲学"一词，严格地说，当指现代那些以死和不死为其哲学的基点或主要论题的哲学，最典型的如叔本华、克尔凯郭尔和海德格尔的哲学。段著《死亡哲学》则主要从古希腊以来西方有关死亡问题的哲学思想的发展史，来阐明人类对死亡问题的哲学思考，其视野就不是局限于某个具体的哲学流派，而是扩展到死亡问题在一般人类哲学思想中的历史演变和逻辑位置，是对历来的"死亡哲学思想"的哲学思考。因此，这不是一部单纯的哲学史著作，而是一部"哲学"著作，它贯穿了历史与逻辑相一致的原则。

从辩证的眼光看，生就意味着死，对死亡的思考实际上也就是对生命的思考，因而所谓"死亡哲学"也就是关于生与死的关系、关于作为整体的生命或生存本身的哲学。本书无疑是把死亡问题当作一个人生观和生命问题来加以探讨的。然而，它与一般人的所谓人生哲学不同，不是仅仅从生的角度去看待死，把死亡作为讨论人生时所不得不考虑到的问题"之一"，而是反其道而行之，从死的角度来看待生，把生存看作由于对死的沉思、由于强烈的死亡意识才得以规定的一种死的方式。

在历史上，从死的角度来看待生以及对死亡本身所作的哲学思考，主要是西方哲人们所做的一项工作。本书追溯了西方死亡意识从古代对死亡的"诧异"，到中世纪对死亡的"渴望"，经过近代对死亡的"漠视"，直到现代对死亡的"直面"，这样几个具有内在"否定之否定"的逻辑规律的发展阶段，并且将马克思主义对死亡问题的看法作为这一发展过程的最高阶段，作为对历史上一切死亡哲学的扬弃和综合。这种追溯和揭示表明，"死亡哲学"并不是某个人一时突发奇想偶然提出的一种关于死亡的看法，而是在整个人类思想史上一直被人们所关注、所探讨、所推进的一个有机发展系统。的确，人之所以为人，一个重要的标志就在于他意识到自己的必死性。动物不能意识到这一点，它在死亡面前顶多只有一种本能的恐惧，它意识不到死，也就意识不到生，意识不到生与死的区别，它的生命就其本质而言也就与无生命之物没有区别。只有人才懂得生命的必死性，能够把死亡看作一种生存的方式，把生存看作一种死亡的方式，这就有了对自身生命和个体死亡的超越性，有了"类"的永生和不朽的观念，有了超越个人生死存亡的"历史"和"进步"的意识。正是在这一点上，如本书所指出的，马克思主义的死亡观和生死观达到了人类历史上迄今为止不可超越的思想境界，这就是：通过投入到无产阶级和亿万人民流血牺牲以争取全人类的自由解放这一斗争中去，来赋予自己的生命以永恒不朽的价值和意义。

由于把握了马克思主义的生死观这一制高点，该书对西方哲学史上有关死亡的各种各样的论点都保持一种批判性的态度，既肯定它们在人类思想史上的贡献，又指出它们理论上的固有缺陷，从而描述了由一种观点取代另一种观点的思维逻辑的运动。当然，要做到这一点，不仅要有一个俯视一切的制高点，而且要对真实的历史资料作出具体可信的分析。可以说，解释西方哲学史内在的逻辑过程，是本书所力求完成的一件最为艰巨的理论工作。作者依据大量的中、外文资料，进行了具体、深入的分析和论列，除了力图展示各个哲学家的思想原貌外，还着力于描述出这些思想前后更替的差异性，描述出后一哲学家比前一哲学家在哪一点或哪些方面有所推进、有所深化，给人以明确的层次感和历史感。

在这一前提之下，作者把马克思主义当作"整个历史的一面镜子"，指出马克思主义并没有抛弃历史上的一切死亡哲学成果，而是将"勿忘死"和"勿忘生"、对永生的渴望和对此生的追求、集体主义和个体主义等历来相互对立的原则统一起来，科学地论证"马克思主义的死亡哲学是我们时代不可超越的死亡哲学"。作者特别指出马克思从黑格尔那里批判地继承了"否定"的辩证法思想，提出了"辩证法是死"这一光辉原理。这一原理不是意味着毁灭一切而达到虚无，而是具有肯定的意义，即"死亡本身已预先包含在生命里面"，成为生命的内在动力；没有死亡，没有自我否定的新陈代谢运动，就没有生命，否定、批判旧世界的赴死行为是生命和历史运动的本质内容。的确，如海德格尔指出的，死亡是最具个人性的事件，每个人对待死亡的方式最本质地体现出他的个性和人格；但在马克思主义看来，死亡又不单纯是将个人封闭起来的事件，而是有可能使个人超出自身、达到不朽的途径。"为人类进步事业而献身"这一既是唯物主义和现实主义的、又是历史唯物主义和理想主义的信念，鼓励着许许多多的人前赴后继。

对于《死亡哲学》这样一部在国内具有开拓性的著作来说，引起各种不同意见是正常的。在这方面我只想提出两点，供作者和读者参考。一是在西方有关死亡的哲学思考中，自古以来便十分关注并长期讨论的一个问题是有关"自杀"的问题。西方人很早便注意到，人和动物的一个重要区别是人能够有意识、有预谋地自杀，而这个问题在本书中除偶尔提到外，基本上没有展开论述。二是本书在对中、西方哲学家的死亡观进行比较时，对两大文化之间的差异似乎注意得不够。中国传统哲学一般说来强调从生命的意义来看待死，而很少从死亡本身来赋予生命以意义，因而对于死亡问题要么是淡化，要么是回避，其生命意识主要立足于宇宙整体生生不息的自然生命，而非有死者个人只此一次的、须由自己来谋划并人为地赋予其意义的生命活动。但不能否认，本书的新意恰好在于，它将中国传统人生哲学中历来被忽视的死亡问题以哲学的方式系统地提出来，这就促使我们在生死问题上进行更全面、更深入的思考。正是由于这一点，陈修斋、萧萐父两位先生欣然为之作序，表明了学界前辈对这一研究成果的鼓励。

（本文原载《中国社会科学》1992 年第 4 期，作者系华中科技大学教授）

《死亡哲学》
——人生价值新视角

陈志鸿

　　人类思考死亡问题，大概从人类产生之初就已有之，把死亡作为哲学问题进行哲学思考，也几乎和哲学本身同时开始。死与生是对立统一、密不可分的。

　　《死亡哲学》（湖北人民出版社出版）这部专著，名为谈死，实乃谈生，明显地具有人生观和价值观的意义，与其说它是谈死的哲学，毋宁说它是人生哲学或生命哲学的一种深化、延续和发展。这不仅因为只有具有死亡意识，才能获得对人生的整体观念和有限的观念，使生活具有紧迫感而克服惰性；更重要的还在于死亡哲学的一个中心问题，就在于死亡的意义和价值问题，其实质是一个赋予有限人生以永恒或无限的意义或价值的问题，因而归根到底是一个人生的意义和价值问题。

　　作者段德智经过数年的艰苦爬梳，搜集了40多位古今中外哲学家和革命家对死亡的哲学思考资料和言论，以此立论，铮铮有据，娓娓道来，令人信服。该书以西方死亡哲学为主体，兼及中国死亡哲学。全书纵贯古今，依次以"死亡的诧异"、"死亡的渴望"、"死亡的漠视"、"死亡的直面"和"马克思主义的死亡哲学"为标题，概述古代奴隶社会、中世纪封建社会、近代和当代四个历史时期的死亡哲学，脉络十分清晰。作者一面努力揭示诸历史阶段间的差异和对立，一面又科学地昭示各阶段之间的内在关联，把死亡哲学的历史发展描述成一个必然的、有秩序的进程，一个包含着诸阶段于自身内的"有机的整体"，一个"在发展中的系统"。这样，作者便使死亡哲学的历史免于沦为"死人王国"的厄运，而成为一部充满不老的、现在还活脱脱的、生意盎然的、内蕴着不可抗拒的必然性的历史。

（本文原载《北京日报》1992 年 8 月 5 日，作者系《武汉大学报》主编、教育部高校师资培训交流武汉中心主任）

向死而在的形上溯源

——读段德智《西方死亡哲学》

翟志宏

如果说"死亡"是一个应该面对和值得面对的问题，那么如何面对和怎样面对就必定成为一个需要认真解决的理论问题和现实问题。段德智先生新近出版的《西方死亡哲学》，不仅为我们提供了对死亡之谜进行"形而上学考察"的理论旨趣，同时也把我们带入到历史中，带入到了不同时代的人类解读这一奥秘的心路历程之中。虽然死亡具有"属人"的规定性，是任何人随时都会遭遇并将最终面对的"事件"；然而它却是一个"永远让人猜不透的谜"，是包括以往和现代人类在内的所有理性生命都会经历并试图参透的"最终情结"和"生命本能"。因而任何对这奥秘的历史解答，都将具有现时代的意义。

然而"死亡"始终是一件令人"心痛"的事件，是一个比任何腥风血雨都更能震撼人心的东西，是生存的不可能性对生存的可能性的消解。因而当丹麦王子哈姆雷特面临"去生或去死"的两难抉择时，他是把自己放在了一个最为困难的地位上，一个需要以极大的勇气面对的抉择。也许人们更多的时候并不面临哈姆雷特式的困境，也不愿把自己置放在"生—死"的两难抉择之中，它是生命的当下处境和现实特征对其最终命运的抗拒和回避。正是这种当下的生命处境和现实性特征，使得"死亡是一件和我们毫不相干的事"的伊壁鸠鲁式的看法成为可能，使得生命是一种有始无终的"准神"意识成为一些人更乐意接纳的意识，从而也使得直面死亡成为一种"畏难情绪"。因而，如果人们因过多地注重生的当下意义而不愿体验那个最终的"偶然事件"（萨特语），或因畏死而讳死，那么直面死亡、拷问死亡之谜的人们，就不仅是智者，也是勇者。

当然，这个勇者和智者不仅是直面死亡的勇者和智者，也是参悟生命意义的勇者和智者。因为死亡不只是生命最后阶段所呈现出的那些问题，那些"临床死亡"、"死亡的绝对体征"、死亡的时间确定、安乐死的具体措施等诸如此类的问题；而且也是鲜活的生命应予以关注并值得关注的问题。这种关注不是要求我们必须真切体验"死亡"的当下性，而是期盼我们具有明确的生命有限性意识，一种《西方死亡哲学》作者所说的"端点"意识，或者海德格尔所谓的"先行到死"的"死亡意识"。正是这种意识，使得我们对生命有了更深切的把握，有了对"自己生命的整体性和有限性"的真切感受，从而也才使"对自己的人生做出合理的切实可行的总体筹划"有了可能。因此，"向死而在"就不是一种消极而在、无可奈何而在，而是一种为生而在；它使我们萌生了万事"赶快做"的"现在意识"，并使这种意识获得了终极的意义。这就是《西方死亡哲学》所给予我们的一个启示。

如果我们愿意，我们是能够面对死亡的。它表明死亡不是一件始终使我们战栗和畏惧的事情，不是一种"生之不易"时的绝望挣扎，也不仅仅是一种像俄狄浦斯那样在面临生死关头时才能参透其本质的东西，更不是那种与本己生命无关、把我们造就成为"看客"的现象；而是一个就处在我们的生命之中、"只在人情里"的"事变"（王守仁），是一种我们获得生命的同时就浸润在其中的、予我们的生命以某种规定性的东西，从而也是一种我们能够以不同方式解读其意义的事件。或者说，"死亡之谜"根本上也就是"人生之谜"。因此，如果我们把死亡视作一个事实，一个能够给予我们震颤、同时也能给予我们启示的事实，那么我们就能够勘破生死界限、获得"撄宁"心境，达到对"生死无二谓之一"（杨简）的整体把握；从而才能够做到"成就之死"和"死而不亡"，才能"窥见人生和世界的'终极实在'，本真地体悟出人生的真谛"。

《西方死亡哲学》就是在这样的意义上力图给予我们一种境界，一种把握"死亡之谜"的形上方式和本体高度。如果说傅伟勋先生的《死亡的尊严与生命的尊严》主要是通过"濒死的体验"来谱写"生命的赞歌"的话，那么《西方死亡哲学》则更多的是以"理论思维形式"来拷问"生—死"的本体意义。这当然不是说后者就不注重对死亡这种自然现象的经验分析。实际上，作者之所以能够对"死亡之谜"做出深刻的哲学探究，也是与作者早期个人的生存论处境有着密切的内在关联的。那是一种在特殊时期（文革时期）所获得的边缘意识，是个人政治生命和社会生命面临终结时萌生的"准死亡意识"。正是 20 世纪 60 年代至 70 年代的"政治蒙难"以及周恩来之死所引发的思考，使作者深刻地体验到了"死亡问题"是一个人类的自我意识问题（"属人地死去"）、一个时间性意识问题（超越有限生命的永恒意义）和人生筹划问题。这些都使得作者有了对死亡问题体认和思考的深刻的个人生存论背景和社会历史背景，构成了《西方死亡哲学》创作的个人因缘和契机。

思考的个人因缘和契机仅仅是一种写作的可能，而把这种可能变为现实，则需要更多的条件。这对《西方死亡哲学》的作者来说，乃是其深厚的哲学史功底和长期"甘于寂寞"的探究精神。正是基于这种功底，使得作者能够娴熟地运用哲学概念对死亡这种自然现象和社会现象进行"总体的、全方位的、形而上的考察"，建构起了富有深刻哲理内涵的"死而上学"文本。同样，也正是得益于长期的执着探究，才能使几千年的西方历史尽收眼底，才能形成对西方死亡哲学史的规律性认识，形成对"死亡的诧异"、"死亡的渴望"、"死亡的漠视"和"死亡的直面"等历史阶段性特征的提升与把握。因而，历史和逻辑，构成了作者阐释西方死亡哲学内涵的两个基本维度。那正是本书之所以既具有理论的高度也具有可读性的原因所在。

固然，《西方死亡哲学》是以西方哲学家关于死亡问题的论述为探究对象的，其历史和逻辑的运思也正是以此为基点展开的；但这并不是本书唯一的思考起点，东方哲学，特别是中国哲学有关死亡问题的思考，同样进入到了作者的思想之中，成为作者提升并辨识西方死亡哲学演进过程及其一般特征的学理背景，从而也成就了《西方死亡哲学》较为宽广的理论视野和文化视野。正是这种宽广的比较视野，才使作者较为明确地提出了西方死亡哲学"注重对死亡本性的哲学追问"以及"持守死亡的主体性原则和个体性原则"之类的特征，也才使我们认识到了尼采"当我们愿意死，死就到来"的"自由的死"、海德格尔"死亡是此在最本己的可能性"以及萨特"死亡才是最绝对自由的体现"所表达的哲学意涵和文化底蕴；同样，也正是这种视野，使我们能够认识到"死亡的诧异"、"死亡的渴望"、"死亡的漠视"和"死亡的直面"不只是西方死亡哲学的阶段性历史特征，它们同时也是一种对待死亡的态度，一种可以启发所有人的死亡立场。它表明，西方哲学家在对死亡本质的形上考察中，还包含了一个在生存论的意义上如何面对的问题。这就使得这些呈现为历史阶段性的拷问和态度，有了现时代的意义。

因此，《西方死亡哲学》不仅是对西方死亡哲学的历史探微，也是对其一般理论意义的阐发。这种双重意义是作者坚持以宽广的文化视野和宏大的世界眼光、以历史和逻辑的维度探究死亡哲学的价值观层面和本体论层面的结果。这乃是作者一贯的立场，是作者将会在"西方死亡哲学"、"中国死亡哲学"、"死亡与宗教及文化"、"死亡哲学论纲"等系列探究中一以贯之的东西。这种视野、眼光和维度，必将使这样的著作获得了广泛的意义和价值。我们有理由期待它会与其20世纪90年代初期的第一版（《死亡哲学》）那样，获得"洛阳纸贵"的成功，成为一件具有持久影响力的学术事件。

（本文原载《中国图书评论》2007年第1期，作者系武汉大学哲学学院宗教学系教授）

面向死亡的"哲学之安慰"

——读《西方死亡哲学》

王成军

    如果说哲学是爱智慧，那么，人类以哲学的方式所能达致的最大的智慧，莫过于对"死亡"的洞悉。与死亡本身的"不可避免性"与"终极性"一样，哲学思辨与死亡问题之间的紧密关系也是不可避免的、终极性的。谈哲学的人如果不谈论死亡，大概相当于搞艺术的人不谈论美。按照柏拉图的说法，"哲学就是死亡的练习"。（《斐多篇》）这实在是一句极其明白又深不可测的格言。

    恩格斯曾断言，直立行走是从猿到人的一大飞跃，这话不无道理。但是，从另一种意义上，正是死亡塑造了人本身——正是人类最本底的死亡意识与存在冲动，让人从与自然同一的物理存在样态中逃离出来，开始具有理性，具有精神存在的维度。"成为人"便意味着"向死而在"，意味着在死亡与虚无所带来的巨大的恐惧之阴影下筹划自己的生存，这种能力让人类获得了"万物之灵长"的尊贵地位，也让每个个体的人获得了无上的尊严与价值。哲学作为人学，哲学作为人类精神的制高点，如果没有把"死亡"当作自己的"最高问题"，显然是说不过去的。虽然大多数哲学史家倾向于把"存在问题"当作西方哲学的主要线索。但是，如果我们进一步追问，我们会发现，大哲学家们对存在问题的关切，无不是以畏死的焦虑为前提的，无不是从"我们既存在又不存在"这一赫拉克利特式的命题出发的。从我们所知的最早的哲学家泰勒斯一直到当代的德里达等后现代思想家，他们全部的哲学，无不是与死亡问题紧密相关的。说得极端一点，如果一个哲学家不思考存在，他不一定是个好哲学家；如果一个哲学家不思考死亡，他一定不是个好哲学家。特别是在奥斯维辛之后，当谈论诗歌成为可耻的时候，思考死亡已成为哲学家们一个空前急迫的并且是高尚的"义务"。

正因为哲学家们在死亡问题上所作的个体化的思考，我们看到了精彩纷呈的哲学。不同哲学家对死亡的不同回答常常决定了他们哲学的个性特征。但从哲学史的角度来看，我们仍然可以大致发现不同时代的哲学家在死亡问题上的分野。如果我们把哲学家们对死亡的态度作为考量的角度，那么，西方的死亡哲学史大致可以分为"死亡的诧异"（古希腊罗马）、"死亡的渴望"（中世纪）、"死亡的漠视"（近代）、"死亡的直面"（现当代）四个阶段，这个历史反映的不仅仅是哲学的深化，更是人本身的进步。

现在，哲学对死亡的思考已经为我们提供了如此多的丰富素材与思想养料，我们已有必要在具体的哲学流派与哲学断代史之外，重新开辟出一门新的学科，这门学科应该以"死亡"作为直接的研究对象与理论关切的核心，并且，鉴于当代一系列新出现的棘手问题，比如安乐死、脑死亡等，也亟须一种理性的、贴切的"哲学之安慰"，这个学科最好还是从形而上学的高度而不仅仅是从临床医学、生物学等具象科学的角度来发言，也即，它本身就应该是哲学在"死亡"这一专门问题上的延续与发展，这门学科就是我们已经开始熟悉的"死亡哲学"。

西方作为哲学分支学科的"死亡哲学"（Philosophy of Death）大概出现于20世纪七八十年代，而汉语学界的"死亡哲学"的研究历史，则要追溯20世纪90年代段德智教授的《死亡哲学》。作为汉语学界"死亡哲学"研究的开拓之作，段教授的《死亡哲学》曾经名噪一时，影响深远，不仅在我国大陆获奖无数，还进入了港台地区甚至欧美的一些著名大学的课堂，得到了学界与读者的高度认同。但作者并没有停止他的思考，而是在宗教学原理、中世纪哲学尤其是阿奎那哲学研究领域内深化、拓展他的死亡哲学。这种深化与拓展的结果就是一本新的死亡哲学的力作——《西方死亡哲学》（北京大学出版社2006年出版）。

相比《死亡哲学》,《西方死亡哲学》最大的不同在于它主要侧重于对西方哲学史上死亡学说的考察,它与作者另一本即将要出版的《中国死亡哲学》刚好构成了一个比较完整的死亡哲学的整体图景。但是,作为"死亡哲学"的一部分,《西方死亡哲学》并不是对《死亡哲学》的简单分化,相反,它不仅在内容上更为丰富。比如,对中世纪死亡哲学特别是对托马斯·阿奎那死亡哲学思想在内容上的扩充,而且,在理论上也有更多的进展。如果说当初的《死亡哲学》还有"初探"之意的话,现在的这本《西方死亡哲学》完全适合于"沉思"这样的字眼。说它是真正的"沉思"的结果,证据是相当充分的。首先,作者梳理了死亡哲学概念的多层意涵,提出死亡哲学是"死而上学",是"人生哲学的深化和延展",是"一种世界观和本体论",是"一个发展中的系统"。通过这样的界定,死亡哲学在哲学这一学科中的合法性、独立性以及价值都得到了充分的展现。若没有对死亡哲学这一分支学科进行过长期的、系统的并且是创造性的思考,是无法完成这些界定的。其次,作者对西方死亡哲学的基本理论特征也提出了准确而深刻的看法。比如,认为西方死亡哲学的基本理论特征在于"注重对死亡本性的哲学追问"、"持守死亡的主体性原则和个体性原则"、"死亡哲学内准宗教向度与哲学向度间的剧烈冲突"等,无不是作者这些年在西方哲学、宗教学原理、中世纪哲学尤其是阿奎那哲学研究领域内的研究心得在"死亡哲学"这一语境下的表达。其三,作者把西方死亡哲学史分为"死亡的诧异"(古希腊罗马的死亡哲学)、"死亡的渴望"(中世纪死亡哲学)、"死亡的漠视"(近代的死亡哲学)、"死亡的直面"(现代的死亡哲学)这样四个阶段,并且,本书的主体也是按照这样四个部分写作的,恰如一部恢弘的交响诗。应该说,这种划分是极富独创性的,它不仅清晰地勾画出了西方哲学对死亡问题进行思考的历史,而且在这种勾画中暗示了西方死亡哲学史乃至整个西方哲学史演进的一个否定之否定的辩证结构。

但是,光有理论的独创与逻辑的严谨并不足以保证一本书能够成为"真正的哲学著作"。一本真正的哲学著作,其最终的标准应该在于作者贯穿到作品中的人生体验。因为哲学的迷人并不是来自于一批最优秀大脑的汇报演出，而是在于隐藏在这些大脑的说辞背后的个体生命体验。段教授这本《西方死亡哲学》的最动人之处，就在于这本书里处处闪烁着的他的个体灵魂的微光。作为出生于新中国成立前夕并在"文革"中成长起来的学人，他生命中经历的欢乐、哀伤、艰辛与酸楚，恐怕是当今的年轻人无法想象的。正如作者在他的前一部著作《死亡哲学》中说过的，研究并写作死亡哲学的初衷，就在于对他们一代人所遇到的特定历史条件下的死亡情境的强烈感受。若说到这本《西方死亡哲学》，恐怕更是如此。黑格尔曾经说过，青年人和老年人说同一句话的时候，意义是不一样的。对于作者而言，从《死亡哲学》到《西方死亡哲学》，虽然间隔只有15年，但就他个人的历史而言却是两个时代的跨越——从中年到老年。我相信，在写作这本《西方死亡哲学》的时候，他对死亡的思考，已不再带有一切"远观"的角度和"设身处地"的成分，而是切近地，以一种切肤之痛般的生命体验在进行着。作者在书中的多处对一些大哲学家的死亡意识与死亡观进行分析的时候，明显就是借他们的口在表达自己的个体生命体验。只有当一个人如此这般地从思考"他死"到思考"我死"的时候，他的"死亡哲学"才可能成立，并且，才可能真诚。从这个角度衡量，段教授的这本《西方死亡哲学》无疑是真诚的、经得起时间检验的哲学著作。

抛开这本书作为一本纯粹学术书籍所具有的价值和重要性不谈，即使作为一般的阅读物来说，这本书也具有一定的可读性。首先，它的内容不仅大量涉及西方哲学史上的著名哲学家的死亡理论，并且，还通过一种优雅而节制的笔调对这些哲学家自己的死亡作了描绘，在作者的笔下，我们不仅看到了一个个关于死亡的伟大思想，而且看到了一个个在死亡面前升华了自己的伟大思想家，令人动容。其次，这本书不仅有着精巧的结构与严密的逻辑，而且，在行文上也简洁、流畅，加之警句迭出、机锋四溅，能够给人以很大的阅读快感。

虽然在笔者看来，因为作者前后心境、行文习惯以及学术兴趣的差异，段德智教授这本《西方死亡哲学》仍不免留有罅隙，比如在第三章论述阿奎那的死亡观的时候，略显繁琐从而导致该篇章与全书简洁流畅的风格有悖；再比如该书对当代一些重要思想家（比如福柯、莱维纳斯、德里达等）的死亡观的付之阙如，都不免让读者心生遗珠之憾。但无论如何，无论我们从哪个角度来衡量，这本《西方死亡哲学》都不失为一本真正的哲学著作，都不失为一个真正思想者的灵魂之书。中世纪哲学家波埃修生命中的最后两年身陷囹圄，在狱中，他认识到哲学乃是生命的唯一安慰，于是他写就了最重要的作品《哲学之安慰》；其实，对于我们每个人来说，我们又何尝不是生来便在死亡的囹圄之中呢？以此观之，段教授的这本《西方死亡哲学》又何尝不是一种"哲学之安慰"呢？

（本文原载《武汉大学学报》2007 年第 3 期，作者系中南财经政法大学副教授）

破解宗教信仰之谜

——文化哲学视野下的《宗教概论》

何　萍

　　宗教是人类最早创造的文化形式之一。这种文化形式在中世纪与哲学的形而上学相结合而成为最高的意识形态，统治着这一时期人们的精神生活。文艺复兴的理性从宗教的批判中发展起来，却没有消灭宗教，而是保留了宗教，使其成为科学理性的一个补充要素而存在，于是，宗教与科学就成为现代人生活中的互补要素而发展。由于科学与宗教的互补存在，人们产生了一种错觉：理性与信仰是由不同的文化形式来表达的，科学表达理性，而宗教只是表达信仰。20世纪以来的文化哲学直接挑战了这种观点。在文化哲学看来，理性与信仰作为人类生活的互补要素，存在于任何文化形式之中，不过它们在不同的文化形式中有不同的性质与特点罢了。依据这一观点，理性与信仰不再分别由科学与宗教来表达：科学中不仅有理性的要素，也有信仰的要素，同样的，宗教也不只是信仰，它还包含着理性的要素。文化哲学从人类文化起源和创造的角度探讨宗教的信仰，揭示蕴藏于宗教信仰中的人类理性要素的思想构成了当代宗教文化人类学的内核。段德智教授的《宗教概论》（以下简称《概论》；人民出版社2005年版）充分吸收了当代宗教文化人类学的这一成果，从马克思主义的唯物史观出发，对宗教的理性因素进行了新的考察，不仅破解了宗教信仰之谜，而且为我们从宗教的世俗化中理解当代全球化进程中的世界文化交流拓展了视野。

　　在文化哲学看来，宗教既是一种社会现象，又是一种世界观。

作为一种社会现象，宗教以信仰的情感净化人的灵魂，给人以生存的信念和希望。同时，它还以宗教仪式如巫术、祭祀等集结群体，形成一种特殊的社会活动。这就是宗教的社会功能。作为一种世界观，宗教具有深层的理性结构和特殊的情感功能，形成了特殊的内心意识，以特殊的方式把握世界。这就是宗教的认识功能。对宗教理性因素的考察应该包括宗教意识和宗教社会两个方面的内容。《概论》对宗教理性因素的考察就是从宗教意识和宗教社会两个层面展开的。

在宗教意识的层面上，《概论》首先依据宗教思想史和宗教的语源学解释阐发了宗教的特殊本质："宗教，作为一种特殊的意识形态，区别于理性认知的其他意识形态的根本特征，不是别的，正是宗教信仰本身；而宗教信仰的特殊本质正在于它是一种超越理性认知能力的'神秘'，正在于它的'超越性'。正因为如此，宗教及其信仰，相对于人类理性认识能力而言，将永远以这样那样的形式保持一种'奥妙'或'神秘'的性质。"[1] 既然宗教意识是一种神秘的、具有超越性的信仰，那么，对于宗教意识的理性考察必须首先解答两个问题：一是宗教何以成为信仰体系，或者说，信仰为什么能在宗教中占据主导地位；二是宗教的信仰为什么具有"神秘性"和"超越性"。对于这两个问题，《概论》从宗教文化形式的特殊性上给予了解答。

《概论》指出：作为人类的文化形式，宗教与世俗文化一样也具有人化的性质，但是，与世俗文化不同的是，宗教"不是以世俗的人为中心的文化，而是一种以作为信仰对象的神圣者为中心的文化"。（第313页）作为信仰对象的神圣者具有"超自然性"、"超现世性"或"彼岸性"。在哲学上，凡是"超自然性"、"超现世性"或"彼岸性"的东西都不可能归于逻辑的、理智的认识，更不可能归于历史的认识，而只能归于非历史、非理性的信仰，或

---

[1] 段德智：《宗教概论》，人民出版社2005年版，第243页。本文后引此书只在文中标注页码。

者说，归于一种超越理性的认识。这就是理性认识与信仰认识的界限。《概论》正是通过这种对认识对象的区分揭示了宗教意识的特殊本质，说明了信仰何以在宗教体系中占据了主导地位，成为了宗教中"最内在、最本质的因素"，同时也说明了宗教的信仰何以具有神秘性和超越性。

其实，宗教以具有神秘性和超越性的信仰为核心和基础，只是就它的文化形式的特殊性而言的，并不等于说宗教信仰的神秘性和超越性是不可理解、不可说明的。《概论》从两个方面揭示了宗教信仰的特殊性：一是从宗教意识形态的意义上，把宗教定位于精神文化层面。《概论》并不否认宗教是由物质文化、制度文化和精神文化构成的系统，但是，宗教的物质文化、制度文化都是从属于它的精神文化的，都是由其意识的特殊性所决定的。正是这一特点决定了宗教本质上是一种精神文化，位于人类文化大系统的精神文化层面。二是从比较宗教与科学、文学艺术和哲学中，揭示宗教信仰的特征。《概论》强调，宗教文化创造的独特性在于，以个人的生存体验、救赎和异化的方式唤起人的自我意识。宗教信仰的神秘性和超越性不过是人类认识和把握自身生命存在的一种特殊方式。从人类文化创造的角度看，它没有任何的神秘性和超越性。这就打破了宗教信仰不可认识和把握的神话。

然而，《概论》并不满足于对宗教的文化哲学定位，它还深入到宗教意识的内在结构之中，以对宗教信仰、宗教观念、宗教情感和宗教经验的考察破解了宗教意识之谜。在对宗教信仰的考察中，《概论》区别了宗教信仰与伦理信仰、知识信仰、政治信仰，指出，宗教信仰"不可能是一种抽象的一般信仰"，它的"根本规定性或特殊规定性无非是两个：一是对'神圣者'的信仰；二是对彼岸世界的信仰"。（第 177 页）宗教信仰总是以一定的宗教观念表现出来的。"宗教观念是宗教信仰的解释体系，是宗教信仰的系统化、条理化和规范化。"（第 178 页）宗教观念有两种基本形态：一是神话寓言形态。这是宗教观念的形象化，就宗教观念的起源而言的，它处在宗教观念的"前逻辑形态"。二是理论思辨形态。这是宗教观念的逻辑形态，亦是宗教观念的更为高级的形态。作为宗教观念的理论形态，宗教观念主要以对"教义"和"教理"的解释阐发神的存在、神的属性以及神与世界的关系等问题。正是通过对这些问题的解释，宗教获得了本体论的意义。由此看来，从理论的角度看，宗教信仰不存在任何的神秘性，而是理论的创造给予它以神秘的外貌。宗教信仰的非神秘性还可以在宗教情感和宗教的经验中找到经验的基础。"所谓宗教情感，无非是宗教信仰者特有的同宗教信仰、宗教观念相关的心理状态和心理过程。它在整个宗教体系里占有非常突出的地位。"（第 188 页）宗教情感主要有：敬畏感、依赖感、安宁感和神秘感。这些情感分别是宗教信仰者因其生存需要而对"神圣者"所持的爱、依赖、安全的情感。"所谓宗教经验无非是宗教信仰者基于宗教情感的神秘的主观体验或经历。宗教经验或宗教体验在宗教经验中占有非常突出、非常特殊的地位。因为在一个意义上，宗教经验构成了整个宗教意识的基础。"（第 195 页）一方面，宗教经验的"突发性"、"短暂性"、"不可言喻性"或"不可言传性"、主观性或意向性、"被动性"和神秘性等特征，给宗教蒙上了神秘的面纱，另一方面，宗教经验的上述特征的发生又都依赖于一定的机缘和条件，都是宗教信仰者的"宗教理论修养以及在宗教理论修养基础上的'体悟'"和"潜心修炼、道德净化"的结果。在这个意义上，宗教的经验来源于个体对理论的理解程度，没有任何的神秘感。通过这些考察，《概论》说明了宗教信仰的神秘性和超越性是如何被创造出来的，说明了宗教意识的创造与其他文化形式的创造一样，都是人类理性思维的结果，从而以宗教意识创造活动的特点破解了宗教信仰之谜。

在宗教社会的层面上，《概论》分别考察了宗教的社会组织和宗教观念的社会化功能。所谓宗教的社会组织，"是指宗教信徒在其中依据宗教观念过宗教生活并通过它进行宗教活动的机构或团体。佛教的寺院，基督教的教会（含教堂或礼拜堂、修道院等），伊斯兰教的'清真寺'等，便是这样的机构和团体"（第 220 页）。这些组织通过宗教制度而结成社会群体，对社会组织的宗教化和宗教社会组织的个人化起着双向的调节作用，从而成为宗教观念社会化的基础。所谓宗教观念的社会化功能，是指宗教观念作为社会意义系统所起的世界观和规范、控制社会秩序的功能。在这两个方面中，宗教观念的社会化功能是更为主要的方面：正是由于有了宗教观念的社会化的功能，宗教才能在不同的时期与社会的政治法律制度和经济制度发生联系，对人们的政治和经济生活产生直接和间接的影响。《概论》把宗教观念的社会化功能看作宗教社会性占主导地位的层面，与它把宗教定位于人类文化系统的精神文化层面的观点是一致的。当然，《概论》并没有以此否认宗教社会组织对于宗教发展的意义。《概论》强调，正是由于宗教社会组织的存在和发展决定了宗教必然世俗化和世界化。

基于宗教信仰的文化特性和宗教社会功能中的宗教观念对宗教组织的作用，《概论》考察了宗教的世俗化对当代人类文化发展所带来的积极的和消极的影响。从积极的方面看，宗教的世界对话可以成为维系世界和平的重要力量；从消极的方面看，宗教信仰的冲突会导致人类文明的冲突。那么，如何引导宗教对话，推动宗教作用向积极的方向发展呢？《概论》运用文化结构主义的方法，对宗教对话的层次性进行了分析，揭示了宗教对话的可能性和不可能性。《概论》提出，宗教对话的不可能性主要源于"文化中介"和"个人生存体验中介"，因此，要消除宗教信仰之间的冲突，使宗教对话成为现实，就必须通过宗教文化层面的对话达到宗教信仰层面的间接对话。

《概论》通过宗教的世俗化和世界化的分析向我们表明，宗教不仅是可以为人们所认识、所理解的意识形态，而且也是可以为人们所运用的交往方式。而这一切都是因为宗教是人类文化历程中的一个不可缺少的部分，因此，研究宗教信仰，揭示支配宗教信仰神秘性的深层的理性和社会的力量，对于我们从理论上理解宗教信仰和在实践中有效地把握和运用宗教信仰都是一件十分有意义的工作。《概论》以其对宗教信仰的文化哲学研究开辟了我国宗教研究的这一前景，不仅如此，《概论》对宗教对话的层次分析及通过宗教文化层面的对话达到宗教信仰层面的间接对话的构想，对我们恰当地运用宗教调节国际国内各阶层的关系、建构社会主义和谐社会具有战略性的启迪意义。

（本文原载《哲学研究》2006 年第 9 期，作者系武汉大学哲学学院教授）

宗教学研究的理路与方法论探析
——从《宗教概论》说起

刘素民　杨　楹

在人类文化的生态中，宗教是一种独特而意蕴辽远的文化样式，就其存在的时间、流变的历程、传播的空间以及对人类政治、经济、文学艺术、伦理、哲学等多层面的影响之深度与广度而言，实难有别种文化样式可以与之比肩，乃至在当今科技高度发达的时代，我们依然难以将人类的其他文化形式与宗教完全剥离开来加以厘定。从这个意义上来说，对宗教进行理性透析，其深层的本质即是对人类精神、人类生活自我反观与批判，由此构成以"宗教"为审视与研究对象的"宗教学"。

当然，"宗教"绝不仅仅是外在地、具象地表现为"西天的佛"、"天上的神"、"寺庙的烟"、"教堂的顶"，更为重要的是这些具象所承载、传达的精神内蕴。而透过这些具象，更为深层地体悟、追问其间多向度的精神旨趣，挖掘其中所包裹着的深厚的意义，从而建构其相关的展示宗教普遍本质和一般发展规律的理论，乃是宗教学研究从自发引介与描述走向科学建构的重要标志。事实上，对"宗教"所进行的研究不仅仅是宗教界的任务、职责、使命，同时也是哲人智慧一直发力之重要领域。马克思曾从历史性的视角，将宗教作为人类四种基本的思维方式之一，并且从生存论意义上，追究宗教曾是人类的一种生存方式，这种方式形成了其独特的价值视野，构造出一个完整的"宗教王国"。在这一意义上，马克思说道："宗教是这个世界的总理论，是它的包罗万象的纲领，它具有通俗形式的逻辑，它的唯灵论的荣誉问题，它的狂热，它的道德约束，它的庄严补充，它借以求得慰藉和辩护的总根据。"① 贝格尔径直道出了宗教活动的价值性，认为"宗教是人建立神圣世界的活动"；而蒂里希则认为"宗教是人的终极关怀"……这些都无疑地体现了，以往的思想者探寻宗教的共相或本质的思想努力与理论积淀。

"研究宗教"或"宗教学研究"，从具体研究路向上来看，大致有两种，一种是描述性的，对各种"宗教"、"宗教学"进行表象的陈述，倾力详尽地对有关"材料"进行表征的记载与勾勒，从而形成宗教浩荡的外在景观。客观地说，这一路径具有其合法的价值，但其合法性恰恰就是其最大的局限性之所在。第二种则是充分体现"研究"特征的规范性路径，此条路径立意于超越外在描述性的惯常思维与常识性的把握，从宗教的断面呈现中进行多元宗教的透析，并在此基础上，以"范畴链条"整合"材料"，从而表达出研究者的智慧与风格的"宗教学理论"，这一理论以个性化的管道达及对"宗教王国"的整体观照，所揭示出的必然是藏在宗教表象背后的"逻各斯"。武汉大学宗教学系段德智教授新的力作——《宗教概论》（人民出版社 2005 年 10 月出版），在我们看来，无论是从研究路径、学术立场还是方法论的自觉选择上，显然都是第二条路径，由此，构成了该书的内在气韵与清晰的精神脉络。

一

学界一般把 1870 年麦克斯·缪勒作的《宗教学导论》的讲演视为"宗教学"（Science of Religion）诞生的标志。"宗教学"在中国是一门方兴未艾的学科。段德智教授将这本纯粹的学术著作冠其名曰《宗教概论》，而非《宗教学概论》，这细微的差别并非"不经意"。从其著书之"名"，我们不难发现其中所蕴涵着的来自

① 中共中央马克思恩格斯列宁斯大林著作编译局编译：《马克思恩格斯选集》第 1 卷，人民出版社 1995 年版，第 1 页。

160

于著者独特的价值立场与思维方式。本书传达给我们的不仅是宗教学的基本范畴、基本原理与宗教嬗变的内在逻辑，更为重要的是对研究"宗教"的传统思维定势所给予的无声地扬弃，以及著者对于宗教学研究路径的正当性与合法性的自我探寻，其反思性、综合性与批判性贯穿于每一运思环节之中，从而使著者对"宗教学"的理性激情得到了畅达淋漓的体现。

《宗教概论》以对"宗教学"的评断为理论建构的新起点。该书将现代意义的"宗教学"指称为下述四个层面的内容：第一，宗教学，顾名思义，是一门关于宗教或宗教现象的学问。第二，宗教学是关于宗教普遍本质的学问。"宗教学作为一门关于宗教的学问，自然关涉诸多个别的具体的宗教，但是，它在考察这些个别具体的宗教时，并不滞留于诸多宗教现象或宗教形态的'多'，而是进而探求这些'多'中的'一'，思考其中那些可以说是构成宗教之为宗教的东西，亦即宗教的普遍本质。"① 第三，宗教学是一门关于宗教一般发展规律的学问。"宗教学不仅要探究宗教现象的'多'中之'一'，探按宗教的普遍本质，而且还要探究'变动不已'的宗教现象的变化动因与变化规则，亦即宗教发展的基本规律。"② 在此，著者的观点与缪勒在断言"未来的真正宗教将成为昔日一切宗教的完成"③。背后所体现出的"探究宗教一般发展规律"的强烈意图不谋而合。不仅如此，著者同时还提出，宗教的一般发展规律并不限于"自否定"和"生成"这样两项"原则"，还包括宗教发展的根本成因以及宗教会不会因为宗教和社会的世俗化而自行消亡诸如此类的问题。所有这些都是需要作为关于宗教的学问的"宗教学"应着力研究的。第四，宗教学还是一种关于宗教的普遍本质和一般发展规律的概念的系统或体系。"哲学若没有

① 段德智：《宗教概论》，人民出版社2005年版，"前言"第1~2页。
② 段德智：《宗教概论》，人民出版社2005年版，"前言"第2页。
③ G. A. Müer（edl.）. The Life and Letters of the Right Honourable Friedrich Max Miller, vol. 2. London, 1902, p.135.

体系，就不能成为科学。"① 在著者看来，宗教学亦复如此，"宗教学"之为"学"，其重要的标志之一就是"概念的系统"或"体系"的建立。卡尔·拉纳曾说过："无论何时何地，宗教常是人生基本结构的一部分。"从这个意义上讲，人类对宗教的"沉思"可谓由来已久，然而，"宗教学"的诞生却又是"新近"之事，这表明，宗教学体系的建构所立基的是人类对宗教这一文化现象自古产生的理性沉思与表达。

在古老的西方，犹太民族以"唯一的真神"为其信仰的中心，《圣经·出谷记》以"那自有者"（He who is）比赋神的能力，这简短的一句话被西方的宗教学家认为"道出了宗教哲学上的深奥道理：神的本质和其存在是合一的，他的存在即是其本质，他的本质即是存在"②。除了犹太民族《圣经》之外，在巴比伦、埃及和希腊的古代神话里，也都可以发掘到丰富的宗教成分。古代的哲学家正是吸纳了这些思想充实自己对于宗教的思考。泰勒斯以"水"为万物之源，以"万物充满神"为其哲学思想之根，主张"世界魂"的存在，此魂即是神；苏格拉底即使摆脱不了"一神论"与"多神论"的纠缠，却仍坚信"神的指导与帮助是必要的"；柏拉图对神的信念充分体现在他创造了"神学"（Theology）这一词汇和他的经典著述中；亚里士多德强调人行为的最高原则是服务神和神的知识，其名著《形而上学》肯定了神为不被推动的第一推动因（The prime unmoved mover）和最后的目的因是纯形式，因而至善至美。亚里士多德的这种创见成就了日后基督宗教哲学家的观念，特别构成欧洲中世纪对基督宗教进行全面系统思考论证的"经院哲学家"托马斯·阿奎那的思想的重要来源与精神支柱。在"经院哲学"之前，以奥古斯丁为代表的"教父哲学"的主旨则是阐释维护"教义"，使之合理化，从而为"经院哲学"展开对基督宗教全面的理性沉思奠定理论基础。

17 世纪初期肇始于西欧的"启蒙运动"开启了思想家对"宗

---

① 黑格尔：《小逻辑》，贺麟译，商务印书馆 1980 年版，第 56 页。
② 曾仰如：《宗教哲学》，台湾"商务印书馆"1986 年版，第 10 页。

教"、"宗教研究"的新一轮反思与理论建构。启蒙时代的精神是"唯理主义"、"经验主义"的精神。"唯理主义"强调理性至上，康德提出的"人从自己不能独立思想而需要别人的扶助的婴儿时代，到能使自己独立思考的成年时代。"① 是这一运动的直接的主观写照。其客观的表现就是人们试图使理性成为人类生活的绝对尺度，人们希望凭借理性去寻找足以统辖人类自然、文化和社会的普遍原理，因此强调思想独立与自由，反对权威、传统、教条主义。在宗教方面，启蒙运动以理性主义、人文主义、经验主义、浪漫主义、机械主义以及唯物论为出发点，对当时盛行于西欧的基督宗教展开了强烈的批判。笛卡尔的"怀疑方法论"开启了对传统宗教的批判及重新评估一切的新纪元，其目的是重新为知识寻找数学式的确证基础，以建立一个无懈可击的知识体系；原本信仰犹太教的斯宾诺莎也对《圣经》旧约提出了严厉的批评，主张神的本体在每一个人的心中，因此，人可以在自己心中寻找神的存在，每个人都可以分享神之本性，人只需发展在自己内的神性即可以与天地合一与上帝永存。除了"理性主义"的强烈攻势之外，来自于培根、休谟、洛克的经验主义，主张人的知识起于经验终止于经验，试图透过感觉经验去解释普遍概念或普遍判断，同样助长了对传统宗教的批判和对其教义的重新评估。康德强调人只能认识物之现象，而对于现象背后的"物自体"（Noumenon），则一无所知，所以，在康德看来，以物本身作为认识对象的"形而上学"根本就是海市蜃楼，无法成为一门科学化的知识。因此，神的存在乃超越理性，人类理性根本无法对其加以认知、解释与证明。

启蒙时代综合了唯理论、泛神论、经验论、新的科学知识、反传统宗教的情绪，启动了对传统宗教、对神的批判及重新评估，对信仰的重新解释，以纯粹理性、合乎自然、合乎经验的方法去研究宗教及关于宗教的一切问题；这种思想一直影响到 19 世纪；这对于"宗教学"作为一门学科在西方出现，起到了奠立理论基础的作用。

---

① 曾仰如：《宗教哲学》，台湾"商务印书馆"1986 年版，第 12 页。

虽然，"宗教学"作为一门人文学科诞生在西方，但是，"宗教学"作为对宗教的"沉思"之后，人的理性的自然延展，绝非仅为西方文化所独有。在中国传统文化语境中，"天道"观念古已有之，且成为世代绵延的中心思想。中国传统文化起于事天，成于顺天。中国人的传统观念信天、敬天、尊天、畏天、效天、承天。"天理良心"成为人的一切行为的标准：顺乎天理，合于良心的行为是"善行"，否则便是"恶行"。中国传统文化界域中该种根深蒂固的"天道"思想可证诸于中国古代的各种经史文献及诸子百家之作。例如：《尚书》中有言："天聪明，自我民聪明，天明畏，自我民明威"、"天命有德"、"天讨有罪"、"惟上帝不祥，作善降之百祥，作不善降之百殃"等等；而《周易》旨在使人明天道以通人事，因此不论其"立天之道，曰阴与阳，立地之道，曰柔与刚。立人之道，曰仁与义"（说卦篇），还是其"神也者，妙万物而言者也"（说卦传第六章）等，无不表现出对万物之最高主宰之歌颂之意；即使是极尽抒情之能的中国最早的文学经典《诗经》也侧力于阐发"天道"的观念。如《国风》中有"悠悠苍天，此何人哉"，《大雅·文王篇》有"文王在上，于昭于天"、"上天之载，无声无臭"等等；至于侧重于政治修身的中国古代典籍《礼记》和《春秋》，其对于"天道"的论及则更是浓墨重彩。如《礼记》讲"故圣人参于天地，并于鬼神，以治政也"、"万物本乎天"。《春秋》讲"孤实不敬，天降之灾"等等。五经之外诸子百家的著作中也充满信天、敬天的思想。如《中庸》讲"天命之谓性，率性之谓道，修道之谓教"；《论语》记载孔子之言，更表明"天道"的观念"巍巍乎，唯天为大，唯尧则之"（泰伯篇）；孟子讲仁义尊天命重天心"天与贤，是于贤，天与子，则与子"、"尽其心者，知其性也。知其性，则知天矣。存其心，养其性，所以事天也"；老子讲"无名天地之始，有名万物之母"（道德经六十七章）、"天道无亲，常与善人"（道德经七十九章）；墨家的思想更是表现出浓厚的宗教色彩，如墨子《天志篇》有："天欲其生，而恶其死，欲其富有而恶其贫；欲其治而恶其乱；此我所以知天显义恶不义也。"中国传统思想中信天、敬天、尊天、效天的思想，早已内化为集体无意识，因此，"天地君亲师"成为人们遵从的对象，"天地良心"成为世人做事之准绳，"仰无愧于天，俯不怍于人"成为待人处事之圭臬，"尽人事听天命"更成为人们处世之"良好"态度。然而，遗憾的是，中国传统思想的"天道"思想——"天人合一"论与"安身立命"说，无论多么丰厚也只停留于简单的"宗教观点"，并未得到系统整理与理性发挥，从而形成缜密的宗教研究理论。

可见，无论东方还是西方，远在"宗教学"产生之前，确有许多哲人、宗教思想家对宗教都做过深层次的理性思考，甚至提出了诸多颇有价值的思想与观点，那么，能否就此直接将这些"宗教思想"或"宗教观点"即称做"宗教学"呢？在此存在着严格的学理规定，也因此呈现出理论分界。《宗教概论》的著者对将"宗教思想"或"宗教观点"简单视为"宗教学"持坚决的否定立场。著者认为，一种宗教思想或宗教观点，只要其尚未形成一个关于宗教普遍本质和一般发展规律的"概念系统"，就不能称其为"宗教学"，因为，"系统的理念既是我们阐述宗教学原理时所持守的理念，也是我们理解和把握宗教学原理时必须予以充分注意的理念"①。

二

任何一门学科都有其自身发展的内在逻辑体系，动态地展现为相应的研究进路、研究方式与研究方法上，因此，方法论也就成为一门学科的重要标志。宗教学也不例外。"宗教学"正是自始从"方法论"的角度入手逐步建立起系统的理论体系。在此，可以从两个层面加以透析，一方面，从横向体系建构来看，在对"问题"多视角的切入、探究中，多学科方法的不断渗透与借鉴，形成了包括比较宗教学、宗教史学、宗教人类学、宗教文化学、宗教社会学、宗教现象学、宗教心理学、宗教伦理学、宗教地理学等现代宗

---

① 段德智：《宗教概论》，人民出版社 2005 年版，"前言"第 3 页。

教学理论；另一方面，如果对宗教学研究的历程进行纵向追踪，回顾迄至 20 世纪末叶为止的宗教学发展概况，同样可以从方法论角度将这段历史归结为三大阶段，即用实证的"描述性"方法排斥其他方法的"一元"阶段；接受哲学的"规范性"方法的"二元"阶段；以及重视理解的"对话性"方法的"三元"阶段。①作为一门现代人文科学，宗教学的学术性、宗教性、社会性与文化性的深厚内涵并蕴，且在这三大阶段中得以彰显与拓展。宗教学如此的学科特征为段德智教授历时数载的宗教学教学与研究的经验所证明和诠释，并在这样的一部力作中清晰地凝结成宗教学研究两个重要原则与研究方式："入乎其内"与"出乎其外"。

一门学科能否成为科学，在一定程度上取决于研究主体从原有的知识结构出发对研究客体的把酌，但在更大程度上取决于研究主体的研究方式与方法，从而生成独特的研究范式——"入乎其内"与"出乎其外"的高度交融。所谓宗教学研究的"入乎其内"，是就宗教学学科自身来说，切入宗教自身的发展逻辑，关注宗教嬗变的具体路径与模式，揭示宗教在社会生活中的定位和社会功能，分析不同宗教之间的对话，探究宗教如何不断地改革完善等问题，这是一条走向深度的研究路向；所谓宗教学研究的"出乎其外"，就是不拘泥于某一宗教的立场和视角，而是从普遍的角度来研究各种宗教。这样的研究包括"纯学术层面"、"精神气质层面"、"社会影响层面"三个层面的延展与内在逻辑关联②，这是一条拓展宗教研究空间的路向。为此，在著者看来，比较宗教学和宗教史学是研究与阐释宗教学的基本方法。这两种方法"不仅是现代意义上的宗教学家最初运用的研究方法，而且，从发生学的角度看，它们也是一种直接孕育着现代意义上的宗教学这门人文学科本身的研究方法"③。

---

① 何光沪：《宗教学百年鸟瞰》，《国外社会科学》2000 年第 2 期。

② 参见方立天等：《中国宗教学研究的现状与未来——宗教学研究四人谈》，《中国人民大学学报》2002 年第 4 期。

③ 段德智：《宗教概论》，人民出版社 2005 年版，"前言"第 5 页。

然而，"宗教不仅是一种意识形态，而且其本身也是一种社会群体，不仅它的产生既需要一定的认识论条件，也需要一定的社会条件，而且它的发展也是既需要其他意识形态和文化形态的推动，又需要以处于一定社会关系中的现实的人所构成的以一定的生产方式为基础的社会的历史运动的推动。"① 不仅如此，著者认为，虽然宗教学家对宗教问题的理性思考以及诸意识形态或文化形态对宗教的产生、发展有不容低估的作用，但是，现实的、历史的人的生存需要以及社会生产方式的历史演进，虽然说不上是宗教产生、发展的直接的"动因"，但毕竟是其更为基础的"动因"，或称为"动因的动因"。因此，为了能够从更深的层次上对宗教的普遍本质和一般发展规律做出说明，著者认为要采取其他一些诸如唯物史观以及与之相关联的逻辑与历史相一致的方法论原则，并使这一原则落实于诸如比较宗教学、宗教史学、宗教人类学、宗教文化学、宗教社会学、宗教现象学、宗教伦理学和宗教理学等研究方法的运用中。同时，坚持逻辑与历史相一致的方法论原则对于更好地运用比较宗教学和宗教史学等宗教学研究的方法也是极其有益的。这是因为，虽然，"比较宗教学"和"宗教史学"是为宗教学的奠基者所推崇并直接孕育了宗教学的两种重要的宗教学研究方法，但是，从逻辑的观点来看，这两种方法是相对的，前者着眼于各宗教间的"横向"比较，是对各宗教的"同时性"研究；而后者着眼的则是各宗教在历史上的"纵向"发展，是对各宗教的"历时性"（历史性）研究。即使在现实的宗教学研究活动中两者紧密结合，可是，由于受分析哲学和逻辑主义思潮的影响，国外宗教学界往往将其视为两种独立的思维模式和研究方法。从这个意义上看，强调逻辑与历史相一致的方法论原则，不仅有利于昭示比较宗教学和宗教史学这两种宗教学方法的内在关联或一致性，而且有助于从更高的层面来理解、把握和运用宗教学的这两种主要的研究模式和研究方法，更为深刻的含义在于：在宗教学的研究中始终贯彻着"唯物史观"的根本立场与原则。

---

① 段德智：《宗教概论》，人民出版社 2005 年版，"前言"第 6 页。

因此，从理论内容与逻辑架构上看，我们将更为清晰地明证著者在方法论上的深刻自觉与立新之意。本著作第一章"宗教的起源"、第二章"宗教的历史发展"、第三章"现存的世界六大宗教（上）：犹太教、基督教和伊斯兰教"及第四章"现存的世界宗教（下）：印度教、佛教和道教"显然主要是对宗教的"历时性"或"历史性"的研究，或者说是对宗教的"纵向"考察。而第五章"宗教的要素"、第六章"宗教的特殊本质"及第七章"宗教的普遍本质与功能"，主要是对宗教进行的"同时性"研究，或者说是对宗教作"横向"的或"逻辑"的考察，旨在昭示宗教的普遍本质。对于宗教的"本质"，著者认为它包含三个层面的内容："首先是作为宗教'初级本质'的宗教的要素；其次是作为宗教'二级本质'的'特殊本质'；最后是作为宗教'二级本质'的'普遍本质'。"① 在这里，作为宗教"二级本质"的"特殊本质"就其内容而言也是宗教的一种"普遍本质"。因为"所谓宗教的特殊本质，所意指的无非是为宗教这一特殊的意识形态和社会群体所独有和共有而为其他意识形态和社会群体所缺乏的本质规定性。"② 至于本著作第八章"宗教的世俗化"和第九章"宗教对话与宗教多元主义"则是在第一部分（一至四章）和第二部分（五至七章）对宗教普遍本质的探讨的基础之上的自然延伸和继续，论证的重心在于现当代两个特别重要的宗教问题——"宗教世俗化"和"宗教对话"。如果就著者从宗教普遍本质的理论高度来审视和讨论"宗教世俗化"和"宗教对话"这样两个问题而言，无疑，这两个问题是本书第一部分的自然延续；如果就著者从宗教普遍本质这样的高度来审视与讨论这样两个问题而言，则这两个问题自然成为第二部分的自然延续。此外，就著者提出问题的角度与高度而言，本书第九章的内容主要是从宗教信仰或宗教信仰的超越性的维度切入，因为宗教对话的必要性与紧迫性首先是由宗教冲突而引发的，而宗教冲突则同宗教信仰的"排他性"直接相关；而宗教世俗化

---

① 段德智：《宗教概论》，人民出版社 2005 年版，"前言"第 8 页。
② 段德智：《宗教概论》，人民出版社 2005 年版，第 236 页。

问题之同宗教的社会本质和社会功能以及宗教的文化本质和文化功能即宗教的普遍本质的直接相关性则更是一件显而易见的事情。然而，如果就解答问题或者解决问题的方式与理路而言，这样两个问题都是既关涉宗教的特殊本质又关涉宗教的普遍本质。因为，宗教对话的现实途径，即是从宗教文化本层的对话到宗教信仰层次的对话，果真如此，那么，宗教对话之同宗教特殊本质和普遍本质的关联就不言自明了。而宗教的世俗化问题也不仅如上所述，同宗教的社会本质和社会功能以及宗教的文化本质和文化功能直接相关，而且也同宗教的特殊本质密切相关。因为唯其如此，才能对"宗教世俗化的自我限制特征"以及宗教存在的长期性这样的一类问题做出合理的说明。不仅如此，在著者看来，只有立足于当代，面向现时代宗教的现实运动，人们才能对宗教的"历史"维度（本书第一部分）和"逻辑"维度（本书第二部分）有一种具体、切实的理解和把握，这就充分地体现了著者绝不是抽象地论断宗教，而是将宗教置于现代生活流变的历史背景中加以诊断、研究的价值立场。这样，无论从内容还是从逻辑架构来看，本书的三大部分是一个互存互动、相互渗透、相互贯通的整体，各章节之间内蕴着理论与逻辑的张力。著者对于宗教、宗教学研究，可谓"既入乎其内观乎其外，又观乎其外而入乎其内"，宗教学研究的"纯学术层面"、"精神气质层面"、"社会影响方面"在《宗教概论》的文辞中得以透彻呈现。

宗教研究之为"宗教学"，首先在于方法论上的立新与创建，并依次建构起相应的范畴逻辑，从而展现出对宗教的理性解剖，而不止步于表象的陈述与事实的累积。从这一意义上来看，宗教思维虽然很难划定是理性的或非理性的，然而宗教研究或"宗教学"则是理性深刻的洞见与逻辑的有机勾连的结果。

（本文原载《东南学术》2006年第3期，作者刘素民、杨楹系华侨大学教授）

走出宗教起源迷宫的
"阿里阿德涅之线"
——读《宗教概论》有感

翟志宏

揭示宗教的起源与发展，构成了对宗教这一社会现象本质认识的一个基本维度。在宗教学于 19 世纪后半叶刚刚建立起来的时候，宗教的起源和发展问题就已进入了宗教学家们的视野，成为他们探究宗教这一社会现象的一项基本内容。在随后的一百多年中，众多的宗教学家从不同方面对宗教的起源和发展进行了多角度和多方位的探究，形成了众多的理论观点和看法。虽说这些观点和看法并没有成为关于宗教起源之谜的最终解决方案，或者说，"宗教起源问题在当代尚未找到答案"（特朗普语）；但是这些以非神学的立场对宗教历史根源的探究，则从广度和深度方面扩展了我们对宗教本质、特别是对宗教起源问题的认识，是我们在走向宗教之谜真相的道路上不可缺少的推动力，构成了人类认识深化的一些重要的阶梯。段师德智先生在新近出版的《宗教概论》（以下引述简称《概论》）中，以这些探究为基础，对 20 世纪宗教学关于宗教起源和发展的思想理论进行了全面的整合，为我们进一步寻找走出宗教起源之谜的"阿里阿德涅之线"，提供了富于启发意义的观点和思路。

一、一个"至为复杂又至为重大的问题"

宗教作为一种客观的社会历史现象，不仅广泛地存在于世界各地不同的民族和文化之中，而且也是与整个人类的历史相伴始终的。在各大文明的源头，我们都可以清楚地找到宗教信仰和宗教崇拜的原始形式，它们构成了最早的人类文化现象之一。只有顺着这样的源头，我们才能摸清宗教这条河流的走向，才能探究它在不同历史时期的演变及其最终的归宿。因此，当19世纪中后期各种宗教材料以客观的形式汇集在人们的视野中，使得人们可以以一种非神学的方法建立起关于宗教的科学，或者说人们可以"以真正科学的名义占领这块新领域"（缪勒语）的时候，对宗教的历史根源、宗教的起源与发展的探究和说明，就不可避免地成为宗教学这门学科中的一个基本理论部分，成为宗教学研究的一项重大的课题。

因此，以科学实证的方式探究宗教的历史发展和早期根源，就构成了对宗教这一社会现象的本质进行思考的一个基本维度。这也是现代宗教学创始人麦克斯·缪勒在其1878年出版的《宗教的起源与发展》一书中所表达的主要思想。在缪勒看来，宗教的起源和产生问题，是宗教学最根本的问题，在宗教的研究中占有至关重要的地位。对它的探究不仅吸引了从古至今众多哲学家们的理论兴趣，而且也促成了近代宗教学家们的探究热情，构成了近代意义上的宗教学建立的一个理论基础。因此，当宗教学成为缪勒主要的学术志向的时候，他就把宗教的起源和发展作为他的宗教学研究的基本内容，作为他探究宗教本质的一个出发点和立足点。他相信，宗教的起源和发展与宗教的本质是息息相关的。我们要想对宗教的本质即"宗教是什么"这个基本问题有一个清楚的认识，那么，最好的途径之一就是"追溯它的起源，然后在其后来的历史发展中把握它"①。也就是说，我们只有在首先搞清楚"宗教曾经是什么"、它是"如何嬗变为现在的样子"的，我们才能真正理解和认识宗教的本质。

认识到宗教起源与宗教本质之间的内在关联，不仅成为对宗教

① 麦克斯·缪勒：《宗教的起源与发展》，金泽译，上海人民出版社1989年版，第14页。

本质探究的一条基本方法，体现了恩格斯所说的"历史从哪里开始，思想进程也应当从哪里开始"的认识论原则；而且这种溯源性探究本身也表明了它的理论意义，构成了宗教学早期两个基本学科之一的宗教史学（History of religion）的基础。即使一百多年后的今天，我们仍然可以体会到它对于宗教学所具有的建构作用。正如段德智先生在《宗教概论》一书中所指出的，"宗教起源问题是宗教研究中至为复杂又至为重大的问题，不仅同宗教的本质问题紧密相关，而且也同宗教的历史发展及其规律紧密相关，甚至同人的自我认识及其历史发展紧密相关"①。因此，宗教探源问题从学科建构到人类的自我认识上，都体现了它的理论意义。

如果我们要把"宗教"作为一个客观的社会现象进行研究，那么"宗教启示说"就不能作为我们理论探究的"工作假定"，从而宗教产生的源流和历史演变就会成为我们认识"宗教是什么"的一个切入点。而且，能够在实证的意义上探究宗教的起源，这种探究本身即表明了这种研究对内在于宗教传统之中的神圣渊源说的突破，表明了建立关于宗教的科学及宗教学的可能性。缪勒在阐述这个问题时指出，"我们的目的是要揭示宗教观念的起源，但是不能既利用物神理论的常规，又利用原始启示论达到我们的目的"②。我们只有在彻底舍弃"宗教启示说"之后，才能够拨开笼罩在这个问题之上的历史的、神话的或神学的迷雾，也才能够找到揭示宗教起源的真正道路。段德智先生对这个问题作出了全面的表述，他说，"对宗教起源问题的探讨，无疑不仅会有助于宗教起源问题上的正本清源，而且还有助于我们对'宗教启示说'出现的动因作出深层次的说明"③。更为重要的是，当我们以科学的精神探究宗教的起源时，我们会进一步沿着这条道路追踪宗教以此为起点的历史发展和演变规律，并最终对宗教的本质形成更为合理的认识。因

---

① 段德智：《宗教概论》，人民出版社 2005 年版，第 2 页。
② 麦克斯·缪勒：《宗教的起源与发展》，金泽译，上海人民出版社 1989 年版，第 114 页。
③ 段德智：《宗教概论》，人民出版社 2005 年版，第 3 页。

为任何宗教都是人类在历史的某个时期形成的一种社会现象和精神现象，一旦我们剥去它在起源问题上的"天启"或"神启"的外衣，那么我们就会发现，某一宗教对它所崇拜或信仰的超自然的实在或神圣对象，都经历了一个长期探究和追寻的过程。因此，当缪勒找到古代印度宗教的最早萌芽是从自然现象中生发出来的"无限观念"时，他就会发现，印度古代宗教的历史就是"在自然界中到处寻找它"的历史，就是在有限中寻找无限、在已知中寻找未知、在自然力量中寻找超自然力量、在可见的事物中寻找不可见的神灵的历史，从而推动了印度宗教从单一神教走向多神教和唯一神教并最终走向无神论的演进与发展。随着对其早期萌芽和历史演变的揭示，人们关于印度宗教的内在特征也有了较为清晰的认识。

当然，探究宗教起源的意义并不仅仅局限于此。在更为深刻的意义上，它与人类的自我认识乃至对人类历史的认识都有一定的关联。如果宗教的起源与人有关，是在人类的生存、"人的自我意识和自我感觉"的基础上产生的，那么"从宗教的源头考察宗教，便势必有助于我们对人自身的两重性，如有限性与无限性、依存性与能动性、现实性与理想性等，有一个更为鲜明又更为深刻的体认，对人的历史发展有一个宏观的'长时段'的把捉"[1]。

这也是《概论》之所以把起源和发展问题作为本书开篇首先阐述的一个主要原因。

二、"挡不住的诱惑"

《比较宗教学史》的作者夏普在谈到比较宗教学（即宗教学）在 19 世纪 60 年代至 70 年代建立时，认为它起码要依赖于三个基本的条件：一定数量的资料、整合资料的方法和作为研究动机的好奇心。[2] 正是这种对未知之谜不可遏制的冲动和好奇心，构成了人

---

[1] 段德智：《宗教概论》，人民出版社 2005 年版，第 3 页。

[2] 埃里克·J. 夏普：《比较宗教学史》，吕大吉、何光沪、徐大建译，上海人民出版社 1988 年版，第 2 页。

们对宗教原始根源探究的内在动因。特朗普也把这种对"开初事物"的强烈着迷视之为西方思想的特征，这种迷恋促使人们不遗余力地去发现"万事万物是如何开始"的，并通过这种"开始"来"说明后来发生了什么"①。段德智先生把它看作是"作为形而上学的动物的人类的认知本能使然"②。当然，对宗教渊流的探究并不仅仅是来自于人类的心理欲望和对未知的好奇，它还有着理论的需要，有着对宗教的历史发展、演变规律的揭示以及对宗教本质认识的需要。正是这些心理的好奇和理论的需要，构成了对宗教探源的诱惑，促成了从斯宾塞和缪勒到杜尔凯姆和列维·斯特劳斯等众多思想家和学者们的探究热情。

在近现代的意义上，以非神学的方法对宗教的起源进行探究，是由生活在19世纪中后期的一批思想家们所推动的。这个时期正是欧洲思想酝酿着革命性变革的时代，特别是从文艺复兴以来一直在欧洲流行并最终演变成为一种先验哲学的"进步观念"，经过达尔文进化论的改造，而被包容在历史的、进步的和演化的这些"完全是现世的范畴"之中。③ 这种变革对于型塑人类的思想是非常重要的，"人们在新的原则之上重新考察了整个人类文化，目的是要了解人类精神的各个独立的组成部分的起源、发展和目标"④。近代的宗教学就是在这样的基础上建立起来的，它在进化论中找到了"一种单一的指导性的、既能满足历史的要求又能满足科学的要求的方法论原则"⑤。

因此，从19世纪中后期开始，众多的宗教研究者们就是在进

---

① 加里·特朗普：《宗教起源探索》，孙善玲、朱代强译，四川人民出版社1995年版，"前言与致谢"。

② 段德智：《宗教概论》，人民出版社2005年版，第7页。

③ 埃里克·J. 夏普：《比较宗教学史》，吕大吉、何光沪、徐大建译，上海人民出版社1988年版，第31页。

④ 埃里克·J. 夏普：《比较宗教学史》，吕大吉、何光沪、徐大建译，上海人民出版社1988年版，第32页。

⑤ 埃里克·J. 夏普：《比较宗教学史》，吕大吉、何光沪、徐大建译，上海人民出版社1988年版，第33页。

化论的指导下建构他们关于宗教起源的理论的。作为第一个把进化论思想引进到对宗教起源研究中的学者，英国 19 世纪哲学家和社会学家斯宾塞坚信，无论是人类社会还是宗教观念，都经历了一个从低级到高级、从简单到复杂的演进过程，因而任何宗教必定起源于某种最为简单和最为粗糙的观念。他把人类最早的宗教信仰形式归结为是以鬼魂说为基础的"祖先崇拜"或祖灵崇拜，认为祖灵崇拜是"一切宗教的根源"①。与斯宾塞处在同一时代的爱德华·泰勒和麦克斯·缪勒，也从不同的角度提出了他们关于宗教起源的看法。享有近代人类学之父声誉的泰勒，在对众多原始民族文化研究的基础上，把起源于早期人类梦幻的灵魂观念进一步扩展，提出了宗教最早的表现形式是"万物有灵论"的观点。而作为宗教学真正创始人的缪勒，则通过对古代印度早期宗教文献的深入研究，认为从有限自然现象中生发出来的"无限观念"，才是原始宗教最早的"胚芽"，才是推动人类宗教信仰产生和发展的最重要的"史前动力"。稍晚于他们而以《金枝》闻名于世的英国宗教人类学家弗雷泽，则通过人类最原始的迷信形式"巫术"来解读宗教的起源，认为巫术先于宗教并成为宗教产生的根源。

人类在进入 20 世纪以后，虽然从进化论的和理性主义的立场探究宗教的起源问题，已不再像 19 世纪那样是一种主流思想；但出现在 20 世纪宗教研究者们身上的这种探源的热情，却丝毫不逊色于他们 19 世纪的前辈。只不过是在这个时期，"人们开始从宗教还原论的和前理性的立场思考宗教的起源问题"。② 宗教社会学家杜尔凯姆把宗教还原为社会无意识的"集体表征"或"集体仪式"（"图腾崇拜"），精神分析学家弗洛伊德把宗教还原为原始人的心理需要或性冲动（俄狄浦斯情结）的需要，神学家奥托把宗教的起源归结为非理性的"独特的宗教体验"，人类学家列维-布留尔从原始人的前逻辑思维中探究宗教的起源，心理学家荣格把无意

① 参见加里·特朗普：《宗教起源探索》，孙善玲、朱代强译，四川人民出版社 1995 年版，第 42~43 页。
② 段德智：《宗教概论》，人民出版社 2005 年版，第 9 页。

识中的"原始意象"或"原型"作为宗教的根源来解读，当代的一些学者如女权主义者波伏瓦、新弗洛伊德主义者巴雷和新荣格主义者纽曼也从自己的立场出发，对宗教的起源做出了说明。甚至冯·丹尼金也不甘寂寞，提出了宗教起源于"外星人的到访"这样大胆的设想。

虽然这些在一百多年来倾注了众多学者大量心血的探究，还在继续着，还是一种"未定之数"，但这种探究无疑在不同的方面深化了我们对宗教起源问题的认识。《概论》在评述这些探究之后指出，这些"社会科学家们""不仅提出了宗教起源问题上的两条思路：理性主义的和进化论的以及非理性主义的和还原论的，而且还提出了人性深层结构中理性与非理性的关系问题"①。这种从宗教起源的探究进入到对人性深层结构的探究，无论怎么说都是值得肯定的。

当然，任何关于起源问题的探究都不能或不应停留在理性思辨的水平上，而应该另辟蹊径，把探源的活动置放在更为坚实的基础上。也就是说，对于发生在几万年前的人类现象来说，解决问题的思路应从能够相对真实地展示人类早期存在状况的考古学挖掘中去寻找，"为要把我们所讨论的问题真正引向'坚实的基底'（即'坚硬的事实'）乃至引向深处，我们就必须进入或回到另一个领域，这就是有关史前时期的宗教考古领域"②。《概论》阐述了宗教考古的认识论意义，指出它对宗教起源探究的若干指向作用。首先，任何的宗教观念都有一个产生和发展的过程，它是在人类进化到智人的某个阶段形成起来的；其次，灵魂观念或灵魂不朽观念是人类最早的（或最早的一个）宗教观念，从而使得我们对宗教的探源有了一个相对明确的方向；其三，宗教遗迹与氏族遗迹是同期或同步出现的，由此我们可以找到赖以解释宗教起源的社会历史条件。③

---

① 段德智：《宗教概论》，人民出版社2005年版，第9页。
② 段德智：《宗教概论》，人民出版社2005年版，第11页。
③ 段德智：《宗教概论》，人民出版社2005年版，第12~13页。

　　《概论》借助于现代宗教考古的成就及其所给予我们的"启示"，对宗教起源的两大源头——宗教借以产生的社会历史条件和认识论根源进行了全面的阐述。就宗教产生的社会历史条件来说，由于宗教是由人类自身所产生的一种社会现象，因而它的起源必然与早期人类所面临的生存状况有关。这种生存状况既表现为人与自然的关系，又表现为人与人的关系。在人与自然的关系方面，首先体现出的是一种二重化的关系。原始人类超出动物界并形成与其他动物区别的最初的和最为重要的标志，是他与自然界发生了某种"关系"——自然界成为某种被意识到了的、外在于他的存在或力量。即使这种意识是一种本能，但也是一种被意识到了的本能。这种对自然界的被意识到了的关系，一方面表现为对自然界的"动物式的依赖、顺从和服从"，表现为无限的恐惧感、依赖感和敬畏感。在这种原始的依赖、敬畏和恐惧中，产生了人类宗教信仰的最早萌芽，"人对自然的依赖感成了宗教的根本基础和中心内容，自然崇拜或以自然崇拜为本质规定性的自然宗教成了人类宗教的最初形式"[1]。人与自然关系的另一方面，则表现为"人对自然的支配欲和利用欲"。因为任何人类的活动都是一种有意志和有意识的活动，当这种活动涉及了自然对象的时候，必然成为一种包含了认同、支配、利用、征服等欲望在内的有意识的主动活动。人的活动所具有的人格化力量，他同化自然、超越自然和征服自然的欲求，无疑是宗教观念和神圣观念形成的另一个"根本动因"[2]。《概论》对人与自然关系的第二个方面做出了更为肯定的评价，认为它才"更深刻地反映了人的自在自由的本质"，反映了"自然的神化"的本质在于自然的"人化"，在于人的"自我神化"[3]。

　　当然，人与自然的这种二重关系是整个人类体验到的关系。也就是说，原始人类是以群体的形式，而不是以个人的形式意识到并表现出他们对自然的这种二重化关系的。这反映出了这样的生存论

①　段德智：《宗教概论》，人民出版社2005年版，第17页。

②　段德智：《宗教概论》，人民出版社2005年版，第16~20页。

③　段德智：《宗教概论》，人民出版社2005年版，第21页。

事实,即人类是以集体的形式面对自然界的,他们必须在与他人的关系中才能应付生存的压力,也才能形成与自然界这样那样的关系。当原始人类在与自然界发生一定关系的时候,他们必定是处在与他人的某种关系中。这反映了人之为人的根本所在,即整个人类群体所构成的各种社会关系决定了人的本质。因而,当人类在神化自然界的同时,他必定也对超越他之上并是他赖以生存的各种社会关系产生了深刻的印象,从而萌生了依赖、敬畏乃至利用、支配的感情和欲念。神化各种社会关系和社会实在因之成为早期人类生存的"需要"。《概论》对宗教得以产生的这种社会历史条件给予了充分的关注,指出人类最早的制度性宗教,是以肯认和"神圣化"人类最早的社会制度——以血缘关系为基本纽带的"氏族制度"——为根本内容的"自发"的"氏族宗教"或"部落宗教",其核心内容是"图腾崇拜"和"始祖崇拜"。①

如果说《概论》对宗教产生的社会历史条件是作为一种既成事实来探究的话,那么它对宗教产生的认识论根源的探究,则是从动态的立场、从人类思维逐步成熟的角度出发的。这种探究的好处是,我们可以从发展的立场看待宗教观念的产生,从而把宗教的起源置于人类自身的历史活动和认识活动之中。

由于任何宗教观念不仅是人类长期认识过程的产物,而且也是人脑的产物,是基于人脑的抽象能力发展到一定阶段之后形成起来的。因此,《概论》一方面对宗教观念形成的"历史道路"——在长期社会实践基础上进行的认知活动和认知过程进行了探究,指出原始人类所具有那种感受事物和领悟事物的感性知觉能力,使得他们得以从有限的自然物中领悟和把捉到超自然的无限。而这种从有限中把捉无限、从无限中寻找神并以确定的概念和名称命名神的过程,则是以人类长期的社会实践为基础而展开的。另一方面,《概论》也对宗教观念产生的认识论前提——以人脑为基础的直观能力和抽象能力的演进和获得作了历史性的考察,指出任何"领悟无限"的"主观才能",都经历了一个作为思维能力物质基础的脑

① 段德智:《宗教概论》,人民出版社 2005 年版,第 23 页。

量的演变和增长的动态发生学过程，都是"原始人类在几百万年实践活动的基础上'遗传性获得'的结果"。这可说是人的认识能力以及宗教观念产生的必要物质条件。① 人类正是在这种漫长的脑量增长过程中，形成了"最简单的抽象"能力，进而产生了灵魂观念、神灵观念和神性观念等宗教观念。

《概论》参考现代宗教考古学的最新成就，对宗教起源的社会历史条件和认识论根源作了全面的考察，把自然宗教和氏族宗教作为宗教最原初的信仰形式和社会形式。以此为基础，《概论》从宗教演变的两个维度——从"自然宗教"到"多神教"和"一神教"以及从"氏族宗教"到"民族宗教"和"世界宗教"，对宗教的历史发展及其基本特征，作了较为详细的考察和阐述。这些考察对于我们理解宗教的本质，理解宗教的源头和历史演变，具有非常重要的认识论意义。

然而，由于宗教起源问题是一个"至为复杂"和至为困难的问题，虽然对它的探究耗费了无数人的心血，它的真实面目仍旧没有清晰地展示在我们的面前。《概论》也坦率地承认了这种困难，指出我们关于宗教起源问题的相关结论都不可避免地具有假说的性质。但是这个问题在对宗教本质的认识中又是"至为重要"的，即使在对它探究的道路上"步履维艰"，"人类还是经受不住它的诱惑，在其力所能及的范围内不停顿地进行这样那样的探究"。②

三、"逻辑与历史相一致的基础在于历史"

宗教学在其一百多年的发展中，关于起源问题的探究之所以成为它的一个富有建设性的研究领域，在相当大的程度上得益于研究者们所采纳的反启示主义立场，得益于他们把实证主义方法和其他非神学方法在宗教起源研究中的成功运用。这在宗教学建立的早期尤为明显。夏普指出，对各种宗教材料的非神学研究虽然早已开

---

① 段德智：《宗教概论》，人民出版社 2005 年版，第 24~32 页。
② 段德智：《宗教概论》，人民出版社 2005 年版，第 7 页。

始，但只是到了19世纪最后几十年，这些材料才得以系统化，才以确定的方法被整理，从而对宗教的研究才成为一门科学。① 即使作为宗教学早期最为成熟的理论表现形式，比较宗教学和宗教史学，本身就体现出了方法论的意义，"它们不仅是现代意义上的宗教学家最初运用的研究方法，而且，从发生学的角度看，它们也是一种直接孕育着现代意义上的宗教学这门人文学科本身的研究方法"②。而在宗教学建立的早期，使之成为一门科学的最基本的方法，是由达尔文提出并为斯宾塞充分阐释的进化论方法。夏普在评价进化论的意义时说道，19世纪中后期的人们在进化论的"新的原则之上重新考察了整个人类文化，目的是要了解人类精神的各个独立的组成部分的起源、发展和目标。宗教也不例外；确实，进化论以首屈一指的活力和强度在宗教领域中得到了贯彻"③。

这种方法不仅在总体上对宗教学具有建构意义，而且在对起源问题的研究上也具有非常重大的推动作用。可以说，19世纪后期关于宗教起源和发展的众多理论，都是在进化论的影响下提出的。虽然在20世纪，在宗教起源和发展问题的探究中出现了反进化论的倾向，人们不再以进化论的模式作为认识宗教起源和发展的唯一模式，但进化论作为促动因素仍然是支配探源问题的一条隐性原则。而与此同时，不同学者以不同的方法对宗教的起源和发展作了多方面的说明和阐释。可以说，非神学方法是近现代宗教学研究的一个基本思想原则，对于宗教起源和发展的探究具有非常重要的认识论意义。

但是，这些众多的方法在从不同方面深化我们对宗教根源问题

① 埃里克·J. 夏普：《比较宗教学史》，吕大吉、何光沪、徐大建译，上海人民出版社1988年版，"前言"第2页。

② 段德智：《宗教概论》，人民出版社2005年版，"前言"第5页。

③ 埃里克·J. 夏普：《比较宗教学史》，吕大吉、何光沪、徐大建译，上海人民出版社1988年版，第32页。

探究的同时，也带来了认识上的相对性，带来了结论上的莫衷一是。正如夏普在概述宗教学方法的演变时所指出的，宗教史学、宗教心理学、宗教社会学、宗教现象学和宗教哲学等这些20世纪所兴起的众多宗教学分支学科，每一门"都有它自身的研究途径，都有适合于它自身的一套方法"。如果说在19世纪人们还能够用"达尔文—斯宾塞的进化论提供的标准去评判各宗教的'相对的高低优劣'"，还可以用它来探究宗教的起源和发展的话，那么到20世纪以后，运用在各分支学科中的方法，则"没有一种是所有人都接受的"。① 研究宗教学及其起源问题的方法，呈现出了多元化和相对化的局面。特朗普对这种方法上的相对性作了"个人主义"的解释，他说，"之所以采用一种方法，是因为选择了该方法，认为它是最佳或最有用的方法，甚至是因为它对一位学者或著述者正在展开的一系列论证有用。……选择一种（或不止一种）方法早已是个人的事，它反映我们自己打算（或感到不得不）做的事情"。② 以这样的一些方法探究宗教的起源，势必会导致结论上的相对性，导致特朗普所说的"宗教起源问题在当代尚未找到答案"。

因此，为了消除思想方法所可能带给我们的失望，消除它们的"个人主义"倾向及其在结论上的相对性，特朗普认为我们应该转向事实性，转向考古学所给予我们的实在性。也就是说，我们应该"从思想史转向考古学，估量考古学研究现在能向我们提供的全部资料"③，让考古学所挖掘的器物自己"说话"，"表达"出宗教最原初的形态。特朗普在表述现代考古学成就及其使用的测定年代的手段之后，就它的宗教学意义作了进一步的阐

---

① 埃里克·J.夏普：《比较宗教学史》，吕大吉、何光沪、徐大建译，上海人民出版社1988年版，"前言"第3页。

② 加里·特朗普：《宗教起源探索》，孙善玲、朱代强译，四川人民出版社1995年版，第9页。

③ 加里·特朗普：《宗教起源探索》，孙善玲、朱代强译，四川人民出版社1995年版，第179页。

述。他认为，依据宗教考古学的材料，我们可以从七个方面来认识和解释人类最早的宗教范式或原则。首先是"生存说"，宗教起源于人类生存下去的需要；其次是"工具和意识"，认为大多数原始宗教都源于对技术控制的意识；其三是"群体合作与人类的扩散"，把在群体合作基础上的扩散作为宗教产生和传播的早期途径；其四是"两性之间的关系"，把性别角色的解释与确定作为早期宗教形成的一个主要因素；其五是"进攻性与生命活力"，认为早期宗教来源于对人类所具有的进攻性和生命活力的制约和控制；其六是"艺术和崇拜"，把早期人类的绘画、雕塑等艺术形式作为解读宗教起源和早期崇拜的主要线索；最后是"丧葬"，从原始人类的丧葬方式和殉葬品中，来确定宗教起源的原始形式。① 当然，特朗普认为"石头"并不会说话，考古学所挖掘出来的"器物"有什么样的宗教意义，还依赖于我们对它的解释和说明。因此特朗普认为这七种早期宗教范式或原则多少都具有"想象"的成分。

　　《概论》在阐述探究宗教起源的方法论意义时，不仅注意到了众多研究方法的有限性以及考古学阐释的"想象"成分，而且更重要的是，对宗教探源方法所具有的建设性的认识论意义，作出了全面而中肯的分析，并提出了进入宗教历史源头的更为合理的思想路线。这一思想路线既是以唯物史观为基础的"逻辑与历史相一致的方法论原则"。由于宗教不仅是一种意识形态，也是一种社会群体，它的产生既需要一定的认识论条件，也需要一定的社会历史条件；因此，为了"从更深的层次上对宗教的普遍本质和一般发展规律作出说明"，我们必须从"逻辑与历史相一致的方法论原则"出发，对"现实的历史的人的生存需要以及社会生产方式的历史演进"，进行深入的考察。唯有如此，我们才能在历史的和逻辑的两个维度上，在探究宗教产生、发展的直接动因的同时，揭示

---

① 加里·特朗普：《宗教起源探索》，孙善玲、朱代强译，四川人民出版社1995年版，第208~242页。

宗教更为基础的"动因"或"动因的动因"。也正是如此,宗教人类学、宗教社会学、宗教文化学、宗教现象学等分支学科的具体方法才能"得到恰如其分的发挥",宗教比教学和宗教史学这两种宗教学的主要研究模式和研究方法才能够得以"从更高的层面来理解、把握和运用"。①

这种探究思路充分体现了《概论》与众不同的学理特征。《概论》不仅用了大量的篇幅(从第一章到第四章),对宗教的起源和发展作了"历史性"的或"纵向"的考察;而且也打破国内"宗教学"教科书的通常惯例,不是先解说宗教的本质,然后阐述宗教的起源与发展,而是把起源和发展问题放在了本质问题或"逻辑"维度之前,作为《概论》的一项基本内容首先予以阐述。这一思路坚持了"逻辑与历史相一致的基础在于历史"的基本方法论原则,"强调的是逻辑与历史的一致,而非历史与逻辑的一致"。② 这乃是贯穿在本书宏观结构和微观结构之中的一个最为重要的思想原则和阐述方法。

当然,《概论》在阐述从更深的层次上认识宗教本质及其源头的"逻辑与历史相一致的方法论原则"的同时,也对宗教考古学所提供的认识论意义作出了适当的评价,指出对史前宗教考古的解释虽然不可避免地具有"主观色彩"和"不确定性",但考古学所属的"科学共同体"能够把这些"不确定性"减少到最低限度,从而可以从中"获得某种相对可靠的、相对确定的信息"③。《概论》所阐述的这种方法论原则以及对考古学结论的评价,对于我们认识和解释宗教的本质及其源流和历史演变,有着非常重要的启发意义和指向意义。

有一则古希腊罗马神话,说的是:克利特公主阿里阿德涅为闯进克利特迷宫斩除吃人妖魔的雅典王子提修斯提供了一团走出这个

---

① 段德智:《宗教概论》,人民出版社2005年版,"前言"第6~7页。

② 段德智:《宗教概论》,人民出版社2005年版,"前言"第9~10页。

③ 段德智:《宗教概论》,人民出版社2005年版,"前言"第13页。

迷宫的绳线。《概论》在一定意义上也提供了这样一条"阿里阿德涅之线",它对于我们进一步认识宗教起源之谜有着非常重要的建构作用。

（本文原载《武汉大学学报》2006 年第 4 期，作者系武汉大学哲学学院宗教学系教授）

探求宗教对话的东方模式

黄　超

乔纳森·萨克斯认为，"诸宗教在 21 世纪作为全球范围内的时代的关键力量出现"①。在诸民族和文明之间的张力和冲突中，宗教愈加变成一种关键力量。因此，"宗教若成不了解决办法的一部分，则必定会成为问题的一部分"②。而宗教对话似乎是使宗教成为"解决办法的一部分"的根本途径。虽然西方社会提出了诸如"融合与同化"（法国）、"互相宽容、互不干扰"（英国）、"绝对宽容"（荷兰）等主张，虽然众多的西方宗教学学者苦心设计出了林林总总的宗教对话模式，但是，现实却令人沮丧，正如乔纳森·斯威夫特所说："宗教足以让我们彼此憎恨却不足以让我们相爱。"③ 之所以如此，其原因在于：其一，宗教对话固有的复杂性和艰巨性；其二，由西方主导的宗教对话，在理论上存在着片面性和局限性，以及由此导致的宗教对话实践上的误区。我国学者对宗教对话的研究一般集中在两个方面：一是翻译和介绍西方宗教对话理论，二是就具体的宗教进行比较研究，缺乏对宗教对话理论本身的具有创新性的研究。令人欣慰的是，段德智教授在《宗教概论》

---

① Jonathan Sacks. The Dignity of Difference: How to Avoid the Clash of Civilization [M]. New York: Continuum, 2002, p. 4.

② Jonathan Sacks. The Dignity of Difference: How to Avoid the Clash of Civilization [M]. New York: Continuum, 2002, p. 4.

③ 保罗·尼特：《宗教对话模式》，王志成译，中国人民大学出版社 2004 年版，第 2 页。

（人民出版社 2005 年版）一书中，透过对宗教的特殊本质和深层结构的细致分析，以存有的层次性理论解析了宗教的层次性结构，进而从宗教的层次性结构推导出宗教对话的层次性，由此一针见血地指出西方宗教对话理论的缺失就在于其平面化，以一种片面性取代另一种片面性。在此基础上，段德智教授提出宗教对话的现实途径，即从文化对话到宗教信仰层面的对话。① 这一宗教对话理论既立足于中西宗教对话的实践，又凸显了中国传统对存有层次性和统一性并重的文化特色，构建了一种融入了东方智慧的宗教对话模式。

一、以存有的层次性解析宗教的层次性：
对当代西方宗教哲学的批判

在《宗教概论》一书中，段德智教授指出："在当前有关宗教对话的讨论中有一种忽视宗教对话的层次性从而把宗教对话平面化的倾向。"② 而宗教对话的层次性根源于宗教结构的层次性并为后者所决定。因此，宗教结构的层次性理论是我们理解宗教对话层次性的关键和理论前提。段德智教授既不是偶然地，也不是从一般的意义上讨论宗教的层次性结构，而是深入中西存有论的核心，通过揭示其中带有普遍性的存有的层次性结构，并将宗教的层次性理论奠基于存有的层次性之上，从而赋予其宗教层次性理论和宗教对话理论以存有论意义。

通过存有的层次性来审视宗教的层次性是段教授的一个长期的致思路线。在《从存有的层次性看儒学的宗教性》（《哲学动态》1999 年第 7 期）一文中，段教授就对此问题进行了比较系统和深入的论述，指出："所谓宗教信仰归根到底又无非是对某一神圣事物的信仰，对某一被神圣化了的终极存有的信仰。因此，任何一种

---

① 参见段德智：《宗教概论》，人民出版社 2005 年版，第 400~418 页。
② 段德智：《宗教概论》，人民出版社 2005 年版，第 405 页。

宗教总以这样那样的形式同某种存有论相关，并以一定的存有论为其核心内容。"① 而儒学的宗教性归根到底是以儒学的存有论为基础和核心内容的。"因为所谓儒学的宗教性不是别的，就是儒家所强调的对最高本体的宗教式的肃穆态度和敬畏情感，就是儒者同最高本体结合的宗教式企盼。"② "儒学的宗教性既同儒家的存有的终极性相关，也就势必同儒家的存有的层次性相关。因为一般说来，儒家的存有的层次性学说是儒家在肯认、阐述和彰显存有的终极性的过程中产生和形成的。"③ 段德智教授还进一步具体分析了儒学存有论的三个基本层次，这就是：（1）终极存有；（2）次终极存有；（3）可见存有。并以《中庸》为例指出，其中的存有大体可分成"天"—"天地"—人和万物这样三层。其中，"天"即为终极存有（哲学—宗教之天），天地并谈之天实为自然之天，二者分属于存有的不同层次。而《中庸》第一章里有"天命之谓性"、"天地位焉"和"万物育焉"三句，集中表达了先秦儒家的存有的层次观点。最后，段德智教授强调指出："先秦儒家讲存有的层次性并不在于把统一的存有肢解为互不相干的三个部分，而在于凸现存有的统一性和终极性，阐明天、地、人、物之性都是受命于天的这样一条终极真理。"④ 在分析存有的层次性的基础上，强调存有的统一性和有序性，具有十分重要的理论指导意义，从中我们不难预见到对现当代西方宗教哲学和宗教对话模式的批判，以及对具有东方特色的宗教对话理论的建构。

同样，对存有层次性的论述贯穿于西方的宗教神学、宗教哲学之中。在古希腊，亚里士多德通过事物之间的因果关系，以类比为

① 段德智：《从存有的层次性看儒学的宗教性》，《哲学动态》1999年第7期。

② 段德智：《从存有的层次性看儒学的宗教性》，《哲学动态》1999年第7期。

③ 段德智：《从存有的层次性看儒学的宗教性》，《哲学动态》1999年第7期。

④ 段德智：《从存有的层次性看儒学的宗教性》，《哲学动态》1999年第7期。

原则建构了世界的形式和质料、现实和潜能的存有等级结构，并向上追溯到第一因（第一推动者）、纯形式、纯活动，并将此不动的推动者称为"神"，宣布"神学"为第一哲学，从而为形而上学与神学的结盟开辟了道路。对于中世纪，段教授将托马斯的《反异教大全》视为中世纪宗教神学的一个样板，指出：在这部名著中，托马斯不仅讨论了"上帝本身"（第一卷），而且讨论了"上帝的创造物进程"（第二卷）和"创造物以上帝为目的"（第三卷）。① 因此，托马斯的论述既包含了宗教的信仰层面，又包含了宗教的文化层面；既论述了宗教文化与宗教信仰间的差别，又论述了它们之间具有的内在的关联性。

客观地看，现当代的西方宗教哲学家对宗教的层次性似乎同样有着较明晰的认识。哈佛大学教授威尔弗雷德·坎特威尔·史密斯在《宗教的意义与目的》中曾把宗教内容区分为"信仰"与"信仰的表达"两个层面，以为宗教信仰是宗教的非历史的和彼岸的、不可观察和不可定义的神圣层面，而信仰的表达则属于宗教的历史的、可以观察和可以定义的尘世层面。② 蒂利希在《新教时代》中也从两个维度来界定"宗教"，其中一个为"神秘因素"，他称之为宗教的"纵向坐标"，另一个为"文化因素"，他称之为宗教的"横向坐标"；而且，按照蒂利希的理解，所谓"神秘因素"，亦即"信仰因素"，涵指宗教中的永恒意义和"超越"因素，而所谓"文化因素"，则是宗教永恒意义在尘世和时间中的实现。在《系统神学》中，蒂利希将人生的关切区分为初级关切、次终极关切和终极关切，而将宗教视为人的终极关切，并指出："我们终极关切的东西，是决定我们存在还是不存在的那个东西。"③ 正因为如此，段德智教授认为蒂利希的宗教哲学和神学在一定意义上超越了人学和生存论，获得了一种本体论和存在论的意义。但是，正如

---

① 段德智：《试论宗教对话的层次性、基本中介与普遍模式——三论21世纪基督宗教的对话形态》，《武汉大学学报》2002年第4期。

② 段德智：《宗教概论》，人民出版社2005年版，第406页。

③ 段德智：《宗教概论》，人民出版社2005年版，第406页。

段教授所批评的那样，当代西方宗教哲学以人的主体性原则以及与之相关的生存体验原则为中心，这就使宗教哲学失去其固有的研究对象，而蜕化为一门人文科学、生存哲学或道德哲学。因此，"基要派反对以人的主体性原则为其中心原则的当代西方宗教哲学，也不是没有其缘由的"①。

在《试论当代西方宗教哲学的人学化趋势及其历史定命》一文中，段教授通过对西方宗教哲学的长时段的考察，深刻指出：有可能把宗教哲学引向自我取消的绝境，是当代西方宗教哲学和近代西方宗教哲学的一个通病。② 因为，"从整个西方宗教哲学史看，尤其是从中世纪以来的西方宗教哲学史看，西方宗教哲学的发展差不多可看作是一部以一种片面性原则取代另一种片面性原则的历史"。"近现代宗教哲学以自然原则以及与之相关的理性至上原则取代了中世纪的神的原则以及与之相关的启示至上原则，而当代宗教哲学迄今为止所作的也无非是以人的主体性原则以及与之相关的非理性的生存体验原则取代近现代宗教哲学视为中心的自然原则和理性至上的原则。"③ 从某种意义上说，近现代和当代西方宗教哲学并非完全没有意识到宗教信仰的层次性划分，但是，由于其中心原则的局限，使其思想在更深层的意义上丧失了存有的深度，他们所理解的层次性只不过是一种逻辑的层次性或心理的层次性。所以，近现代乃至于当代西方宗教哲学始终难以真正摆脱抽象和平面化的困境。

正是在这个意义上，"当代西方宗教哲学的下一个目标将不应当再是以一种新的片面性原则取代另一种片面性原则，而应当是以一种相对全面的原则来取代先前阶段的诸多片面性原则。它将不应当再简单地或片面地以神或自然或人作为自己的中心原则，而应当

---

① 段德智：《试论当代西方宗教哲学的人学化趋势及其历史定命》，《哲学研究》1999 年第 8 期。

② 段德智：《试论当代西方宗教哲学的人学化趋势及其历史定命》，《哲学研究》1999 年第 8 期。

③ 段德智：《试论当代西方宗教哲学的人学化趋势及其历史定命》，《哲学研究》1999 年第 8 期。

以神——自然——人的整个三角关系或三角结构作为自己的'研究域'，努力发展成一种较为健全、较少片面性弊端的宗教哲学"①。鉴于此，段教授指出：在这一过程中，西方当代宗教哲学唯有积极扬弃或辩证综合整个西方传统宗教哲学，并以更为积极的态度借鉴东方的宗教哲学，才能实现对历史和自身的真正超越。因此，片面地顺应或片面地抵触都不是正确的应对之道。而以神—自然—人的整个三角关系或三角结构作为自己的研究域，以存有的视阈来观照宗教不同层次的统一性，使宗教的神圣性与世俗性保持一定张力下的稳定，从而努力发展一种较为健全、较少片面性弊端的宗教哲学，"差不多可以说是当代西方宗教哲学的历史定命"②。

当代西方宗教哲学没有充分认识到宗教的层次性结构，更准确地说，是没有充分认识到或是有意无意地漠视了构成宗教信仰本质内容的存有的层次性结构。因此，正所谓失之毫厘，谬以千里，以之作为指导思想的西方宗教对话理论与实践，其局限性和片面性是可以想见的。

二、以宗教的层次性解析宗教对话的层次性：对西方宗教对话理论的批判

在西方学界，对于宗教对话问题的现状和趋势，既有人悲观失望，认为已陷入绝境；又有人盲目乐观，以为自己找到了捷径。事实上，不管是悲观失望还是盲目乐观，都是囿于宗教对话的某一层面而得出的结论。所以，以宗教的层次性理论为指导，揭示出宗教对话的层次性结构，是破解西方宗教对话的理论与现实困境的唯一途径。因为，宗教的层次性理论"不仅有助于我们思考和理解宗教对话究竟在什么层面是可能的以及在什么层面上是不可能的，而

① 段德智：《试论当代西方宗教哲学的人学化趋势及其历史定命》，《哲学研究》1999年第8期。
② 段德智：《试论当代西方宗教哲学的人学化趋势及其历史定命》，《哲学研究》1999年第8期。

且还有助于我们思考和理解即使同一个层面的宗教对话在什么意义上是可能的，又是在什么意义上是不可能的"①。"宗教的层次性是宗教对话中的一个根本问题。它不仅决定着和制约着宗教对话的层次性，而且还决定着和制约着宗教对话的具体方式。"②段教授具体从宗教信仰和宗教文化两个层面分析了宗教对话，深刻指出，宗教信仰层面的直接对话是不可能的，而以文化为中介的间接对话则具有可能性。

宗教信仰层面直接对话的不可能性根源于宗教信仰的本质规定性，即绝对排他性。宗教信仰的排他性之形式虽然会发生变更，但排他性的本质却从未丧失，也不可能丧失。否则即意味着宗教信仰乃至宗教的自我丧失。因此，"至少就高级宗教而言，一个对信仰对象持超然态度的宗教就不再是宗教，一个对信仰对象持超然态度的人就不再是一个宗教徒了。"③既然如此，在宗教信仰层面是根本不存在直接对话的任何可能性的。宗教信仰层面对话的不可能性还有一个重要原因，这就是宗教语言在一定程度上的"不可通约性"或"不可译性"。因此，为使宗教对话成为可能，我们应该从宗教的层次性理论出发，认识到宗教既具有信仰的神圣层面，又具有文化的世俗层面，而宗教语言也兼具神圣性与世俗性，从神圣角度看这种不可通约性是绝对的，从世俗角度看这种不可通约性则是相对的。所以，宗教信仰层面直接对话之不可能性并不意味着宗教对话的完全不可能，相反，通过某些中介进行宗教信仰之间的间接对话不仅具有可能性而且正是宗教对话的普遍的现实途径。④

由此看来，只要分析清楚了宗教对话的层次性，西方宗教对话模式的局限性也就无所遁形了。一般来说，西方宗教对话理论有三种模式：排他主义、兼容主义、多元主义。在雷蒙·潘尼卡看来，排他主义所设置的障碍在于，"一个宗教的一个虔信成员，无论如

---

① 段德智：《宗教概论》，人民出版社2005年版，第409页。
② 段德智：《宗教概论》，人民出版社2005年版，第409页。
③ 段德智：《宗教概论》，人民出版社2005年版，第410页。
④ 段德智：《宗教概论》，人民出版社2005年版，第410页。

何都会认为他自己的宗教是真实的。这样，这一真理宣称就有了某种内在的排外性宣称"①，所以，排他主义的所谓宗教对话，实质上是一种宗教置换，即以自己所属的宗教来置换所有别的宗教，最终结果是取消对话，发展为宗教竞争和宗教兼并。从宗教历史上看，基督宗教长期持守的就是这样一种模式。兼容主义就是为破除本己宗教的优越感，缓解排他主义的内在矛盾，进一步推进宗教对话而设计出来的。其神学先驱是卡尔·拉纳。兼容主义强调本己宗教同其他宗教的共同性和一致性，这似乎为卓有成效的宗教对话提供了较大的可能性。但是，兼容主义的问题在于：这一态度"也有傲慢自大的危险，既然唯独你有特权具备一种无所不包的视界和宽容的态度，唯独你是给他人分配在宇宙中位置的人。你在自己的心目中是宽容的，但在那些对你高高在上的权利提出异议的人看来却并非如此"②。所以，兼容主义所强调的本己宗教同其他宗教的共同性和一致性终究是以本己宗教为参照系和标准的，它到最后就同排他主义一样，依然是一种宗教自我中心主义，依然难免有把宗教对话演绎成宗教兼并之虞，并依然最终有可能演绎成一种障碍宗教对话的模式。

以宗教对话的层次性理论来分析，排他主义和兼容主义过于拘泥于宗教的信仰层面，而没有真正有效地认识、把握和利用宗教的文化层面或者说世俗层面。因此，西方的宗教学者为了给真实而卓有成效的宗教对话开辟道路，将理论视野开始转向宗教的文化层面，这一转向本来有可能取得丰硕成果。但是，令人遗憾的是，这种看似合理的转向却走向了另一个极端，一些西方学者又将宗教文化层面的对话混淆于宗教信仰层面的对话。约翰·希克的多元主义无疑是侧重宗教文化层面对话的一个典型。正因为如此，段教授在考察宗教对话的多元主义模式时，依据他的宗教层次性理论，着重

---

① 卓新平：《现代社会中宗教对话的困境与希望》，《理论》2005 年第 1 期。

② 卓新平：《现代社会中宗教对话的困境与希望》，《理论》2005 年第 1 期。

对约翰·希克的多元主义的乌托邦性质进行了深入的分析和批判。

从宗教结构和宗教对话的层次性来看，希克宗教多元主义的根本弊端就在于混淆宗教信仰层面的对话和宗教文化层面的对话，并且因此把宗教对话完全还原为宗教文化层面的对话，甚至还原成为世俗文化层面的对话，从而使宗教对话平面化。① 希克多元主义理论基础正是他的所谓在宗教"救赎功能"和"伦理功能"方面的"同等有效性"假说，而宗教的救赎功能和伦理功能总是对宗教信仰的一种表达，总是一种受宗教信仰支配和制约的社会功能和伦理功能。所以，他所幻想出来的宗教之间的平等对话也不可能出现。

如果混同宗教功能与宗教信仰，如果仅仅从宗教功能方面来理解宗教和宗教对话，则不是严格意义上的宗教对话，而是已经被降格为一种非宗教对话了。所以，段教授指出，希克仅仅从"功能"和"效用性"方面看待宗教和宗教对话，便势必会把宗教还原成为一个世俗社团，把宗教对话还原成为宗教文化层面乃至世俗文化层面的对话，从而把宗教对话完全"平面化"。这可以说是宗教功能主义者的一个通病。而希克之所以误入把宗教对话"平面化"的道路，其症结就在于他仅仅站在宗教之外来看待宗教之中和宗教之间的问题，也就是说，是他坚持宗教功能主义立场的一个必然结果。②

西方宗教对话理论的现实发展表明，多元主义一直遭到一种逆向发展的强烈反弹。1986 年，德·科斯塔曾出版《神学与宗教的多元论：对其他宗教的挑战》一书来肯定多元论。但 10 年后，德·科斯塔推翻自己的见解，于 1996 年撰文论述"宗教多元论的不可能性"，认为多元论和兼容论乃自相矛盾，唯独排他论得以立足。这一观点得到西方基督宗教界一些学者的支持，被用来为"基督宗教排他性"之必然辩护。由于多元论被斥为"相对主义的悖论"，基督宗教的"绝对主义"遂再次抬头。在这种情势下，宗教对话陷入了被彻底消解的困境。

---

① 段德智：《宗教概论》，人民出版社 2005 年版，第 406 页。
② 段德智：《宗教概论》，人民出版社 2005 年版，第 408 页。

从总体上来看，排他主义和兼容主义的"对话"往往只是一种姿态、一种意向。在这些对话中，相关宗教会持有一种"对话，但不妥协"的态度，从而使对话从一开始就注定没有回旋余地，他们的困境在于以信仰的自我中心原则取消了宗教对话的有效性。多元主义的问题则在于为了对话而使信仰面临消解的窘境，这样，最终对话也将被取消。因此，不论从理论还是从现实的角度来看，探求宗教对话的现实途径必须超越西方的宗教对话模式，在这一过程中，离开东方传统的智慧是不可能有所建树的。

三、宗教对话的基本中介和现实途径

当代西方的宗教对话模式具有很明显的西方中心论的烙印，而在现实世界里西方的宗教对话理论又在一定程度上占据着支配地位，于是，他们既扮演游戏规则的制定者，又是游戏的参与者，既当裁判又当运动员。因此，构建宗教对话的东方模式参与游戏规则制定，是实现宗教平等对话的必要条件，也是走出世界宗教对话困境的现实途径。段教授在完成了对西方宗教对话模式的批判后，创造性地提出宗教对话的基本中介说和从文化对话到宗教信仰层面对话的现实途径，体现出东方人文精神，以及对各宗教"共生共存"和睦相处从而推动世界和平和人类发展的深切关怀。

段教授把宗教对话的中介归结为两种：文化中介和个人生存体验中介。① 从宗教对话的角度又可以把文化二分为宗教文化和世俗文化。宗教文化具有从属于宗教信仰的精神品格，是为"信仰的表达"，因而也就必然具有有别于"宗教信仰"本身的规定性，也就必然具有某些世俗内容。正是宗教文化的这样一种世俗性品格，为宗教对话提供了种种可能性。宗教文化的"世俗性"还表现在它的形式方面，即它的语言方面。因为宗教语言总是要借用世俗的语词或范畴，而且即便使用非日常语言中的语词或范畴，它也必须使用尘世语言的语法。因此，离开了宗教文化和世俗文化，我们就

---

① 段德智：《宗教概论》，人民出版社 2005 年版，第 410 页。

根本不可能谈论宗教对话。段教授指出，希克从宗教的文化层面或功能层面来讨论宗教对话或宗教多元主义，不是没有理由的。"因此，我们之所以批评希克，倒不是因为希克从宗教文化层面讨论了宗教对话的可能性问题，而毋宁是因为希克本人对宗教信仰层面对话和宗教文化层面对话尚未作出区分，尚未清醒地认识到自己仅仅是从宗教文化层面来讨论这一问题，并且因此而误认为自己已经是在宗教信仰层面处理这一问题了。"①

事实上，世界各大宗教均有这种对话的宗教文化资源，因为真正的宗教精神自远古以来就倡导人与人之间的和平、社会中的安宁、人类心灵的平静以及对人生社会局限的超越。各种宗教以不同的语言强调的"护生"、"至善"、"平和"、"博爱"……都可为宗教之间的真诚对话提供丰富的文化中介。而现实中成功的宗教对话尝试也都是以这些文化为中介的信仰的间接对话。1993年8月，在美国芝加哥召开了"由来自几乎每一种宗教的6500人参加"的第二次"世界宗教议会"，制定和发表了人类宗教史上第一份《走向全球伦理宣言》。2000年8月，世界众多宗教领袖在美国纽约的联合国总部，召开"宗教与精神领袖世界和平千年大会"，以一种寻求和平的新姿态来迎接新千年的到来。这些行动再次说明，虽然宗教得以依存的启示有着神圣来源，但宗教信仰的表述和宗教文化的形成却是由人实现的，而这种人的理解和认知则有发展的可能及空间，不会自古至今一成不变。

如果说文化中介所关涉的主要是宗教组织或宗教团体之间的对话的话，则生存体验中介所关涉的便主要是个体的宗教皈依问题。个人的宗教皈依自然关涉到个人同神圣者的面对面的关系，但这样一种关系的建立无疑是个人宗教皈依的一个结果，而非原初的动因。作为其原初动因的东西不是别的，正是个人的生存体验。而个人的生存体验离不开当代人类的生存处境。因此，"我们的任务并不仅仅是在诸宗教传统之中、之后或之下来寻求他们全都分享的共同经验或者滋养所有宗教的唯一的地下资源，而是在诸宗教周围寻

① 段德智：《宗教概论》，人民出版社2005年版，第412页。

找所有宗教都身处其中并且时时面对的东西，即那种比希克的'真正的实在者'更为直接也更为紧迫的东西，这就是人类生存处境中的苦难问题。"① 正如联合国第七任秘书长科非·安南所说："问题从来不在于信仰，不在于圣经、摩西五经和古兰经，而在于信徒，在于人的行为，你们必须再次教导你们的信徒分辨和平和暴力的途径。"② 对人类生存处境的关切和对和平的使命和责任，可以"发挥宗教作为和平使者和抚慰者的积极作用"。

把宗教对话区分为两个层面，认为宗教对话不仅关涉到宗教信仰之间的对话，而且关涉到宗教文化层面的对话，即一种以文化和生存体验为中介的间接对话，这便在事实上提出了一个宗教对话的现实途径问题。因为"直接对话"和"间接对话"的提法本身便意味着宗教对话一般遵循的道路和模式在于从宗教文化层面的对话进展到宗教信仰层面的对话。这种对话模式不同于希克的那种仅仅"有助于宗教研究专家间有组织的对话"，它的目标更在于"有助于各宗教信仰之间的对话"③。因此，段教授最后对自己的"宗教对话的现实途径"进行了后验论证，"中国礼仪之争"这一有重大影响的历史大事件为这种宗教对话的"现实途径"问题做了最好的注脚。从宗教对话的角度看问题，"中国礼仪之争"主要是一个西方基督宗教和中国传统宗教的对话问题。虽然由于耶稣会对中国传统宗教取比较同情的立场，中国学者一般在情感上容易倾向于耶稣会传教士，但是，如果从宗教对话的角度看问题，如果从宗教学的立场看问题，则耶稣会和多明我会处理这一对话的方针应该说是各有千秋。多明我会等天主教组织的传教士虽然对中国传统宗教持排斥的立场，往往遭到中国学者的非议，但是平心而论，他们反对中国基督徒"敬天"、"祭祖"和"祀孔"，强调中国传统宗教

① 段德智：《宗教概论》，人民出版社 2005 年版，第 403 页。
② 卓新平：《现代社会中宗教对话的困境与希望》，《理论》2005 年第 1 期。
③ 段德智：《宗教概论》，人民出版社 2005 年版，第 400 页。

与基督宗教在宗教信仰层面的差异和对立，并不是完全没有道理的。①因此，多明我会等天主教组织的传教士的错失与其说在于承认中国传统宗教与基督宗教在宗教信仰层面的差异和对立，倒不如说在于他们没有找到缩小或消解这一差异和对立的正确途径。而耶稣会传教士在后一个方面显然要比多明我会传教士高明得多。人们常常用"适应"策略来概括耶稣会传教士的对话策略和对话路线。其实，所谓"适应"策略，无非是一种注重从宗教文化层面进行对话的策略。② 中国礼仪之争的历史过程告诉我们，不积极地开展宗教文化层面的对话而只是一味消极地偏执于宗教信仰方面的差异和对立，除了给宗教对话带来麻烦乃至酿成宗教纷争外，并不能给宗教对话带来什么积极的影响。因为宗教文化的对话不仅意味着宗教信仰主体对对方宗教文化的理解和认同，还意味着不同宗教文化以及与之相关的世俗文化的相互沟通和相互趋同。

从宗教文化层面入手，通过某些基本和普遍的中介开展宗教对话，逐步达到宗教信仰层面的间接对话，似乎只是一种"乒乓外交"式的舍近求远的曲折路线，但是，确实是宗教对话能够采取的唯一可行的对话途径。如果我们理解了宗教对话的层次性，理解了宗教各层次间的本质差异性和内在关联，理解了人类认识和把握真理的螺旋式上升轨迹，我们就会真正发现这种模式的合理性与现实性，更会体会到一种东方式的智慧。

（本文原载《武汉大学学报》2006 年第 4 期，作者系武汉大学哲学学院宗教学系副教授）

① 段德智：《宗教概论》，人民出版社 2005 年版，第 415 页。
② 段德智：《宗教概论》，人民出版社 2005 年版，第 416 页。

评段德智对宗教本质的三重区分

徐 弢

"宗教是什么"或者"如何界定宗教的本质"是一个万古长青而又历久弥新的问题。事实上,自从宗教和宗教研究产生以来,这个问题就从未有过一个普遍公认的答案,而且我们越是了解历史上纷繁复杂的宗教现象,就越会感到它是一个扑朔迷离、一言难尽的问题。正因为如此,现代西方宗教学的奠基人麦克斯·缪勒曾经在《宗教的起源与发展》中列出专题讨论过"界定宗教之困难",他指出,由于这个问题不仅涉及宗教本质的特殊性和普遍性,而且涉及宗教本质的相对性或绝对性,所以千百年来人们对它做出了种种不同的回答。①

而武汉大学宗教学系的段德智教授在他新近推出的力著《宗教概论》(人民出版社 2005 年出版)中提出,虽然我们很难获得"一个能够详尽无遗地描述所有宗教的普遍定义",但是却可以"对宗教的本质有一个相对正确的理解,至少能够对各宗教的某些'家族相似性'特征有一个大体一致的共识"(第 233 页)。他的这一说法并不是凭空产生的,而是立足于他对宗教本质的反复思考和对国内外研究现状的密切关注的基础之上的。因为最近三十年来,正是在维特根斯坦的"家族相似"理论的启发下,西方(尤其是英语国家)的宗教学家才得以在宗教本质问题上取得了一定的新进展,并且达成了某些初步的共识。例如,英国的约翰·希克和美

---

① F. M. Müller. Lectures on Origin and Growth of Religion [M]. New York: AMS press, 1976, pp. 10-21.

国的威廉·奥斯顿等国际知名宗教学家都曾指出，尽管宗教一词没有普遍公认的含义，但是由于形形色色的宗教现象的确是有联系的，所以我们至少能够就它们之间的"家族相似性"提出一个相对正确的界说。①

值得注意的是，段德智在探究各宗教的"家族相似性"时，虽然对西方学者的观点采取了兼容并包的态度，但是他并没有像时下的许多国内学者那样，使自己的思想停滞在对西方宗教学的研究成果的介绍和述评上，而是对它们加以大胆的扬弃，并且对其中一些有争议的观点作出缜密的分析，从而提出了一个关于"宗教本质三层次"的假说。我们将着重围绕他关于宗教本质问题的论述，把这本著作的创新之处归结为以下四个方面。

一、为中国人自己的宗教学研究正名

就学科性质而言，宗教学理应是一项关于宗教的现象、本质和发展规律的研究。然而，在我国学术界，在相当一部分"宗教学"著作只是一味地介绍西方宗教学家的研究成果，从而导致宗教学的概念在它们那里发生了各种各样的"变异"，即不再是对于宗教的研究，而变成了对于"宗教研究"的"研究"。而段德智之所以要把他的新作名之为《宗教概论》，而非时下流行的"宗教学概论"或"宗教学通论"，其用意即在于直截了当地昭示这样一门人文学科的学科性质，以便为中国人自己的宗教学研究"正名"。"他山之石，可以攻玉"（《小雅·鹤鸣》）。西方宗教学的研究成果作为"他山之石"，虽然可以用来"攻玉"，可以用来"为错"，但它们毕竟不是现成的玉，还有待我们把了解它们的过程转化为一个不断发展自己的宗教学概念体系的过程（第3~4页）。

从结构上看，他的这本"正名"之作共有九章，约32.5万字。全书可分为四个单元。第一个单元是第一章和第二章，属于历

————————

① W. P. Alston. "Religion", in The Encyclopedia of Philosophy ［M］. VOl. 7, ed. by Paul Edward, New York: Macmillan, 1967, p. 140.

时性的研究，旨在考察宗教的历史形态，探讨宗教的起源与发展；第二个单元是第三和第四章，旨在考察宗教的现时形态，依次介绍了最具影响力的发源于西方的三个圣经宗教：犹太教、基督宗教和伊斯兰教，以及最具影响力的发源于东方的三个宗教：印度教、佛教和道教。第三个单元是第五至第七章，旨在对宗教作逻辑上的或共时性的考察，分别讨论宗教的初级本质（宗教要素）、特殊本质和普遍本质。第四个单元是第八和第九章，旨在考察当代宗教发展和宗教研究中最受人瞩目的两大问题，即宗教的世俗化与宗教对话问题。这本书的核心思想和创新之处主要集中在它的第二个单元，即关于宗教的三层本质的探讨之中。因为段德智本人曾经在该书以及许多地方反复表示，他认为宗教的本质是宗教学研究中最为根本的问题，然而正是在这个最为根本的问题上，目前的很多宗教学著作都或多或少地存在着如下几个问题："一是都缺乏必要的重视；二是把宗教的本质平面化和浅薄化，甚至把讨论宗教本质变成讨论宗教要素；三是回避宗教本质的特殊性或者宗教的特殊的本质；四是把宗教文化外在化，似乎宗教文化仅仅是宗教的一种偶性。"

那么，段德智又是如何克服这几大弊病的呢？他指出，我们在探讨宗教本质的时候，既不能通过简单地罗列西方宗教学家的几种不同意见来搪塞过去，也不能仅仅依靠马克思和恩格斯的几条语录来糊弄过去，而需要下一番工夫，努力构建一个比较科学、相对合理的理论系统。正因为如此，他本人在探索宗教的本质时，虽然没有刻意地排斥前人或西方的观点，但是他也没有像目前国内的许多宗教研究者那样，使自己的思想停滞在对已有的研究成果（尤其是西方宗教学的研究成果）的介绍、翻译或述评上，而是对这些研究成果做了全面的整合与扬弃，对其中一些有争议的问题作出了缜密的分析，并且在此基础上构建了一个关于宗教的初级本质、特殊本质和普遍本质的三层框架。

例如，在探讨宗教的"初级本质"（宗教要素）时，他发现西方的宗教学家之所以会在这方面陷入众说纷纭、莫衷一是的境地，一方面是由于他们所要面对的宗教现象本身具有很强的复杂性和流变性，而他们所要处理的宗教本质问题又带有公认的宏观纲要性质，一方面是由于他们在归纳宗教的要素时，大多是从某个特定的学科视角出发的，或是以某种特殊的宗教理论为基础的。有鉴于此，段德智的《宗教概论》在归纳宗教的要素时，一方面对纷繁复杂的宗教现象和外部特征采取了"一种相对超越的态度"，一方面又对各家各派的观点采取了见仁见智的态度。正因为如此，我们在从事宗教研究和教学的实践中发现，段德智所提出的"宗教三要素说"（宗教意识、宗教行为、宗教组织）是在宗教学家们一百多年来的辛勤探索和研究成果的基础上做出的一个比较恰当的选择。它不仅可以较为全面地概括历史上的绝大多数宗教现象，而且有助于我们比较客观、比较清晰地揭示出宗教的内部构成以及宗教同人类其他文化形式和社会实体之间的辩证关系。

二、认识径路：从初级本质到二级本质

段德智的《宗教概论》没有像时下国内的大多数宗教类著作那样，首先笼统地介绍宗教所特有的本质及其与其他社会体系所共有的本质，然后再具体地介绍宗教的现象和要素，而是遵循了列宁在《哲学笔记》中强调的那种从"初级本质"到"二级本质"的认识法则①，这就使读者在更深入地了解宗教的特殊本质和普遍本质之前，已经有了一定的感性认识作为基础。当然，段德智并没有使自己的思想停驻在这一点上，而是同时注意到，某些西方宗教学家之所以会遭遇到"界定宗教的困难"，主要是由于他们在逻辑实证主义的影响下，大多闭口不谈宗教的内在本质，而只注重描述宗教的具体特征，但是宗教的具体特征又是多种多样的，如果把宗教的定义仅仅限定为对它们的描述，那么这种描述就既可以从这方面，也可以从那方面着手，描述的角度不同，就会形成关于宗教的不同定义。

为了避免这种片面性，在较为客观和较为全面地归纳了各种宗教现象及其外部特征之后，段德智又进一步指出："为了理解宗教

---

① 参见列宁：《哲学笔记》，人民出版社1993年版，第213页。

的本质，我们必须再前进一步，继续考察这些要素之间的关系问题或层次问题。那种把宗教要素同宗教本质混为一谈的做法是不恰当的"（第231页）。也就是说，为了不把宗教本质平面化和浅薄化，我们只能把宗教要素视为宗教本质的一个层面，而且仅仅是宗教本质的一个比较初步的层面，属于"初级本质"的范畴。因此，他反对将宗教学的任务严格限定为对宗教的具体现象和外部特征的描述，而是试图透过具体的现象去揭示其普遍的本质、透过外部的特征去把握其内在的根据。

在这种思想原则的指导下，段德智一方面强调了唯物史观在诠释宗教现象方面的重要性，一方面又没有因此忽视对宗教现象的逻辑分析和深层次的学术探讨，并且通过这种分析和探讨为我们解决一些现实的重大宗教问题提供了新的径路。例如，他在探讨一个最为重大和最为热门的当代宗教问题——"宗教对话问题"时指出，虽然自20世纪中叶以来，西方的宗教学家煞费苦心地设计了多种多样的宗教对话模式，但是由于他们在"有关宗教对话的讨论中有着一种忽视宗教对话的层次性而把宗教对话片面化的倾向"（第405页），从而导致了他们的宗教对话在实践上的片面性和局限性。不幸的是，我国的许多宗教学者在研究该问题时也未能下意识地克服这种片面性和局限性，而是把自己的研究集中在了两个方面：一是介绍和评价西方的宗教排他论、宗教兼容论和宗教多元论等相关理论；二是对现有的几大宗教进行比较研究。因此，为了替宗教对话寻找新的中介和途径，段德智试图通过对宗教的三重本质的细致分析来进一步揭示宗教对话的层次性。他指出，宗教排他论和宗教兼容论的主要缺陷在于，它们都过分地拘泥于宗教的信仰层面，从而忽视了宗教的文化层面或者世俗层面。同时，宗教多元论的主要缺陷则在于，它把文化层面的宗教对话与信仰层面的宗教对话混为一谈，从而导致了宗教对话的"平面化"（第405页）。因此，促进宗教对话的现实途径只能是首先从宗教的文化层面入手，通过"文化中介"和"个人生存体验中介"等途径来开展对话，并且逐步达到信仰层面的直接对话（第410页）。

三、关于宗教概念的语源学解释和生存论探究

宗教的特殊本质，即作为一种社会群体和意识形态的宗教之区别于其他社会群体和意识形态的特殊性，是宗教本质系统中的中心环节，也是宗教本质概念的一项根本规定性。从某种意义上说，认识宗教的本质首先就是要认识宗教的特殊本质，而所谓宗教的斯芬克斯之谜的谜底也正是在对宗教的特殊本质的阐释中昭示出来的。

当然，人们对于这一谜语的解释也是见仁见智的。自从现代意义上的宗教学诞生以来，各个派别的宗教学家都曾对它做出过诸多不同的解释，而且迄今尚未得出定论。概括起来，他们的解释可以分为三类：第一类是以个人的宗教体验为中心（如威廉·詹姆斯、鲁道夫·奥托、约翰·麦奎利等）；第二类是以宗教的信仰对象为中心（如麦克斯·缪勒、爱德华·泰勒、威廉·施密特、詹姆斯·弗雷泽等）；第三类则以宗教的社会功能为中心（如爱米尔·涂尔干、密尔顿·英格、彼得·贝格尔等）。而在段德智看来，他们之所以会陷入这种聚讼纷纭的情况，其原因正如麦克斯·缪勒所说，是因为"宗教史中一半以上不易理解的难题，都是由于以现代语言解释古代语言，以现代思想解释古代思想，因而经常发生误解所产生的，特别是当词语涉及神明时，则更容易发生误解"①。

因此，段德智没有像时下的某些国内学者那样，靠简单地罗列西方学者的几种意见来处理宗教的特殊本质问题，也没有轻易采纳其中任何一派的观点，而是率先通过语源学解释的方法来破解宗教的基本意涵，以便进而把宗教的超越性与内在性、神学与人学、神圣性与世俗性之间的合力与张力作为解读宗教特殊本质的逻辑起点。凭借这个逻辑起点，段德智发现，宗教一词的含义在各民族文字中虽然不尽相同，但是它们都至少蕴含着三个方面的共同内容："首先，凡宗教都关乎一个信仰对象……其次，凡宗教都关乎信仰

---

① 麦克斯·缪勒：《宗教学导论》，陈观胜等译，上海人民出版社1989年版，第23页。

者对信仰对象的敬畏、尊崇和顺从；再次，凡宗教都蕴含有信仰主体同信仰对象结合或合一的意向"（第235页）。由此出发，他不仅揭示了宗教的最隐蔽处在于宗教信仰，还昭示了宗教信仰的本质特征在于其神秘性，而这种神秘性又根源于信仰对象的"超越性"。

段德智的"语源学解释"对于西方宗教学家的意见采取了一种积极扬弃的态度，甚至可以说是对西方宗教学家的三种主流意见的综合与发展。这么说的理由有三，首先，无论一个人像缪勒和泰勒那样把宗教定义为对"无限存在者"或"精灵实体"的信仰，[1]还是像弗雷泽等人那样把宗教定义为对"超人力量"的迎合与抚慰，他们都是在从不同的角度把宗教的特殊本质归结为宗教信仰对象：神。其次，无论一个人像詹姆斯那样把宗教定义为"各个人在孤单之时由于觉得与任何他认为神圣的对象保持了关系所发生的感情、行为和经验"[2]，还是像奥托那样把宗教定义为一种"既敬畏又向往的（numinous）感情交织"，他们都不可避免地要提及这种情感的对象及其所具有的神秘性。最后，无论一个人像涂尔干或英格那样围绕宗教的社会功能来定义宗教，还是像贝格尔那样直接把宗教定义为"建构神圣秩序"的社会功能[3]，他们都不得不把这种功能同对超越者的信仰联系起来。例如，涂尔干虽然认为宗教的定义不一定要以"神的观念"为中心，但是他又不得不在自己的宗教定义中插入了"神圣事物"一词作为这种观念的替代品，甚至承认，即使那些"对神全然漠视"的"无神论宗教"也要以一个超越于"世俗客体"之上的"神圣客体"作为信仰对象。[4]

---

① 埃里克·夏普：《比较宗教学史》，吕大吉等译，上海人民出版社1988年版，第48页。

② 威廉·詹姆斯：《宗教经验之种种》上册，唐钺译，商务印书馆1947年版，第30页。

③ P. L. Berger. Sacred Canopy [M]. New York：Doubleday, 1969, p.52.

④ 参见埃米尔·涂尔干：《论宗教》，周秋良等译，华夏出版社2000年版，第73~77页。

在段德智看来，对宗教的语源学解释所揭示的不过是宗教的初级秘密或公开秘密（即信仰对象的超越性以及神人之间的差异性），然而正如恩格斯等人所认识到的那样，"人是斯芬克斯之谜的谜底"，"人只须认识自身，使自己成为衡量一切生活关系的尺度，按照自己的本质去评价这些关系……就会解开'宗教的'谜语"①。因此，为了进一步探索宗教的高级秘密或内在秘密，他又从生存论的维度出发，剖析了宗教信仰的内在性以及神人之间的同一性：首先从宗教发生学的角度证明，所有的制度宗教和个人宗教（詹姆斯语）都是从人们的生存体验中迸发出来的，接着又从宗教信仰与人生救赎的关系证明：所谓的"救赎"或"解脱"无非是人类生存从"个人中心"向"实体中心"的转变或神人之间的同一，而一切宗教的经典教义都是以这样的转变或同一为主题的（第244~248页）。

段德智对宗教特殊本质之两重性的揭示能够有效地消除西方学者在界定宗教时遇到的一个两难处境，即要么执著于宗教信仰的超越性，要么痴迷于信仰对象的内在性。因为正是通过对宗教的语源学解释和生存论探究的结合，他才得以有效地揭示了信仰对象的超越性与神人之间的同一性的辩证关系：一方面，信仰对象的超越性及其所导致的宗教情感、宗教行为、宗教体制和救赎观念等都是以神人之间的差异性为依据的；另一方面，神人之间的差异性实质上不过是人的一种自我分裂，即作为实然的人与作为应然的人，作为现世的人与作为来世的人的分裂（第253页）。

四、对于宗教的社会本质与文化本质的综合考察

宗教学之所以是一门独立的人文学科，是因为宗教有着不同于其他社会群体和文化体系的特殊本质，而宗教学之所以又是一门交叉性的人文学科，则是因为就宗教的普遍本质而言，它同样是一种

① 恩格斯：《英国状况》，中共中央马克思恩格斯列宁斯大林著作编译局编译：《马克思恩格斯全集》第一卷，人民出版社1956年版，第651页。

社会群体和文化体系。有鉴于此，段德智的《宗教概论》一书在对宗教的初级本质和特殊本质作出缜密的分析之后，又对宗教的普遍本质和功能加以系统的考察。该书指出，宗教的普遍本质主要包括两个方面，即宗教的社会本质和文化本质，它们分别对应于宗教要素中的"宗教意识"和"宗教组织"。

在论述宗教的社会本质时，段德智首先从宗教组织的维度入手，证明了宗教与其他社会群体所共有的五个本质特征（即成员之间的互动关系、共同的活动目标、共同的行为规范、社会角色、科层制的地位体系和信众的认同感）；接着，他又从宗教观念的维度指出：宗教世界与现实世界的关系不仅仅是一种"反映"与"被反映"的关系，而且更主要的是一种"应然"与"实然"的关系。就此而论，即使某些出世型的东方宗教（如佛教、耆那教）也同样带有入世型的特征（第275~280页）；最后，他还以上述思想为依据，从三个方面分析了宗教的社会功能，即宗教的两种社会辩护功能（宇宙论模式与神正论模式）、三大社会维系功能（社会整合、社会控制与社会调适），以及宗教的社会创建功能的可能性及其现实途径。

在论述宗教与文化的关系时，段德智创造性地提出了"宗教的文化本质"这一新概念，即认为文化并不仅仅是宗教的一种功能或偶性，而是宗教的一项本质规定性。因此，他的《宗教概论》没有仅仅从功能或偶性的层面来探讨宗教文化的外延，而是从形式和本质的层面揭示了宗教文化的内涵。他指出，宗教不仅仅是一种具有"人化"和"化人"功能的文化体系，而且是一种有别于世俗文化的特殊文化体系。例如，宗教文化虽然"不是以世俗的人为中心的文化，而是一种以作为信仰对象的神圣者为中心的文化"，但是它又同世俗文化的各个亚文化系统（如科学、文学艺术、哲学等）具有普遍的和复杂的关联性，因为"宗教本身首先是一种精神文化，但它同时也是一种物质文化和制度文化，并且还表现为宗教文化差不多同世俗文化的所有亚文化系统都有这样那样的关联"（第311~314页）。

综观全书，我们认为段德智对于宗教的初级本质、特殊本质和普遍本质的区分、界定和阐释代表了我国学者在这一领域所取得的较新进展，并且是在扬弃了西方宗教学的最新理论成果的基础上完成的一项比较系统、比较新颖和富有创意的研究。与之相比，虽然许多类似题材的国内著作也曾对西方宗教学的相关理论作出过有价值的分析和批评，但是正如段德智所指出的那样，"倘若对国外学者的介绍和批评构成了这些著作的主要部分，倘若它们所表达的主要是一种'否定'的或'批评'的观点，倘若作者自身的'肯定'的或'正面'的观点因此被分散到了全书的各个部分之中，或是被隐蔽在了对其他研究者的批评的话语之中"，那么读者就很难据此形成一个关于宗教本质的"概念系统"（第4~5页）。就此而论，段德智的《宗教概论》不仅更为系统、更为深入地分析和批评了国外学者的相关研究成果，而且把这种分析和批评转化成了一个不断地丰富、矫正和完善其自身的"概念系统"的过程。当然，构建一个以唯物史观为基本指导思想的、关于宗教本质的"概念系统"决非任何一个人甚至一代人所能够单独成就的。重要的是，段德智和他的同事们参与了这项事业，并且为此付出了长达十年的艰苦努力，这无疑是值得肯定的。

（本文原载《哲学门》〔总第十四辑〕第七卷第二册，作者系武汉大学哲学学院宗教学系教授）

《主体生成论》序

杨祖陶

　　当前，对人学的研究已成为众多不同哲学派别共同关注的热点，而作为主体的人或人的主体性则是人学研究中的重中之重。段德智教授的《主体生成论》对主体性的形成、发展、内在机制和发展的终极趋向作了跨越古代、近现代和当代的历时性的和共时性的系统的考察与论述，逻辑地和历史地、辩证地阐释了"主体生成"的诸多基本问题和基本概念。本书结构严谨，内容充实，立论独特，极富创见，行文晓畅，可读性强，为我们展开了一幅人学、哲学、哲学史上宏大的学术画卷。

　　说到主体生成就不能不说到黑格尔的《精神现象学》。这部著作虽然没有使用"主体生成"这一术语，但仍然可以说，它系统地研究和描述了主体生成的过程。黑格尔把主体生成的机制归结为三部曲：（1）主体外化或异化自己的本质为对象，从而产生了主客对立；（2）主体改变自身使之与对象相符合，从而达到了主客的同一；（3）主体改变自身的同时也改变了对象，从而又产生了新的主客对立。黑格尔把这称为主体自身的或主体对自身实施的辩证运动。而主体如此周而复始的循环运动，就是主体的生成过程。据此，黑格尔把主体的生成过程划分为五个阶段，（1）从主客未分到以外物为对象的意识，（2）以自我即人为对象的自我意识，（3）以实在（自然和社会）为对象的理性。以上三阶段属于个人意识（主观精神）的发展。(4) 以整个社会及其历史为对象的精神，即作为社会意识的客观精神，（5）以无限实体为对象的绝对精神。当绝对精神达到以纯概念思维的形式把无限实体作为自己不可分离的内容的绝对知识时，它就成了"思维着它自身的"精神，即以它自身为对象的绝对主体。

我在这里之所以要谈到黑格尔的《精神现象学》，无非是想指明段德智的《主体生成论》与黑格尔的《精神现象学》在主题上有一种历史的和逻辑的联系，这就从一个方面说明了《主体生成论》的主题在哲学与哲学史上所具有的重大理论意义。同时，《主体生成论》是在马克思主义哲学已经产生和当代西方哲学充分发展的条件下，从完全不同的出发点和思路来展开对"主体生成论"的研究与论述、从而建立起一个崭新的关于主体生成的理论体系的，从这里也可以看出作者驾驭复杂哲学问题的能力以及勇于创新和善于创新的理论精神。

综观全书，可以清楚地发现它有一个根本出发点，即人不是一种"现成"的东西，而只能是一种"生成"的东西。所以，作为主体的人首先就是"生成着的"，"未完成的"和"面向未来而在的"。人的这种生成性、未完成性和面向未来而在性，使他既不同于永恒圆满存在的神，也不同于已限定在现在状态而无生成发展的生命力的动物。不仅如此，作为主体的人还同时意识到和言说到自己的生成性、未完成性和面向未来而在性。例如，尼采的名言"成为你自己"或一个人说"我想成为一个什么（如作家）"都表明了这点。作为主体的人的生成性、未完成性和面向未来而在性是结合在一起的，但其中最根本的是"面向未来而在性"。首先，因为作为主体的人既然是面向未来而在的，他也就是生成着的和未完成的，即是说，他的生成性和未完成性也就由此而明白地表现出来了。其次，作为主体的人是有限的，他的生成总是受条件限制的，但由于他是面向未来而在的，他的生成就可能一次一次地突破限制而这样永远地向前延伸。所以，"面向未来而在"是人是否成为一个主体或人是否具有主体性的关键所在，甚至可以说，它就是人的主体性的根本。研究人作为主体或人的主体性的生成发展的学问就是"主体生成论"。

但是，"主体生成论"却面临着当代西方"主体死亡论"的挑战，它必须首先直面这种挑战，在对"主体死亡论"作出一种

"回应和扬弃"中，辩明自己的必然性和合理性。

本书的第一章——"主体死亡论"的挑战：从"主体死亡论"到"主体生成论"。这一章是"主体生成论"的导论，还不是它的"主题内容"。在这个特殊的"导论"里，作者从黑格尔关于哲学发展的定律（先行哲学体系总是自否定，下降为后来哲学体系的一个环节而将其哲学原则扬弃地保存在那里，这是每一种哲学体系的不可逃避的命运）出发，认为这也是笛卡尔开始的近现代主体性哲学和继之而来的尼采、福柯、海德格尔的"主体死亡论"的必然遭遇。在比较简明扼要地说明了近现代主体性哲学从"凯旋"到衰落的过程后，作者重点讨论了"主体死亡论"。在对上述三位哲学家的"主体死亡论"逐一进行分析和梳理的基础上，深刻地指出其"主体死亡论"不是对近现代主体性哲学的理性认知主体的全盘否定，而只是对理性认知主体的"基础"作用和"根据"作用的霸权地位的否定；通过对理性认知主体背后的"本源"、"基础"、"根据"的追问，同时也就深化、丰富和发展了主体概念。如尼采的主体的非理性方面；福柯提出除了认识主体外还有其他类型的主体；海德格尔提出要返回到作为人的"此在"的本己性和整体性，如此等等。随着主体概念研究的深化和发展不可避免地孕育出了多姿多彩的当代西方的主体间性哲学。尼采、福柯、海德格尔的主体性哲学也就成了从近现代哲学到当代主体间性哲学的过渡环节或桥梁。在这里，作者明确地论证了"主体死亡论"实际上是"主体生成"过程中的一种特殊形态。"主体死亡论"就实实在在地被扬弃而包含在"主体生成论"中，成为"主体生成论"的一个环节，从而表明了从"主体死亡论"到"主体生成论"的必然性和合理性。

第一章实际上是全书的"导论"，为我们把握全书提供了一个总纲，作者用第二、第三、第四、第五章的巨大篇幅对"主体生成论"的"主题内容"进行了历时性和共时性的考察与研究，纵横驰骋，高屋建瓴，广征博引，精梳细缕，清新清晰，令人应接不暇。

首先是对主体生成的历时性考察，即考察了作为主体的人，或人的主体性与主体间性的生成发展的历史。作者把主体性和主体间性的问题纳入以社会经济形态的演进为基础的人类发展的框架来考察。我们知道，人的主体意识是在人类历史上发生发展的，而一个时期内，人的主体意识则在这个时期的哲学里得到集中的反映。所以研究人的主体意识的发展就必须以哲学的历史发展为依据。当然，人的主体意识及其哲学反映是以人类意识的产生发展为前提的，是人类意识产生发展到一定时期才形成的。作者对这一复杂问题的卓有成效的考察成果，集中体现在他确立的关于主体性和主体间性在西方哲学的发展经历了三个历史阶段的鲜明观点中。

第一阶段为群体意识占主导和个人意识逐步苏醒的阶段（包括原始社会、奴隶社会和封建社会在内的前现代社会时期）。在原始社会产生了"氏族膜拜"、"集体表象"等群体性意识现象；在奴隶社会，从古希腊哲学中反映出来的是"团体（城邦）意识"与处于从属地位的个体意识之间的张力关系；在封建社会则是反映在经院哲学中的"宗教意识"和依然是处于受控制地位的个人意识，直到文艺复兴，即封建社会末期独立的个人意识才真正地苏醒了。

第二阶段为人的自我意识的张扬和人的主体性独尊的阶段（西方近现代社会时期）。这一时期主体意识的特点是强调和突出人的自我意识、人的主体性和个体性、个人主义和自由主义，他我意识与主体间性几乎被抹杀了。在哲学中表现为从笛卡尔的以"我思"为代表的大陆理性派和以培根为代表的英国经验论派。这两派在认识论研究上虽然遵循的是彼此对立的路线，但从主体生成角度看却有一种趋同性或一致性。这就是从强调认识主体的经验性到强调认识主体的逻辑性或先验性，即从强调经验主体到强调逻辑主体或先验主体。这是一种把作为主体的人的主体性发展到处于独尊地位的趋向。这两派又都属于具有科学主义倾向的广义的理性主义思潮。而与此同时也就出现了与之对立的以叔本华、尼采为代表的具有人本主义倾向的非理性主义思潮。

第三阶段为人的"他我意识"的觉醒与人的主体间性的弘扬的阶段（西方当代社会时期）。这一时期的哲学是在反思和批判近现代主体性哲学中逐渐产生和形成的，虽然各种哲学学派纷呈，哲学代表人物众多，但他们的共同特征也很显著：不再是"自我"独尊，而是人的"他我意识"的觉醒，强调个人与他人的共存、个人自由与他人自由的相互依赖；着重强调的不是人的主体性，而是人的主体间性，即主体与主体之间的关系，或者说，着重强调的不再是"我"，而是"我们"；与此相应，不再从"自我"中演绎出"他我"，而是认为"自我"和"他我"只有作为关系项而在"关系"中才能得到"确证"和"实现"，从而应运而生的"关系学"就成了当代西方哲学中一个基本学说。纵观当代西方各种哲学，无论是海德格尔、萨特和伽达默尔为代表的存在主义和哲学解释学；以霍克海默和哈贝马斯为代表的法兰克福派哲学；以波普、库恩为代表的当代西方科学哲学；以列维—斯特劳斯、福珂为代表的结构主义和后结构主义哲学等等，他们都有一个从主体性到主体间性的演进过程，即主体间性逐渐强化的过程。可以说，当代西方哲学从不同角度对主体间性作了充分的探索和研究，是名副其实的主体间性哲学。

其次，对主体生成作了共时性的考察，即从逻辑和理论上讨论了作为主体的人生成的内在机制和发展的指向或趋势。

主体性和主体间性是作为人的主体性和主体间性。而人是"现实的历史的人"。这样的人就其主体性结构而言不是单向度的，而是一个把个体性与社会性、理性与非理性、认知与实践结合为一体的多维度的人。就其生成性而言，现实的历史的人是在改造自然、创造历史的同时也改变了自己的主体。而主体间性也就是现实的历史的人作为主体之间的关系，这种关系是一种在改造自然和社会的实践活动和社会共同体中有其根据的客观关系。

作者特别指出，作为主体的现实的历史的人的生成发展的指向或趋向，就是要达到一种理想的状态，首先要达到的就是人的全面发展。而人的片面，甚至畸形的发展是旧的社会分工造成的，因而人的全面发展是以消除旧的社会分工为前提的。所谓人的全面发展是指人的各种属性和人的本质以及前述的人的主体性结构的各个构成要素的全面发展，从而人作为主体就不是一个单向度的主体

（如只是认知主体），而是文化、精神、社会三个层面上的任何一种主体（如实践主体、审美主体、政治主体等）。例如，上午是出海捕鱼的渔夫，下午是进行思辨的哲学家，晚上是吟诗作赋的诗人等等。

在此基础上，作为主体的人的生成发展则指向或趋于人的自由发展。自由是多义的，但归结起来无非是人对自然的自由（成为自然的主人）、人对社会的自由（成为自己的社会结合体的主人）、人对自己本身的自由（成为自己本身的主人）。由此也可以看到，自由是相对必然而言的，与此相应，自由就有一个从必然到自由的历史发展过程。人的自由的进展大体上是与人类物质生产的发展和社会进步同步的。它的最高阶段就是"建立在个人全面发展和他们共同的社会生产力成为他们的社会财富的这一基础上的自由个性"。这样，"自由个性"就是人的自由发展的最高阶段，也是其理想的状态，可以称之为"人格理想"。但是"自由个性"不仅要以一定的社会条件为基础，而且要以一个相应的"社会共同体"的存在为基础。这样的社会共同体就是马克思和恩格斯所提出来的"每个人的自由发展是一切人的自由发展的条件"的"自由人的联合体"。这样的联合体是社会发展的最高阶段和理想状态，因而是一种"社会理想"，在这里，人的主体性和主体间性达到了真实的和谐的统一。

正是在这样的基础上，作者把他的"主体生成论"归结为或称之为"希望人学"。因为上述"人格理想"和"社会理想"也就是作为主体的现实的历史的人所"面对而在的"和所追求实现的"未来和希望"。正是这种"未来和希望"鼓舞着作为主体的人为实现它而奋斗，为实现它而去批判和改造现实，并在改造现实的同时改变自己、提升自己、发展自己。作者强调，作为主体的人所面对而在的未来和希望是他自生成、自否定、自超越、自发展的最原始的根据和最重要的动力。作为主体的人一旦失去了他所面对而在的"希望与未来"，他就失去了自己的全部主体性。因而也就不是主体了。由此可见，"自由个性"和"自由人的联合体"作为一种理想也就是一种关于作为主体的人的"希望和未来"的学说，一种关于"希望和未来"是作为主体的人的本质的学说。这样，作者的"主体生成论"也就同时是一种"希望人学"了。

这部以一种"希望人学"结束的《主体生成论》有一个非常值得注意的特点：它是在作者自己的人生体验和社会阅历和对它们的反思的基础上写就的，作者是怀着将自己的人生感悟和自己的心灵渴望全部倾吐出来的激情和心愿来撰写这部著作的，我在反复阅读全书时，在本书的许多段落里，特别是在关于"主体生成论的指归"的篇章中，清晰地感受到作者对"自由个性"和"自由人的联合体"的发自内心的渴求，从而看到了他提出和论证的一种"希望人学"的真诚愿望，它为我们提供了一个把个人的生存体验升华而为一种具有普遍意义的理论思维的榜样。

总之，《主体生成论》是一部极富特色和创见的、具有较高理论价值的著作。它围绕着"主体性和主体间性"这个中心议题进行的理论上的挖掘、梳理、思考、发挥、论证和展望所结出的丰硕成果带给人们以多方面的启迪与享受。这是一部对读者极富教益并在诸多学科领域都有思想火花辐射和碰撞的具有多重现实意义的著作，它必将在理论界、学术界产生广泛而持久的影响。

最后，当我合上段德智的新著，欣喜之情不禁涌上心头。他在求学治学道路上我所知道的点点滴滴的印象又清晰地闪现在我的眼前。段德智是1963年从河南考入五年制的武汉大学哲学系的，在大三就爆发了史无前例的"文化大革命"，还来不及系统学习中外哲学史的课程，于1968年毕业告别了母校踏上了社会，经历了军垦农场艰苦的劳动锻炼，当过中学教师与校长，县委宣传部干部，无论做什么，总是想尽一切办法多读一些书来充实自己是他十年如一日的坚持。"文革"中对人的尊严的践踏和对人的肉体的摧残，以及自身的遭遇，促使他对人生和社会不断地思索，并使他与哲学再次结下不解之缘。

1977年恢复择优录取的高考制度，次年就重新开始招收研究生，这为段德智提供了空前的机遇，改变了他的人生轨迹。他的好学突出地表现在他在那种艰难困苦的生存环境中竟然没有放弃英语学习，在离校十年后还能用比较流畅的英语写信给武汉大学表示他具有学习外国哲学的条件（这在当时是罕见的）。他以比较优异的成绩顺利通过了首届研究生考试，成为陈修斋先生与我联合指导的外国哲学史硕士研究生。虽然他的硕士学位论文方向是唯理论与经验论，但是他经常来我家讨论切磋哲学史上的各种问题，喜欢思考，抠得很深很细。那时师生来往十分自然，随时可以来，没有电话预约，也不分节假日或已是业余下班时间，这种如同朋友一样的师生关系令人无法忘怀。

段德智的"洛克哲学研究"的硕士论文答辩给人留下了十分深刻的印象。当答辩委员问到与洛克的700多页的巨著《人类理智论》相关的诸多问题时，他对答如流，竟能准确地说出洛克在书的何卷何章何节是如何论述的，令专家惊讶不已！

段德智以优秀的成绩取得硕士学位后，领导决定他留校任外国哲学教研室的教师。这本来是他求之不得的，但对来自河南农村的他却面临着家属"户口"的现实障碍。而当时首届硕士研究生很"俏"，好多单位开出解决家属问题的优惠条件，但他最后还是选择了留校。我至今还记得我去湖边临时住处看望刚来到武汉大学的他的爱人与一双子女时的情景。他们的住房条件极差，一家人挤在一间屋子里，里面水漫金山，地上铺着一块块砖头才勉强可以进出，这样的条件丝毫也未能动摇他献身学术的决心。

段德智的勤奋与刻苦是有口皆碑的。他善于抓住机遇，不断自我充实，自我开拓，自我超越，而且成效总是那么突出。段德智的外语水平在他那一辈学者中间是相当高的，对原著的认真钻研与精心翻译，使他具备扎实的学术基础。他的笔头功夫也相当出色，笔调优雅而不浮华。他两度赴美做访问学者，更使他如虎添翼，在学术上飞速成长。如第一次是1987—1988年去美国西东大学，他回来后学术思路打开了，研究方向调整为西方人学、生死学。他将自己多年的学术积累和人生体验在新的观点与知识的冲击下，经过不断的深思、梳理、概念地把握，勾画出人类生死问题的整体图景，终于推出他的补白之作《死亡哲学》，成为我国这一领域的卓著的开拓者或开拓者之一。他著述颇丰，其学术影响不断扩大。第二次是1998—1999年他在哈佛大学作高级访问学者，进修宗教学。回国之后他将自己的专业方向调整为宗教学，积极组织托马斯·阿奎那《神学大全》、《反异教大全》和《论存在者与本质》的翻译和研究，努力推动中世纪哲学的研究，不仅受到我国宗教学界和哲学界的认可和好评，而且也受到国际学界（如著名的阿奎那专家、美国圣路易斯大学哲学讲席教授 Eleonore Stump，中世纪哲学专家、德国柏林自由大学哲学教授 Wilhelm Schmidt Biggermann，美国天主教大学荣誉教授 George Frances McLean 等）的认可和好评。从死亡哲学拓展到宗教学，我当时还稍许担心会不会对他的颇有造诣的西方哲学的研究带来停顿与影响。从这部《主体生成论》的鸿篇巨制来看，他不仅没有放弃西方哲学的研究，而是在自己开创的更广更深的学术平台上尽展才智，把对西方哲学的研究的视域从古代、近代、现代延伸到当代，对各个时期、各个哲学流派和代表人物作了认真的研究，有了真实而深切的理解。他对中国哲学、马克思主义哲学也有相当高的造诣。在此广博而又深入的基础上才能写出这部处处闪烁着真知灼见的独树一帜的学术专著。

我在这里不可能全面论述他的学术思想与著作。我要着重提到的是，大凡一个成功的学者，他的为学与为人总是统一的。段德智在年近花甲，已是有影响的学者时，还发表了"师德问题乃教风中的第一重要的问题——从陈修斋、萧萐父、杨祖陶批改作业谈起"的回忆文章，薪火相传，教学相长的师生谊情跃于纸上，读来令人感慨不已！段德智对自己的研究与成果从不肆意张扬，而是脚踏实地，工作精益求精，他总是告诫自己要努力留下一点可以传世的东西，认为这是很不容易的。他经常说的一句话是："人怕出名猪怕壮。对于学者而言，无知名度，平平静静地做学问，是最愉快的事情。"在目前市场经济条件下，段德智甘坐冷板凳，远离学术界普遍存在的急功近利、浮夸浮躁，始终保持一个学者的勤勉、尊严与自律。他的学术与真理的航船才因此而不断驶向胜利的彼岸。这正是段德智难能可贵的地方。

（本文原载《哲学研究》2009 年第 5 期，刊用本文时有所删减，其作者系武汉大学哲学学院教授）

"主体性和主体间性"的新研究

——评《主体生成论——对"主体死亡论"的超越》

朱传棨

"主体性和主体间性"是当代哲学研究的重要理论课题，也是人学研究的核心问题。近年来有关西方哲学的研究专著出版不少，但对西方哲学主流趋向作整合性研究的专著却不多见，对"主体性和主体间性"问题进行开拓性的创新研究的专著更为罕见。段德智教授的新作《主体生成论——对"主体死亡论"的超越》（人民出版社2009年出版）是从宏观线索上对西方哲学主流趋向进行整合性研究的专著。其中对主体性的生成、发展、内在机制和演进的终极趋向进行了跨越古代、近现代和当代的分析考察，逻辑地、历史地和辩证地阐释和论证了"主体生成"的诸多基本问题与基本概念，是一部富有独到见解和理论价值的学术专著。

首先，这部专著是在马克思主义哲学已经产生和当代西方哲学充分发展的境遇下，以完全不同的出发点和理路来展开对"主体生成论"的研究和论述的，从而建立起一个新的关于"主体生成"的理论体系，这是作者对复杂哲学问题作整合性的创新研究的首要之点。

其次，该书创新研究的又一点，是对西方"主体死亡论"作了独到的分析和解释。纵观全书的一个根本出发点，就是作者认为，作为主体的人不是一种"现成"的存在者，而是一种处于"生成"着的存在者。所以，作为主体的人首先就是"生成着的"、"未完成的"和"面向未来而存在"的。不仅如此，而且作为主体的人，还同时意识到和言说到自己的生成性、未完成性和面向未来而在性。其中"面向未来而在性"是人之所以成为一个主体或之所以具有主体性的关键所在，进而言之，它是人的主体性之根本。研究人作为主体或人的主体性的生成和发展的学问，就是"主体生成论"。因而，"主体生成论"面临着当代西方"主体死亡论"的挑战。必须首先直面这种挑战，对它作出"回应和扬弃"。就如何回应和扬弃"主体死亡论"这一论题，作者进行了独到的分析研究和深刻阐述。作者认为，西方近现代以来的哲学史或思想史是一部主体性哲学从兴盛到衰落的历史。为此，作者历史地分析考察了从笛卡尔开始的近现代主体性哲学和继之而来的尼采、福柯、海德格尔关于"主体死亡论"的逻辑进程和存在的问题。指出，所谓"主体死亡论"无非是对近现代哲学对主体性原则的绝对化的反对，而且他们所提出的"主体间性"等问题和主体性依然存在着内在联系。进而深刻指出其"主体死亡论"不是对近现代主体性哲学的理性认知主体的全盘否定，而只是对理性认知主体的"基础"作用和"根据"作用的霸权地位的否定。其本质不过是另一类型的主体论哲学，或者是力图对近代主体论哲学的一种修正。书中通过对理性认知主体背后的"本原"、"基础"、"根据"的追问，同时也就深化、丰富和发展了主体概念。如尼采的主体的非理性方面；福柯提出除了认识主体外还有其他类型的主体；海德格尔提出要返回到作为人的"此在"的本己性和整体性；如此等等，随着主体概念研究的深化和发展不可避免地孕育出了多姿多彩的当代西方的主体间性哲学。尼采、福柯、海德格尔的主体性哲学也就成了从近现代哲学到当代主体间性哲学的过渡环节或桥梁。因此作者在书中明确论证了"主体死亡论"实际上是"主体生成"过程中的一种特殊形态。"主体死亡论"就实实在在地被扬弃而包含在"主体生成论"中，成为"主体生成论"的一个环节，从而表明从"主体死亡论"到"主体生成论"的必然性和合理性。

再次，作者研究理路的原则具有鲜明的创新特色。作者虽然是从历史和逻辑两个向度考察了西方哲学的主体生成论，但却有其独特创新之处；作者从客观的视角把西方主体生成论分为大陆理性派哲学到康德的先验哲学再到胡塞尔的现象学、从英国经验论到实证主义和逻辑实证主义、人本主义，进而在此基础上又微观考察了西方哲学家关于主体生成的论述以及从主体性到主体间性的发展进程，分析比较了不同哲学家、不同思潮之间在主体生成论这一问题上的差别、特点和内在联系。在逻辑的向度，作者考察了主体的结构性的内在矛盾与主体生成性以及主体间性的本体论基础——关系本体论、社会本体论和实践本体论，分析了主体生成论的最终归宿，考察了西方哲学以及马克思主义哲学关于主体生成论最终归宿的论述，由此建立一种"希望人学"的理论旨趣。

最后，可以说，《主体生成论——对"主体死亡论"的超越》是一部"以问题为中心"的西方哲学史，从现有出版的西方哲史著作，多是以国别或以有影响的哲学家为切入点，予以历史地叙述，很少以哲学问题为中心历史地和逻辑地论述。而这部著作，以"主体性、主体间性"为切入点，运用马克思主义哲学的历史主义分析方法，历史和逻辑相一致的方法，理论与实践相统一的方法，对跨越古代、近现代和当代的整个西方哲学发展历程和发展的内在逻辑进行了深刻的学术梳理，以清晰的逻辑体系和有力的理论论说，彰显了主体生成论对主体死亡论的超越及其最终归宿。因此说这部著作是"以问题为中心"的西方哲学史。

（本文原载《光明日报》2010 年 2 月 2 日，作者系武汉大学哲学学院教授）

主体生成论的宗教背景

赵敦华　刘素民

　　针对现代西方哲学不绝于耳的主体死亡论，武汉大学哲学学院段德智教授新近出版了《主体生成论——对"主体死亡论"之超越》一书，提出了主体生成论与希望人学的观点。这是一本纯哲学的书。而大凡谈及死亡的问题，都有其宗教背景，但"主体"似乎是一个纯哲学的概念，本书在不同意义上使用"主体"、"意识"、"自我"、"个性"等哲学术语，又使用"我"、"我们"、"人"等日常术语，内容宏大广博，关系错综复杂。作者认为，原始社会的氏族膜拜、奴隶社会的团体意识、封建社会的宗教意识都无一例外地成为人的自我意识和主体性的表现形式——它不是表现为个人自觉的主体性，而是表现为类自觉的主体性①。在此，段德智教授无异突破了传统观点所主张的自笛卡尔主体性哲学的兴起后才有了西方自我意识和主体性的觉醒的观点。然而，这一个理论创新却或多或少地弱化了"主体"、"主体死亡"和"主体生成"等问题的宗教背景。

一

　　西方古代的哲人不谈"主体"，而是谈灵魂（psyche；anima），"灵魂"原意是指生命的气息，它被认为是这样的实体：在躯体中

---

　　① 参见段德智：《主体生成论——对"主体死亡论"之超越》，人民出版社 2009 年版，第 62~110 页。

时就使该躯体具有生命，不在时就意味着躯体死亡。因此，"灵魂"赋予人的躯体以认知力，尤其是思想；同时，"灵魂"也赋予躯体以自我运动的力量。"万物有灵论"可能是最早的宗教观念，而最早的哲学也没有摆脱"万物有灵论"。在古希腊哲学家看来，变化的世界就如同一个活生生的事物，具有世界灵魂，如泰勒斯的"水"和赫拉克利特的"火"。毕达哥拉斯把"灵魂"作为"哲学"思考的对象，其引入的灵魂不死且在多个躯体之间转生（transmigrates between many bodies）的观念给了柏拉图深刻的启发。此外，阿那克萨戈拉提出的"nous"即"奴斯"概念更是一个影响深远的理论突破。

在希腊文中，"奴斯（nous）"的原意是指理智。阿那克萨戈拉把"奴斯"当作一种宇宙的力量，认为它从原初混沌中将元素分离出来，从而建立世界秩序。苏格拉底虽然对阿那克萨戈拉所提供的详细解释不甚满意，却对此抱有很大的希望。虽然他后来又非常失望，可是，不管怎么说，苏格拉底很重视这个概念。以后的希腊哲学家也无不用"nous"或"pnuema"来看待个人灵魂的生死。柏拉图的理念世界是"nous"，灵魂即属于这个世界，因此不朽。在柏拉图的线段之喻中，他把"奴斯"看作是理智的最高阶段，与"dianoia（推论理性）"相对。柏拉图认为，"dianoia"关涉数学实在，从假设推至结论；而"奴斯"则关注形式，从假设进展到第一原则，再从第一原则推出其他一切。柏拉图将灵魂三分为理性、激情和欲望，此三部分处于不断冲突的状态之中，而公正的人（a just man）应当在激情的帮助下，用理智控制欲望的部分。柏拉图由此衍生出包括同一、生存、复活、解脱等在内的诸多哲学思考，成为西方哲学发展史上永恒的论题。

亚里士多德认为，灵魂随身体死亡和朽亡，但人的理性认识是"消极理智"，与神的"积极理智"相同，人类理智（nous）不朽，以保证人类知识的普遍和永恒。亚里士多德将生命分为三个等级，分别由三种生命的实体根源（life principle）所支持，即生魂（有机体生命的根源）、觉魂（感性生命的根源）及灵魂（思想与意志等精神活动的根源）。在亚里士多德看来，"灵魂的首要意义，乃是我们据以或赖以生活、感觉和思维的东西"①。亚里士多德在更加广泛的意义上使用"奴斯"一词，诸如：（1）等同于"dianoia（推论理性）"；（2）直观推理，它把握证明科学的第一原则，即那些必然的，不必进一步说明的原则；（3）实践奴斯，它把握特殊情形的相关特征，是实践理性的一个因素；（4）主动理性，它直接领悟纯形式，是一种可与肉体相分离的永恒的神圣的理智。在亚里士多德看来，"除了奴斯外，没有其他思维比科学知识更精确"②。

基督宗教也不怎么谈"主体"这一概念，《新约》用"身体"（sōma）、灵魂（psychē）与精神（πνεύμα；pneuma）即"普纽玛"等希腊哲学的术语。"普纽玛（πνεύμα；pneuma）"原是斯多亚自然哲学的中心概念。斯多亚哲学使用"普纽玛"这一概念，为的是将"奴斯"讲得更清楚，突出它的重要性。"普纽玛"的原意是"运动的气体，呼吸气，风"。它相当于阿那克西美尼的物质一元论中的气体，它是其他物质赖以起源的基本元素。因此，根据古代的很多医学家的说法，普纽玛是生命器官的系统机能所必不可少的循环气体。斯多亚哲学认为，"普纽玛"是宇宙中和人的身体中的有活力的、温暖的气息，是火与气的复合物，因此，他们也称之为"技艺性的"或"理智的"普纽玛。由于"普纽玛"有两个部分，它便有一种独特的张力运动，从而使其不断地活动。在古人的思想中，"普纽玛"是一种结构稀薄的物质本体，又像是一种凝聚力或能量持续地贯穿于整个宇宙。它作为自然、神、普遍的逻各斯而作用于质料，即土和水的元素，并将它们结合。因此，"普纽玛"既在宏观宇宙，也在每个个别物体中起作用。这些思想给了基督宗教深刻的启示。基督宗教借用了"奴斯"的概念、用了"普纽玛"的概念，把灵魂和肉体变成了永生和有朽，属血气的就

① 亚里士多德：《论灵魂及其他》，吴寿彭译，商务印书馆1999年版，第90页。

② 亚里士多德：《工具论》（上），涂纪元等译，中国人民大学出版社2003年版，第346页。

有朽，属灵的就永生。但它讲永生也不仅仅是精神永生，包括身体也是永生的。

在犹太教和基督宗教中，"pneuma"是七十士译本和希腊语新约中一个很普通的词，用来代表"精神"和"灵魂（心灵）"。在旧约圣经中，"soul"的希伯来文"nephesh"是指人的生命（创二7）；新约则用"psyche"形容生命的本元（罗十六4）。因此，从根本上讲，基督宗教主张"灵魂"是生命的灵性本元。人不但有身体的"生命（psychē，复数psychas）"或"属血气的身体（psychikos sōma）"，更重要的是有与圣灵相通的"精神"即"普纽玛"。人与上帝疏远的罪意味着人失去了圣灵，身体堕落为肉体（sarx），人的死亡只是"属肉体的"（sarkitos）或"属血气的"（psychikos）死亡，"属灵的"（pneumatikon）则永生，并且在末日得到"属灵的身体（pneumatikos sōma）"，此即基督徒复活永生的希望。

在中世纪之前甚至近代以前的哲学家的头脑那里，不存在"主体的死亡"或者是"主体的生成论"问题，不管从古希腊思想还是从基督教的观念来看，都不存在这些。从这个意义上讲，"主体的死亡"或者是"主体的生成论"是一个近代问题——是从笛卡尔开始的问题。笛卡尔"我思（cogito）"命题提出之后，才有了主（subject）客（object）两分，"主体"问题才随之成为西方哲学的主要话题。

二

笛卡尔的"cogito"开启了近代哲学的新主题——"主体"和"主体性哲学"。笛卡尔被称为现代"主体性哲学"之父，主要因为他开始用新的眼光、心态、方法及精神去看哲学，这里隐含着一个宗教背景。笛卡尔认为，中世纪一千多年的时间中，哲学太过于依赖神学，为了让哲学从神学的阴影中独立出来，必须肯定哲学是"人"的知识，是纯粹理性的探讨。因此，真理的追求与把握即是认知主体与客体或者认识对象之间的关系如何处理、如何建立的问题。

经院哲学主张在"存在"的基础上，思想离不开现实，现实离不开思想；主体离不开客体，客体离不开主体；主客虽属二元，可是，二者共属"存在"，由"存在"而实现，"存在"是二者间连接的桥梁。笛卡尔的思想在远离、排除了"存在"观念后，需要重新在主体与客体间搭桥，并探寻新的方法，以解决真理如何成立的问题，并认为，只有如此，真理才是完全由人建立起来的真理，哲学才能找到自身的独立地位。在预设了认知主体与认知对象二元独立、互不相干的前提下，笛卡尔对主体与客体的关系加以检讨，提出了"cogito ergo sum（I think, therefore I am）"的命题。以"我思（cogito）"作为内在原理（principle of immanence），来代替以"存在"为基础的超越原理（principle of transcendence），从而成为在西方近现代哲学史上"实施人—物关系和人—神关系大颠倒的'哥白尼式'革命的第一人和哲学英雄"①。

然而，笛卡尔的思想表述显而易见也有其"信仰"上的原因，他的哲学仍然受到信仰控制，从一定意义上看是与经院哲学一样的。在《致神圣的巴黎神学院院长和圣师们》的信中，笛卡尔的用语体现出对宗教权威的恭敬与谦卑；他也曾一再强调上帝存在对宗教信仰的不可置疑，而他所作的思考只是为宗教信仰作证明。无论这是否是笛卡尔的真实心态，至少都可以说明基督宗教背景或隐或显的影响力。特别是，在保留信仰的前提下，借用修辞学的力量，笛卡尔以"I think, therefore I am"这一第一原则代替《圣经》里的一句名言"I am who I am"，从而一方面构建了一个新的体系，颠覆了经院哲学的原则。另一方面，他的理论却在很大程度上保持了与经院哲学的历史的连续性，其中包括术语与论题——上帝存在、人的心灵、精神实体、物质实体。在《哲学原理》一书中，笛卡尔更是以与经院哲学相似的写法，提出了与亚里士多德关于实体的标准相同的实体标准。

———————————

① 段德智：《主体生成论——对"主体死亡论"之超越》，人民出版社2009年版，第12页。

笛卡尔认为，实体（本体，substance）就是自因。严格意义上只有一个实体，这个实体就是上帝。实体有两个属性：广延与思想。体现广延与思想的东西分别是物质与心灵，物质与心灵是第二性的实体，是从第一性的实体中派生出来的。在此，笛卡尔不用"灵魂"一词，而是更喜欢用"心灵（mind，源于拉丁文mens）"。"心灵"所指的是灵魂中的意识或者思维部分。笛卡尔相信，心灵是独立的、非形体的实体（independent and incorporeal substance），由此引发了"心身问题"这一西方哲学的主要论题。在笛卡尔关于作为思维主体的自我的学说中，"人"获得了传统哲学认为只有神才具有的理解与把握自然界或特质世界的认知能力。因此，"笛卡尔的这种'我思哲学'或'主体性哲学'在西方哲学史上是对传统哲学的一次空前大逆转"[1]。而从基督宗教哲学的立场上看，他的主体性哲学无异可以被视为人类的第二次"原罪"[2]。

笛卡尔的"cogito"虽然开启了近代哲学的新主题——"主体"，可是，这个主体从一开始就是认知主体，"自我"即是"自我意识"，它是知识的阿基米德点，不同于古代与中世纪讲的灵魂。笛卡尔的问题不是"我"是否存在，以及"我"为什么存在，而是"我"到底是什么。即使在对我身体的感觉产生怀疑时，他也不是说我这个人不存在，不是否认身体的存在，而是要悬搁对我的身体的感觉。"我思"并非证明"我存在"的理由，更不是说"我身体可能不存在，而我的思想必定存在"。这个命题不是存在论的命题，而是知识论的命题："自我"是什么；"自我"的本身是什么？笛卡尔采用所谓"怀疑的方法"，是在求证"知识"的来源是否可靠。我们可以怀疑身边的一切，只有一件事是我们无法怀疑的，那就是：怀疑那个正在怀疑着的"我"的存在。换句话说，

① 段德智：《主体生成论——对"主体死亡论"之超越》，人民出版社2009年版，第11页。

② 段德智：《主体生成论——对"主体死亡论"之超越》，人民出版社2009年版，第12页。

我们不能怀疑"我们的怀疑",因为只有这样才能肯定我们的"怀疑"。因此,笛卡尔认为,命题"cogito ergo sum(I think, therefore I am)"是确实的、不容置疑的。它是对不知论的怀疑的第一个限制,是严格知识的起点。在此,人的理性主要是"认知理性"(理智或知性),"我的存在"的确实性与其说是一个逻辑推断,毋宁说是单一而直接的思维活动。

尽管笛卡尔的思想在德国古典哲学时期特别是在康德那里获得长足发展,以至康德彻底改变了传统西方哲学将认知与真理问题诉诸存在论的思想方式、强调建设真知、真理的问题必须依据人之认知能力及认识论原则去解决,从而把笛卡尔主观主义精神和主体性哲学提升到了先验主义的高度,可是,从根本上讲,由于思维主体或主体的思维不是"本源"的东西,而是某种以"心理和大脑的客观结构"为"初始条件"并由之派生出来的东西①。因此,"主体性观念已在丧失着它的力量"②。

现代西方哲学批判主体性哲学,"主体的死亡"是一个比喻,主要指认知理性如同个人灵魂那样狭隘、有限和有朽。但是,近代哲学的"主体"不限于"笛卡尔—康德"的自我意识范式,黑格尔代表了另外一个范式:主体、实体、绝对精神、上帝是同一个辩证运动,举凡思想、生命、自然、社会、历史,都包括其中,人的认知和自我意识只是其中一个阶段或环节。黑格尔主张,只存在着一个实体,那就是绝对。黑格尔的绝对作为实体也是主体。对笛卡尔来说,个人主体是思维的实体;对于莱布尼茨来说,单子作为实体具有自我意识。黑格尔发展了这些思想,并极力主张,实体作为主体是设定自身的运动,并且是发展为它的对立面并被更高的统一运动所进一步联结的过程。借此运动,实体产生与分化其属性,它是它的现象。实体与属性是相互包含的,因为实体只有借在其属性

---

① 列维-斯特劳斯:《野性的思维》,李幼蒸译,商务印书馆1987年版,第302页。

② 弗莱德·R.多尔迈:《主体性的黄昏》,万俊人、朱国钧、吴海针译,上海人民出版社1992年版,第1页。

中显露自身才能作为实体。实体的发展就是主体对自身的反思并达到自身，主体使自身成为它所成为的东西。黑格尔曾强调："神在近代哲学中所起的作用，要比古代哲学中大得多。"① 在此，黑格尔的主体恰似古代的"nous"或"pnuema"，无限而不朽。

三

段德智教授曾经在另一部著作《西方死亡哲学》指出："在西方死亡哲学中，准宗教向度（超自然的信仰的向度）同哲学向度（自然的或理性的向度）之间的关系一直很紧张。西方死亡哲学内部从一开始就存在着以赫拉克利特为代表的自然主义同以毕达哥拉斯为代表的非自然主义（准宗教精神）的尖锐对立。至中世纪，西方死亡哲学中的准宗教向度竟取得了对自然主义或理性主义向度的主导地位，致使西方死亡哲学具有明显的宗教神学性质……这种状况经过文艺复兴运动和18世纪启蒙运动，虽然有所改变，但基督宗教神学对哲学的制约作用始终未能从根本上解除……甚至到了19世纪末叶，尼采还不能不在'上帝死了'的旗帜下阐扬自己的'超人哲学'，阐扬自己的以'死的自由'和'成就之死'为核心内容的死亡哲学。事实上，即使以阐扬死亡的主体性和个体性为主旋律的现代西方死亡哲学，也不时地被笼罩在基督宗教神学的阴影中……"② 这无疑说明了主体生成论宗教背景的重要性。

段德智教授的《主体生成论——对"主体死亡论"之超越》一书主要谈论现代西方哲学中的主体生成论。这些理论一方面是对近代认知主体性哲学的反动，另一方面也是对黑格尔"实体即主体"的形而上学的改造。而无论是否定还是改造，或多或少都有一些宗教背景。比如，存在论的哲学家追问：黑格尔式的主体与个

① 黑格尔：《哲学史讲演录》第4卷，贺麟、王太庆译，商务印书馆1978年版，第184页。

② 段德智：《西方死亡哲学》，北京大学出版社2006年版，第33~34页。

人有何关系？他们仍要以个人为主体，又不是自我的认知主体，而是生存主体。克尔凯郭尔的个体的生存主体即是基督徒，生存的意义是个人面对上帝的决断，宗教背景十分明显①。即使海德格尔使用现象学语言，仍然可以看出他摆脱不了的神学背景。比如，死亡在宗教中是生命的转折点，既是终结，又意味着复活、重生或永生。海德格尔则说，死亡不是自然事件，而是存在终极的意义。本真的存在主体的最后形式是"面对死亡的决断"，如果没有"复活"的背景，此在面对死亡作"先行的、良知的决断"是不可理解的。但如果把"决断"、"先行"和"良知"分别与保罗说的"信、望、爱"相联系，可以理解海德格尔要用"存在本身"替代上帝的努力。"存在本身"后期变为"天、地、人、神"的四方图，变成对"基于存在的天命"的强调，似乎返回古希腊诸神史诗②。再比如，本书最后指向的"希望人学"，与"希望神学"也有密切关系，而希望神学基本上是"内在末世论"，是在精神复活和永生的意义上超越死亡。此外，作者在讨论"主体类型学"时，不仅将人理解为"认知主体"、"评价主体"、"决策主体"、"实践主体"、"道德主体"、"审美主体"、"交往行为主体"、"政治主体"、"历史主体"，而且还将人理解为"信仰主体"，强调："实际上人的信仰向度是作为精神存在的人的纵深维度。"③ 至于作者在讨论"人的自由发展"和"自由人的联合体"时，特别地强调了"宗教的和世俗的乌托邦的历史启示"，强调："相形之下，宗教乌托邦的超越显然是一种更为'彻底'的超越，而社会乌托邦的超越则是一种'部分'的超越或一种'低层次'的超越。"④ 所

---

① 参见段德智：《主体生成论——对"主体死亡论"之超越》，人民出版社2009年版，第155~159页。

② 参见段德智：《主体生成论——对"主体死亡论"之超越》，人民出版社2009年版，第274~275页。

③ 段德智：《主体生成论——对"主体死亡论"之超越》，人民出版社2009年版，第353页。

④ 段德智：《主体生成论——对"主体死亡论"之超越》，人民出版社2009年版，第386页。

有这些，都是颇有深意的。因此，不可否认，即使"以阐扬死亡的主体性和个体性为主旋律"的现代西方死亡哲学和现代西方哲学，也"不时被笼罩在基督宗教神学的阴影中"。

本书还涉及语言哲学、科学哲学、社会政治哲学中的主体生成问题。有些观点离开宗教背景是难以理解的。比如，早期维特根斯坦用语言逻辑分析为意义划界，最后得到的却是可说的科学命题与不可说的神秘之域的界限，即使他的晚期哲学也有宗教背景①。科学哲学的范式革命思想，与科学知识社会学对宗教作用的考察，有密切关系②。社会哲学和政治哲学中的基本观念与"罪"和"自由"、"称义"和"拯救"等宗教观念，有解脱不了的干系③。总之，如果从主体生成论的哲学背景看，从与尼采的"人之死"、福柯的"大写的主体之死"和海德格尔的"人类学的主体之死"的比照看，对"主体死亡论"的"超越"，"主体生成论"对"主体死亡论"的"超越"是言之有据的，但是，倘若从主体生成论的宗教背景来看，"主体生成论"究竟在何种意义上"超越"了"主体死亡论"将是一种值得继续深思的问题。

（本文原载《武汉大学学报》2010 年第 5 期，作者赵敦华系北京大学哲学系教授，刘素民系中国社会科学院哲学所研究员）

---

① N. Malcolm. Wittgenstein: A Religious Point of View? ed. by P. Winch, London: Routledge, 1993, p. 21.

② R. K. Merton. Science, Technology and Society in Seventeenth-Century England. New York: Howard Fertig, 1970, pp. 55-111.

③ Ernst Troeltsch. The Social Teaching of the Christian Churches. II, trans. by Olive Wyon. New York: Harper Torch Books, 1960, p. 461, pp. 576-655.

主体性哲学与美德伦理的当代复兴

——读段德智教授的《主体生成论》

万俊人

主体性哲学，或者说，主体性与主体间性问题，不仅是一个重大的哲学问题或本体论问题，而且也是一个相当重大的政治学和伦理学问题。就当代伦理学而言，它显然是一个与是美德伦理（the ethic of virtue）的当代复兴密切相关的问题。

西方学者多尔迈曾经写过一本很有影响力的著作，叫《主体性的黄昏》。按照他的观点，第二次世界大战以后，特别是 20 世纪六七十年代以后，西方哲学出现了明显的转向。这个转向导致主体性哲学走向逐渐式微的趋势，出现了多尔迈所说的"主体性"步入黄昏，主体性或主体性问题逐渐被人淡忘这样一种局面①。差不多当代西方特别有实力的哲学家，都从主体性哲学转到社会哲学和政治哲学上面来了。这是一个很重要的转向，对当代伦理学的发展产生了极其重大的影响。

大家知道，哲学进入主体间性或进入社会政治哲学领域之后，它关注的是结构、制度、秩序，这些宏大的一些现实，包括比如像大家说的社会正义公平正义的问题。这样一个转向导致的后果在伦理学里面体现的比较明显的是什么？就是寻求尽可能普遍的、有效的、能够为人们共识所认可的并且能够付诸实践的那些规范体系。我认为二战之后的西方规范伦理学都是宏大主题（不是宏大叙

---

① 弗莱德·R. 多尔迈：《主体性的黄昏》，万俊人、朱国钧、吴海针译，上海人民出版社 1992 年版，第 1 页。

事），涉及的都是非常现实的问题，比如说宪政问题、市场经济伦理问题、制度伦理问题等等。

然而，这个趋势发展下来之后，实际上又面临着另外一个问题。这就是：一种普遍伦理规范的寻求使得人们越来越依赖于规范本身，像政治哲学说之依赖于制度、依赖于秩序，我过去把它叫做（借用经济学术语）"路径依赖"。反思现在社会，你发现现在人就是这样的，就像开车开习惯了之后，要你散步走路就不知道东南西北。现在人的生活实际上也就是有这样一个问题。一般人认为社会越发达，人们的个性越张扬，其实不然。现代文化，比如模特文化，实质上是一种"去主体性"的文化。模特看起来很个性、很时尚，引领女性时装新潮流，但是，实际上，只要时尚发布会一发布，人们马上就跟进，就拷贝，结果，人们因此就没有任何个性了。所以，在现代社会任何个性都不能再称之为严格意义上的个性了。由于传媒、由于趋同、由于市场商品的作用，在现在社会，人们觉得最有个性的东西事实上都成了没有个性的东西了，用段德智教授在《主体生成论》中的话说，就是都成了没有主体性的东西了。现在人看起来是自由度越来越高，实际上可选择的范围以及自我选择的能力却大大降低，而不是在提高或增强。段德智教授曾经反复强调指出："主体性乃人的一项本质属性，只要人类存在一日，人类的主体性思想就（应当）存在并向前发展一日。"① 因此，我提出美德伦理的复活与主体性问题来谈谈，实际上是想给段先生主体性哲学与希望人学提供一个佐证，想支持他的观点。

现代伦理、普遍规范伦理的非人格因素越来越强化，使得伦理学很多问题解释不了。所以，就提出了美德伦理的现代复活问题。仔细审查一下美德伦理之所以复活有三个基本的原因。第一个原因是说，为什么它会复活呢？普遍规范太强势，使得伦理学本身陷入解释力大大降低的危机，很多东西解释不了。看起来罗尔斯的东西好像很有说服力，但实际上不行。麦金太尔给罗尔斯提出了一句

① 段德智：《主体生成论——对"主体死亡论"之超越》，人民出版社2009年版，第54~55页。

话，哪一句话是罗尔斯解释不了的？我曾经单独问过罗尔斯。《正义论》是1971年出版的，十年之后1981年的时候麦金太尔出了一本《追寻美德》，这里面有一句话，就是对于一个毫无正义之心的人来说的，再完备的法律对他来说等于零。法律再合理，但对于无赖来说等于零。他的意思我的理解是，一种普通的规范、原则、体系，一种合理合法的制度安排，它发挥作用的一个根本的基础性前提就是它有一个主体性的前提，你要所有人认同它，并且能够遵循它，有足够的动机能力来履行这个规范。大家知道，任何个人履行某种规范，或者服从某种制度安排都是有成本和代价的，都是一种道义行为。你要这么做，要克制自己某些东西，要付出某种成本代价。任何道德的行为都是有付出、有成本、有代价的。所以麦金太尔对罗尔斯提出了一个非常致命的问题：你的再规范的东西，再好的正义规则，对于毫无正义感的人来说毫无意义①。这就是说看问题要有两个方面，一方面是规范的有效性，另外一个方面是这种有效性的落实要有足够强大的动机基础。

还有一个问题是，美德传统跟美德伦理的复活，现在大家谈得比较多，有很多研究生认为麦金太尔在叙述历史在讲故事，根本没有说出什么东西，好像没有理论，好像罗尔斯的论证更有理论，这是一种误解。美德伦理的一个很重要的问题是什么呢？它的基础是作为主体的人。什么叫美德呢？美德就是最卓越的成就，美德伦理实际上是基于一种很强势的目的论，它强调的是过程，就是成为你自己，实现你所选定的目标，这个过程基于主体的选择、目的或者对自我人性的认识，它对主体性的要求非常强。其次，美德还依赖于作为主体的人的情感。大家知道，对于美德伦理来说，没有所谓普遍的、一般的道德规范，只有在某个特殊的文化传统或者是社群或者是共同体中间行之有效的规范，因此美德的传演不依赖于知识和理性，而是依赖于传统的传承。比如说，人类道德知识都是一代代传承的，所以传统的传承，共同体特殊的文化语境对美德伦理来

① 阿拉斯代尔·麦金太尔：《追寻美德》，宋继江译，江苏译林出版社2003年版，第192页。

说是必不可少的，缺少这个东西是不行的。所以，美德伦理涉及两个东西：其中一个是主体的选择，而另一个则是主体的情感。现在美国有些学者认为，从儒家从孔子这里可以找到新的资源，因为儒家强调亲情。很多人认为美德伦理解释依赖于传统，现代社会结构性非常强，因为它是开放的、是公共的、是结构性的，所以任何传统，任何特殊的共同体的传统，在这个公共化的社会都可能消解，比如说楚文化的传统，现在你还可以看见多少。他们认为，儒家亲情这种东西是现代社会无论你再怎么样公共化都是解决不了的，用中国话说是血浓于水。他们认为儒家这些东西能给美德伦理一个至关重要的资源。

美德伦理强调的是主体的目的、情感、人性的理解以及特殊的传统、历史和社群文化。这些实际上都是主体性的展开，尤其像目的，对于美德伦理来说，"善"、正当，善的目的是最重要的。"目的"在西语里有两个意思，一个是一个过程的终结，另外一个是全部行为的动机。你有一个目标去追求它，你才有足够的力量一步一步地趋近它，目的性的力量来自于这个。主体性强调什么？就是人自身的目的性，可以说目的论是主体性哲学和美德伦理共享的一个基本的理论前提、理论工具或者方法。段德智教授在解释马克思在《1844年经济学—哲学手稿》所说过的"人始终是主体"这句话时，曾经强调指出：为什么说"人始终是主体"呢？说到底乃是因为人的生命活动与动物的生命活动的根本区别即在于前者始终具有目的性；如果用马克思自己的话说就是："唯有对于人，'生活本身'才'仅仅表现为生活的手段'。"[1] 这是深中肯綮的。美德伦理的这种追求与主体性哲学休戚相关，所以美德伦理在当代复活在某种意义上来说，我认为是主体性哲学复兴的一个新的方式或者说一个新的形式，它不是说对哲学的一般形式的复活，而是比如说在政治哲学中间，对自由主义的一种批判、一种反动；比如说在伦理中间，有美德伦理对现代比较规范的制约、反驳或批判。以这

---

① 段德智：《主体生成论——对"主体死亡论"之超越》，人民出版社2009年版，第57页。

样的形式主体性哲学便获得了新的复活机会。也正是在这个意义上，多尔迈强调说："事实上，依我之见，再也没有什么比全盘否定主体性的设想更为糟糕了。"①

美德伦理是不是可能像哲学终究由于哈贝马斯所说的社会公共结构的转型而不能够显示它足够的重要性或者占据足够的地位呢？其实不能。至于国内的伦理学，我想讲讲中国当代的经验。有两个人，一个是赵汀阳，一个是何怀宏。他们两个提出和强调了两个不同的概念。一个是《论可能生活》（三联书店1994年出版），那本书里提出的人类学的全部目的是幸福，实际上他是要恢复亚里士多德的幸福伦理学；所有的生活都是一种可能的状态，人们的道德和行为在不断地实现这种生活，最终实现幸福的目的。这是亚里士多德当年谈到的状态。所以麦金太尔讲，人性实现实际上是一个从自然人性到可能人性的过程。赵汀阳的观点实际上是一种非常强势的目的论，比亚里士多德的更强势。另外就是何怀宏讲到的底线伦理。底线伦理是我们在一次会上提出的，后来他写了一篇文章。现在的问题是什么？当初他写了一本书叫《良心论——传统良知的社会转化》（上海三联书店1994年出版），我看到了书稿，他举了一个例子，我发现底线伦理存在着一个巨大的漏洞或者缺陷。他当时举的例子是什么？就是排队。用排队上车这个事，后来他又换了一个例子。这个例子是什么呢？先来后上会导致抢着上车，不排队，秩序大乱，导致车开得更晚；后来先上，就是大家都让，开也开不动，也不可能普遍化，唯一可以普遍化的是先来先上，后来后上。他认为这是公共伦理底线的一个实例。我说这里没有道德发生，道德发生是我先来，但看到后面有一个大妈或者一个孕妇，我说您先上，这才有道德发生；否则先来先上、后来后上没有道德发生，那是没有道德意味的事情，那是一个日常的行为场。后来他也感到这是一个问题。这个问题是什么？现在普遍伦理（底线伦理是所谓普遍规范伦理的一个特例）有什么问题呢？随着现代社会

———————

① 弗莱德·R. 多尔迈：《主体性的黄昏》，万俊人、朱国钧、吴海针译，上海人民出版社1992年版，"导论"第1页。

的世俗化、商业化，社会伦理的底线在不断地下沉、不断地沉沦。现在许多人认为，一个人贪污三五千块钱，根本算不上什么事情，他依然是个好人。但是，在过去，譬如说在 20 世纪 70 年代，一个人要是贪污两千块钱，就要被判上十年八年的。严格说来贪污一分钱也是贪污，为什么现在人们认为贪污三五千块钱不算什么呢？一方面是现在这个社会开放了，另一方面，世俗化、商业化的浪潮使得这个社会价值底线不断地沉沦，过去觉得很可耻的事情，现在人们却不以为耻了。还觉得可耻吗？人们的价值标准在不断地下行，有的人把这说成是现代社会宽容的表现。我觉得这种议论值得商榷。社会需要宽容，但是宽容一定用有原则界限，贪污一块钱和贪污一个亿，在性质上是没有区别的。它总是贪污啊。宽容是有原则的。一个人总不能宽容恶吧。所以这是一个问题，就是普遍规范伦理的问题。那么，这个漏洞靠什么来堵呢？我觉得美德伦理或者主体性哲学的希望人学一定要托住这个底线，不能让它沉沦，因为这个沉沦是会无限后退下去的。这个东西必须要有一个基础，有一个很深厚的价值关怀和人性关怀的思想观念体系来托住这个底线。

从这个角度来说，段德智教授的这部著作现在出版是非常具有时代意义的，是特别值得祝贺的。我们完全有理由把《主体生成论》看作是段德智教授作为哲学家的一个学术身份证。

（本文原载《武汉大学学报》2010 年第 5 期，作者系清华大学哲学系教授）

主体生成论的意义

李秋零

作为主体的人和人的主体性，是哲学常提常新的话题。自近代以降，尤其是自以笛卡尔的"我思故我在"为标志的主体性原则得以确立以来，这个话题更是成为几乎所有哲学体系围之旋转的枢纽。然而，"主体死亡论"哲学的出现对主体性哲学提出了严峻的挑战。如何回应这种挑战，如何在"主体死亡论"的背景下重建主体性哲学，成为现代哲学一个不可回避的课题。段德智教授的《主体生成论——对"主体死亡论"之超越》为我们提供了一个崭新的视角。这部著作以严密的逻辑、清新的笔调、丰富的内容，为我们展示出一个"希望人学"的哲学体系，提出了诸多极富独创性的真知灼见。限于篇幅，我只谈使我感触最深的以下两点：

第一，作者强调主体是"生成着的"主体，或者说，强调主体的"生成性"。一方面，人的主体性不是现成的东西，或者说，人不是天生的主体。"人的根本特征在于他始终是一种'未完成的动物'，是一种逐步'生成'自己的动物。人的本质的变动性和生成性乃人之区别于天使，特别是人区别于上帝的根本性内容。"①另一方面，人的主体化的过程也是一个永恒的过程，是一个未完成的并且永远不可能完成的过程。段德智教授以此把作为主体的人与

---

① 段德智：《主体生成论——对"主体死亡论"之超越》，人民出版社2009年版，第292页。

神和动物区别开来,把它视为作为主体的人的本质特征。对于前一
点,相信大多数人容易接受。人之成为人,主体之成为主体,有一
个进化的过程,这在今天已几乎成为常识。但对于后一点,可能就
不那么容易被人接受了。人是一种有理想的动物,在人类的历史
上,诸多伟大的思想家为我们描绘了一幅又一幅人类未来的美好蓝
图,而且都坚信那是必然实现的。即便是我们自己,也是唱着
"英特纳雄奈尔就一定要实现"长大的。而段德智教授断言:"我
们所谓人的主体性的未来之维,作为未来之维,是永远处于我们前
面的东西,是我们永远要为之奋斗但是永远不可能完全实现出来的
东西。也就是说,人的主体性的未来之维并不是某种僵硬的、固定
不变的东西,既不是任何一个确定不变的偶像,也不是任何一个确
定不变的社会模式。作为主体的人的未来之维是那种永远变动不居
的,从而能够永远处于我们前面的东西。"① 这是一个大胆的睿见。
段德智教授把这种未来之维称之为"希望之维",把自己的"主体
生成论"称之为"希望人学"。乍一看,这种永远不可能完全实现
的"希望"近乎于"绝望",是一种不折不扣的"乌托邦"。但接
下来,段教授在"对乌托邦的中性理解"中告诉我们,这种"作
为人的自由而全面的发展"的乌托邦,同样具有其现实的、积极
的意义,它作为"从人们的过去和现在的经验和处境中涌现出来
的东西","在很大程度上也就必定具有程度不同的现实性、有效
性和可实现性",激励着我们憧憬并为之而献身;同时,"唯有乌
托邦的这样一种不真实性、无效性和软弱性才以一种最鲜明的方式
表现出了作为主体的人的生存方式中的不确定性,从而告诫人们人
的主体性的生成过程是一个曲折的会经常遭遇意外结果、遭遇失败
的过程"②。就像康德的"世界整体的知识"是一个先验幻相,但

---

① 段德智:《主体生成论——对"主体死亡论"之超越》,人民出版社
2009年版,第17页。
② 段德智:《主体生成论——对"主体死亡论"之超越》,人民出版社
2009年版,第18~19页。

却有引导知识走向体系化的"范导"积极作用一样①，具有不确定性的乌托邦也同样可以充当人的主体性生成过程的范导原则。唯有此，段德智教授才能把"主体死亡论"视为"近现代主体性哲学的一种自否定和自发展"；唯有此，段德智教授所提出的"主体生成论"才能够超越"主体死亡论"②。

第二，段德智教授明确地把主体的生成与主体性意识的生成统一起来，这是作者的又一个创见。如作者明言，这里是遵循了黑格尔所讲过的逻辑与历史的一致。其实，人作为一种有意识的动物，其主体性恰恰就表现在自我意识上。很难想象没有自我意识的人会有主体性。因此，人的自我意识觉醒的过程也就是人的主体性形成的过程。当然，如段德智教授强调的那样，"逻辑与历史相一致的基础在于历史，也就是说，我们强调的是逻辑与历史的一致，而非历史与逻辑的一致"③。鉴于此，段教授以历时性的方式考察了人类的自我意识觉醒的过程，把它划分为以群体意识占主导的阶段、以个体意识为主导的阶段和以他我意识为主导的阶段。④ 这里的一个突破是：我们以往在谈论主体性时，大多从个人的自我意识出发，认为近代哲学的兴起才是西方自我意识和主体性的觉醒。而段德智教授则认为，原始社会的"氏族膜拜"和"集体表象"、奴隶社会的"团体意识"、封建社会的"宗教意识"（可以统称之为"群体意识"）亦是人的自我意识和主体性的一种表现形式。在这样的意义上，群体意识是以类为主体的自我意识，个体意识以个人为主体，是对群体意识的否定，而他我意识则是以个

---

① 参见康德：《纯粹理性批判》，李秋零译，中国人民大学出版社 2004 年版，第 338～343 页。

② 段德智：《主体生成论——对"主体死亡论"之超越》，人民出版社 2009 年版，第 54 页。

③ 段德智：《主体生成论——对"主体死亡论"之超越》，人民出版社 2009 年版，第 13 页。

④ 段德智：《主体生成论——对"主体死亡论"之超越》，人民出版社 2009 年版，第 60、399 页。

人之间的关系或曰主体间性为内容的，又是对个体意识的一种否定，可以说是一种更高层次的、承认个体独立地位的群体意识。经过这种正题、反题、合题的否定之否定运动，人的主体性达到了一个新的高度。而这种主体间性的哲学，其实也正是当今社会的一个准确写照。

（本文原载《武汉大学学报》2010 年第 5 期，作者系中国人民大学哲学院教授）

"主体性哲学"的新研究
与"希望人学"的建构

——评《主体生成论——对"主体死亡论"之超越》

朱传棨

　　"主体性和主体间性"是当代哲学研究的重要理论课题，也是人学研究的核心问题。而人学的研究必然涉及对"主体生成论"与"主体死亡论"的言说，同时，还必须阐明"主体性"和"主体间性"的问题。否则，人学的研究与言说，就难以全面和深刻。近年来有关西方哲学研究的专著出版不少，有些还冠以"科学主义与人文主义"的标题的著作，但其内容基本上仍是对两大思潮的分别阐述。而对西方哲学主流趋向作整合性研究的专著不多见，对"主体性和主体间性"问题进行开拓性的创新研究的专著更为罕见。段德智教授的新作《主体生成论——对"主体死亡论"之超越》（人民出版社 2009 年出版）是从宏观线索上对西方哲学主流趋向进行整合性研究的学术专著。其中对主体性的生成、发展、内在机制和演进的终极趋向进行了跨越古代、近现代和当代历时性和共时性的分析考察，逻辑地、历史地和辩证地阐释和论证了"主体生成"的诸多基本问题与基本概念，是一部富有独到见解和特色的学术专著，其理论价值是很大的。就理论渊源说，这部新著与黑格尔的《精神现象学》的主题是有一种历史的逻辑联系的。黑格尔的《精神现象学》把主体生成的机制归结为三部曲：主体的自我异化、对象化，从而产生了主体与客体的对立；然后主体改变自身，使之与对象相符合，从而达到了主客体的同一；主体与对象在改变自身的同时，又产生新的主客对立。主体自身的生成就是这样处于辩证运动之中。黑格尔在《精神现象学》中把主体生成的过程分为五个阶段①。因此，完全可以说，这部专著与黑格尔的《精神现象学》在主题上有一种历史的逻辑的联系；在哲学和哲学史研究中具有重大理论价值；但是，这部专著是在马克思主义哲学产生和当代西方哲学充分发展的境遇下，以完全不同的出发点和理路来展开对"主体生成论"的研究和论述的，从而建立起一个新的关于"主体生成"的理论体系，这是作者对复杂哲学问题作整合性的创新研究的首要之点。

其次，《主体生成论——对"主体死亡论"之超越》创新研究的又一点，是对西方"主体死亡论"作了独到的分析和解释，并在分析和阐释中深化了主体性哲学的内涵，提出了建构"希望人学"的新论。综观全书的一个根本出发点，就是作者认为，作为主体的人不是一种"现成"的存在者，而是一种处于"生成"着的存在者。所以，作为主体的人首先就是"生成着的"、"未完成的"和"面向未来而在"的。人的这种生成性、未完成性和面向未来而在性，使他既不同于圆满存在的神，也不同于已限定在现在状态其生命力而无生成发展的动物。不仅如此，而且作为主体的人，还同时意识到和言说到自己的生成性、未完成性和面向未来而在性。其中"面向未来而在性"是人之所以成为一个主体或之所以具有主体性的关键所在，进而言之，它是人的主体性之根本。研究人作为主体或人的主体性的生成和发展的学问，就是"主体生成论"。因而，"主体生成论"面临着当代西方"主体死亡论"的挑战。必须首先直面这种挑战，对它作出"回应和扬弃"。因为"主体死亡论"是内在于当代西方哲学中必须重视的问题，当代西方诸多哲学家在他们各自提出的核心命题中都与"主体死亡论"密切相关。作者说"主体死亡论""不仅由尼采、福柯、海德格尔和德里达这样一些当代一流哲学家提出的问题，而且也是与叔本华的'生存意志论'、克尔凯郭尔的'孤独个体'、弗洛伊德的'无

---

① 黑格尔：《精神现象学》，贺麟、王玖兴译，商务印书馆1979年版，"译者前言"第23页。

意识'学说、伽达默尔的'对话辩证法'、阿多诺的'批判社会学'、哈贝马斯的'交往行为理论'、库恩的'科学共同体'、拉康的'个性理论'、马丁·布伯的'关系学'、蒂利希的'宗教社会主义'和马利坦的'全整的人道主义'密切相关的问题"①。但是，如何回应和扬弃"主体死亡论"这一论题，作者进行了独到的分析研究和深刻阐述。作者认为，西方近现代以来的哲学史或思想史是一部主体性哲学从兴盛到衰落的历史。为此，作者历史地分析考察了从笛卡尔开始的近现代主体性哲学和继之而来的尼采、福柯、海德格尔关于"主体死亡论"的逻辑进程和存在的问题。在分析和梳理尼采、福柯和海德格尔关于"主体死亡论"中指出，所谓"主体死亡论"无非是对近现代哲学关于主体性原则的绝对化的反对，而且他们所提出的"主体间性"等问题和主体性依然存在着内在联系。进而深刻指出其"主体死亡论"不是对近现代主体性哲学的理性认知主体的全盘否定，而只是对理性认知主体的"基础"作用和"根据"作用的霸权地位的否定。其本质不过是另一类型的主体论哲学，或者是力图对近现代主体论哲学的一种修正。② 书中通过对理性认知主体背后的"本原"、"基础"、"根据"的追问，同时也就深化、丰富和发展了主体概念。如尼采的主体的非理性方面；福柯提出除了认识主体外还有其他类型的主体；海德格尔提出要返回到作为人的"此在"的本己性和整体性，如此等等；随着主体概念研究的深化和发展不可避免地孕育出了多姿多彩的当代西方的主体间性哲学。尼采、福柯、海德格尔的主体性哲学也就成了从近现代哲学到当代主体间性哲学的过渡环节或桥梁。因此作者在书中明确论证了"主体死亡论"实际上是"主体生成"过程中的一种特殊形态。"主体死亡论"就实实在在地被扬弃而包含在"主体生成论"中，成为"主体生成论"的一个环节，从而

---

① 段德智：《主体生成论——对"主体死亡论"之超越》，人民出版社2009年版，第25~45页。

② 段德智：《主体生成论——对"主体死亡论"之超越》，人民出版社2009年版，第54页。

表明从"主体死亡论"到"主体生成论"的必然性和合理性。

同时，我们看到，在"主体生成论"对"主体死亡论"的"回应与扬弃"中，就逻辑的必然提出"为希望而在"的人学新论①。对作为主体人的主体性和主体间性的考察，是有多角度的。而作者是从"现实的人及其历史发展"的角度，依据整部人类主体思想发展史，对人的主体性和主体间性，对其结构性和生成性，进行了富有创见的科学分析和深刻阐述，并在此基础上，逻辑地提出"为希望而在"的"希望人学论"。实际上，"主体生成论"就内在地包含有"希望人学"的思想，因为"主体生成论"是对"人的生成性、未完成性和面向未来而在性"的理论概括。因此说，"主体生成论"是建构"希望人学"的理论基础。

再次，作者研究理路的原则具有鲜明的创新特色。作者虽然是从历史和逻辑两个向度考察了西方哲学的主体生成论，却有其独特的创新之处；作者从客观的视角把西方主体生成论分为大陆理性派哲学到康德的先验哲学再到胡塞尔的现象学，从英国经验论到实证主义和逻辑实证主义、人本主义三大流派，进而在此基础上又微观考察了西方哲学家关于主体生成的论述以及从主体性到主体间性的发展进程，分析比较不同哲学家、不同思潮之间在主体生成论这一问题上的差别、特点和内在联系。在逻辑的向度，作者考察了主体的结构性的内在矛盾与主体生成性以及主体间性的本体论基础——关系本体论、社会本体论和实践本体论，分析了主体生成论的最终归宿，考察了西方哲学以及马克思主义哲学关于主体生成论最终归宿的论述，由此建立一种"希望人学"的理论旨趣。

再次，段著对马克思恩格斯关于"主体"、"主体间性"的思想，也进行了一定的发掘、分析阐述和应用。他在书中指出，西方近现代主体性哲学从笛卡尔以降，诸多哲学家都难免"陷入主观主义、先验主义和自我中心主义的泥潭而不能自拔"，就在于他们的核心范畴"主体"概念脱离了"人的现实性"或"现实的人"。

---

① 段德智：《主体生成论——对"主体死亡论"之超越》，人民出版社2009年版，第388页。

并进一步指出，马克思恩格斯在《德意志意识形态》中所说的"人的现实性"或"现实的人"最根本的就是"从事实际活动的人"，"现实的有生命的个人本身"①，处在一定条件下进行的、现实的、可以通过经验观察到的发展过程中的人。作者还分析说明了在马克思恩格斯那里，历史的生成和人的生成是一致的，是统一、平行的，即主体和主体间性之间是不能分割的。同时，作者也讲了马克思主义关于主体与主体间性的本体论基础问题，并提出实践本体、社会本体和关系本体三项。但上述问题不是段著中的重点问题，细细看来，在分析和阐述上，还应该前进一步，如对主体和主体间性的本体论基础问题，只平列出三项本体，是不足的，应将三者的关系向读者交代出自己的见解。在我们看来，主体和主体间性应是以物质生产的实践本体为基础。应该说，社会本体也好，关系本体也好，都应以实践本体为基础。马克思曾说，"社会生活在本质上是实践的"②。因为实践具有社会性、历史性、关系性、物质性等特点。同时，我们还认为，在马克思恩格斯那里，虽然没有明确提出"主体和主体间性"这对概念，但在他们关于人和人的历史发展、人和人的社会关系的论述中，不仅充分包含了丰富的"主体和主体间性的"的思想，而且包含着对主体性哲学的革新。

段著的再一点创新之处：可以说，《主体生成论——对"主体死亡论"的超越》是一部"以问题为中心"的西方哲学史，从现有出版的哲学史著作，多是以国别或以有影响的哲学家为切入点，予以历史地叙述，很少以哲学问题为中心进行历史地和逻辑地予以论述。而这部著作，以"主体性和主体间性"为切入点，运用马克思主义哲学的历史主义分析方法，历史和逻辑相一致的方法，理论与实践相统一的方法，对跨越古代、近现代和当代的整个西方哲学发展历程和发展的内在逻辑进行了深刻地学术梳理，以清晰的逻

---

① 中共中央马克思恩格斯列宁斯大林编译局编译：《马克思恩格斯选集》第 1 卷，人民出版社 1995 年版，第 67 页。

② 段德智：《主体生成论——对"主体死亡论"之超越》，人民出版社 2009 年版，第 60 页。

辑体系和有力的理论论说，彰显了主体生成论对主体死亡论的超越及其最终归宿。因此说，这部著作是"以问题为中心"的西方哲学史。

（本文原载《武汉大学学报》2010 年第 5 期，作者系武汉大学哲学学院教授）

面向未来而生

——《主体生成论——对"主体死亡论"之超越》读后

郭齐勇　吴龙灿

段德智教授长达 55 万字的新著《主体生成论——对"主体死亡论"之超越》近来问世。这是段教授主持的国家社科基金项目"从主体性到主体间性——当代现代西方科学主义与人文主义研究"的最终成果，在 2008 年的国家社科项目评比中被评为"优秀"级别。该项目从 2001 年立项到 2007 年结项，历时 7 年，加上2 年的修改，可以说是"十年磨一剑"了。而段教授在哲学领域40 多年的勤勉耕耘，以及 20 多年来有关西方哲学史、死亡哲学和宗教学的深入研究思考，都可以看作是这本书得以诞生的准备和努力。因此，该书出版后立即引起学术界的广泛关注和高度评价，我们并不觉得惊奇。

在后记中，段教授把本书看作是 1991 年出版的《死亡哲学》一书的姐妹篇，而关于那本书，郭齐勇曾在书评中说："自由原则和个体性原则是死亡意识内蕴的生命意识、道德意识和文化意识敞开或升华的极其重要的关节点。在这些方面，西方哲学史上的有关争论给予我们许多理论思维的经验教训，值得认真地记取。'存顺殁宁'，'生寄死归'，中国传统哲学自有一套特殊的生死智慧。……我们期待着作者在本书的姊妹篇中再行展开。"①转眼 18 年过去了，段教授的姐妹篇出来了，一个谈死，一个谈

---

① 郭齐勇：《"死而上学"的沉思——段德智〈死亡哲学〉读后》，《鹅湖月刊》1993 年第 4 期。

生，都是从形而上学的高度来讨论人生哲学和历史哲学，犹如凤凰涅槃，有关人的思考达到了新的高度。新书的书名彰显了作者多年来对原先研究成果和西方人学的超越，而内容虽然看似是西方哲学主体思想的系统梳理，但在很多地方引证和评论中国传统文化中的主体思想论述，更为重要的是他已经自觉地站在中国哲学建构的角度，以一个有着深厚中国传统文化滋养的中国学者和思想者的身份，经由特有的颖悟和智慧，反思和重构主体哲学。就如人永远是未完成的人，关于主体生成的思考和追问也是永无止境的道路，而段教授所做的努力在这个道路上是充盈价值和极富成效的重要一环。

《主体生成论》一书主要围绕三个方面展开：首先，是对西方哲学中的主体死亡论的回应和超越；其次，是在此基础上，对西方主体生成论做历时性的回顾和扬弃；最后，是在中西比较视域中从逻辑向度考察主体生成论，并建构面向未来而在的希望人学，寻找理想人格和理想社会安顿未完成的人。下面分别就这三部分介绍和评论该书。

一、对主体死亡论的超越

在作者的语境中，主体生成论是关于人的主体性和作为主体的人的生成的哲学思辨，它把人的历史看作人的主体性的确立、反思和不断生成的历史，通过西方主体性和主体间性的系统研究，揭示人的生成性本质和未完成性，经过在历史基础上做历史和逻辑的统一，在对西方现代主体死亡论的回应和扬弃之后，面向未来为安顿人类个体和社会建构希望人学。

就如本书书名所示，主体生成论首先是对作为现代西方哲学主流的主体死亡论回应和扬弃而诞生的。这也是作者的问题意识得以萌生和延展的哲学思考之基点，因而无论在前言的理论说明和第一章的专题梳理和反思中，焦点都在西方近现代哲学之主体死亡论上。

"这里所说的对'主体死亡论'的'超越'所意指的无非是对

'主体死亡论'的'一个回应和扬弃'。"① 在前言中，作者把"回应"、"扬弃"和"一个回应和扬弃"作为这一问题意识的关键理解作出阐发。

在作者看来，"主体死亡论"在当代的存在不仅是一个客观的事实，而且是一个我们不能不予以重视的事实。因为它不是一个偶然的事实，而是一个内在于当代西方哲学中的一个不容回避的事实，是一种不仅由尼采、福柯、海德格尔和德里达这样一些当代一流哲学家提出的问题，而且也是与叔本华的"生存意志论"、克尔凯郭尔的"孤独个体"、弗洛伊德的"无意识"学说、伽达默尔的"对话辩证法"、阿多诺的"批判的社会学"、哈贝马斯的"交往行为理论"、库恩的"科学共同体"、拉康的"个性理论"、马丁·布伯的"关系学"、蒂利希的"宗教社会主义"和马利坦的"全整的人道主义"密切相关的问题。在第一章中，作者以"黑格尔定律"——即哲学的向前发展总是通过"自我贬低"实现出来的——为西方近现代主体性哲学发展的内在规律，从笛卡尔时代以"我思"主体为根本标志的主体性哲学的凯旋开始，梳理和分析西方哲学主体性的衰落、死亡的思想历程，着重把尼采的"上帝之死"与"人之死"、福柯的"大写的主体之死"与"范式转换"和海德格尔的"人类学的主体之死"与"形而上学之死"，作为西方主体死亡论的主要代表和发展线索，从中发掘主体死亡论的真义和启示。作者认为，主体死亡论真正表达的不是宣布主体的人的死亡或对近现代主体性哲学的全盘否定，而是对这种主体性哲学的霸权地位的非议和抗争，是近现代哲学的深化和发展，"随着时代的发展而死去的只会是主体性思想的某种过了时的特殊形式，而不可能是整个人类的主体性思想本身"②。只是他们的理论就如他们所

---

① 段德智：《主体生成论——对"主体死亡论"之超越》，人民出版社2009年版，第3页。

② 段德智：《西方主体性思想的历史演进与发展前景：兼评"主体死亡"的观点》，《武汉大学学报》2000年第5期。

否定的主体性哲学一样，也落入了"蔽于一曲而黯于大理"①的窠臼。而人的主体性发展是一条永无止息的河流，处于不断的追问、否定和生成过程之中，并且总是需要终极超越的安顿。

基于这样的问题意识，作者从受动性和主动性两个方面对"主体死亡论"作出"回应"。韩愈在《原道》中讲"不塞不流，不止不行"，就是这样一种受动性的态度，对西方的主体死亡论我们无可逃避，必须做出回应。同时，我们在回应中主动将"主体死亡论"扭曲了的近现代西方哲学与当代哲学的关系恢复过来。这样，"就可以在肯认西方当代哲学与西方近现代主体哲学和意识哲学之间的中断性的同时又强调它们之间的非中断性或连续性，从而为我们对主体生成史的论述作出必要的铺垫"②。

"扬弃"的态度和立场因而也是必要的。主体死亡论昭示、批判和否定了西方近现代主体哲学和意识哲学的极端抽象性、先验性、理性崇拜和个体崇拜等，从而催生了作为主体的人的"他我意识"的觉醒，催生了西方当代主体性学说和主体间性学说，推动了西方近现代主体性学说向当代主体性学说的演进。这样一来，"主体死亡论"就非但不是与我们的"主体生成论"相对立、所不容的东西，反而恰恰构成了我们的主体生成论的一项本质内容：这就是作为主体的人的生成乃是一种自否定、自生成的过程。

"回应和扬弃""主体死亡论"的方式是多种多样的。这一方面是因为人们对作为主体的人的主体性和主体间性是可以从不同的方位予以审视的，本书只是其中一种。"既然在我们看来人是未完成的，那么人类关于作为主体的人的主体性和生成性的思想和学说也就因此而永远是开放的和未完成的，永远不可能有什么'最后

① 王先谦：《荀子集解》，中华书局1988年版，第386页。
② 段德智：《主体生成论——对"主体死亡论"之超越》，人民出版社2009年版，第4页。

一言'。"① 这既是发展的观点，也是作者理论的清醒。"后之视今，犹今之视昔"，作者的这一种回应和扬弃，也将有其独特的价值和意义，但仍然是开放的人类思想河流中的一程。

通过这样一种回应和扬弃的方式，作者超越了西方的主体死亡论，开启了主体生成论历史的和逻辑的探索之路。作者还用"特洛伊木马"为喻，把自己对西方主体思想的研究作为深入对方内部的作战方略。从中可以看出，作者深入西方哲学的内部，不是为西方而西方，而是为中国乃至整个人类建构合宜的主体思想体系而进行的非凡努力。

二、主体生成论的历史考察

根据作者对本书的构思，主体生成论的建构方法是在历史基础上的逻辑与历史的统一。本书以一半的篇幅，分别从人的群体意识与人的合群性（前现代社会）、人的自我意识的张扬与人的主体性（现代社会），人的他我意识的觉醒与人的主体间性（当代社会）等为主要特征的前后相继的三个不同阶段，作长时段的纲要式的历时性考察。这种考察"致力于把主体理解为一种过程和历史，努力从'历史'的角度，努力从主体生成史的角度讨论和阐述主体生成论"②。

作者把主体生成看作是一个过程和历史，而人的生成或主体的生成有两个维度：一是个体人格的生成或塑造问题，二是主体生成与人类社会发展的互存互动的关系。该书讨论的主要是作为类的人的主体的生成，涵盖了包括心理学、伦理学和人格哲学在内的许多学科领域的学者已经对作为个体的人的生成问题的研究思想成果，并且是一种与人类社会发展史同步的或与其互为因果的主体生成

---

① 段德智：《主体生成论——对"主体死亡论"之超越》，人民出版社2009年版，第5页。

② 段德智：《主体生成论——对"主体死亡论"之超越》，人民出版社2009年版，第62页。

史。

在第二章，作者就前现代社会——也即从原始社会、奴隶社会一直到笛卡尔之前的封建社会的主体生成史做了全面考察。在这一历时范围内，人的群体意识与人的合群性是主要表征。原始社会作为原生社会形态，主体生成表征为"氏族膜拜"、"集体表象"与"群体冲突"，作者分别借助杜尔凯姆的"图腾制度"、列维-布留尔的"原逻辑思维"、缪勒的"前反思意识"以及特朗普的"生存说"，来说明人类蒙昧时代的个人和社会的主体性特质。奴隶社会主要是指古希腊罗马时期，从德谟克利特到普罗塔哥拉和苏格拉底、柏拉图、亚里士多德，一直考察到伊壁鸠鲁派和斯多亚派，在"团体意识"仍占主导地位的同时，"个体意识"开始萌芽，并保持着适度张力，思考处理人生和社会问题也由从神出发逐渐过渡到从人出发，强调道德伦理意识与社会主体意识的统一、道德主体与社会主体的统一、伦理学与政治学的统一。封建社会主要是指476年西罗马帝国灭亡、日耳曼人在罗马帝国的废墟上建立起一些封建小国算起，一直到17世纪中叶资本主义社会的出现，基督宗教神学思想占据了主导地位，充满"宗教意识"与"个人意识"的张力，"全整的人"概念的提出、人的个体性原则的提出和论证、人的自由和自由意志问题的重视以及神人关系中人生境界的提升是中世纪哲学和神学的重大理论贡献。从爱拉斯谟到路德和马基雅弗利表现出的"个人意识"的苏醒，孕育了近现代人的主体性思想的雏形。

在第三章，作者就现代社会的主体生成思想做了梳理和反思。这一阶段，是从文艺复兴运动以来，特别是自17世纪英国资产阶级革命以来，欧洲进入了自由资本主义发展阶段，人的自我意识的张扬、个体主义和自由主义便构成了现代社会中的人的主体意识的本质特征。人的独立性是这一特征各种表象的核心内容，从哲学层面，特别强调认识论和认识主体，呈现为大陆理性主义和英国经验主义的对立、德国古典哲学与实证主义的对立、现象学与逻辑经验主义的对立，这些分野和对立延续到了人本主义思潮与分析哲学、科学哲学、结构主义思潮之间，但总体上却表现为不同形式的理性精神，其总的发展趋势有着极强的趋同性，即从强调认知主体的经验性到强调其逻辑性，从强调经验主体到强调逻辑主体。

从 20 世纪初开始，西方社会进入垄断资本主义阶段，考察当代社会主体思想的第四章是作者用心最力、篇幅最多的一章。海德格尔、萨特的存在主义与伽达默尔的哲学释义学；从霍克海默、阿多诺到哈贝马斯法兰克福学派的社会批判理论；从波普尔、拉卡托斯到库恩的当代西方科学哲学；从列维-斯特劳斯、拉康到福柯的结构主义与后结构主义；从马丁·布伯、蒂利希到马利坦的当代基督宗教存在主义与新托马斯主义……通过这一时期的哲学反思和批判近现代主体性哲学，主体生成论表征为人的他我意识的觉醒与人的主体间性及关系的强调，主体间性也在逐渐强化中成为当代社会主体性哲学的突出特点。

作者在通盘梳理西方哲学主体生成论之后，为更为连贯地把握其特征，从大陆理性主义——人本主义与英国经验主义——科学主义的双峰对峙、趋同性及其与哲学思维范式的转换的内在关联做出深刻的说明。这种双峰对峙实质上是一种相互批评和斗争中向前演进的哲学"救亡"运动，是为哲学自身不断寻找合法性和维护独立性及其尊严的宿命。而他们又有趋同性特征，都有一个同样经历从主体性到主体间性的发展过程，有着从"经验主体"到"逻辑主体"再到"对话主体"的演绎过程。在哲学思维范式的转换上的趋同性则表现为：从本体论范式到认识论范式再到本体论范式、从实体主义范式走向非实体主义范式（现象学范式和语言范式）、从解析论范式走向整体论范式。这些总体特征的把握，对我们从逻辑维度研究主体的人的结构性和生成性问题是基本的准备和引导。

三、主体生成论的逻辑建构

这一部分即第五章是作者从逻辑层面对西方主体思想作的系统深入的共时性考察。作者曾说明"以历史为基础的逻辑与历史的一致"这一研究方法的要义："按照我们对这一方法论原则的理解，逻辑与历史相一致的基础在于历史，也就是说，我们强调的是逻辑与历史的一致，而非历史与逻辑的一致，尽管两者在一定程度上保持着某种形式上的平行。"① 由此，前面历时性的考察，为这部分的共时性考察奠定了历史的基础。

这部分也是建构主体生成论的核心篇章，作者分主体的结构性和生成性、主体间性的本体论基础以及理想人格和理想社会等四个方面论述，试图建构主体生成论终极指归的"一种希望人学"，为未来的"全面而自由发展的人"寻找安顿之道。

第一方面的逻辑考察，首先从作为主体和主体性之根"人本身"开始。作者厘清了主体概念的内涵和外延及其从古希腊到近现代的变迁。通过西方近现代主体性哲学的三个难题，即认识外界对象的可能性与主体的绝对自给予性之间的矛盾、经验自我与先验自我的二元对峙以及对"他我"的确认，说明西方近现代主体性哲学要避免唯我论或自我中心主义需要一番彻底的改造。作者认为，近现代西方主体性哲学的"主体"概念的毛病最根本的就在于它脱离了"人的现实性"或"现实的人"，即脱离了"人本身"。人的根本特征就在于他始终是一种"未完成的动物"，是一种逐步"生成"自己的动物。人的本质的变动性和生成性乃人之区别于天使和上帝的根本性内容。

基于主体这样的基本理据，作者展开论述主体的结构性和生成性。主体的结构性分三个方面考察：主体的个体性和社会性之间的张力关系；主体的理性与非理性之间的张力结构；主体的认知与实践之间的张力结构。主体或作为主体的人的千变万化的活动只不过是由诸多要素及其关系形成的整体结构的一个"万花筒"，是一个由多重因素、多个层面、多层关系交织而成的错综复杂的关系网络。而从主体的生成性和历史性角度考察，主体则是在自身所创造的历史中自身生生不已的无限生成过程。人的认知能力、实践能力、人类历史发展皆然。主体的生成又不是直线式的，而是曲折、有反复的，有时会出现逆流和倒退，但长时段地看则是不断生成和

---

① 段德智：《宗教概论》，人民出版社 2005 年版，第 9~10 页。

不断进步的。主体或作为主体的人的"未完成性"和"生成性"是主体或作为主体的人既区别于神也区别于一般动物或一般事物的一项本质规定性。

主体间性的本体论基础主要考察关系本体论、社会本体论与实践本体论。关系是人生和宇宙之大本，离开了作为主体的人及其相互关系，就无从理解人类世界，甚至无法理解作为主体的人本身。关系理论乃至关系本体论始终是当代西方哲学反对西方近现代主体性哲学，特别是反对它的个体主义理论倾向，探讨主体间性问题的一个基本武器。他我因而能摆脱其自我意识构造物的处境，真正成为与自我并存的实在，"让他我存在"这样一种理念才能落实。萨特提出的主体绝对自由、交互性、总体性和中介性，马克思提出的一个由自由个体的活动构成的共同体概念，代表了西方主体间性的社会本体论的高峰。实践本体论既是人类世界的本体，也是人类生成的本体，从而构成主体间关系的一项基石。

主体生成论的指归是本章和本书的逻辑中心。本章的前面论述目的在于参与筹划作为主体的人的未来发展，建构一种希望人学。而本书回应主体死亡论以及大篇幅追溯主体生成论的历史，也是为了更好地阐释主体生成论，而这种阐释又是为了更好地理解我们的生存处境，更好地筹划人的未来，筹划出一种既适合于当代语境又面向未来的希望人学，勾勒当代人应当怀有的理想人格和理想社会。

在作者看来，主体性和主体间性的问题，说到底也就是"我何以成为我"、"我们何以成为我们"的问题，而且两者紧密相关，从而人的生成和人的发展问题便有这样两个向度：个人的生成和发展问题、社会的生成和发展问题。当代思想家的根本任务就在于揭示社会发展的规律，探讨个人发展的途径，寻求个人发展与社会发展相统一的道路。个人的生成和发展问题蕴涵两个方面，即人的全面发展问题和人的自由发展问题。人类通过社会分工发展却以人的异化、片面化为代价，人的全面发展意味着一个人的属性的自身生成和自身实现问题，又是一个纠偏补弊、返本开新的问题。人的全面发展问题本质上都是作为主体的人的全面发展或人的主体性的全面发展。从主体类型学上看，人是文化存在、精神存在和社会存在等方面的多重主体。自由个性是人的全面发展的最高层次，也是人的自由发展的最高境界，是理想人格的典型表达式。而自由个性的生成还有一个极其重要的永远不可或缺的条件，那就是一个健全社会的存在，即马克思和恩格斯说的"自由人的联合体"问题。自由人的联合体的经典定义是："代替那存在着阶级和阶级对立的资产阶级旧社会的，将是这样一个联合体，在那里，每个人的自由发展是一切人的自由发展的条件。"①　而其所实施的基本社会准则则是孔子的"忠恕之道"。作者对乌托邦的中性理解，以及把她作为社会理想的基本形态，是本书最有理论勇气和哲学颖悟的论述之一。也正是乌托邦的时间结构——作为个人存在和社会存在的过去、现在、未来三维性之间的张力关系，作者从中找到了理解和阐释希望人学的道枢。

在本书的最后一节，作者把历史之维的三维，加上前面论述的逻辑之维，作为主体生成论的四维性。这样，本书的所有内容，都在主体生成论中占据了恰当的位置而成为各个必要的环节和一个有机的整体。而主体生成论的未来之维，则是希望之维、意义之维、超越之维和生成之维。于是，作者千呼万唤地作为一种希望人学的主体生成论终于喷薄而出，"向未来而在"，"为希望而在"，"为理想而在"。而这种希望人学具有肯定性和否定性、实践性和社会性这样的理论品格。在本章建构希望人学的努力中，作者大量引用儒家经典来辅证，而且把《礼记》中的《大学》、《中庸》、《礼运》作为"个性自由"的补充，启示树立民族意识、世界意识、人类意识和世界公民意识。"继承、光大和超越古人的'平天下'的社会理想，在促进'真实集体'的生成、振兴中华民族、推进世界和平与人类进步的伟大事业中，不断地实现自我超越和自我完善，既是我们这一代人的光荣

----

①　中共中央马克思恩格斯列宁斯大林编译局编译：《马克思恩格斯选集》第一卷，人民出版社1995版，第294页。

使命，也是我们这一代人的历史定命！"①

结　语

段教授对中国哲学，特别是儒家哲学的个体性与群体性、主体性与主体间性、现实性与理想性的统一有着深刻的理解，有关"己立"与"人立"，"己达"与"人达"，"成己"与"成人"，即人格主体在社群行为中自我转化的过程，是即凡而即圣的过程，其走向正是自由人格的真实生成及相伴随的自然理性与人为理性的统合。中国哲学的儒释道诸家都肯定主体性，个体人格的健康生成及其与自然、社会、他人的互动关系，自我内在的身心的互动关系，个性自由与社群、地道、天道的互动关系等等，既不过分淹没自我也不过分张扬自我，有非常深刻的个人与天、地、人、物、我的关系的智慧，及其背后的宇宙论与本体论的根据，值得人们进一步探讨。

段教授在这部创见迭出的学理性的专著中，深刻揭示了西方主体性的发展过程，特别就作为启蒙理性之一的主体性的偏失作出了深刻的反省。当然，段教授的反省是在启蒙时代之后西方大哲的基础上进行的，段教授也没有陷入否定启蒙理性的另一种偏颇。立论平正是真正的学术性的要求，段教授从主体生成、发展史的向度作出的对启蒙心态的反思，在我们看来是这部学术精专之作的画龙点睛之处。

（本文原载《武汉大学学报》2010 年第 5 期，作者郭齐勇系武汉大学哲学学院教授，吴龙灿系武汉大学哲学学院博士）

---

① 段德智：《主体生成论——对"主体死亡论"之超越》，人民出版社2009 年版，第 419 页。

当代中国"主体性哲学"的出场

——段德智教授《主体生成论——对"主体死亡论"之超越》读后

吴根友

"主体性"问题是现代西方哲学的核心问题，也是现代中国哲学的核心问题之一。然而从整体上看，现代中国有关主体性问题的讨论基本上是囿于西方哲学的思维模式，缺乏中国哲学的自身特色。少数研究中国哲学史的学者，将明清之际看作是中国现代社会的发端点，在中西对比的宏观视野里论述了中国现代主体性自身特点，如相对于西方走出中世纪反对"宗教异化"的现象，中国社会则反对"伦理异化"；相对于现代西方社会的"顺产"而言，中国近代社会是"难产"①。然而，这一即哲学史讲哲学的思路本身虽然是哲学创造的有机组成部分，但并不是哲学创造的突出表现，尤其不是其主要的表现。当代中国蓬蓬勃勃的现代化建设事业本身，需要与之相适应的主体性哲学。依我个人对当代中国哲学界的粗浅了解而言，认为段德智教授的《主体生成论——对"主体死亡论"之超越》（下文简称《主体生成论》）一书为我们提供了一本这样性质的著作。该书通过对西方主体性哲学历史的回顾、分析与批判，灵活而又娴熟地运用了马克思主义历史唯物主义与辩证法的思想精神，针对现代西方"主体死亡论"的主流思想，创造性提出了"主体生成论"的新命题；而且，在吸收了西方基督宗教哲学合理内核的新视野里，提出了希望人学的新人学理想。

---

① 萧萐父：《吹沙集》，巴蜀书社 1991 年版，第 24 页。

由于本人主要从事中国古代哲学研究，对于西方哲学以及西方哲学中主体性问题的论述，知之甚少，更谈不上系统。因此对于此书在西方哲学领域里的成就与得失没有评价能力。而有关本书对于主体性问题研究的学术价值，杨祖陶先生在该书的《序》文中已经作了非常精辟的概括。杨先生认为，该书从历时性与共时性两个维度进行了系统的考察，并高度肯定这是一部"极富特色和创见的、具有较高理论价值的著作"①。在此，我只想就"主体生成论"命题的提出与"希望人学"的理论设想对于当代中国哲学理论创新的价值与意义，谈一点个人的感想。

一、总体理论突破意义

众所周知，现代中国哲学的前五十年，在翻译西方哲学、学习西方哲学的过程中，还出现了少数中国哲学家。这些哲学家依据他们的哲学修养，根据中国社会的自身问题提出了一些哲学命题。如王国维提出了可信不可爱与可爱不可信的科学与哲学二者之间的难题，冯友兰先生写出了"贞元六书"，在人生哲学方面提出了"四境界说"。20世纪80年代以后，中国哲学在恢复与重建的过程中，也出现了一些值得回味的说法。然而，仅就西方哲学的研究而言，主要是一种翻译与学习，通过翻译、学习与批判而尝试提出中国哲学的命题，实在是少之又少。比较有趣的是：很多从事西方哲学研究的学者，以他们所具备的西方哲学的修养，分别从现象学、解释学、存在主义等不同角度来研究中国古代哲学，反倒是出现了一些颇有新意的学术著作。而能够接着现代西方哲学的问题，立足于中国社会的经验（包括思想与社会实践经验两个方面）而从事于中国当代哲学的建构工作，恕我孤陋寡闻，实在是少之又少。《主体生成论》一书的可贵之处在于：作者针对现代西方哲学不绝于耳的"主体死亡论"而提出了"主体生成论"的思想。这一"主体

① 段德智：《主体生成论——对"主体死亡论"之超越》，人民出版社2009年版，第24页。

生成论"命题的提出,并非出于简单的立异而提出的一种中国式的"反调",而是基于对西方几千年哲学史的考察,在深刻领悟马克思主义历史唯物论与辩证法思想的前提下,且在一定程度上也注意到了中国哲学的相关论述,把人的主体性问题放在历史发展的过程之中而提出的。因此,这一"主体生成论"思想既是接着现代西方哲学与后现代西方哲学问题意识而给出了一种中国式的积极回答,在一定的意义上也可以看作是当代中国现代建设事业呼唤一种现代人的主体性的历史要求的理论反映。对于此点,杨祖陶先生在《序》文中明晰地开示:"这部以一种'希望人学'结束的《主体生成论——对'主体死亡论'之超越》有一个非常值得注意的特点:它是在作者自己的人生体验和社会阅历以及对它们的反思基础上写就的,作者是怀着将自己的人生感悟与自己的心灵渴望全部倾吐出来的激情和心愿来撰写这部著作的……它为我们提供了一个把个人的生存体验升华而为一种具有普遍意义的理论思维的榜样。"①

段德智教授虽然长我近 20 岁,经历过我没有切身感受的"文化大革命"时代的历史痛苦,更真切地感受到人的主体性之建立的必要性,但我们都共同经历了 20 世纪 80 年代中国改革开放以来新一轮的思想启蒙运动。这一场以社会主义市场经济为目标的建设运动呼唤着一种现代中国的主体性哲学。特别是我在追随萧萐父教授从事明清"早期启蒙思想"历程研究的工作以后,从理论与生活实践的两个方面都真切地感受到,要更好地完成中国社会主义的现代化建设工作,就必须建立一个与之相适应的现代中国的主体性哲学。这种现代中国的主体性哲学要充分吸收现代西方资本主义哲学的精神成果,同时又要扬弃其中的消极因素,以一种积极的精神态度迎接现代社会不断向人类提出的挑战。从这一意义上说,我个人认为,段教授《主体生成论》一书的出版第一次从理论的高度给我提供了一种比较好的回答。

作者以严谨的学术态度,把西方哲学史上有关主体性问题的论

---

① 段德智:《主体生成论——对"主体死亡论"之超越》,人民出版社2009 年版,杨祖陶序第 5 页。

述详细地勾勒出来，并且非常有条理地叙述了从"主体性哲学"到"主体间性哲学"的发展脉络，而且还非常细腻地叙述了西方主体性哲学有关"个体主体性与社会主体性"、"从认知主体到实践主体"，最后引出主体性的历史生成过程问题，比较自然地引入了马克思主义历史唯物主义与社会实践本体论的哲学观，把关于人的主体性问题的哲学思考引向一个比较合理的哲学道路上来。基于我对本书的阅读感受来看，我认为作者是在比较深入、系统地领会了马克思主义哲学精神的基础上提出"主体哲学生成论"的。作者认为，现代与后现代的西方哲学家对于主体性的批判，其实是"要批判和否定的是西方近现代主体性哲学的片面性和肤浅性，而不是从根本上否定潜藏在西方近现代主体性哲学中的人的主体意识和主体性本身"①。我非常同意作者这样的一种关于人的主体性哲学思想的论述："主体的生成性或自生成性不仅可以从上述关于主体或关于主体的人的思想史中明确地看出来，而且更可以从'现实的人及其历史发展'中清楚地看出来。"②

我个人认为，作者以非常灵活而又敏锐的马克思主义思想方法洞穿了西方后现代社会与现代社会的本质统一性，从而非常犀利地指出了西方后现代哲学与现代哲学在本质上的统一性，而且对于我们思考社会主义商品经济时代主体性哲学的特征及其历史限度也提供了参考观点。作者这样说道："当代社会或后现代社会从社会经济形态上看与近现代社会并没有本质的区别，它们同属于'商品经济社会'或'商品经济时代'。完全超越西方近现代主体性哲学的时机尚未到来，当代西方哲学对他人意识的强调、对人的主体间性的重视，不过是未来形态的主体性学说的一些模糊的征兆而已。"③

---

① 段德智：《主体生成论——对"主体死亡论"之超越》，人民出版社2009年版，第313页。

② 段德智：《主体生成论——对"主体死亡论"之超越》，人民出版社2009年版，第314页。

③ 段德智：《主体生成论——对"主体死亡论"之超越》，人民出版社2009年版，第314~315页。

这一论述，既揭示了现当代西方主体性哲学的思想高度及其局限之处，也提醒我们，处在社会主义商品经济时代的中国主体性哲学也会受到商品经济共通法则的规定，从而不可避免地打上社会主义商品经济时代的烙印。因此，即使在哲学人文社会科学领域里，要全面超越现代西方哲学的思想成就，还需要相当长的历史时间的，不能盲目、主观地提出一些不切实际的理论目标。

除上述拈出的一些精彩的洞见之外，本书最为吸引我的地方是：作者在充分消化马克思主义关于"人的自由而全面的发展"的基本思想成果的基础上，创造性地吸收了基督宗教哲学的思想，提出了"希望人学"的哲学理想。这既是作者近十几年来基督宗教哲学研究的学术渗透，更是作者站在历史唯物主义基石之上提出的一种现代中国哲学的人学理论。下面就段教授的"希望人学"内涵作一简单的转述并给予评论。

二、"希望人学"的基本内涵及其启迪意义

"希望人学"可以说是《主体生成论》一书的根本立意之所在，也是作者在全面、细致叙述西方主体性哲学思想发展轨迹的基础上提出的一种理论主张，因而也可以看作是作者的哲学理想。如果说，作者对于西方哲学史上主体性问题史的叙述是在"画龙"，那么"希望人学"就是在"点睛"。透过此一"点睛"，《主体生成论》一书的哲学意味全出。从全书的结构看，"希望人学"的内容仅是五章内容中的其中一节，大约占全书页面的1/40（全书正文420页）。但正是因为这一部分文字，使全书改变了一般哲学问题史的性质，而成为一部充满着时代气息的哲学论著。作者将人的"未来之维"看作自己"主体生成论"哲学的"纵深维度"，从"希望之维"、"意义之维"、"超越之维"和"生成之维"四个层面揭示了"希望人学"未来之维的丰富内涵，并将"为希望而在"规定为希望人学的超越目标，而又分别从肯定性与否定性，实践性与社会性的多重角度揭示了"希望人学"理论的自身特性。因此，"希望人学"将会成为当代中国哲学未来几十年的一个关键词。

作者立足于马克思主义哲学对于"人的自由而全面的发展、自由个性以及自由人的联合体"的基本思想内涵，阐述了自己"希望人学"的基本内涵。他是从如下四个方面揭示"希望人学"的基本特征的：

首先，他认为，"人的自由而全面的发展、自由个性以及'自由人的联合体'，这些作为主体的人的'未来之维'乃作为主体的人的'希望之维'"①。这是因为，人既不像禽兽那样缺乏意识，因而是有限的，又区别于上帝的完满与完成，而是一种不完满但又可以趋向于完满的存在。

其次，他认为，"人的自由而全面的发展、自由个性以及'自由人的联合体'，这些作为主体的人的'未来之维'，也是作为主体的人的'意义之维'"②。

再次，作者认为，"人的自由而全面的发展、自由个性以及'自由人的联合体'，这些作为主体的人的'未来之维'，也是作为主体的人的'超越之维'"③。

最后，作者认为，"人的自由而全面的发展、自由个性以及'自由人的联合体'，这些作为主体的人的'未来之维'，也是作为主体的人的'生成之维'"④。

这四个层面的论述具有非常严密的逻辑结构，首先，作者把人放在与禽兽和神的对比之中，来揭示的人的类特性，从而为自己的"希望人学"提供了坚实的"人学"理论基础。其次，在此"人学"基础上，作者分别从"意义之维"、"超越之维"、"生成之维"三个既相关，又不同的侧面论证了人的"希望"意义结构。

---

① 段德智：《主体生成论——对"主体死亡论"之超越》，人民出版社2009年版，第392页。

② 段德智：《主体生成论——对"主体死亡论"之超越》，人民出版社2009年版，第393页。

③ 段德智：《主体生成论——对"主体死亡论"之超越》，人民出版社2009年版，第395页。

④ 段德智：《主体生成论——对"主体死亡论"之超越》，人民出版社2009年版，第398页。

"希望"作为人所独有的精神现象，从意义的角度看是有其内在的精神结构的，一个没有"意义"的东西不会成为人的"希望"对象的，一个很容易得到或实现的目标，也不足以成为"希望"的对象的，而成为人的"希望"对象的"希望"本身，恰恰可以引导人们向着更高的理想奋进，因而人的主体性的确立就只能是一个不断在社会实践过程中成长的历史过程，按照中国哲学的说法，就是一个"凝道而成德"（冯契语）的过程。禽兽按照自然的过程成长，天使一开始就是完满的，唯有人按照一种希望生活，从而不断地超越自己，向着更加理想的目标迈进。不仅个体如此，人类也是如此。这当然不是社会进化论者所述的那么简单，但人因为"希望"而不断使自己迈向新的理想目标，则是不争的事实。

作者不仅从表态的结构层面揭示了"希望人学"的内涵，还进一步论证了"为希望而在"为何是主体生成论的终极超越目标的理论问题。这也恰恰体现了哲学的"希望人学"不同于一般宗教学的"希望人学"之所在。哲学要诉诸人的理性，要在追根究源的理论追问中给作者一个理性的回答。作者认为，"为希望而在"之所以是主体生成论的终极超越目标，是因为"意义之维"与"超越之维"都内蕴着一个"希望"的问题；而最为重要的是"希望充分体现了作为主体的人的本真的'面向未来而在'的动力学结构，甚至希望即是这样一种结构本身"①。

稍稍涉猎当代西方哲学的人都知道，海德格尔曾提出了"向死而在"的命题，揭示了人作为必死之物在现实生活中如何获得并发挥生命意义的问题。在我看来，这是从否定性的角度考察了人面向未来而生活着的动力学问题。相比较而言，段教授则是从肯定性的角度考察了人面向未来而生活着的动力学问题。死亡作为人的天命，虽是内在的，又不完全是内在的，可以说是一种被给予性的内在特性。而"希望"是真正的属于人所特有的内在的，却不是一种天命，不是一种被给予的禀性，而毋宁说是人的主体性的一种

---

① 段德智：《主体生成论——对"主体死亡论"之超越》，人民出版社2009年版，第402页。

生动的体现。因此之故，段教授的"希望人学"是一种真正的哲学人学，是用哲学的"人学"成功地改造了基督宗教哲学中关于"希望"的神学规定性。

不仅如此，作者还从肯定性与否定性，实践性与社会性等多重角度揭示他的"希望人学"的理论品格，是在广阔的现代西方哲学与非常真实的中国现代文化语境下，以一个中国哲人的身份来谈论"希望人学"的。这里既有对西方近现代以来有关人的主体性思想，如尼采、萨特、海德格尔以及一些基督宗教哲学人学思想的吸收与超越，也吸收了自"五四"新文化运动以来中国进步人士追求现代人的主体性思想的特殊民族内涵，像鲁迅等人，特别是中国化的马克思主义学者有关人的全面而自由发展的新人学思想。尤为重要的是，这些因素都非常内在地、有机地统一在他的"希望人学"之中的，从而在相当大的程度上超越了现当代西方主体性哲学，特别是以存在主义为代表的主体哲学所带有的多多少少的悲观情调，在社会实践的动态、具体的历史过程中讨论人的主体生成与人的希望之所在，因而也就在相当大的程度上融摄了西方马克思主义学者，特别是哈贝马斯的"主体间性"的思想成果，从而使其"希望人学"在非常广阔的世界哲学视野里，从现当代中国人的经验出发而提出的一种新的人学思想。

毋庸讳言，当代中国社会现实仍然有很多不尽如人意之处，但是可以肯定地说，当代中国社会充满着机遇与挑战，同时也到处都充满着希望。社会主义市场经济体制的改革，几乎把所有人的内在积极性、主动性都调动起来了。这其间虽也有各种情欲的泛滥，但从主流的思想与社会意识来看，人的自我主体性意识更加觉醒，人的自我权利意识也更加显豁，这些都是不争的事实。而当代中国法律经过多次艰难的讨论与修改，终于明白地承认公民的合法私有财产，而《物权法》的通过也第一次明白地以法律形式肯定了公民的合法私有财产。这些点滴的历史进步，似乎都可以在当代中国"主体性哲学"的统一旗帜下得到非常合理的哲学解答。我不知道段教授在写作这部著作时是否想到过这些变化了的中国现实，但从我今天阅读的感受来看，这部著作恰恰是一个哲学教授用他的哲学思想反映了我们这个时代跳动着的时代脉搏。因此，"希望人学"正是当代充满着希望的中国人的主体性哲学精神的生动体现。

三、两点建议

《主体生成论》一书取得的理论成就是多方面的，不同学术背景的人阅读之后会得出不同的结论。上述的点滴感想只能是一个从事中国哲学研究的学人提出的一孔之见，不尽允当。然而正如所有的理论著作都有这样或那样值得继续深入讨论的地方一样，段教授的这本著作似乎也不例外。仅就我个人的阅读所见，我觉得本书如果在以下两个方面再补充一些新的论述，则会更加丰满与完善。

第一，对中国社会自晚明以来出现的主体性思想稍作涉及，则可以更进一步地揭示近现代社会主体性思想出现的世界性特征。作者虽然在书中也引用了中国传统哲学著作，如《大学》、《中庸》等儒家著作中有关主体性问题的论述，但似乎没有注意到晚明自李贽以降的很多哲学家对于人的主体性呼唤的内容。如果能对中国传统社会晚明以降有关哲学家对人的主体性的内容进行论述，则可以看到中国与西方在 16 世纪末就已经开启了一个"世界历史"进程的主体性哲学进程了。李贽讲："天生一人，自有一人之用，不待取给孔子而后足。"[1] 王夫之批评历史上道德论者的"无我"主张，认为在道德实践的问题上讲"无我"，将会出现"义不立而道迷"的严重方向性错误。而在天人关系的问题上提出了"依人建极"、"即民见天"、"以人造天"等思想，凡此种种皆可以看作是中国传统社会从 16 世纪中叶以来走出传统、迈向现代主体性的一种早期启蒙思想。

第二，作者在"希望人学"部分若能增加对于爱或仁爱的论述，或者能更好地揭示爱与仁爱在"希望人学"中的地位与作用，则对于"希望人学"的内在伦理情感或曰信仰的动力问题的揭示

---

[1]　夏于全、郭超：《传世名著百部之焚书，答耿中丞》卷一，蓝天出版社 1998 年版，第 67 页。

方面就会更加充分。基督宗教及其哲学一直讲信、望、爱三者内在统一关系，中世纪基督宗教哲学家托马斯·阿奎那也曾经分别论述了信、望、爱三者对于人的得救的不同作用。20世纪德国现象学家马克斯·舍勒在《爱的秩序》等著作中，反复强调以爱上帝为心，而重整现代人的心灵秩序的理想。中国近代资产阶级维新派思想家谭嗣同在《仁学》一书就强调了以"仁爱"思想为中心，而通达世界的理想，第一代新儒家熊十力在其多种著作中系统地阐述了仁爱思想在传统儒家及现代社会道德与社会制度建设中的核心意义。我举出这些突出例子，主要是想说明："希望人学"不能没有爱或仁爱的内容。没有一种对自己、他人、同类，乃至于最高理想的内在的爱，即基于一种信仰或理想而将自己投入奉献的状态，则"希望人学"可能会缺乏一种感性的动力，至少有感性的动力不足之虞。而一个缺乏内在动力的人，即使他有希望，也是很难实现希望的。当然，段教授也许会说，"希望"本来就能为人提供内在的动力。即使如此，我们还可以说，没有激情（不管感性的还是理性的）驱动的希望，很有可能变成一种空想。

提出以上两点肤浅的思考，以就教于段德智教授与学界同仁。

（本文原载《华中科技大学学报》2010年第4期，作者系武汉大学哲学学院教授）

主体生成论与西方哲学的真精髓

戴茂堂

段德智教授的为学如同其为人一样，那么严谨，那么认真，那么逻辑，那么真诚，让你不愿也不敢去马虎对待。怀着一份严肃的心情，我拜读了段德智教授的大著《主体生成论——对"主体死亡论"之超越》（以下简称《主体生成论》），收获颇多。

其一，《主体生成论》向我们展现了一幅哲学的人学图景。近半个世纪以来，我们所广为宣传的哲学，一般是把哲学界定为自然科学与社会科学的概括与总结，是关于自然、社会和思维的本质和最普遍的规律的学问。在这种哲学定位之下，人就悄然淡出了哲学的视线，哲学就出现了人学的空场。如果考虑到我们当下的主流哲学还多么顽固地囿于这种客观主义或物质主义立场，我们就得承认主体生成论研究多么具有挑战性和冲击力。

其二，尤其可贵的是《主体生成论》把握住了人的不确定性和运动性特征，并且展示了人的自由发展的未来和希望。没有未来和希望，就没有了人。所以作者把主体生成论归结为"希望人学"。正是这种未来和希望鼓舞着作为主体的人在改造现实的同时发展自己。正是这种未来和希望是他自生成、自否定、自发展、自超越的最原始的根据和最重要的动力。作者之所以把主体生成论称做希望人学，其目的在于突出和强调人作为一种未完成的动物，其本质特征在于人是一种"面向未来而在的动物"，"面向希望而在的动物"①。张世英教授在《哲学导论》中指出，黑格尔以为"哲学要直到现实结束其形成过程并完成其自身之后才会出现"，有如"密纳发的猫头鹰"，"等黄昏到来才会起飞"。所以在黑格尔看来，哲学是灰色的。这种一味强调尾随于现实之后的哲学观点乃是以黑格尔为代表的传统形而上学即概念哲学的特点。而张先生主张的希望哲学就是要突破固定的概念框架，超越现实，拓展未来，以同猫头鹰哲学即概念哲学相区别。张士英教授指出，一般以为只有现实才是最真实的，然而现实的刚好是有限的，而人生的生就是生存、生活，生存、生活是一种活动和行动，意味不断地突破有限。人生应该是一种不断突破现实的有限性的活动，这种活动就是希望。希望使人不满足于和不屈从于当前在场的现实。人生的意义在于超越现实，超越在场，超越有限。因此，张士英教授主张"以希望哲学代替猫头鹰哲学"②。段德智教授的思想与张士英教授的思想有异曲同工之妙。这种对人的理解不仅在理论上与当代哲学家的智慧相连通，而且在实践上也给了困惑中的当代人以出路和希望。

其三，"希望人学"恰好是借助于西方哲学发展史的讨论与反思而提出来的，所以从某种意义上说，作者这本书又可以当成是以主体性为视角对西方哲学的一次特别的梳理与重建。并且恰恰是这样的视角，最有利于展现西方哲学的真精髓、真精神。因此这本书很大程度上就是在重写西方哲学发展史。

作者为了对近现代西方哲学的主体性原则作出更为积极的回应和评价，对人类主体意识和主体性原则作出更深层次的理性思考，反击了有关主体死亡的言说。作者始终想"要探求和找到一个既适合于当代西方哲学也适合于西方近现代哲学的'主体'概念，一个能够统摄两个哲学时代的'主体'概念"③。并且，"主体生

---

① 段德智：《主体生成论——对"主体死亡论"之超越》，人民出版社2009年版，"前言"第17页。

② 张士英：《哲学导论》，北京大学出版社2006年版，第353~354页。

③ 段德智：《主体生成论——对"主体死亡论"之超越》，人民出版社2009年版，第4页。

成论"正是要说明"当代西方哲学的'主体'概念与近现代西方哲学的'主体'概念就不再是一种'非此即比'的'排拒'关系，而变成了一种'生成'关系"①。但是只要假设了"主体"，就面临一个潜在的"客体"，于是就有陷于主客对立的危险。"主体死亡论"反对的就是这种主客二分的对象性思维方式以及这种思维方式潜在的对人的遗忘。在这个意义上，主体死亡论正是为了让人完整地生成才去反对近现代的主体性思想的。很显然，在主体死亡论看来，主体概念是一个充满了风险又有局限的概念，不足以表现人性的丰富与张力，最好将它悬搁。也许现代主体死亡论可以接受作者的很多思想，就是不愿意去接受作者的"主体"概念，于是才给出了新的表述。恰如作者意识到的："它在胡塞尔那里表现为'先验自我'与'他我'以及相关的'生活世界'问题，在海德格尔那里表现为'此在'与'共在'，在萨特那里表现为'我在'与'他我'以及'我的为他人存在'与'他人的为我存在'，在韦伯那里表现为'我——它'与'我——你'，在福柯那里表现为'关切自我'与'关切他人'，如此等等。"② 另外，作者对于本书的关键概念"形而上学"的使用，有不严密之处。一是讨论如何回应主体死亡论时，在与辩证法相对的意义上对形而上学给予了否定的使用，说形而上学的方式也就是我们通常所说的非此即彼的方式，亦即一种"全面否定"或"简单否定"的方式，一种专制的方式，一种不允许对方申诉也不听取对方申诉的方式，一种"独白"的方式。而辩证法的方式则是一种"你中有我"与"我中有你"的方式，一种"海纳百川，有容乃大"的方式，一种倾听对方的方式③。二是又肯定地使用了形而上学，作者说："如果我们要对人的主体性问题，对人学和哲学问题作出深层次的理解和阐

① 段德智：《主体生成论——对"主体死亡论"之超越》，人民出版社2009年版，第5页。

② 段德智：《主体生成论——对"主体死亡论"之超越》，人民出版社2009年版，第55页。

③ 参见段德智：《主体生成论——对"主体死亡论"之超越》，人民出版社2009年版，"前言"第7页。

释，完全离开形而上学的立场也是不可能的……采取一种弱化了的
形而上学态度和立场则似乎是必要的和明智的。"①

（本文原载《华中科技大学学报》2010 年第 4 期，作者系湖北
大学哲学学院教授）

---

① 段德智:《主体生成论——对"主体死亡论"之超越》，人民出版社
2009 年版，第 57 页。

马克思主义哲学的批判性与开放性

——读段德智教授的《主体生成论——
对"主体死亡论"之超越》

何　萍

最近，我读了段德智教授的新著《主体生成论——对"主体死亡论"之超越》（以下简称《主体生成论》）。这是一部研究主体性问题的著作。在这部著作中，作者把哲学史的叙述与哲学的创造融为一体，一方面在哲学史的根基处寻找哲学创造的起源和基础，使哲学的创造具有强烈的历史感，另一方面又不局限于哲学史的叙述，而是把这一叙述纳入到哲学创造的逻辑构架之中，深刻地揭示出主体性问题的提出及其向主体间性演变的必然性和内在矛盾，并从这一内在矛盾中建构起自己的主体性哲学。正是从这一角度看，我认为，这部著作绝不是一部叙述西方哲学史的著作，而是作者自己的哲学之书。其中，我感受最深，也是最想谈的，是该书对马克思主义哲学家们对主体性思想的论述。

应该说，该书熔哲学史的叙述与哲学的创造为一体的特点，在对马克思主义哲学家们的主体性思想的挖掘上得到了最充分的体现。

从哲学创造的角度看，该书的核心思想，是要建立"希望人学"①。"希望人学"无疑要以人的未来之维为尺度。为了确立人的未来之维，该书阐发了马克思的"自由人的联合体"的思想。

----

① 段德智：《主体生成论——对"主体死亡论"之超越》，人民出版社2009年版，第61页。

该书从两个方面阐发了马克思的"自由人的联合体"的思想对于建立"希望人学"意义：第一个方面，发掘马克思的"自由人的联合体"的思想有关主体间性的思想，论证马克思的"自由人的联合体"的思想对于建立"希望人学"所具有的哲学史的意义。该书强调，马克思的"自由人的联合体"的思想是以社会关系定义个体的人的本质，这就把个体的人的自由置于社会共同体的互存互动的关系中加以说明，消除了哲学史上对个体的人的自由的片面性的说明①。这一方面的内容揭示了马克思哲学中的现代哲学的内容，亦是以马克思的"自由人的联合体"思想为建构"希望人学"的逻辑框架的哲学史基础；第二个方面，发掘马克思的"自由人的联合体"中所蕴含的"未来之维"的思想，论证马克思的"自由人的联合体"的思想对于建立"希望人学"的逻辑意义。该书指出，马克思的"自由人的联合体"的思想包括了"未来之维"的哲学理念，与其他哲学不同的是，马克思哲学中的"未来之维"不是空洞抽象的，而是具有现实的批判性和社会性的存在②；现实的批判性决定了马克思哲学中的"未来之维"具有对现在或当下存在之物的超越性，是人的个体自由获得的内在动力；社会性的存在决定了人的个体自由的历史生成，即人是如何通过资本主义的商品生产而走向未来社会的。可见，马克思正是通过现实的批判性和社会性的存在确立了"未来之维"和"现在之维"、"过去之维"的内在联系，并从中确立起"希望人学"的逻辑之维。该书通过对马克思的"自由人的联合体"思想的上述两个方面的研究，不仅揭示了马克思哲学的现代哲学内容，而且为自己建立希望人学找到了坚实的哲学史根基。

从哲学史叙述的角度看，该书叙述了萨特的辩证人学、法兰克福学派的批判理论中有关主体间性的思想，不仅如此，该书还以布

---

① 参见段德智：《主体生成论——对"主体死亡论"之超越》，人民出版社 2009 年版，第 375~376 页。

② 参见段德智：《主体生成论——对"主体死亡论"之超越》，人民出版社 2009 年版，"前言"，第 17 页。

洛赫的"希望原理"为背景，发掘马克思的主体间性和主体生成论的思想。这些论述表明，马克思主义哲学在 20 世纪的发展不仅仅是作为一种哲学思潮或哲学流派而存在，而是通过对当代哲学问题的解答而进入了世界哲学，成为世界哲学发展的一个有机组成部分，她也正是在解答当代最重要的哲学问题中与当代其他哲学相互借鉴、相互融合，成为其他哲学发展的重要资源。

我以为，《主体生成论》对马克思主义哲学所作的哲学创造的逻辑和哲学史的叙述，对于我们思考马克思主义哲学的发展具有两点意义：

其一，如何评价马克思主义哲学的性质问题。这个问题早在葛兰西那里就已经提出来了。葛兰西在批判普列汉诺夫的马克思主义哲学观时指出，普列汉诺夫哲学的最大缺陷，就是停留于法国唯物主义的水平上理解马克思的实践哲学，从而把马克思主义哲学归于近代哲学，而事实上，马克思主义哲学属于现代文化。葛兰西的这一思想对于我们研究马克思主义哲学具有双重的意义：第一，重新理解马克思的实践哲学的性格；第二，厘清西方马克思主义哲学与第二国际的马克思主义哲学，与苏联马克思主义哲学的关系，认识西方马克思主义的哲学传统和内容。这两个方面对于我们创新马克思主义哲学尤为重要。研究第一个方面的内容，可以为我们确立起马克思主义哲学创造的新的逻辑起点，即我们不能再固守传统的马克思主义哲学模式，而应该立足于当代资本主义发展和世界历史变化的高度重新创造马克思主义哲学。这是马克思主义哲学理论创造的需要。研究第二个方面的内容，可以使我们清晰地看到马克思主义哲学的历史建构过程，要求我们结合不同时代、不同民族的马克思主义者面对的历史任务思考他们的哲学，从马克思主义哲学传统的形成和哲学形态的变革的角度思考马克思主义哲学从 19 世纪 40 年代到 21 世纪的发展。这是创新马克思主义哲学史研究的需要。这两个方面的研究表明，如何评价马克思主义哲学性质的问题实际上是关系到我们如何面对 21 世纪马克思主义哲学的创新和发展的问题。

其二，如何看待马克思主义哲学创造与哲学史的关系问题。这一问题，就马克思主义哲学内部而言，有一个如何看待马克思主义哲学理论与马克思主义哲学史的关系问题。在我国，马克思主义哲学史与马克思主义哲学的基础理论被分割为两个相对独立的部分，特别是把它们分割为马克思主义一级学科下的两个独立的二级学科。这种马克思主义学科的分类对马克思主义哲学的研究产生了直接的影响。这就是，研究马克思主义哲学基础理论的人常常忽视马克思主义哲学史的研究，甚至忽视哲学史的研究，其结果是把马克思主义哲学的理论抽象化了，使其成为一些空洞的、没有哲学史根基的原理，使一些人认为，马克思主义哲学的创新只要提出新概念就可以了，不需要哲学史的基础。这种研究方式使马克思主义哲学的创造越来越随意，越来越单薄而没有历史的厚重感。另一方面，研究马克思主义哲学史的人又忽视了马克思主义哲学理论对于清理和叙述马克思主义哲学史的意义，使马克思主义哲学史的叙述处于无理论、无逻辑的状况，其结果是，马克思主义哲学史的研究没有目的、没有理论的创造性。这种马克思主义哲学理论研究和哲学史研究分离的状况严重地阻碍了马克思主义哲学的发展，是当前中国的马克思主义哲学研究必须克服的问题。从马克思主义哲学的外部资源而言，有一个如何看待马克思主义哲学创造和其他哲学之间的关系问题。当前，我国的哲学学科分类，把马克思主义哲学与西方哲学、中国哲学人为地割裂开来，使中国的哲学研究形成了这样一种风格：人们在从事哲学研究之前，首先要进行学科分类，小至一篇论文、一部著作，首先要判定其是属于马克思主义哲学的，还是属于西方哲学或中国哲学的，大至对学者进行分类，即评价一篇论文或一部著作，首先要看作者是属于马克思主义哲学领域的，还是属于西方哲学或中国哲学领域的。这种分类使中国的哲学创造忽略了对哲学问题的开放研究，而局限在一个既定的哲学框架中进行研究。为了说明这一研究的局限性，我想借用萨特对人们对他是存在主义者还是马克思主义者的争论的回击为例来说明。萨特早年借助存在主义的哲学开始他的哲学探索，而在晚年借助马克思主义哲学完成了他的哲学创造。对于萨特的这一哲学历程，人们在萨特究竟是存在主义的哲学家，还是马克思主义的哲学家展开了争论。对于这个问题，萨特从两个方面予以回击：第一个方面，萨特论述了马克思主义哲学和存在主义哲学之间的关系。他强调："存在主义和马克思主义的目标是同一个，但后者把人吸收在理念之中，前者则在他所在的所有地方，即在他工作的地方、在他家里、在街上寻找他"；"辩证唯物主义如果不融合西方的某些学科，就会使自己变为一副骨架"①。在这里，萨特论述了马克思主义哲学批判性和开放性的品格，强调，马克思主义哲学的批判性，使其成为人们解决当代哲学问题的必要的思想资源，而马克思主义哲学的开放性，又决定马克思主义哲学的发展离不开其他哲学，必须从其他哲学中吸取自己的养料。第二个方面，萨特论述了哲学创造与已有的哲学理论之间的关系。他说："我不喜欢谈论存在主义。研究工作的特点就是不确定性。把研究的名称说出来、确定下来，就是把一个链环的首尾扣上了：剩下的还有什么呢？只有一种完成的、已经过时的文化形式，就像肥皂商标那样的东西，换句话说，是一种理念。"②这说明，任何的哲学创造，都不能在既定的哲学框架中进行和完成，而必须向以往所有的哲学开放，从这些哲学中发现对于解答新的哲学问题有用的思想资源。这就是哲学的开放性，哲学的创造只有保持了哲学的这种开放性品格，才能实现真正的创造。相比之下，我们现在所进行的学科划界和思想上的学科排斥，距离哲学的创造有多么远，对哲学的创造起着多大的阻碍作用。

最后，我要强调的是，马克思主义哲学本质上是批判的、开放的，它既不崇拜任何已有的理论，也不拒绝任何人类的先进文化，而总是批判地对待和吸收其他的思想资源，这是马克思主义哲学具

---

① 萨特：《辩证理性批判》（上），林骧华等译，安徽文艺出版社1988年版，第27、71页。

② 萨特：《辩证理性批判》（上），林骧华等译，安徽文艺出版社1988年版，第1页。

有生命力的内在动力。所以，我们今天的马克思主义哲学创造也应该具有这样一种品格。

（本文原载《华中科技大学学报》2010 年第 4 期，作者系武汉大学哲学学院教授）

从抽象到具体：成为自我

——段德智教授《主体生成论》读后感

郝长墀

段德智教授在《主体生成论——对于"主体死亡论"之超越》中所讨论的主题是现代西方哲学欧洲大陆传统中的一个核心问题：形而上学主体终结之后是什么（What comes after the subject）？①所谓"主体死亡"，实际上是指西方哲学史上对于人的形而上学理解的结束，不是指人本身的死亡。段教授对于这个问题的思考，无论从西方哲学发展的语境中，还是在中国当代思想的争论中，都有其独特的贡献。在这里，简单谈谈自己读过段教授这部分量千金的著作之后的几点感想。

第一，段德智教授认为，哲学的根本问题是关于人的问题。②所谓主体性问题，无论其观点和理论是什么，都是在谈论人。而人的问题既是一个历史的问题，也是一个当代的问题，既是理论上的问题，也是实践的问题。哲学思考历来被理解为抽象性思考，甚至被理解为最抽象的学科。这实际上是对于哲学的一种误解。更准确地说，这是对于某些哲学的概括。哲学家的任务，在黑格尔那里，就是要突破抽象，走到具体。黑格尔特别强调，真理不是一个硬币，不是现成的，是一个辩证的过程。从抽象思维的监狱之中解放出来，这既是黑格尔现象学的根本思维方式，也是胡塞尔所开创的

---

① See Gérard Granel. Who Comes after the Subject? Topoi, 1988, 7 (2), pp. 141-146.

② 参见段德智：《主体生成论——对于"主体死亡论"之超越》，人民出版社 2009 年版，第 6 页。

现象学的根本方向。段德智教授在《主体生成论——对于"主体死亡论"之超越》中所讨论的主题就是如何让我们从西方传统中关于人的"原子主义"思维樊笼之中解放出来，把人理解为既是具有多层面的立体结构也是在时间的历史长河之中生成的面向未来的未完成的存在。

第二，这是一本新马克思主义著作，是马克思主义人学思想的发展。占全书大部分篇幅的东西就其学术流派来看，是讨论非马克思主义的哲学。但是，正是因为段德智教授对于马克思主义人学思想的深刻洞见使得他能够以一种理论家的视野，高屋建瓴，来审视其他思想家中所包含的真理因子。段教授的理论立足点是马克思主义的"现实的人"或"人的现实性"的概念。① 依据此点，段教授对于人在时间性和空间结构上给予了分析。人的全面发展，人的历史性，人的时间性，人的乌托邦理想，等等，都包含在经典马克思主义著作中。在《关于费尔巴哈的提纲》（马克思 1845 年稿本）一文中，马克思说："从前的一切唯物主义（包括费尔巴哈的唯物主义）的主要缺点是：对对象、现实、感性，只是从客体的或者直观的形式去理解，而不是把它们当作感性的人的活动，当作实践去理解，不是从主体方面去理解。"② 传统唯物主义哲学把对象看作是离开人的意识和实践活动而存在的东西，它没有看到，对象性、现实性以及人的感性都是在实践中产生的。在实践中，既产生了对象，又产生了人。所谓的主体也不是不变的，在改造客体的同时，我们也改造了我们自己（主体）。马克思说："环境的改变和人的活动或自我改变的一致，只能被看作是合理地理解为革命的实践。"③ 哲学家犯的错误是，"哲学家们只是用不同的方式解释世

---

① 参见段德智：《主体生成论——对于"主体死亡论"之超越》，人民出版社 2009 年版，第 290 页。

② 中共中央马克思恩格斯列宁斯大林编译局编译：《马克思恩格斯选集》第一卷，人民出版社 1995 年版，第 54 页。

③ 中共中央马克思恩格斯列宁斯大林编译局编译：《马克思恩格斯选集》第一卷，人民出版社 1995 年版，第 55 页。

界，问题在于改变世界"①。因为他们没有意识到，"人的本质不是单个人所固有的抽象物，在其现实性上，它是一切社会关系的总和"②。所以，要理解人，就要从实践和生活以及关系性中来寻找。

第三，段教授面对当代西方哲学的发展，既不是盲目地拒斥，把它们看作非马克思主义流派，因而与马克思主义无关，也不是无批判地接受某个流派，更不是无足失措。面对众说纷纭的当代西方哲学的"花花世界"，段教授用一条红线来进行梳理和解读，研究众多流派是如何理解主体思想的。《主体生成论》可以被看作是一本简明西方哲学史。不过，这不是普通的哲学史，是哲学家的哲学史，是以史立论的哲学史。在史论结合中进一步体现出历史（哲学史）与逻辑（思想发展的内在过程）的统一。这既需要理论上的深厚素养，也需要敏锐的批判眼光。

第四，这是一本中西比较哲学。"希望人学"，这是中西哲学的一个结合点，一个共同点。尽管本书涉及中国传统哲学的文献不多，但是本书就思维方式上来看，认为中国哲学的践行观、知行合一等思想与马克思主义关于人的思想是相似的。本书暗示了这么一点，马克思主义哲学之所以在中国具有如此巨大的影响，不仅仅是因为政治和历史的原因，在理论上也有其基础。段教授是以马克思主义的观点来看待中西哲学思想，把西方哲学和中国传统哲学融入到马克思主义的人学思想。笔者想，我们下面的期待不是过分的：希望段德智教授有一天写出一本以中国传统哲学思想为主要内容的《主体生成论》姐妹篇。"故人者，其天地之德，阴阳之交，鬼神之会，五行之秀气也。""故人者，天地之心也，五行之端也。"（《礼记·礼运》）人是儒家哲学的核心问题。儒家哲学讲的是如何"成人"。最具有代表性的"冠礼"所揭示的就是一个人社会化的开始：冠礼作为"成人礼"，其含义不是完成的意思，而是新的

① 中共中央马克思恩格斯列宁斯大林编译局编译：《马克思恩格斯选集》第一卷，人民出版社1995年版，第57页。

② 中共中央马克思恩格斯列宁斯大林编译局编译：《马克思恩格斯选集》第一卷，人民出版社1995年版，第56页。

开端。所谓"成人"就是要承担责任和义务，是面向未来的社会化过程。

最后，关于"希望人学"，笔者想谈两点意义，现实意义和理论意义。首先，《主体生成论——对于"主体死亡论"之超越》是一本关于"人的现实性"的具有现实意义的著作。段教授的著作既是对于中国社会现实的思考所作的理论上的反思，也是对于其个人生活阅历的自我沉思的结晶。段教授给我们每个人都提出了一个非常现实的问题，既然人是面向未来的未完成的存在，我们每个人所理解的自我应该是一种责任，一种任务。如何成为自我，这是段教授的著作给我们提出的问题。他的著作不能回答这个问题，因为每个人的人生都要自己去创造，去实现，去承担自己的道德和宗教责任和义务，并在这个过程中，实现自我。其次，在理论上，《主体生成论》对于"希望人学"勾勒出了一个大纲。这是一项巨大的理论工程，需要对其所涉及的理性上的结构性进行进一步的阐释和发展。这本书对于当代人学研究提出了挑战性的问题。

《主体生成论》是一本面向未来，未完成的著作。其生命就在于这种敞开性和可能性。

（本文原载《华中科技大学学报》2010 年第 6 期，作者系武汉大学哲学学院教授）

希望人学的本体论和价值论随想

董尚文

欣悉段德智教授承担的被评为优秀等级的国家社会科学基金项目已由人民出版社以《主体生成论——对"主体死亡论"之超越》冠名公开出版，笔者为之颇感高兴！因为这本曾被鉴定专家说成是"究天人之际，通古今之变，成一家之言"的新著早就撩拨了笔者探知究竟的好奇心和求知欲，现在终于可以因它的问世而有机会拜读，以满足这份心愿了。虽然这本五十多万字的巨著及其不菲定价多少会让清贫学子望而生畏，但是它并不能阻止真正关切这一主题的读者已然被激发起来的阅读兴趣。我等寒窗苦学之辈不惮厚颜索讨，荷蒙先生不吝馈赠，感激之情既动乎于中，求知之欲则形之于外，潜心拜读，反复研思，受益匪浅。诚然，读罢便知，它是段先生继《死亡哲学》之后又推出的一本有分量的传世之作，其视域之恢宏，主题之鲜明，观点之睿智，论证之精微，资料之翔实，无不令人惊叹，作者高屋建瓴地驾驭从古希腊直至现当代西方哲学发展史的能力，以及敏锐洞察、以史出论的智慧，更加令人钦佩。全书读起来不仅给人以历史的厚重感，而且给人以思想的深度感。这部学术巨著不仅是表明段先生从"照着讲"转向"接着讲"的一个重要标志，而且是表明他作为一个真正的哲学家开始尝试建构属己的理论体系之努力的一个重要标志。

最启人心智、发人深省的是作者围绕在古今西方哲学令人眼花缭乱的理论思潮中潜伏着的从"主体性"（subjectivity）到"主体间性"（intersubjectivity）① 发展的这一中心线索，以一种囊括交互主体性在其自身之内的全新"主体性"的意涵超越对传统单子式的"主体性"意涵之理解，尝试建构一种作为主体的人的生成发展理论，即"主体生成论"。由于这是一种面向未来的以生成人的"理想人格"和"理想社会"为指归的理论努力，因此作者把他的"主体生成论"也称为"希望人学"。段先生的理论努力在这个普遍缺乏理想信念的时代显得意义特别重大。笔者愚玩之智深受启迪，突生些许感想，虽尚显稚嫩浅薄，亦不惮见笑于大方。兹就希望人学的本体论和价值论随想斗胆宣示于斯，诚请大家不吝赐教于后生。

一、希望的本体论

随着作为主体的人的哲学在当代哲学中成为关注的热点，学术界不少同仁甚至把越来越被主题化的人学视为当代哲学的典范形态或者主导形态，无论这个基本判断的学理根据是否充足，它至少从哲学的"形态学"（morphology）意义上反映了当代哲学的事实状况、问题论阈和发展态势。即使我们在最低限度上可以认同这一基本判断的合法性和有效性，我们现在也只能在最大可公度性上进行人学的自我理解，毕竟迄今为止学者们尚未在同一尺度上使用"人学"一词。如果我们能够在关于人的问题的哲学意义上进行人学的自我理解，那么"希望人学"无疑也是当代林林总总的具体人学形态之一。就一般语义而言，在"希望人学"这个汉语复合表达式中，虽然"希望"一词被置于人学之前，但是它实际上所表达的意思则是"关于希望的"（of hope）人学。就其作为特殊形

———————

① 笔者始终认为这个词译为"交互主体性"或"跨主体性"更加恰切，译为"主体间性"虽然凸显了主体间的交互关系性，却把作为这种交互关系性之基础的"主体性"遮蔽了，因为毕竟谈论主体间的交互关系的前提在于复数化的主体。没有主体的关系性是虚假的，没有关系的主体性是片面的。

态的学科意涵而言，希望人学本质上是立足于理想未来去反思作为主体的人的现实生存境遇及其生存意义，以实现符合人性的生存样态、人格理想和社会理想为价值诉求的理论或学说，其理论核心在于按照理想未来的价值目标生成蕴含交互主体性在内的全整的主体性，即"全整的人"以及与之相适应的社会形态。既然如此，那么如何从本体论的角度来审视希望人学的理论基础便是希望人学的理论建构必须首先要予以解决的问题。

毫无疑问，解决这一问题是以承认希望人学有其本体论基础为前提的。但是，在现当代哲学论阈中，这个前提是否真实可靠，其本身又成了一个必须先行加以确定的问题，因为人们对本体论的合法性尚存质疑。自近代西方哲学的认识论转向以降，以本体论为核心的传统形而上学可谓命途多舛，始有先验哲学的挑战，中遭现象学存而不论的悬置，以及实证主义和逻辑经验主义的拒斥，终遇后现代主义以反基础主义、反逻各斯中心主义名义的解构，这一切所产生的消极影响使得在现当代哲学语境中对"本体"的论说陷入了前所未有的困境。但是，无论人们如何拒斥或者解构传统本体论，最终所拒斥或解构的只不过是本体论的某种具体形态，却始终拒斥或者解构不了本体论本身；反之，拒斥或者解构本体论的做法其自身也避免不了"本体论的承诺"（奎因语）。事实上，对"本体"进行论说至少在一定意义上有其合法性，因为这样的论说有它的认识论根据，即符合人类理智的本性。正如康德所承认的那样，人类理性作为寻求知识的最高统一的综合能力有其永不满足的对知识进行由低到高的综合的自然倾向，只要理性不断地对经验知识进行更高的综合，那么反映理性的这种作为人类自然禀赋的形而上学的存在就是可能的。虽然以本体论为核心的传统形而上学确实存在着这样或那样的不足，需要对之进行克服，但是这样的克服并非只有彻底终结本体论才能做到，而是要超越传统本体论，即通过对传统本体论的理论意蕴的扬弃而实现本体论意蕴的内在转换，未必要完全抛弃本体论的理论形式。事实上，在现代西方哲学中不断涌现出来的"现象学本体论"、"基础本体论"、"诗化本体论"、"语言本体论"、"诠释学本体论"、"社会存在本体论"、"历史本体论"、"关系本体论"、"社会本体论"、"实践本体论"等等，这些形态各异的本体论都可以被视为一种实现对传统本体论的当代转换的理论努力，它们对传统本体论的超越不但没有取消本体论的理论形式，恰恰确证了"本体"范畴的多义性和多值性，以及本体论形态的多样性。既然"本体论问题是哲学研究中一项至关紧要、不可或缺的内容，而且只有从本体论的高度来审视问题，其他哲学问题方可以得到透彻的解决"①，那么希望人学作为研究人的问题的哲学的当代形态之一就有必要对作为其理论基础的本体论作出自我理解和自觉阐释。

希望人学既然以作为主体的人的希望问题作为必须给予阐明的主题，那么作为它的理论基础的本体论便是一种希望的形而上学，也就是，对作为主体的人的希望之存在问题的理论分析。因此，首先必须把"希望"作为希望人学的一个本体论范畴来理解。在这方面，德国著名的希望哲学家布洛赫提出了富有启发性的意见。我们大致可以从两个方面来理解"希望"范畴的本体论意蕴。一方面，就希望的终极指向而言，它是一种面向未来而在的可能性。就其为可能性而言，并不意味着空无一物，而是一种潜伏在事物之中以及人对世界的关系之中的潜在的存在。希望的未来性指向表明所希望的对象在现实世界之中"没有位置"，而这正是希腊文 ou topon echei 所表达的意思，即"乌托邦"（Utopia）。布洛赫说："'乌托邦的'是个褒义词，也即与人类相称的希望及其所包括的全部内容。实际上，这个概念所标示的东西存在于逐渐能够容纳任何所与物的意识的边缘域中，存在于越升越高的上升视野的边缘中。朝向尚未实现的可能性的盼望、希望和意向，它们并不仅仅是人类意识的基本特性；如果得到具体的校正和把握，那么它们也是客观实在整体的一个基本规定性"。② 根据他提出的理解"乌托

---

① 段德智：《主体生成论——对"主体死亡论"之超越》，人民出版社2009年版，第319页。

② E. Bloch. The Principle of Hope［M］. Cambridge：MIT Press, 1986, p. 37.

邦"的要求，人们必须放弃传统逻辑使用的"S 是 P"的主谓命题形式，而采取分析事物的潜在力量和发展趋势的"S 尚未发展为P"的新命题形式。这样，我们就可以把希望理解为尚未发展为现实性的存在。"'存在'并不是一个'什么'，并非某种现成的东西，而总是'尚未被意识到'和'尚未形成'的'东西'，总是某种我们所'希望'的东西。"① 希望作为面向未来而实现的可能性，虽然它当下"尚未存在"，"尚未被意识到"，表现为某种事物或状态的缺乏或否定，但是它与绝对否定性的虚无不可等量齐观，是朝向某种事物或状态的追求和奋进，是人通过他的精神觉识和实践活动而具有在未来实现它的可能性的东西。这种东西实现的可能性无论如何是无法抹杀的。因此，希望作为尚未实现的可能性，其本身即是一种潜在的存在，是一种决不能否认在未来实现其可能性的存在。在这个意义上，希望决不是毫无任何可能性的虚无。

另一方面，就希望赖以产生的主体性基础而言，它深深扎根于作为主体的人的本性之中。当然，作为主体的人不是传统哲学所理解的抽象的人，而是具体的人，即马克思主义哲学所谓的感性的、现实的人。无论就人的个体本性而言，还是就其类本性而言，希望始终都是人之为人的存在必然具有的自然禀赋。作为主体的人始终都是未完成者，人的未竟性不仅是现实的人的存在的有限性的表征，而且是人的类本质的生成性的表征。现实的人是生活在某种生存境遇中的"此在"，就其生存论结构而言，是处在特定历史条件和现实关系（不管是经验性的自然关系、社会关系，还是超验性的终极价值关系）之中的灵肉合一的个别实体。这种生存论结构决定了人是受限于天地之间的存在者，他既因其肉身性而必须立足于"地"，踏实稳妥地生活在有限时空的现实世界之中，同时又因其精神性而必须仰首于"天"，永不满足地生活在对超越有限的现实世界而趋于无限的理想世界的期盼之中。因此，作为主体的人的希望归根到底来自于他的顶"天"立"地"的生命本性。从这个

---

① 段德智：《主体生成论——对"主体死亡论"之超越》，人民出版社2009 年版，第 392 页。

意义上讲，也可以把希望视为人的精神的一种自然欲望和倾向，它是人之为人的存在必然具有的超越现实生存处境的内在质素和原初动力。虽然个体的人的本质在其生命的死亡之际便宣告完成，然而这充其量也只是一种有限的相对的完成，全整的人的类本质只有在人类整体的历史发展过程中才能逐渐生成并呈现出来。人的本质虽然不是"单个人固有的抽象物"，然而它也不仅仅是受现成的社会关系制约和决定的凝固物，它同时也是受到人所追求的未来理想制约和规定的生成物，也就是说，人的本质最终要通过他所怀抱的希望及其所激发的生存性实践活动而生成。任何怀抱希望的人的个体生命在本质上都是存在的实现，然而它并不是某种一成不变的现成的集合体，而是从潜在的存在走向现实的存在的生成过程。迄今为止，整个人类尚处在人之为人的生命的"存在"阶段，尚未达到其"本质"阶段，人类只有满怀希望一步一步地向着未来行进和发展，才能最终实现其本质的存在。从这个意义上讲，希望作为人类尚未实现其本质的可能性在其本身内就蕴含着现实性，虽然从当下来看它只是一种尚未实现的潜在的存在，但是就其在未来实现的可能性而言，它更加是一种真实的本质的存在。在布洛赫的"尚未存在的本体论"（ontology of the not-yet-being）中，这种尚未实现其存在的"未显之物"相比于业已实现其存在的"可见之物"而言就具有更高的可信度。因此，希望是作为主体的人根据其存在的本性必然提出的实现其本质与存在合二为一的理想诉求，它本身所蕴含的面向未来的客观实在性能够确保它不至于遁入虚无之境。

二、希望的价值论

"希望"不仅是一个本体论范畴，而且是一个价值论范畴。虽然阐释希望人学的本体论意蕴有其重要性和必要性，但是它毕竟不能代替对希望人学的价值论理解，因为本体论与"实然"（"是"）相系，价值论则与"应然"（"意义"）相涉，休谟早就论证过从"实然"（"是"）出发无法推导出"应然"（"意义"）来。因此，希望人学的理论建构还必须在其本体论的自我理解的基础上进一步揭示其价值论意蕴。

希望价值论主要涉及希望的对象（价值目标）是什么，它为人类的生存提供什么意义（价值理念）以及如何提供意义，确立起希望对象和生存意义的基础（价值根据）是什么，实现未来理想的途径是什么等一系列基本内容。在这方面，古今中外各民族源远流长的文化传统中都积淀着大量可资借鉴的宝贵材料。仅以西方文化为例，从被柏拉图当作应然形态的规范化政治理念加以把握的理想国到莫尔视为最佳政治社会形态的乌托邦，从康帕内拉的富有浓郁社会理想主义色彩的太阳城到欧文的空想社会主义的劳动新村，从马克思的共产主义社会到布洛赫的乌托邦精神，在西方思想家们中对乌托邦理念和精神从来就有不乏激情去探索者，不惜笔墨去表达者，不吝勇气去实践者。在基督宗教传统中，虽然没有乌托邦理念，但是它并不缺少与乌托邦主题相关的信仰和学说，从《圣经》的世界末日和上帝之国的理念到奥古斯丁对上帝之城的描述，从传统的天堂乐园和弥赛亚信仰到当代的希望神学和解放神学，基督宗教为人类的理想未来允诺了一个完美的神圣景观。当然，其他各民族文化传统中也有类似的情形。这些表达对人类理想未来的美好憧憬的历史资料对于希望人学的价值论建构和阐释具有极其重要的理论意义。笔者在此仅以西方文化为例进行盘点，决无宣扬和推崇西方文化中心主义话语霸权之意，而是旨在从中提取出具有普遍性的希望人学的价值论模式和相关问题，以供学者们对之加以学理上的讨论。根据西方文化所提供的表达人类未来理想的相关材料，大致可以区分出两种最基本的关于希望人学的价值论模式：一种是经验价值论，另一种则是超验价值论。两者之间的本质差别不在于价值目标的内容描述和价值理念的意涵规定上，而在于价值目标和价值理念的设定领域及其赖以确立的终极根据上。

希望人学的经验价值论把希望的价值目标设定在此世可经验的自然领域和社会历史领域，把人类未来的理想人格和理想社会之实现具体落实到对现实生活世界的历史规划之中，以人的认识世界和改造世界的生存实践活动作为实现未来理想目标的根本途径，并且以经验世界中人的自然本性、道德理性、自然规律和历史法则等为基础为人的生存实践活动设定具有相对性的价值理念和价值尺度。各种哲学人类学以及其他具有乌托邦精神的人文科学的价值论都可以在一定程度上视为这种经验价值论的具体形态。希望人学的经验价值论最典型的理论形态是马克思的科学社会主义理论。马克思为人类未来提供的理想价值目标是共产主义社会。"共产主义是私有财产即人的自我异化的积极的扬弃，因而是通过人并且为了人而对人的本质的真正占有；因此，它是人向自身、向社会的即合乎人性的复归，这种复归是完全的，自觉的和在以往发展的全部财富的范围内生成的。这种共产主义，作为完成了的自然主义＝人道主义，而作为完成了的人道主义＝自然主义，它是人和自然界之间、人和人之间的矛盾的真正解决，是存在和本质、对象化和自我确证、自由和必然、个体和类之间的斗争的真正解决。"① 段德智先生正是根据马克思的这一观点，才把"人的自由发展"、"自由个性"、"自由人的联合体"视为希望人学的价值目标（"主体生成论的指归"），才把马克思所谓的"成为自然界的主人"、"成为自己的社会结合的主人"、"成为自己本身的主人"视为作为主体的人的生成论目标。马克思所描绘的共产主义社会理想当然是美好的，也是出于人的本性所必然向往的。但是，问题在于这种共产主义社会理想的价值根据是什么，人类社会发展的价值根据是什么？如果没有一个价值根据，那么这种社会理想对人的生存的意义就无从言说。马克思把共产主义社会理想赖以确立的终极根据置于他的历史唯物论所揭示的人类社会历史发展的规律上。因此，当他把实现共产主义社会的理想目标具体落实到社会历史规划之中时，他主张的最根本的途径是按照社会历史发展的规律进行改造现实社会的实践活动，其中最主要的实践活动形式则是社会革命。② 马克思关于共产

---

① 马克思：《1844年经济学哲学手稿》，人民出版社2000年版，第81页。

② 由于马克思主义哲学的理论核心在于他的唯物史观，因此这里笔者仅仅从他的唯物史观的角度来切入马克思主义与希望人学的价值论有关的主题，但这并不意味着否定他的共产主义学说的终极根据也包括他的唯物辩证法所揭示的自然规律以及实现共产主义理想社会的途径包括改造自然的实践活动。

主义社会理想的一整套学说更加具有"自然科学"的性质，因为它是从可经验的感性的现实世界出发来审视人类社会历史的。这样，"全部历史是为了使'人'成为感性意识的对象和使'人作为人'的需要成为需要而作准备的历史（发展的历史）。历史本身是自然史的即自然界生成为人这一过程的一个现实部分。自然科学往后将包括关于人的科学，正像关于人的科学包括自然科学一样：这将是一门科学"①。既然马克思把自然规律和历史法则视为给人及其历史发展提供意义的价值根据，从而使得他的共产主义学说具有自然科学性质，那么从希望人学的角度来说，它就是一种典型的经验价值论形态。

希望人学的超验价值论则把希望的价值目标设定在超越经验世界的神圣领域，虽然不否认人在现世社会历史中的生存实践努力是实现未来理想目标的必要途径，但是最终把人类未来理想目标的实现寄托于神的恩典和救度上，以作为信仰对象的无限者和神圣者为终极基础为人类在现世社会历史中的生存实践活动提供具有绝对性的价值理念和价值尺度。各种宗教及其神学的人类学价值论都是这种超验价值论的具体形态。例如，基督宗教及其神学所表达的末世论期盼和上帝之国的理念就是一种典型的超验价值论形态。当代著名神学家于尔根·莫尔特曼的希望神学就是这种超验价值论形态的最佳诠释。莫尔特曼把关于道成肉身的耶稣基督在十字架上的受难与复活事件作为其希望神学的基础性事件加以阐述，他认为这一事件同时是一个历史事件和神性事件，也就是说，它作为神性事件发生在此世之内和历史之中。基督宗教把"上帝之国"作为上帝应允给人类未来的希望对象，这个"上帝之国"不是人死后方可进入的遥远天国，不是一个无限后移的末世论未来，而是通过十字架事件涉入人的此世的历史之中，未来的希望与当下的现实密切相涉，末日的审判的进行和未来期待的落实已经发生在十字架上，并且正在透过人的当下此世走向历史的未来。十字架事件是上帝的神

---

① 马克思：《1844年经济学哲学手稿》，人民出版社2000年版，第90页。

性存在涉入此世的人性存在的标志。上帝自降位格，屈尊成人，为了拯救人类于罪恶和苦难之中，以绝对自由的方式选择亲自在十字架上受难惨死，把他的全整的爱赐福给人类，使人类感受并获得一种全新的爱的存在。同时，上帝令耶稣基督复活，不仅显示了他彻底战胜罪恶和苦难的无限大能和绝对正义，而且给人类带来了获救的希望，应许了一个末日审判的未来。耶稣受难的十字架事件为对"上帝之国"的希望提供了一个坚实的基础。这样的"上帝之国"就耶稣践履上帝之爱的行为已经为人类所经验并且仍然能经验而言，可谓"已然存在"；就对上帝之国的希望还没有完全实现而言，可谓"尚未存在"。以信仰十字架事件为基础的对"上帝之国"的希望不仅是在此世的社会历史进程中正在经历着和落实着的未来处境，而且是指向超越人性和世界历史的一切局限性的末世论的未来。十字架事件彰显出来的希望为人类在有限的世界和历史中的生存提供了神圣的价值之源和绝对的价值尺度，"上帝之国"涉入此世的历史性中，人们便能够以之为引导，按照神圣的爱、正义和自由等价值理念和原则从事生存实践活动，在这个充满罪恶和苦难的世界中寻获生存的意义。基督宗教对十字架事件所启示的末世论希望的信仰，就是要求此世的人把十字架事件所彰显的神圣之爱、神圣正义及永恒和平作为绝对价值原则接受，满怀对上帝应允的希望抗议为了历史的未来而把此世当下的一切仇恨、不义和罪恶正当化，为实现一个没有眼泪、痛苦和悲哀的新天新地而斗争。

希望人学的价值论建构的最大理论困境之一就在于如何真正从学理上处理好经验价值论与超验价值论的关系，弥合两者之间的分野和对立，以便为处身于现实生活世界中的面向未来而在的人提供真实可靠的理想信念、价值原则和生存意义。希望人学的经验价值论和超验价值论就价值理念和价值原则而言并无根本对立，两者之间的根本对立本质上在于为人类生存提供意义的终极价值根据上：前者从经验的此岸世界寻找终极价值根据，后者则从超验的彼岸世界寻求终极价值根据，这一分野又进一步牵涉到无神论和有神论的信仰对立，甚至涉及理性（科学）与信仰（宗教）的关系问题。两者在理论上的分歧所涉及的问题是相当复杂的，化解两者之间冲突和对立的历史任务不可能在短时期内一劳永逸地完成。当前，弥合两者之间分歧的最有效的途径是就价值根据问题进行相互尊重和坦诚相待的对话，这种对话不仅是理论本身发展的需要，而且是社会实践上的需要。一方面，就理论本身的发展而言，哲学史上围绕理性（科学）与信仰（宗教）、无神论与有神论之间的关系问题长期进行的探索和争鸣积累了丰富的理论素材和经验，为希望人学的价值论建构提供了坚实的思想基础。希望人学唯有在此基础上从对立走向对话，才能真正突破经验价值论与超验价值论之间的张力所形成的理论瓶颈。对这一点近现代哲学家们已有充分的意识。康德曾经把"人是什么"这个人类学问题分解为"我能够知道什么"、"我应该做什么"、"我可以希望什么"三个具体问题，"知道"所涉及的是思辨理性的形而上学问题，"做"所涉及的是实践理性的伦理学问题，而"希望"所涉及的则是既属于思辨理性又属于实践理性的宗教学问题，并且视伦理学（实践理性）高于形而上学（思辨理性），而宗教学则高于两者。无论康德怎样努力在理性和信仰之间划清界限，他的这一看法仍然说明"希望"既是一个与理性（知识）和意志（伦理）相关的问题，又是一个与宗教信仰相关的问题，这就意味着在理性与信仰之间仍然存在着通路，在两者之间设置对立的壁垒是行不通的。海德格尔的"基础存在论"最终把作为存在者之存在的终极存在本质归结为"存在之末世论"，承认它的末世论特征。他说："作为对迄今之存在本质的极致的聚集，就是存在之末世论。存在本身作为命运性的存在，在自身之中就是末世论的。"① 当代不少著名的天主教神哲学家也沿着康德的先验之路致力于论证理性与信仰之间的同一性。约瑟夫·麦利切尔按照康德的先验方法证明了传统理性形而上学和以此为基础的自然神学（或理性神学）的合法性。卡尔·拉纳的"基础神学人类学"同样按照康德的先验方法证明了"人是圣言的倾听者"这一命题。这些哲学上的努力不仅为希望人学整合经验价值论与超

---

① 海德格尔：《海德格尔选集》上卷，孙周兴选编，上海三联书店1996年版，第537~538页。

验价值论指明了方向，而且为这一整合性的理论建构提供了理论基础。事实上，无论经验价值论还是超验价值论，都有一个共同的出发点，那就是双方都承认人的本质以及人生存于其中的世界的有限性。既然如此，那么双方就有了一个自我批判的起点。经验价值论者应该就其相对的有限的价值诉求和取向进行自我反思，重新审视和安置与相对性、有限性相对立的绝对性和无限性，检视从相对的有限的经验世界出发所推导并确立的价值原则究竟能否为人的安身立命提供稳妥可靠的保障。同样地，超验价值论者应该就其绝对的无限的价值诉求进行自我反思，重新审视和对待蕴含在相对性和有限性中的合理性，反省如何将其绝对的价值原则落实为人的有限的价值尺度。如果经验价值论不认真面对和解决超验价值论的绝对价值原则和价值根据问题，就不可能从根本上保障人的存在权力不受到伤害和随意被剥夺。同样地，如果超验价值论不认真对待和解决经验价值论的相对价值原则和价值基础的合理性问题，就不可能把为人提供安身立命的生存意义的"希望"从彼岸世界的超验的末世性转化为此岸世界的历史的未来性。此外，不管经验价值论还是超验价值论，就其理论品格而言，都具有否定性和批判性特征，这也为两者的对话和整合提供了便利条件，两者完全可以在对社会实践所涉及的现实问题的反思和批判基础上达成诸多共识。

另一方面，希望人学的经验价值论与超验价值论的对话和整合，也是被人类从事改造自然和社会的实践活动决定的。迄今为止，人类通过改造自然和社会的实践活动所创造的历史既是一部使人的主体性不断丰富和进步的历史，同时也是作为主体的人的一部充满苦难和罪恶的历史，以牺牲一部从人的主体性为代价的历史。历史上的血腥、残暴和杀戮之令人触目惊心，足以让在这个荒诞的世界里竭力以存的善良人们不堪担荷之重，20世纪两次世界大战造成的血雨腥风尚未从每一个无辜者的记忆中抹去，现在全球性的能源危机、粮食危机、生态环境危机以及毒品犯罪、恐怖主义等社会危机正在把人类的生存推向一个灾难性的深渊。面对现世历史的荒诞性，人们在认识论上承认这种荒诞的事实性是一回事，而在价值论上肯定这种荒诞的合理性则是另一回事。人们到底应该因荒诞的事实性而以恶为价值目标，还是应该努力超越事实的荒诞性而以善为价值目标呢？如果我们应该拒斥荒诞性，否定以恶为价值目标，肯认以善为价值目标，那么我们究竟应该以什么作为价值根据和基础对现世历史的荒诞性进行批判呢？对现世历史的荒诞性的批判究竟应该从现世历史中寻找合理性根据呢，还是应该肯定超历史的价值根据的存在，以求最终解决现世历史的生存困境呢？抑或寻求历史的内在因素与超历史的因素相结合的价值基础呢？对这些问题的回答不仅直接关涉着人在现实生存处境中的生存意义，而且直接关涉着人对未来所怀抱的理想信念是否真实可靠，希望目标是否能够真正实现。人的生存的社会实践活动提出的这些问题迫切需要希望人学的经验价值论和超验价值论从对立走向对话，真正实现世俗景观与神圣景观的“视域融合”。如果经验价值论完全囿于经验世界，无视超验之维，那么它就不可能真正解决谁来为人的生存实践活动立法的问题，也不可能为人的生存实践提供绝对可靠的价值尺度和价值信念。20 世纪曾发生的大规模惨无人道的血腥屠杀，以及当代仍在给善良无辜的男男女女造成眼泪、痛苦和悲伤的残暴行径和恐怖行为，已经使人充分意识到了在人的任何生存实践活动中都隐藏着由人的本性存在的有限性和人的罪性的普遍性所决定的恶的因素。自文艺复兴和启蒙运动高扬人的主体性以降，人的不断膨胀的主体性最终以神圣性自居，它所造成的巨大历史性灾难已经无法让人对人的自然本性和道德理性感到放心。人以各种自然的和历史的规律性以及建立在此基础上的理想信念为借口，用以恶制恶的价值原则来拒斥现世历史的荒诞性，结果却在恶的无限循环中屈从并强化荒诞本身的合理性，一而再、再而三地使人步入苦难的深渊。所有的这些非但无法让具有终极关怀的人确立起从经验世界的法则中寻找到足以安身立命的终极根据的信心，反而造成普遍的绝望感，正中鲁迅所言：“绝对之为虚妄，正与希望相同。”同样地，如果超验价值论完全囿于超验世界，无视人的经验之维，那么它也不可能为此世有限的人类提供真正具有生存意义的价值尺度和价值信念，因为它为人类的生存实践活动所设定的终极价值根据与人的当下生存处境无涉，尽管它所提供的终极价值根据是一个绝对神圣的立法者。只有当它设定的不仅是一位永恒不变的立法者，而且是一位涉入社会历史中、涉入人的经验世界的生存境况中的神圣者，成为具有入世精神品格的绝对价值根基时，才能真正把绝对的善的理念转化成人在苦难世界中得以生存下去的绝对价值原则，才能真正为人类确立起值得为之而奋斗并且能够得以实现的社会理想。正如莫尔特曼谈到基督宗教必须把终极神圣和普遍拯救的末世论理想引入现世历史之中时所言：“耶稣在十字架上不仅是预告了上帝之国的即临，而且满怀对罪人和税吏的爱使上帝之国变成现实。基督信仰的希望必须使梦寐以求的未来进入当前的苦难。”①

当今时代，要想让面对未来而在的人们真诚地怀抱希望的信心，就必须从理论到实践真正解决好经验价值论与超验价值论之间的关系问题。唯有如此，人的终极关怀才能得到合理的解释和可靠的安置，人才能因此而有一个信心满满的未来，避免像等待戈多一样地等待一个没有希望的希望，或者反把“绝望”当“希望”——“除了绝望之外，我们就再也看不到希望了”（阿多尔诺语），因为此世的人总是无法避免他的悲剧性现实——既不可能放弃作为终极关怀的最高理想，又不可能完全实现它。

（本文原载《华中科技大学学报》2010 年第 4 期，作者系华中科技大学哲学系教授）

---

① Ernst Feil und Rudolf Weth（Hg.）. Diskussion zur Theologie der Revolution（m）. Muenchen, 1969, p. 72.

人的问题：从主体性的建构、消解到生成

——评段德智教授新著《主体生成论》

翟志宏

人的问题，或者说"人是什么"以及如何成为"其所是"的问题，可说是人类自从有了自我意识（以及类意识）以来有关人学问题中的最为根本的问题。它不仅涉及了人"是什么"的理论性问题，同时也涉及了如何成为这个"什么"的实践性问题。而正是"是什么"决定了"如何做"，因此前者具有了一种逻辑的优先性。为此，不同时代的哲学家们付出了艰辛的努力，试图在形而上的层面上解决或解答这一问题。这些解答或解决方案都在不同层面上丰富了我们对人的问题的理解。然而，历史的解答毕竟是一种"历史性"的解答，不同时代的学者们或因立场不同，或因时代的局限，使得在有关人的问题的看法上呈现出繁复多样、众说纷纭的局面。为了对这个"永远言说不尽的话题"有着一种新的言说方式，段德智教授的新著《主体生成论——对"主体死亡论"之超越》一书，通过历史维度上的探源追溯和逻辑维度上的解构分析，以未来为指向，把主体性的人视之为是一个永远不可终结的"不断生成"的过程——一种为"希望而在"的生成过程。

一

近代以来，作为主体性的人的问题逐步进入西方哲学家们的视

野并成为他们关注和思考的核心问题。正如"自然原则"是古希腊罗马哲学的主导原则和"信仰原则"是中世纪哲学的主导原则那样，"主体性原则"在不断渗透进近现代哲学的诸多领域之后，逐步成为近现代哲学的"主导原则"。正是在这个意义上，段德智教授认为"整部近现代西方哲学史……就是主体性哲学的发展史"。① 因此，在这一主导原则的统摄下，近现代哲学家围绕着人的主体性问题，就哲学的基本原则、个体性的意义、自我和自我意识的本体论地位等诸多方面展开了长期的思考与探究，形成了丰富的思想成就和理论成果，推进了西方近现代哲学在新的阶段和新的高度上的向前发展。

自从西方近现代哲学的领军人物笛卡尔通过"我思故我在"把主体性哲学建构在"认知主体"或"思维主体"的原则或基础上开始，西方哲学形成了一系列有关构成主体性基础或本体的观点和看法，形成了弗朗西斯·培根的"认知—实践"主体、霍布斯的社会主体、洛克的政治主体、斯宾诺莎的道德伦理主体、康德的先验主体和黑格尔的绝对（实体）主体等诸多富有建设性的思想。② 然而自 19 世纪末 20 世纪初以来，"主体性哲学的主导地位或支配地位便遭到了多方面的强有力的挑战"③，现当代西方哲学家们对之进行了尖锐的批判，认为我们面对主体，要么是"不可言说"的失语（维特根斯坦），要么它只能呈现为无意识结构中的一个关系项（结构主义）；笛卡尔所谓的据支配性地位的理性（思维）主体，被解构成为一种不具心理主义性质的纯粹先验形态（胡塞尔），一种非理性的"现身"或"情绪"（海德格尔）和"反思前的我思"（萨特），一种受到无意识和前意识支配的表象

---

① 段德智:《主体生成论——对"主体死亡论"之超越》，人民出版社2009 年版，第 10 页。

② 段德智:《主体生成论——对"主体死亡论"之超越》，人民出版社2009 年版，第 10~15 页。

③ 段德智:《主体生成论——对"主体死亡论"之超越》，人民出版社2009 年版，第 16 页。

（弗洛伊德）。① 这些被称之为"后笛卡尔时代"的哲学家们，进而通过所谓"上帝之死"（尼采）、"大写的主体之死"（福柯）和"人类学的主体之死"（海德格尔）之类的"主体死亡论"，来试图彻底消解"笛卡尔时代"主体的本体论地位及其形而上学的意义。

因而，17世纪以来直至当代西方哲学关于主体问题的讨论，呈现出了纷纭复杂、曲折多变的局面。段德智教授的《主体生成论——对"主体死亡论"之超越》一书，以"主体死亡论"为契机、在对近现代主体性哲学作出细致入微的分析的基础上，通过长时段的历史观，对前现代社会、现代社会和当代社会关于主体性的人或人的主体性问题展开了宏观的考察与探究，并进一步就主体生成的逻辑结构做出了深入的阐释与思考。段著的这些分析、探究与思考，不仅涉及了近现代哲学家关于主体性哲学的主要思想和现当代哲学家关于"主体死亡论"的基本立场；而且从主体生成论的角度，运用众多中西方有关文化的、宗教的、历史的和哲学的资源，对古代以来的群体意识与合群性、自我意识与主体性、他我意识与主体间性的演进进行了历史性的考察。段著以此为基础，提出了以未来为导向、以希望为指归的"主体生成论"的设想与理论。可以说，《主体生成论》一书不仅是一部关于近现代西方主体性哲学深入分析的力作、一部有关从前现代社会至今的关于主体性的建构、消解与生成的恢弘的历史画卷，更是一部关于主体的结构与生成、历史与逻辑和过去与未来的人学理论巨著。

二

段著关于主体生成论的一个主要思想起点或理论基础是近现代西方的主体性哲学。这不仅在于作为段著思考主体生成问题契机的现当代的"主体死亡论"，所消解或针对的是这种哲学；也在于我

---

① 参见段德智：《主体生成论——对"主体死亡论"之超越》，人民出版社2009年版，第16~21页。

们当代关于人的问题或人的主体性问题的语境，与这样一种哲学有着更为直接和更为密切的渊源。可以说，正是近代西方哲学关于主体性哲学的建构与思考，为现当代"主体死亡论"的提出乃至主体生成论的建构，提供了一种理论的和历史的可能性。也就是说，现当代意义上的人的主体性问题，正是在这个时期（16~17世纪）进入到人们的哲学的或形而上的视野中的。然而，历史的进入必有历史的成因。近代（或早现代）对主体的人或人的主体性在本体论层面上的普遍关注，是在文艺复兴和宗教改革中的古典文化复兴以及当时对传统群体意识和中世纪神本主义反动中的"个体意识"觉醒的基础上形成与展开的。因此，当近代哲学家在建构人的主体性或主体性的人的时候，那个作为个体的人的最根本的东西，就不仅是可以成为认识的可靠性基础的东西，而且更是足以可以与中世纪神本主义抗衡的形而上的或本体论的东西。

这种在主体的人那里所寻找的本体论的东西，既是笛卡尔所说的"我思"的"思我"、康德所谓的"先验自我"之类的东西。它构成了"笛卡尔时代"（从文艺复兴到19世纪末和20世纪初）众多哲学家建构主体性哲学的基本倾向或运思核心。段著在第一章的第二节和第三章的第一节与第二节中，对此作了细致的分析。在段著看来，构成近现代哲学一个基本向度的"思"或"我思"，表明了"理性思维乃自我或主体的本质规定性，认知活动或理性活动乃自我或主体的基本活动"①。在更深的层次上可以说，以"我思"、"先验自我"等方式对理性的彰显，在某种意义上是近现代哲学家们寻找的那种足以与中世纪"信仰原则"相抗衡的东西。理性在这样的背景中获得了形上的或本质的地位。然而理性毕竟是人的理性，在对理性的彰显中从而也彰显了人的突出地位；一旦人的主体地位得以确立，那么构成人的内涵的（除理性之外）其他维度在理论上就有了随之被确立的可能。

但是，它只是一种可能性而已。毕竟"笛卡尔时代"哲学家

---

① 段德智：《主体生成论——对"主体死亡论"之超越》，人民出版社2009年版，第23页。

们以本体论方式所建构的主体性原则，都多多少少具有一种抽象的特征，而忽视了现实的人或人的现实性。也就是说，"西方近现代主体性哲学正是以无视、遮蔽和压制人的主体的其他规定性（例如人的欲望、情感、意志、潜意识和无意识）为前提来僭越哲学的支配地位或主导地位的。"① 以这种方式建构起某一时代的主导性原则，是一种哲学范式（如中世纪哲学）向另一种哲学范式（如近现代哲学）转换过程中必须或首先要做的事情。它具有一种理论的和时代的合理性。

正是这种对主体其他规定性的忽视或遮蔽，一方面使得近代哲学关于人的主体性的形上原则得以建构，另一方面却也显现了西方古典哲学形而上冲动的长久内在影响力和运思指向性作用——即使当代的主体死亡论在寻找解构近现代的主体性原则时，也同样可以发现这种超个体的柏拉图理论或古典实体论之类的印记，如尼采的强力意志、福柯的知识类型、结构主义的深层结构以及海德格尔的"存在的天命"，等等。因此，当段著在思考主体生成意义的时候，不仅把近现代以来西方哲学关于主体性问题的思考（包括主体性哲学的建构与主体死亡论对之的消解）作为其运思的契机与基础；更重要的是，这种思考还拥有一种更为宽广的时空维度——在超越西方近现代以来有关主体性哲学思想的同时，把对主体的生成奠放在整个人类演进的基础上，从中西方人类从古至今的历史的、文化的、哲学的、宗教的诸多维度上思考主体生成的意义。也就是说，本书努力把理论视野扩展到迄今为止人类发展"所有阶段"的"各种活动和各种关系"，"从更为开阔的理论视阈出发，将人的主体或主体性思想描述成一种动态的不断生成的过程"②。

———

① 段德智：《主体生成论——对"主体死亡论"之超越》，人民出版社2009年版，第24页。

② 段德智：《主体生成论——对"主体死亡论"之超越》，人民出版社2009年版，第59页。

三

段著在对主体生成做了长时段的历史考察之后，进而对主体的结构、本体论基础之类有关主体生成的逻辑方面，给予了深入的分析与阐释。因此，段著对主体生成论的"生成"的思考，既包括人类对"主体是什么"的认识的生成性（逻辑向度），也包括主体本身的生成性（历史向度）。这也就是段著在对主体生成论阐释时所一直强调的两个层面，历时性的层面和共时性的层面。前者涉及了"主体生成论的包括史前史在内的迄今为止的整个演进史"，后者包括了"主体生成论的理论架构以及与之相关的主体类型学"。① 这两个层面在《主体生成论》一书中占据了非常重要的地位，对它们的阐释和分析可说是本书的最为基本的和最为主要的内容。

如果说对主体的历时性和共时性阐释构成了《主体生成论》的主要内容的话，那么对现实的人或人的现实性的分析则始终是它的基本着眼点。例如段著在分析西方近现代主体性哲学关于人的问题的理论阐释的过程中，就是把人的实践及其由此构成的历史性基础作为考察人的主体生成的尤为重要的方面来理解的。也就是说，段著始终从现实的人和历史的人出发，来思考人的构成乃至其走向未来的生成性。唯有如此，才能抓住问题的根本，才能体现出"人的根本就是人本身"所含摄的意义。这在一定意义上可以说是对西方近现代乃至当代主体性哲学中的过分的形上诉求，起到了某种解蔽或纠偏的作用；因为近现代西方主体性哲学的"根本弊端在于其没有抓住问题的根本"，完全脱离了"人的现实性"乃至"人本身"，成为一种"无根"的"主体论"。因此，走向健全"主体论"的第一步就是要消除这种"无根"的弊端，把"主体的现实的和历史的人"作为"主体生成论"的基本"出发点"和

---

① 段德智：《主体生成论——对"主体死亡论"之超越》，人民出版社2009年版，第59~60页。

"理论根据"。① 这也是段德智先生一直强调的"逻辑与历史一致"的基础在于"历史"的立场所昭示的理论意义。

当然，在某种意义上，当我们谈到主体的生成性或未完成性时，我们可能会意味着这种生成的随机性，也可能会意味着这种生成的某种指向性。作为对"主体死亡论"超越的一种"主体生成论"建构，段著一开始就避免了主体生成的盲目性，把"希望人学"——人的自由而全面的发展、自由个性以及"自由人的联合体"——作为主体的人走向未来生成的"希望之维"、"意义之维"、"超越之维"和"生成之维"。实际上，段著认为近现代众多"主体死亡论"所昭示的真义乃是"主体的复活"或"生成"。而对这种"主体复活或生成"的期许和"断言"，不仅来自于段著对人的历时性的长时段考察与人的深层结构的逻辑分析，也来自于它对人的本质的界定，即人作为一种"可能性的存在和超越性的存在"所必然具有的那种"面向未来的存在"，那种"具有理想、抱负、希望、期盼和乌托邦的存在"②。

正是这种关于人的历史性考察、结构性分析和本质性界定，为人的未来和生成，提供了一种富于乐观主义意义的期许和精神。虽然段著并不隐晦其乌托邦的性质，但它却在相当大的意义上构成了对当代"主体死亡论"的一种超越——不论是在认识论的意义上或是在实践的意义上。当然，段著认为它的"希望人学"乃至关于"主体生成论"的思考，仅仅是"一种"思考方式，"一种"并未终结关于主体问题思考的方式。它体现了段著的开放性——关于人本身的历史的生成性和未完成性以及对它思考的生成性和未完成性。这体现并构成了本书的一种理论品格。

（本文原载《华中科技大学学报》2010年第4期，刊印本文时有所删减，作者系武汉大学哲学学院宗教学系教授）

---

① 参见段德智：《主体生成论——对"主体死亡论"之超越》，人民出版社2009年版，第291页。
② 段德智：《主体生成论——对"主体死亡论"之超越》，人民出版社2009年版，第391页。

以史明道的希望人学

——读《主体生成论——对"主体死亡论"之超越》

徐　弢

　　自苏格拉底把哲学"从天上请到人间"以来，"认识你自己"的问题便以不同的表现形式贯穿于西方哲学的各个阶段和诸多流派之中。只不过在古代和中世纪的西方哲学中，这个问题通常是以"人是什么"的方式，而非"我是谁"的方式提出来的，因为此前的绝大多数哲学家都习惯性地把人理解成一个"现成的东西"。直到近现代和后现代的西方哲学中，人的主体生成性或未完成性才开始受到越来越大的关注。而在我国，系统的人学研究是在马克思主义哲学已经产生和西方哲学充分发展的 20 世纪 80 年代初出现的。因此，它从一开始便形成了一种借鉴马克思主义的相关原理来诠释当代西方人学思想的思路。经过二十多年的发展，我国学者对马克思主义和西方人学理论的会通已经取得了较大进展，并且对人的主体性、主体间性、生成性、实践性、社会性、历史性和全面发展等问题提出了一些新见解。最近，武汉大学段德智教授的《主体生成论——对"主体死亡论"的超越》（人民出版社 2009 年出版，以下简称《主体生成论》）的出版，又为促进我国人学研究的发展作出了一份特殊贡献。

　　该书的基本研究方法是马克思主义"逻辑与历史相一致"的科学方法，但由于在他看来，逻辑与历史相一致的基础在于历史，所以他更喜欢将这种方法进一步表述为"以历史为基础的逻辑与历史的一致"①。按照这种方法论原则，他把该书的主题内容分为两方面。一方面，按照马克思主义"存在决定意识"的观点，把人的主体意识从"群体意识"到"自我意识"再到"他我意识"的生成发展史纳入以社会经济形态为条件的人类发展史框架内加以解说，进而把上下几千年的西方人学发展史理解成一部关于人的主体性和主体生成性的历史。另一方面，进一步依据上述历史考察对主体的结构性、生成性和主体间性加以逻辑上和理论上的解说，并且由此将主体生成论归结为"一种希望人学"。

一、对主体死亡论的回应和扬弃

在正式展开本书的主题（对主体生成论的历史和逻辑解说）之前，段德智首先用一章的篇幅为它添加了一个特殊的引论——"主体死亡论的挑战：从主体死亡论到主体生成论"。因为《主体生成论》一书作为他主持的国家社会科学基金项目"从主体性到主体间性：当代西方科学主义与人本主义趋同性研究"的最终成果，其最初目的之一便是针对我国当代西方哲学研究中片面强调科学主义与人本主义的对立性的倾向，而从人的主体性和主体间性这样一个侧面来考察这两种哲学思潮之间的趋同性，以便努力说明无论是当代科学主义还是当代人本主义都有一个从强调"经验主体"到强调"先验主体"再到强调"对话主体"的历史进程②。然而，为了完成这一使命，他首先要面对的挑战就是主体死亡论在当代西方哲学中的客观存在这样一个不容回避的事实。

按照他的理解，由尼采、福柯、海德格尔和德里达等非理性主义或人本主义哲学家们提出的主体死亡论非但不像某些哲学史家所认为的那样，仅仅是对西方近现代主体性学说的抗争，反而可以在

---

① 段德智：《主体生成论——对"主体死亡论"之超越》，人民出版社2009年版，第285页。

② 参见段德智：《主体生成论——对"主体死亡论"之超越》，人民出版社2009年版，第431~432页。

某种程度上被视作近现代主体性哲学的一种自否定和自发展。在此意义上，甚至可以把主体死亡论视为主体生成过程中的一种特殊形态或"助产过程"①。为了论证这一观点，在该书的第一章中，他首先按照"进入对方语境"和"让他人说话"的对话原则对主体死亡论的代表观点做出了辩证的"回应"。通过对尼采的"上帝之死"和"人之死"、福柯的"大写的主体之死"与"范式转换"、海德格尔的"人类学主体之死"与"形而上学之死"的具体语境的考察，他有力地说明了这些观点实际上是近现代主体性哲学的一种自否定或自衰落，因而可以被理解为人的主体生成的一个必要环节。

在此基础上，他还以"扬弃"的态度评价了"主体死亡论"对于西方近现代主体性学说向当代主体性学说和主体间性学说转化的积极促进作用。他指出，由于这些理论都从不同角度批判和否定了近现代主体哲学和意识哲学的极端抽象性、先验性、理性崇拜和个体崇拜，从而催生了作为主体的人的他我意识的觉醒，催生了西方当代主体性学说和主体间性学说的诞生。在此意义上，它们非但不与主体生成论相对立，反而由此构成了后者的一项本质内容，即"作为主体的人的生成是一种自否定、自生成的过程"。

二、对主体生成论的历史解说

段德智认为，"逻辑与历史相一致的基础在于历史，也就是说，我们强调的是逻辑与历史的一致，而非历史与逻辑的一致，尽管两者在一定程度上保持着某种形式的平行"②。因此，在对主体生成论进行逻辑层面的解说之前，他还需要从"主体生成史"的向度来解说主体生成论，并且将这种历史解说视为随后的逻辑解说

---

① 段德智：《主体生成论——对"主体死亡论"之超越》，人民出版社2009年版，第54页。

② 段德智：《主体生成论——对"主体死亡论"之超越》，人民出版社2009年版，第285页。

的基石。在他看来，由于"生成"这一概念本身即带有"历史"和"过程"的意蕴，所以不能把作为主体的人或人的主体性仅仅当作一种恒常不变的抽象概念来加以论证。恰恰相反，只有通过追溯人类主体意识产生、发展和演变的"历史"和"过程"来强调主体的"生成性"和"未完成性"，才是建构主体生成论的必由之路和应有之义①。

为了更加有的放矢地展开这一对主体生成论的历史解说，他首先参照人类主体意识的发展与人类社会经济的发展之间的互动关系，将整个人类社会的发展过程区分为"前现代社会"（自原始社会、奴隶社会至封建社会）、"现代社会"（自文艺复兴时代至第二次工业革命时期）和"后现代社会"（自19世纪末20世纪初以来）等三个历史阶段。与此相对应的则是他对主体生成史的三个历史阶段的划分，即"人的群体意识与人的合群性"阶段（对应前现代社会）、"人的自我意识的张扬与人的主体性"阶段（对应现代社会）、"人的自我意识的觉醒与人的主体间性"阶段（对应后现代社会或当代社会）。

在该书的第二、第三、第四章中，他用了两百多页（约30万字）的篇幅对人的主体意识在上述三个阶段的发展演变及其经济基础和表现形态（尤其是在哲学上的反映）加以了历时性的考察，并且由此将上下几千年的西方人学发展史理解成了一部关于人的主体性和主体生成性的历史。其中，第二章的核心论点是，在以自然经济为主要经济形态的"前现代社会"里，人的主体意识所必然具有的"群体性"、"依赖性"和"互渗性"等三个特征。第三章的核心论点是，在以商品经济为主要经济形态的"现代社会"里，人的主体意识所发生的根本变化，即一方面强调人的自我意识、主体性和个体性，另一方面又抹杀了人的他我意识或主体间性。值得注意的是，他在这一章中还从主体生成的独特视角指出了现代西方哲学的两大流派（大陆理性主义和英国经验主义）的趋同性——

① 段德智：《主体生成论——对"主体死亡论"之超越》，人民出版社2009年版，第62~63页。

从强调经验主体到强调先验主体，以及作为这种主体意识的自否定或自生成的非理性主义哲学。第四章的核心论点则是，在以垄断资本主义经济为主要经济形态的"后现代社会"，西方哲学的几个主要流派（以海德格尔、萨特和伽达默尔为代表的存在主义和哲学解释学，以霍克海默和哈贝马斯为代表的法兰克福学派，以波普和库恩为代表的西方科学哲学，以斯特劳斯和福柯为代表的结构主义和后结构主义等）在主体意识上发生的又一次重大变革，即"一个从主体性到主体间性的演进过程，或者说都有一个主体间性不断强化的过程"①。

三、对主体生成论的逻辑解说

该书最后一章（第五章）是对主体的内在生成机制和发展趋向的逻辑解说，其主要目的是在上述历史考察的基础上，进一步按照"以历史为基础的逻辑与历史的一致"的方法论原则来剖析主体的结构性与生成性、主体间性的本体论基础以及作为主体生成论的终极指归的"希望人学"。具体而言，他是分三个步骤来展开这一解说的。

第一步，解说主体的结构性与生成性。他指出，人的主体性和主体间性都是以人自身作为根本的，但由于作为主体的人并不是费尔巴哈所说的"一般的人"，而是马克思所说的"现实的历史的人"，所以一方面，就结构性而言，作为主体的人不是单向度的人，而是融个体性与社会性、理性与非理性、认知与实践为一体的多维度的人。另一方面，就生成性而言，作为主体的人总是在改造自然和创造历史的同时也改变了自身的人。

第二步，解说主体间性的本体论基础。他首先将当代哲学家关于主体间性的本体论学说概括为"关系本体论"、"社会本体论"

---

① 段德智：《主体生成论——对"主体死亡论"之超越》，人民出版社2009年版，第167~168页。

和"实践本体论"等三个类型①，然后再通过对它们各自的理论特色及其相互之间的语境关联性和相互渗透性的考察，进一步说明了人的主体间性无非是现实的历史的人作为主体之间的关系，而且后者实际上是一种根植于改造自然和社会的实践活动和社会共同体中的客观关系。

第三步（也是最重要的一步），解说主体生成论的指归并将其归结为一种希望人学。首先，主体的生成发展是以人在文化上、精神上、社会上的全面发展作为理想状态的②。其次，主体的生成发展是一个从必然走向自由（对自然、对社会、对自身的自由）的过程，其发展的最高阶段是作为一种人格理想的"自由个性"，其实现的社会基础则是马克思和恩格斯所说的、作为一种社会理想的"自由人的联合体"。最后，主体的生成发展所指归的上述理想状态（"人的全面发展"和"人的自由发展"）都是现实的历史的人所追求的一种"未来和希望"；这种"未来和希望"作为主体生成论的终极指归，是一种鼓舞人们通过不断改造世界来实现其自生成、自否定、自超越和自发展的精神动力。

最后一章（尤其是最后一节）堪称全书的点睛之笔。它不仅为我们准确把握这部近六十万字的专著提供了便利的思想线索，更使我们看到了一位对"自由个性"和"自由人的联合体"孜孜以求数十年的学者发自内心的真诚愿望。因为正如他在该书的前言和后记中反复指出的，他并非是把主体的生成问题当作一个阶段性的学术课题来加以完成的，而是将其视为"一个关乎整个人类生存和人类命运的大课题，一个人类永远不能不说也一定会永远说下去的话题"③来加以探讨的。虽然他本人从未奢望这部专著能够成为学者们对主体生成问题发表的"最后一言"，但他确实以非常独特

①　段德智：《主体生成论——对"主体死亡论"之超越》，人民出版社2009年版，第319页。
②　段德智：《主体生成论——对"主体死亡论"之超越》，人民出版社2009年版，第345页。
③　段德智：《主体生成论——对"主体死亡论"之超越》，人民出版社2009年版，第435页。

的视角和比较新颖的方法对该问题的方方面面做出了"逻辑与历史相一致"的整体解说,从而使读者看到了一个对他的主体生成论和希望人学做出进一步发展和回应的"未来之维"。

（本文原载《哲学门》2010 年第 1 期, 作者系武汉大学哲学学院宗教学系教授）

主体生成论与希望人学

——段德智教授《主体生成论——
对"主体死亡论"之超越》

刘素民

自笛卡尔哲学出现后，主体性哲学便开始成为西方哲学一个主要的话题。这个话题在遭遇主体死亡论的挑战之后，哲学家的任务之一就是如何回应这种挑战。武汉大学哲学学院段德智教授新近出版的《主体生成论——对"主体死亡论"之超越》一书正是针对现代西方哲学不绝于耳的主体死亡论而提出主体生成论与希望人学。此书由杨祖陶先生亲笔赋序。杨先生认为，这本书"对主体性的形成、发展、内在机制和发展的终极趋向作了跨越古代、近现代和当代的历时性的与共时性的系统的考察、论述，逻辑地、历史地和辩证地阐释了'主体生成'的诸多基本问题与基本概念。本书结构严谨，内容充实，立论独特，极富创见，行文流畅，可读性强，为我们展开了一幅人学、哲学、哲学史上宏大的学术画卷。"

段德智教授主持完成的国家社科学基金项目"从主体性到主体间性——当代西方科学主义与人文主义趋同性研究"于 2008 年荣获优秀成果的鉴定，在此基础上，他进一步思考，成就了这本《主体生成论——对"主体死亡论"之超越》。武汉大学哲学学院于 2009 年 11 月 14 日举办了"主体性哲学与希望人学——段德智教授《主体生成论》理论意义学术研讨会"，赵敦华、万俊人、李秋零、朱志方、吴根友、朱传启、桂起权、郝长墀等专家分别作了发言。

人不是一种"现成"的东西，而只能是一种"生成"的东西，这是段德智教授的思想出发点。作为主体的人首先就是"生成着的"、"未完成的"和"面向未来而在的"。人的这种生成性、未完成性与面向未来而在性，使其既不同于永恒圆满的存在的神，也不同于已限定在现在状态而无生成发展的生命力的动物。主体是生成着的主体，这意味着：一方面，人的主体性不是一个现成的东西，人并非天生的主体。另一方面，人的主体化的过程也是一个永恒的过程，是一个永远不能完成的过程。所谓人的主体性的未来之维，即是一个永远处于我们面前的东西，是我们永远要为之奋斗，但也许不可能完全实现出来的东西。段德智教授将此未来之维称之为"希望之维"，并将他自己提出的主体生成论称之为"希望人学"。

作为人的自由而全面发展的"希望人学"所具有的现实的、积极的意义在于：一方面，它不是绝对的乌托邦，它在人类发展的过程中、每一个阶段上都有它一定意义上、一定程度上的现实性。另一方面，这样一个绝对不能实现的、未来的希望昭示我们，人永远不能成为神。因此，人永远不可能完全实现的主体性，一方面激励着我们去为它而奋斗；另一方面也告诫我们，人的主体性的生存过程是一个曲折的、常与挫折相伴的过程。这既包含着警示，也起到了范导作用。也正是在这种意义上，主体生成论才能够克服主体的死亡论，也才能够超越主体的死亡论。

段德智教授主张将主体的生成与主体意识的生成统一起来。人的主体性体现在人的自我意识中，就此而言，人的主体性的形成实际上就是人的自我意识觉醒的过程。他将逻辑与历史统一，从而强调这种一致的基础在于历史本身而不在于逻辑。人类自我意识觉醒的过程包含三个阶段：古代以群体意识为主导的阶段、近代以个体意识为主导的阶段以及西方当代社会以他我意识为主导的阶段。在此，段德智教授突破了传统观点所主张的自笛卡尔主体性哲学的兴起才有了西方自我意识和主体性的觉醒的观点，他强调，原始社会的氏族膜拜、奴隶社会的团体意识、封建社会的宗教意识都无一例外地成为人的自我意识和主体性的表现形式——它不是表现为个人自觉的主体性，而是表现为类自觉的主体性。如果说近代以个人意识为主旨的主体性哲学是对古代的群体意识或者说以群体意识为主的自我意识的否定，那么，主体间性或者说他我意识，则是对近代个体意识的一个新的否定，并以此成为一种新形式的以关系为内容的群体意识。

人的主体性和作为主体的人的生成性是人类永远不能不说也一定会永远说下去的话题。无论是近现代哲学家笛卡尔的"我思故我在"、费尔巴哈的"我欲故我在"、尼采的"成为你自己"、海德格尔的"向死而生"、萨特的"存在先于本质"，还是古希腊智者普罗泰戈拉的"人是万物的尺度"、苏格拉底的"认识你自己"，抑或是比较宗教学家缪勒所描述的古代雅利安人的"Mar"、社会学与人类学家列维-布留尔所展现的巴隆加人的"mhamba"等，其所言说的无不是作为主体的人和作为主体的人的生成性。因此，几千年的西方人学发展史或许可以被视为一部关于人的主体性与主体生成性的历史。段德智教授这部《主体生成论——对"主体死亡论"之超越》所面对的无疑是一个古老的、未尽的、无尽的话题，其创新之处恰恰在于作者对马克思主义关于人的自由和全面发展的基本思想成果、西方宗教哲学的思想营养的全面吸收以及在此基础上借助于现代西方哲学与后现代西方哲学而给出的一个中国式的积极而深刻的理论诠释、逻辑构架与问题延展。

（本文原载《哲学动态》2010年第3期，作者系中国社会科学院哲学所研究员）

精神自由与希望人学

——从哲学无定论到主体生成论

黄 超

哲学有无定论是一个元哲学问题，也是 20 世纪中国哲学的一个重要问题。1988 年，陈修斋先生在《关于哲学本性问题的思考》一文中，继贺麟之后进一步明确提出"哲学无定论"，"从元哲学的高度，并结合马克思主义哲学，对'哲学无定论'问题予以了新的阐释"①。2009 年，段德智教授的专著《主体生成论——对"主体死亡论"之超越》出版，从该书的副标题我们可以看出，"主体生成论"正是对已经沦为"定论"的"主体死亡论"的超越，而该书的正标题"主体生成论"所体现出的元哲学意蕴，可以使我们将其视为"哲学无定论"的一个肯定表达式。哲学是世界的，哲学也是民族的，而哲学家是有国家的。陈修斋先生在《研究西方哲学的学术标准和目标》一文中指出，中国学者研究西方哲学的学术价值应与西方学者相同，不宜另设一个较低的标准。向世界西方先进水平看齐，"与西方一流学者相抗衡"（季羡林语），才是中国西方哲学研究工作者应有的目标。这一学术标准和目标不仅仅是陈修斋先生个人的内心独白，而且也是激励和鞭策一代又一代珞珈哲人的学术标杆。从陈修斋先生的"哲学无定论"到段德智教授的"主体生成论"，我们仿佛聆听到一曲跨越时空的交响乐。

---

① 段德智：《哲学人生——陈修斋先生 90 周年诞辰纪念文集》，人民出版社 2011 年版，第 361 页。

一、从"与西方一流学者相抗衡"到
"钻进特洛伊木马"

某种意义上看，"与西方一流学者相抗衡"易，与国内教条主义相抗衡难，这是陈修斋先生哲学人生的真实写照与切身之痛，也是当代中国哲学和哲学家面临的共同处境。认识到这一点，我们才能更深切地体悟到"哲学无定论"的元哲学价值与社会现实意义。

从苏格拉底的"哲学始自诧异"① 到亚里士多德宣布"知识与诧异相对立"、"哲学将会是靠结束诧异而完成其目的"，从笛卡尔以"我思故我在"为无可怀疑的哲学第一原则到黑格尔宣布"哲学的思想必须超出诧异的观点之上"，两千多年的西方哲学的目标似乎在于寻求永恒不变的"确定性"。哲学真的是靠"结束诧异"来达到其"目的"的吗？哲学真的应该和必须"超出"诧异的观点吗？果真如此，哲学的多样性又何以可能呢？哲学的发展又何以可能呢？这样的追问无疑是一种元哲学的追问，一种关于哲学本性的追问。陈修斋先生所阐述的"哲学无定论"正是与统治西方哲学两千四百多年的"哲学始自诧异却又终结于诧异"的教条相抗衡。陈修斋先生没有任何含糊余地地宣布："我认为，无定论正是哲学的本性，只有无定论的问题才是真正的哲学问题，而真正的哲学问题总是无定论的。如果一旦有了定论，则它就是科学问题，而原本并不是或不再是哲学问题了。"②

对"哲学无定论"的思考和坚持，使陈修斋先生能够摆脱束缚同时代人心灵的教条主义桎梏。1956 年春至 1957 年春，陈修斋先生接连发表三篇反对哲学教条主义的论文。这就是《为什么要有宣传唯心主义的自由》（与贺麟联合署名）、《对唯心主义哲学的

① 参见柏拉图：《泰阿泰德篇》，见王路：《读不懂的西方哲学》，北京大学出版社 2011 年版。

② 段德智：《哲学人生——陈修斋先生 90 周年诞辰纪念文集》，人民出版社 2011 年版，第 90 页。

估价问题》和《关于对唯心主义的估价问题的一些意见》。这三篇论文从表面上看所讨论的是唯心主义哲学的地位和作用问题，是宣传唯心主义哲学的自由问题，但是，从深层看，则是一个哲学观和哲学史观的问题。陈修斋先生所抗衡的是当时在我国哲学界和哲学史界几乎独霸天下的前苏联式的哲学教条主义。"从更广泛的意义上，也可以看作是对在西方哲学界和西方哲学史界两千多年来一向占主导地位的哲学观和哲学史观的抗争、挑战和宣战"。汪子嵩先生坦诚指出："在有这点觉悟上，修斋比我至少要早十几年。"杨祖陶先生非常动情地说："他在 1957 年 1 月的'中国哲学史座谈会'上居然不畏棍子和围攻，拍案而起，为自己的老师贺麟先生关于必须对唯心主义哲学进行正确评价的观点作辩护。所有这些使我对于修斋的学识、才能和理论勇气有了深刻的印象，并由衷感到钦佩。"萧萐父先生在回忆当时的情景时，也表示"惊叹"其"敢于反潮流、敢于与前苏联专家争鸣的学术勇气"[1]。

事实上，如果离开了"哲学无定论"，我们很难真正理解陈修斋先生为何为唯心主义作激情辩护。改革开放以后，"有人记起了修斋 1957 年在北大中国哲学问题讨论会上关于唯心主义的估价问题的发言，以及因此而长期受到的委曲，便大力邀请修斋到黄山之会上去'亮相'，去畅谈他的观点。未料到一再邀请，都被修斋婉言辞谢了"。萧萐父先生在《怀念修斋》一文中转述了陈修斋先生的立场："我不能去参加黄山会，是由于我的一贯观点只是主张对历史上的唯心主义哲学如对唯物主义、二元论哲学等一样，都应作出科学的分析和实事求是的评价，而并不同于现在某些专为唯心主义翻案或夸大唯心主义作用的过激观点。"择善固执，不随风倒，这是陈修斋先生的真正品格，也是"哲学无定论"的理论必然。

一个时代的语言往往能够鲜明反映所属时代的特色。如果说"与西方一流学者相抗衡"更多的是老一辈学者努力摆脱被动落后局面的慷慨悲歌，那么"钻进特洛伊木马"则直接体现了崛起中

---

[1] 段德智：《哲学人生——陈修斋先生 90 周年诞辰纪念文集》，人民出版社 2011 年版，第 5~7 页。

的中国主动进取、"直捣黄龙"的自信与豪迈。

段德智教授在《主体生成论》中借康熙之口为我们生动地刻画了一个18世纪的教条主义者：巴黎外方传教会会士、时任福建主教的阎当。阎当对中国文化和中国典籍缺乏深层次的了解，却在他的教区内严禁中国礼仪，在"中国礼仪之争"中扮演了一个特别激进的角色。康熙严厉批评阎当："既不识字，又不善中国语言。对话须用翻译。这等人敢谈中国经书之道，像站在门外，从未进屋的人，讨论屋中之事，说话没有一点根据。"① "站在门外，从未进屋"，却妄论"屋中之事"，这是古今中外绝大多数教条主义者的共同特点。

能否真实走进当代西方哲学家"主体死亡论"的"屋内"决定于作者在多大程度上克服言说者与言说对象之间的"空间间距"和"时间间距"。段德智教授深刻指出：虽然我们现在已经步入了所谓"全球化"时代，但是，由于东西方世界之间的差异和张力依然存在，由于当代东西方学者都在一定程度上依然生活在各自的文化传统之中，当代中国学者要真正进入当代西方学者的话语体系也依然是一件非常困难的事情。另一方面，就中国的人文社会科学学者群而言，一般而言，对于西方近现代时期的思想和文化比较亲近，感到易于理解和易于接受，而对于当代西方思想和文化则感到生疏，感到难于理解，甚至往往自觉不自觉地产生某种抵触情绪和几分排斥感。② 因此，为克服上述"空间间距"和"时间间距"问题，实现相对意义上的"视域融合"，我们不仅必须保持一种"出窍"状态和开放心态，而且还要通过种种努力切实突破我们自己的习以为常的思维模式，尽可能多地从思想上缩小我们同言说"主体死亡论"的当代西方哲学家的空间间距和时间间距，切切实

---

① 段德智：《主体生成论——对"主体死亡论"之超越》，人民出版社2009年版，第9页；参见李天刚：《中国礼仪之争：历史、文献和意义》，上海古籍出版社1998年版，第63~65页。

② 段德智：《主体生成论——对"主体死亡论"之超越》，人民出版社2009年版，第5页。

实地进入他们的语境。

基于这样的"出窍"心态，段德智教授带领读者钻进"特洛伊木马"之内，走进当代西方哲学家"主体死亡论"的"屋内"，直观西方主体性哲学从"凯旋"到"衰落"直至"死亡"的历史进程。死者已矣？不然。作者的这种直观并不是为了发出"逝者如斯"的慨叹，正如藏在木马里的希腊将士必须从木马里钻出来同特洛伊人进行战斗一样，作者的真正目的是将"主体死亡论"的腐朽化为"主体生成论"的神奇。因此，必须再从"主体死亡论"的"屋里"钻出来，到外面重新审视自己曾经钻进去的那个"房屋"，这样，我们发现导致当代西方哲学"主体性死亡"的症结正是当代西方哲学的"主体"概念与近现代西方哲学的"主体"概念的一种"非此即彼"的"排拒"关系。① 而我们从主体生成论的理论高度来重新审视这种关系，恰好可以克服西方"主体死亡论"狭隘的"仇父情节"，还原其本来的"生成"关系。"主体生成论"令人惊喜地为我们展示出一幅与"主体死亡论"意趣迥异的壮丽历史画卷：前现代社会的人的群体意识与人的合群性；近现代社会人的自我意识的张扬与人的主体性；当代社会人的他我意识的觉醒与人的主体间性。

死生事大！"生成性，特别是人的主体性的生成性乃人的又一项本质特征"。人类主体意识或人的主体性的演进和生成过程，是"主体生成论"最为重要的内容之一。相对于"主体死亡论"的"确定性"，"主体生成论"不正是一种"哲学无定论"吗？

二、"宇宙全体"与"未完成的人"

"真正的哲学问题"原则上无法用实践来检验而达到最后的定论，之所以如此，陈修斋先生认为"关键就在于这类真正的哲学问题是以宇宙全体为其认识对象"。"而要以宇宙全体作为认识对

---

① 段德智：《主体生成论——对"主体死亡论"之超越》，人民出版社2009年版，第5页。

象，这本身就是必然会导致'悖论'，或陷入'自相矛盾'即所谓'二律背反'。因为一说把宇宙本身作为认识对象，则就蕴含着必有一个与此对象相对立，即在此对象之外的认识主体。因为按定义就应该认定没有无主体的对象，也如同没有无对象的主体一样。但宇宙全体作为宇宙全体，按定义就应该无所不包，当然也应包含那以宇宙全体为认识对象的认识主体。这样，这作为认识对象的宇宙全体就应该既不包括认识主体又包括认识主体。这就是'悖论'，或就是'自相矛盾'即'二律背反'。"由于这一根本的"二律背反"，就可导致一系列"二律背反"。因此，"正如康德所已表明的，凡是二律背反的问题，都是双方可以各持己见，双方都可以通过揭露对方的立论不合理来证明自己的合理，而且，由于宇宙全体的问题原则上无法用实践来加以证实或验证，实际这类问题也就必然是无定论的"①。

陈修斋先生在对"哲学无定论"的原因的探讨过程中，深刻揭示了以宇宙全体为认识对象所蕴含的认识主体与认识客体的"二律背反"，但是，陈修斋先生在文章中主要还是从认识客体即宇宙全体的无限性来论证"哲学无定论"的。在陈先生看来，哲学上所说的宇宙全体是可以超出这天文学或宇宙学所把握的宇宙的。"以为仅凭科学知识就能最终解决宇宙有无开端或终结，以及宇宙是有限还是无限之类的哲学问题，实在是一种误解。其实科学不管怎样发达，也永远无法证明哲学上所讲的宇宙是有开端还是无开端，有终极还是无终极，或者是有限还是无限。""利用一些天文上的材料来证明世界在时间、空间上的无限性，认为这就表明马克思主义哲学是建立在科学的基础上，是经科学证明了的客观真理，这实在是既不符合哲学，也不符合科学的作法。"②

事实上，如果从认识主体的角度来分析，从人是"未完成的"

① 段德智：《哲学人生——陈修斋先生90周年诞辰纪念文集》，人民出版社2011年版，第92页。
② 段德智：《哲学人生——陈修斋先生90周年诞辰纪念文集》，人民出版社2011年版，第93页。

和"生成着的"出发，我们同样可以得出"哲学无定论"的结论，而且这种"主体论证明"与陈修斋先生的"宇宙论证明"互为表里，相得益彰。

人是"未完成的动物"，这是段德智教授的"主体生成论"的一个根本出发点。作为主体的人的问题，特别是作为主体的人的生成问题，既是一个非常古老的问题，也是一个永远崭新的话题。说它古老，乃是因为人作为"未完成的动物"从其脱离动物界之日起，就不仅不能不作为主体的人而生存，而且在自己的生存实践活动中也不能不反思和进一步实现自己的主体性。说它崭新，乃是因为作为个体的人如果有朝一日丧失了自己对自己的"未完成"的意识，丧失了自己的生成性，他也就因此或是把自己对象化为"神"，或是因此而把自己对象化为禽兽。一个个人如此，一个社群，乃至整个人类社会的情况亦复如此。因此，人的主体性和作为主体的人的生成乃是一个人类永远不能不说也一定会永远说下去的话题。人类历史在一个意义上也就是主体或人类本性不断生成和变化的历史。① "人在改造自然、改造社会、改造自己历史的实践活动中也就同时改造了他自己。主体或作为主体的人的生成性或自生成性之谜的谜底就在于此。"一如马克思所强调指出的："整个历史也无非是人类本性的不断改变而已。"②

从生物人类学的观点来看，人与动物相区别的最显著特征就是人的身心结构的"非专门化"，人的这种"非专门化"所体现出来的正是人的"非完善性"、"非完成性"和"自完成性"。根本不存在人的世界。人的世界是一个必须由人自己的活动来构建的世界。从哲学观点来看，叔本华的"看穿个体化原理"，尼采的"成为你自己"，海德格尔的"向死而在"，萨特的"存在先于本质"，拉康的"个性理论"和福柯的"自我伦理学"都可以看作是主体

① 段德智：《主体生成论——对"主体死亡论"之超越》，人民出版社2009年版，第1页。

② 马克思：《哲学的贫困》，见《马克思恩格斯全集》第4卷，人民出版社1965年版，第174页。

或作为主体的人的生成性的见证。即使从神学角度探讨，结果同样如此，人的"未完成性"和"生成性"是人既区别于神也区别于一般动物或一般事物的一项本质规定性。①

正是在人是"未完成的"意义上，段德智教授指出：人类关于作为主体的人的主体性和生成性的思想和学说也就因此而永远是开放的和未完成的，永远不可能有什么"最后一言"。因此之故，对"最后一言"哪怕是一星一点的奢望都是与"主体生成论"的主旨相左的。而且，对"最后一言"的任何企图也都是没有结果的。正如我们不把笛卡尔、康德、尼采、胡塞尔、海德格尔和萨特的主体性思想视为"最后一言"一样，后人同样也不会把我们的"主体生成论"视为"最后一言"的。

三、精神自由与希望人学

陈修斋先生厌恶并反对形形色色的教条主义，"哲学无定论"正是陈修斋先生对思想解放和精神自由的呐喊。因此，即使对于他不赞同的哲学观点，他也认为在学术上别人有这样看的权利。在《关于哲学本性问题的思考》一文中，陈修斋先生多次声明了对别人和自己思考和表达权利的尊重。"我们既然认为对于'哲学是什么'的问题本来也无定论，有人主张哲学就是对科学语言的逻辑分析，当然也有他们这样做的自由，我们也无意加以否定或责难。但我们也认为其他人也应该同样有把哲学看成别的东西的权利。""哲学的无定论最重要的还是表现在关于哲学基本问题的争论，即唯物主义与唯心主义的争论上。其实，对于哲学是否有或应有一个基本问题或最高问题，这本身就可以争论，也事实上存在着争论。非马克思主义的哲学家显然并不主张或赞同有这样一个哲学基本问题。我们知道近年来我国哲学界也有人——当然他们自称是马克思主义者，人们也承认他们是马克思主义者——认为哲学并没有或不

---

① 段德智：《主体生成论——对"主体死亡论"之超越》，人民出版社2009年版，第316页。

需要有一个基本问题。我个人对这种观点并不赞成，但我认为在学术探讨范围内完全应该容许提出这种观点的自由。"①

陈修斋先生认为，哲学的价值和意义就在于：首先，可以锻炼理论思维能力。其次，有助于使人树立正确的世界观和人生观，以作为立身处世之本。再次，有助于使人摆脱心灵的桎梏，解放思想，开拓心胸，提高精神境界。"人生活在世界上，总要受自然和社会环境种种条件的制约。如果陷入盲目性而不自觉，则会处处感到受桎梏，受束缚。通过良好的哲学训练，能从宇宙全体的高度来看待一切事物，看到个人在宇宙中的地位，就会有如登高望远，心胸开阔，眼光远大，不至为个人区区小事烦恼，从而获得精神的自由。再者，熟悉了历史上和当代丰富多彩、千差万别的种种哲学思想，也就不会陷于一孔之见，或为某种偏执之论所囿。而哲学思想实为各个时代精神文明的精华，多受哲学熏陶，自能提高人的精神境界。这对于精神文明建设无疑是大有好处而决不可缺少的。一个没有哲学的民族决不可能是一个有高度文明的民族。"②

而且，陈修斋先生指出：要想使哲学体现上述的意义和价值，发挥其应有的作用，只有正确地认识哲学无定论的本性才行。如果认为哲学有定论，只有唯一一种观点是绝对正确的，大家都该接受一种观点，那就真是所谓"舆论一律"，"思想一律"，大家都照着一种现成的理论模式来思维，还谈得上什么锻炼理论思维能力？如果认为哲学有定论，则人人都只能现成接受这种定论作为世界观和人生观，即使它是完全正确的吧，这样不经过自己的独立思考和比较鉴别而直接凭学习或灌输接受下来的世界观和人生观，也不可能真正植根于心灵中，融化在自己的血液里，真正成为自己的世界观和人生观，也就不能起指导自己思想行为的作用。如果哲学是有定论的，则每一个人都只能凭学习接受这种作为定论的哲学理论，这

---

① 段德智：《哲学人生——陈修斋先生 90 周年诞辰纪念文集》，人民出版社 2011 年版，第 96 页。

② 段德智：《哲学人生——陈修斋先生 90 周年诞辰纪念文集》，人民出版社 2011 年版，第 97 页。

样也就谈不上起解放思想、提高精神境界的作用。认为哲学有定论，正是那种教条主义、僵化思想的根源，它和生动活泼、充满生命力，并且不断向前发展的马克思主义是背道而驰的。

对于马克思主义是否是定论的争论，陈修斋先生指出，马克思主义的经典作家也曾一再表明，"单靠论据和三段法是不足以驳倒唯心主义的"①；同样，要证明唯物主义的正确，也不能单靠论据和三段论，即不能单靠抽象的理论论证，而主要是依靠人类的全部科学和实践。即使迄今为止的科学和人类实践已证明唯物主义的正确性，那也还不是全部。这就是说，单靠某一门或几门科学，一次或多少次实践，或若干次不论怎样规模宏大、设计精巧的科学实验，也不能一劳永逸地完全证明唯物主义的绝对真理性。马克思主义历来否认有这种作为对世界的"最后一言"的"绝对真理"，也从来没有认为自己的辩证唯物主义就是这样的"绝对真理"。它的真理性是体现在全人类的科学和实践的整个发展过程中的，而这个过程是一个不断发展、永不会完结的过程。这就意味着辩证唯物主义也不会有朝一日成为对世界的"最后一言"式的"绝对真理"，从而成为人人普遍接受的"定论"。

与陈修斋先生对精神自由的呐喊相呼应，段德智教授认为其主体生成论的终极旨归是"一种希望人学"，而"希望人学"的终极希望则是"人的自由而全面发展"、"自由个性"和"自由人的联合体"。

段德智教授的"主体生成论"采取了年鉴学派布罗代尔的"长时段史学研究方法"。按照布罗代尔的长时段理论，短时段研究往往容易为眼前的现象所迷惑，故而为要真正探索和发现历史发展的根本规律，就必须采取长时段的研究方法。主体生成论不仅探索和发现了迄今为止的主体生成史或主体发展史总体上是一个从以"人的群体意识"为主导主体意识到以"人的自我意识"为主导主体意识再到以"人的他我意识"为主导主体意识的演进过程，而且昭示了西方的主体生成史与经济形态演进史的同步性。这无疑是

① 《列宁选集》第2卷，人民出版社1975年版，第30页。

对马克思在的《经济学手稿（1857—1858 年）》中关于人的主体生成史的论断的一个佐证。① 而且，这样一种历史的追溯无疑为我们对理想人格和理想社会的预测，对作为主体的人的未来发展前景的展望，亦即对个人的自由而全面的发展和"自由人的联合体"的设想或论述奠定了史学基础。

因为在马克思看来，作为主体的人的生成史是一部从"人的依赖关系"走向"以物的依赖性为基础的人的独立性"再走向"自由个性"的历史，而人的这样一种生成和发展的历史显然是以人类社会的三种社会形态和经济形式为基础并且大体上是与后者一一对应的。就马克思本人来说，他之所以用"人的依赖关系"来概括"前现代社会"的人的主体性，用"以物的依赖性为基础的人的独立性"来概括西方近现代社会的人的主体性，也是立足于"未来""产品经济社会"、立足于理想人格"自由个性"的。换言之，他是从"未来""产品经济社会"、理想人格"自由个性"的高度和"时段"来反观和审视"自然经济社会"和"商品经济社会"时段的人的主体性及其基本特征的。随着人类社会从自然经济社会转变为商品经济社会，人的主体性形态也发生了变化，从"人的依赖关系"转变为"以物的依赖性为基础的人的独立性"，从强调人的群体意识到强调人的自我意识和个体意识再到强调他我意识。而随着商品经济社会的进一步的发展，随着更高级的社会经济形态的出现，人的主体性的更为高级的形态也将随之到来。因此，人类历史并不会终结于商品经济时代。只有作为主体的人的"未来"之维才是作为主体的人的"希望之维"、"意义之维"、"超越之维"和"生成之维"，从而构成主体生成论的"纵深维度"（蒂利希语）。而这种"纵深维度"是那种永远变动不居的，从而能够永远处于我们前面的东西。属于真实希望的东西永远是那种我们可以将之付诸实践但是却永远不可能完全实现得了的东西，

① 马克思：《经济学手稿（1857–1858 年）》，见中共中央马克思恩格斯列宁斯大林著作编译局编译：《马克思恩格斯全集》第 46 卷上册，人民出版社 1979 年版，第 104 页。

是一种永远处在我们面前鼓舞着我们为之奋斗的东西，是一种在任何时候都处在我们前面的东西。而"自由个性"和"自由人的联合体"无疑就是作为主体的人的最值得希望和憧憬的东西，是值得我们一代代人为之拼搏、为之奋斗的东西。①

结　语

改革开放初期，破除对马克思主义的教条主义理解是哲学的一个重要使命，"哲学无定论"吹响了哲学改革的号角。"要为改革提供一种哲学，必须哲学本身首先进行改革；而哲学要改革，就必须从认识和肯定哲学无定论开始。因为如果断定哲学有定论，而且已有定论，就无从谈哲学的改革。同时，如果要成为一个真正的马克思主义者，就必须承认马克思主义哲学也并未成为定论"②。21世纪是全球化、多元化的时代，中国的伟大崛起需要与之相适应的伟大理论创新。主体生成论和希望人学激励我们在促进"真实集体"的生成、振兴中华民族、推进世界和平和人类进步的伟大事业中，不断地实现自我超越和自我完善，从而最终实现"人终于成为自己的社会结合的主人，从而也就成为自然界的主人，成为自己本身的主人——自由的人。"③

（本文原载《比较哲学与比较文化论丛》第4辑，武汉大学出版社2012年出版，作者系武汉大学哲学学院宗教学系副教授）

---

① 段德智：《主体生成论——对"主体死亡论"之超越》，人民出版社2009年版，第391~395页。

② 段德智：《哲学人生——陈修斋先生90周年诞辰纪念文集》，人民出版社2011年版，第98页。

③ 恩格斯：《社会主义从空想到科学的发展》，见中共中央马克思恩格斯列宁斯大林著作编译局编译：《马克思恩格斯选集》第3卷，人民出版社1995年版，第760页。

一部代表中国哲学界目前关于
莱布尼茨哲学研究最高水准的著作

朱红文

　　莱布尼茨的哲学与其科学思想有着内在的联系，并对近代欧洲文明的兴起产生了根本性的影响。莱布尼茨的思想以其特有的丰富性和张力，仍然是今天西方哲学界的热门课题。段德智的《莱布尼茨哲学研究》以莱布尼茨的文本为出发点，并尽可能还原莱布尼茨产生的语境，对莱布尼茨的哲学思想作出较为全面、系统和深入的阐释。全书体系完整，第一章旨在将作为哲学家的莱布尼茨的一生刻画成其酝酿、阐扬、完善和进一步深化其哲学体系的过程。可以看作是对莱布尼茨哲学思想的一种历时性考察。第二至第五章，则可以看作是对莱布尼茨哲学思想的一种逻辑的或共时性的考察。其中，第二章着重阐述了莱布尼茨哲学思想所依据的三项基本原则，即矛盾原则、充足理由原则和圆满性原则。接下来的三章依次考察了莱布尼茨哲学体系的三个基本构件，亦即它的本体论、认识论和道德学。第六章从德国古典哲学、意志主义、现象学与存在主义、分析哲学、直觉主义美学、现代道德哲学和政治哲学等六个方面对莱布尼茨哲学对后世的深广影响做出较为简洁的说明。《莱布尼茨哲学研究》代表中国哲学界目前关于莱布尼茨哲学研究的最高水准。

　　（本文原载《中国图书评论》2012 年第 1 期 "2011 年度专家、学者阅读图书" 栏。《中国图书评论》"特邀国内诸多领域知名专家、学者回顾、盘点 2011 年印象深刻、值得推荐的图书。各领域专家、学者提名书籍 200 余种，本刊从中遴选 80 余种"。《莱布尼茨哲学研究》为《中国图书评论》遴选出来的 5 种"哲学宗教类"中一种。该文标题系本书编者所加。作者系北京师范大学哲学与社会学院教授、副院长）

段德智教授力作
《莱布尼茨哲学研究》出版

刘孝廷

　　莱布尼茨是近代德国第一位大科学家、哲学家和许多学科的创始人，对现代世界科学和哲学有重要影响。但是，这样一位学者却在身后因为其全部手稿被封存而严重影响了思想的传播。近年来，随着莱布尼茨手稿被陆续整理出版，国际莱布尼茨研究开始升温，人们不仅对莱布尼茨的认识在加深，科学史和哲学史上的一些谜底也逐步得以揭开，国内莱布尼茨研究也出现了可喜的势头，除召开关于莱布尼茨的会议和学术研究文章日益增多外，一批有分量的学术著作也开始陆续出版。其中，由武汉大学学术委员会委员、二级教授段德智先生撰著的《莱布尼茨哲学研究》，作为中国大陆近期莱布尼茨研究的标志性成果，已由人民出版社列入"哲学史家文库"隆重出版。

　　该书的最大特点是尽可能多地依据文本并结合其语境，对莱布尼茨的哲学思想做出全面、系统、深入的阐释。全书分六章。其中，第一章旨在将作为哲学家的莱布尼茨的一生刻画成其酝酿、阐扬、完善和进一步深化其哲学体系的过程，是对莱布尼茨哲学思想的一种历时性考察。第二至第五章是对莱布尼茨哲学思想的一种逻辑的或共时性的考察。其中，第二章着重阐述了莱布尼茨哲学思想所依据的三项基本原则，即矛盾原则，充足理由原则和圆满性原则。接下来的三章依次考察了莱布尼茨哲学体系的三个基本构件，亦即它的本体论、认识论和道德学。最后，在第六章，从德国古典哲学、意志主义、现象学与存在主义、分析哲学、直觉主义美学、现代道德哲学和政治哲学等六个层面对莱布尼茨哲学对后世的深广影响做出较为简洁的说明。这是目前中国大陆关于莱布尼茨哲学研究最为全面深入系统的学术成果。

（本文原载《自然辩证法研究》2012年第7期，作者系北京师范大学哲学与社会学学院教授、科技哲学研究所所长）

一部立足国际对话的学术著作

——段德智《莱布尼茨哲学研究》评介

朱传棨

由人民出版社 2011 年 9 月作为哲学史家文库第 2 辑中的一种出版的段德智教授新作《莱布尼茨哲学研究》，是我国莱布尼茨哲学研究领域又一值得注意的新成果。

该著最突出的特点在于作者注重面向世界，积极开展与国际莱布尼茨哲学界的学术对话，并在这种对话中阐述莱布尼茨哲学的时代意义和不朽价值。

第一，该著针对国际莱布尼茨哲学界偏重于将莱布尼茨哲学逻辑化的理论倾向，依据文本突出地强调了作为"关于存在的大原则"的充足理由原则的相对独立性，强调了充足理由原则在莱布尼茨哲学体系中的"元哲学"地位，从而不仅从本体论层面还原了莱布尼茨哲学体系的原貌，而且还据此比较成功地解读了莱布尼茨对叔本华、海德格尔等当代哲学大家的影响，从而使之赢得了鲜活的时代意义。

第二，该著依据文本论证了莱布尼茨哲学体系中的现象主义与单子主义的相互关联和内在统一性，从而也就论证了"中年莱布尼茨"与"晚年莱布尼茨"的相互关联和内在统一性，努力把莱布尼茨的哲学理解并阐释成一个包含诸阶段于自身内的一个既有所区别又相互衔接的统一的发展过程。为此，作者还比较详尽地考察了莱布尼茨的两类实体（"有形实体"与"单纯实体"）学说、两种物质（"原初物质"与"次级物质"）学说和两种力（"原初的力"与"派生的力"）的学说，并且证明其中"有形实体"、

"次级物质"和"派生的力"正是莱布尼茨现象主义与单子主义相互关联的基本中介。这就有力地回应了西方学者肢解莱布尼茨哲学的企图，捍卫了莱布尼茨哲学所固有的内在统一性。

第三，该著针对一些西方莱布尼茨学者片面地关注莱布尼茨"微知觉"学说非理性主义向度的理论倾向，突出地强调和论证了该学说的认识论向度和美学向度，从而赋予该学说以更为丰富的时代意义。就莱布尼茨微知觉学说的认识论向度而言，该著区分了微知觉的三重意涵："类型学的意涵"、"本体论的意涵"和"动力学的意涵"，并且论证了微知觉因此而具有的重大的认识论意义。

段著的出版告诉我们，在任何一个学术领域要取得一些比较重大的成果都不可能一蹴而就，都需要经过长期辛勤劳作，甚至需要经过几代人的不懈努力。中国学者对莱布尼茨的介绍和研究，如果从1908年郭凤翰所译英国张伯尔的《世界名人传略》将莱布尼茨作为"名人"介绍给中国读者时算起，迄今已经过去一个世纪了。尽管一个世纪以来，我国学者在莱布尼茨哲学研究方面也取得了很大的成就，但无论如何，我们面前的这部著作都可以看作是中国学者在莱布尼茨哲学研究领域内所写出的最优秀的著作之一：无论是就该著所关涉的莱布尼茨哲学领域的广度，还是就该著所关涉的莱布尼茨哲学的深度及其阐释莱布尼茨哲学的系统性，都表现出了一些超越前人的景象。该著之所以能够取得如此骄人的成绩，固然与作者30多年的辛勤劳作不无关系，但与其哲学前辈的努力也是分不开的。作者的老师陈修斋先生早在60多年前就开始了其对莱布尼茨哲学研究的漫长征程。在近半个世纪的学术生涯中，陈修斋先生不仅翻译出版了《人类理智新论》、《新系统及其说明》和《莱布尼茨与克拉克论战书信集》等著作，而且还发表了一系列具有国际视野的学术论文，并出版了学术专著《莱布尼茨》（陈修斋、段德智著，曾获教育部人文社会科学优秀成果二等奖），为我国学者对莱布尼茨哲学的深入研究奠定了基础。更值得一提的是，贺麟先生不仅"审读"了陈修斋先生在20世纪40年代末50年代初所写出的第一篇莱布尼茨论文《黑格尔对莱布尼茨思想中矛盾律与充足理由律的二元并列问题的解决》，而且还"提出了若干条重要意见"（陈修斋语）。从这个意义上看，我们面前的这部著作不仅是作者本人的一项学术成果，而且也承载了两代人乃至三代人的学术理想，并浸润了两代人乃至三代人的辛勤汗水。由此看来，不论从该著的学术价值，还是从其体现的学术态度和治学方法来看，都是值得研读的佳作。

（本文原载《光明日报》2012 年 4 月 24 日，作者系武汉大学哲学学院教授）

莱布尼茨思想迷宫的探索

——评段德智《莱布尼茨哲学研究》

桑靖宇

　　莱布尼茨作为 17 世纪百科全书式的天才思想家，在当时学术领域的各个方面，如形而上学、神学、逻辑学、语言学、物理学、数学、法学、历史学等几乎都作出了一流的贡献，对后世有着异常深远的影响，被誉为"自身就是一座科学院"。当人们为莱布尼茨超人的成就所吸引而试图研读其哲学以进而窥其思想的堂奥时，却难免感到某种茫然。与其他的哲学家不同，莱布尼茨并未将自身深奥、广博的哲学思想集中表现在一本或数本著作中，而是散见于为数众多的通信、手稿里，让人难免有望洋兴叹之感。而一般哲学史深受康德学派的影响，将莱布尼茨置于近代唯理论的末端，并视之为康德《纯粹理性批判》所超越的一环。这种认识论上的定位显然对于莱布尼茨这位思想异常恢弘深邃的哲学巨人而言显得过于狭隘而不公了，因而，从费尔巴哈直到罗素、卡西勒、胡塞尔、海德格尔等哲学大师纷纷从各自的哲学立场出发著书立说，以期发掘莱布尼茨哲学的隐秘的微言大义。20 世纪 70 年代起，国际学术界更是经历了一场莱布尼茨研究的复兴，一批高水准的著作从不同侧面揭示了莱布尼茨思想的丰富内涵。有理由相信，随着莱布尼茨全集的陆续整理出版，对莱布尼茨的研究还会处于持续升温中。

　　与国际学术界对莱布尼茨哲学的高涨热情相比，国内的莱布尼茨研究明显地瞠乎其后了。这位一生关注中国文化、与中国有着不解之缘的德国大哲学家在中国却似乎一直未受到过应有的关注。相关的少数研究成果一直零零落落地点缀在学术界的边缘，甚至长期以来都没有一本专著能系统全面地深入论述莱布尼茨的深奥的哲学体系，引领人们穿越其思想的迷雾。所幸的是，我国著名的莱布尼茨哲学专家段德智教授的大作《莱布尼茨哲学研究》（人民出版社2011年版）的出版终于终结了这一令人难堪的局面。

段德智教授师从新中国西方哲学学科的奠基人之一、中国莱布尼茨研究的拓荒者陈修斋先生，曾长期致力于莱布尼茨哲学的研究与教学。此番集数十年功力于一书，成就自然不同凡响。该书洋洋洒洒五十万言，从西方哲学自古希腊到现当代发展的宏大背景中，鞭辟入里地勾画出莱布尼茨哲学从本体论到认识论和道德学的深刻内涵及其深远意义，为人们绘制出一幅深入莱布尼茨思想迷宫的精美地图。

全书共六章。第一章"莱布尼茨的生平、著述与人格"看似简单平凡，实则意义重大，学术要求极高。我们知道，莱布尼茨不但是位百科全书式的伟大思想家，而且深深地涉入到当时的各种政治、宗教、文化等活动中，终其一生都积极致力于以自己的思想和活动推动欧洲向自己期待的方向发展，这鲜明地表现在他的格言"实践必然伴随知识"之上。莱布尼茨的大量的、零散的哲学著述如果不还原到当时错综复杂的历史脉络和他令人眼花缭乱的交往活动之中，是不可能得到真正深入而准确的理解的。这无疑构成了一般读者理解莱布尼茨哲学的重大障碍。所幸的是，作者在不长的篇幅内极好地完成了这一高难度的任务，他把莱布尼茨的哲学著述与哲学思想发展轨迹清晰地划分为四个阶段，各阶段的重要哲学著述和思想都联系当时的时代背景和莱布尼茨的具体活动得到了清楚的说明。尤其难能可贵的是，莱布尼茨的经典性的哲学著述如《形而上学论》、《新系统》、《人类理智新论》、《神正论》等的核心思路得到了提纲挈领的勾画，为读者和研究者深入了解莱氏哲学提供了莫大的方便。某些国内外学术界常易忽视的重要问题如莱布尼茨青年时期为整合天主教和新教所致力的"化体说"的哲学研究的重要性得到了合理说明，让人印象深刻，耳目一新。这样一来，在早期近代欧洲的新旧文化交替的混乱和阵痛之中，莱布尼茨是如何酝酿、发展出他的熔传统与近代思想于一炉的独到哲学的思想轨迹就得到了清晰的呈现。这一基础性的，然而却至关重要的工作在国内的莱布尼茨研究中还是首次得以很好地完成，即使置于国际学界，作者的这一工作也是颇有特色和价值的。

在接下来的第二章"莱布尼茨哲学的生成、主要旨趣及其所依据的基本原则"，首先从哲学史的宏大背景出发，指出莱布尼茨思想以柏拉图哲学为中心，广泛吸收、综合毕达哥拉斯、亚里士多德、斯多葛派、德谟克利特、布鲁诺乃至犹太和埃及宗教神秘主义等各种思想的集大成性。莱布尼茨早年深受崇尚亚里士多德的经院哲学思想影响，年轻时虽一度为近代新兴的机械论思想所吸引，但不久就发现机械论不能说明自然的本质，从而力图恢复"实体的形式"这一古老的观念，并独创性地将之解释为一种原始的活动力，也就是他后期的"单子"。从而莱布尼茨就走上了一条与近代流行的机械论世界观截然不同的融贯古代与近代的独特的思辨之路。由此出发，作者突破了哲学史上流行的早期近代西方哲学以认识论为重心的片面观点，认为莱布尼茨哲学实际上是以实体观念为核心的，其单子论有两项影响异常深远的创造性贡献：其一是实体即主体的思想，即单子是永恒的活动，这有力地冲击了近代占统治地位的机械论世界图式；其二是实体即个体的思想，即单子是自足的个体，因内在的原则而运动，这无疑是近代西方文化中人的觉醒的哲学表达。

为了更好地揭示莱布尼茨繁杂的哲学脉络，作者接下来深入分析了莱布尼茨哲学的基本原则。罗素在其影响广泛的《对莱布尼茨哲学的批评性解释》一书中将矛盾原则视为莱氏哲学的基本原则。作为该书的主要中译者，作者对他的相关思想自然非常熟悉。在此，他与罗素进行了深入的对话：一方面，他肯定罗素从这一思路出发，以逻辑学的观点系统解释莱氏哲学所作出的突出贡献；另一方面，他也指出罗素过于重视矛盾原则的纯逻辑学思路的严重不足，以至于将莱氏完整的哲学体系割裂成两个不相容的部分。为了弥补罗素的缺陷，作者在继承先师陈修斋先生所提出的莱氏哲学有充足理由律和矛盾律两大基本原则的基础上，精辟地指出，"正如矛盾原则是关于本质、关于可能性的大原则，充足理由律是关于存在、关于偶然的个体事物的大原则一样，圆满性原则是关于本质何以转换为存在、可能的何以转化为实际的、可能世界何以转化为实际世界的大原则"，即圆满性原则是不可替代而自身独立的、关于道德和自由选择的原则。这三个相互独立却又紧密相关的基本原则正好与莱氏哲学的本体论、认识论和道德学这三大板块相对应，以往很少被特别关注的莱氏道德学被置于应有的显著地位。作者进而从莱氏哲学的每一板块中各提炼出四个次级原则。通过三大基本原则和十二次级原则的严整结构，晦涩而庞杂的莱氏哲学的整体面貌就被清晰地呈现出来了，应该说这很好地展现出作者的思辨功力和对莱氏哲学的透彻把握。

有了前两章的基础和铺垫，在该书的主体部分——第三到第五章，段德智教授如庖丁解牛一般，把莱氏哲学的三大部分——本体论、认识论和道德学，向我们娓娓道来。我们知道，莱布尼茨在《神正论》序言中把"连续性"和"不可分的点"的问题视为人类理性的两大迷宫之一，遗憾的是，他本人并未对这一重大问题进行过系统阐述，研究者们也大都语焉未详，一般读者难免对其确切涵义感到疑惑。难能可贵的是，作者在第三章以这一著名问题为中心对莱氏本体论思想展开详细论述，很好地剖析了这一西方哲学史上的公案。"连续性"和"不可分的点"本是近代两种影响广泛而又互相对立的物质学说——即以笛卡尔为代表的物质广延说和以伽桑狄为代表的物质微粒说——所分别依据的原则。莱布尼茨对此争论一方面表现出善于综合的思想特色，即认为"连续性"和"不可分的点"都是人类理性所必须承认的原则，另一方面，他又敏锐地指出，由于双方所共有的机械论思维方式使他们不能真正确立自身的原则，更不能将这二者统一起来。由此出发，他发展出了自己独特的、富有辩证色彩的本体论学说来解决这一时代难题。作者从三方面对莱布尼茨的这种本体论思想进行了论述。其一，莱布尼茨正确地看到，原子无论如何小都必须占有空间，不可能具有真正的不可分性，只有"形而上的点"即单子才是不可分的。这种单子是精神性的力，超越了机械论的量的规定，具有真正的统一性，因而成为世界的最终的单元。其二，莱布尼茨为确立单子的不可分性而强调单子依据内在的原则而活动时不免走向极端，否定了单子间具有现实性联系，从而只能另辟蹊径解决单子的连续性问题。他认为，每个单子都反映着整个宇宙，只是清晰程度不同。正是这种清晰不等的知觉使单子构成了从最混沌的赤裸单子到完全清晰的上帝的完整的连续系列，为近代机械论所割裂的人与自然、人与神的关系被莱布尼茨以这种存在序列的连续性所重新建立起来。其三，单子间何以具有这种连续性呢？彼此不发生现实作用的单子又如何能在各自的活动中保持这种连续性呢？莱布尼茨一方面将之归于单子的本性，但最终还是认为这种奇妙的和谐是上帝的前定。这种前定和谐的多种涵义在本书中得到了很好的澄清。在对莱氏本体论思想做出了独到的系统解释之后，作者还对某些国外学者割裂"中年莱布尼茨"和"晚年莱布尼茨"的做法提出了批评，指出莱氏哲学的作为现象的物质与作为本体的单子是内在密切关联的，不能形而上学地对立起来。

在第四章作者敏锐地指出，莱布尼茨的辩证的、动态的本体论思想对其认识论有着深刻的影响，这使得他得以突破近代唯理论和经验论的静态思维的偏执，达到一个创造性的综合。近代唯理论和经验论或是片面注重感性，或是片面强调理性，争讼不已。莱布尼茨则从（上帝之外的）单子的知觉是个不断追求更高的清晰性的永恒活动出发，把人的认识视为动态的过程，从而将感性和理性综合起来。他一方面将笛卡尔的天赋观念学说改造成天赋观念潜在论，强调只有在认识的不断发展过程中，天赋观念才逐渐从潜在转化为现实，从而很好地回应了洛克的挑战。另一方面，他非常强调经验的助缘的重要作用，从而使感性和理性得以融为一个统一的整体。在对莱氏认识过程学说的分析中，作者独具匠心地强调微知觉观念的重要性，揭示了莱氏对人类无意识领域的可贵探索。此外，作者还深入细致地分析了莱氏的真理观和语言哲学，尤其强调了他的"普遍字符"和"综合科学"思想的可贵的当代意义。

莱布尼茨的道德哲学思想历来为研究者们所忽视，该书在第五章却一反潮流将之视为莱氏哲学的核心所在。这一观点看似突兀，但如果参考第一章的思想传记部分，则不难发现这实际上是恢复了莱氏思想的本来面目。莱布尼茨道德学鲜明地彰显出其哲学的熔古典传统和新兴思想于一炉的根本特色。这突出地体现在他一方面高度弘扬人的个性与自由，另一方面又将之严格置于上帝的规定之下，从而力图在人与神之间、传统与近代之间达成和谐的统一。该章第一节论述了莱氏道德学的人学部分，说明了莱氏对人的自由和必然性的辩证理解，和他对人的主体性的高扬。进而阐述了莱氏道德学中快乐和理性、道德本能和道德推理的统一，这与莱氏认识论中的感性理性间的辩证关系交相辉映。最后对莱氏思想中的人的自由与上帝的前定之间的紧张关系进行了某种辩护。第二节则集中论述了莱氏神学思想，分析了莱氏自然神学思想的复杂内涵及其在西方宗教史上的重要地位，并澄清了人们对莱氏神义论的种种误解。在第三节莱氏社会思想中前面提到的人学维度与神学维度达到了高度的统一。首先，作者指出，在莱氏思想中人法即神法，因为人是神的肖像，具有某种同构性。从而，爱神即是爱人，即是为普遍的善而奋斗。西方传统宗教中的神人间的紧张和隔离被莱布尼茨巧妙地弥合起来，宗教信仰与人本精神实现了完美交融。其次，作者对莱布尼茨的乐观主义进行了很好的辩护。莱氏的神人和谐论使其成功地克服了西方传统宗教的悲观色彩，提出了热情洋溢的社会向善论，深深地影响了西方近代精神，并在黑格尔的"存在即合理"的辩证哲学中得到了积极回应。最后，莱氏著名的"上帝之城"的思想得到了深入的阐发。莱氏断然否定了奥古斯丁对天上之城和地上之城的严格划分和对立，认为上帝之城就在人间，是所有有理性者所组成的共同体。其中，人与神是亲密的君主与臣民乃至父亲与子女的关系，宗教共同体实际上就是人类共同体。作者还别具慧眼地指出，莱布尼茨并未因强调上帝之城的崇高价值而堕入近代哲学中所盛行的否认自然的内在价值的偏见。莱氏从整体论的高度将人与自然的和谐统一作为上帝的最高目的，因此，自然的价值决不能被视为人的主观赋予而加以忽视和摒弃。如作者所言，莱氏的这种深刻的反对过度人类中心论的思想超越了时代的局限，在环境危机日益严重的今天，越发显现出其合理性。

在全书的尾声——第六章"莱布尼茨对后世哲学的深广影响"

部分，作者深入地刻画了这位哲学巨人对德国古典哲学、意志主义、现象学与存在主义、分析哲学、直觉主义美学乃至现代道德哲学和政治哲学所留下的深刻烙印，多发前人所未言。作者所表现出来的深厚的学养和开阔的哲学视野让人钦佩。这部分构成了全书的又一大亮点，使得莱布尼茨的哲学画卷空前宏大起来。

德国诗人、思想家海涅在其名著《论德国宗教和哲学的历史》中曾说过，莱布尼茨并没有留下什么体系构造，他只留下了构成体系所必需的思想。一个巨人从地下深处掘起了大理石层并且把它们凿成了巨大的方块和圆柱，但要把它们结合起来就需要另一个巨人。研究莱布尼茨哲学的艰辛由此可见一斑。段德智教授耗费了大量的心血，把莱布尼茨晦涩艰深而又庞杂零散的哲学片段构造成一个相对完整而严谨的思想体系，莱氏哲学的方方面面基本上都得到了深入而细致的阐发。通过本文的简要介绍，读者们不难发现几乎在每个章节，都表现出作者优异的思辨能力和不拘一格的创造精神。联想到段德智教授近年来不断有对学术界产生重要影响的大作问世（如 2005 年的《宗教与社会》与《宗教概论》，2006 年的《西方死亡哲学》，2009 年的《主体生成论——对主体死亡论之超越》等），他的这种以学术为生命的纯粹的学者精神和老而弥坚的顽强的生命力、创造力不得不令人叹为观止。

总之，段德智教授的这部力作是目前为止中国莱布尼茨研究的最高成就，也是颇为落寞的国内西方早期近代哲学研究领域的重大收获。它标志着莱布尼茨研究在中国已进入了一个新的阶段，必将吸引和鼓舞更多的人关注乃至投入莱布尼茨研究这一无止境的事业。

（本文原载《哲学研究》2012 年第 5 期，刊出时略有删减，作者系武汉大学哲学学院教授）

非有广博　无以精深：
评《莱布尼茨哲学研究》

徐 弢

素有"17世纪的亚里士多德"之称的莱布尼茨不仅是西方近代理性主义哲学的集大成者，而且是整个西方思想史上最后一位百科全书式的人物。① 但是对于那些未能全面了解和把握他的思想背景、逻辑原则和创作风格的研究者来说，在探究他的哲学思想时却常常陷入无所适从的理论困境。这是因为，莱布尼茨本人并没有像很多同时代的德国古典哲学家那样为后世读者们提供一个现成的哲学体系，而是常常将他自己的哲学洞见隐藏在卷帙浩繁的各类信件、论文和著作之中，可是他一生中的著述又极其宏富（仅其本人留下的各类书信便有1万5千多封，各类著作和论文的手稿更是多达5万5千多件）。对于由此导致的理解困难，19世纪的德国古典哲学家费尔巴哈曾在《对莱布尼茨哲学的叙述、分析和批判》一书中由衷地感叹说："他没有把自己的哲学体系作为一部连贯的著作写出来，而是把他的卓越思想，按它们呈现于他的脑海时的形态，写在一些零散的纸片上，我们不得不花费精力把它们汇集在一起，才能获得一个由残篇断简组成的完整体系。他的哲学像一条充满光辉灿烂的思想的银河，而不是太阳系和行星系。"②

---

① 参见段德智：《莱布尼茨哲学研究》，人民出版社2011年版，第414页。

② 费尔巴哈：《对莱布尼茨哲学的叙述、分析和批判》，涂纪亮译，商务印书馆1985年版，第19页。

在我国学术界，对莱布尼茨哲学的关注已经有了一百多年的历史（从 1908 年郭凤翰所译的《世界名人传略》首次把莱布尼茨作为"名人"介绍给中国读者算起），但是由于面临的上述困难，我国的莱布尼茨研究者长期未能推出一部全面而深入地阐释和分析莱布尼茨哲学的研究专著。直到最近二三十年来，我国的莱布尼茨研究者在付出两三代人的辛勤汗水和艰苦努力之后，才终于取得了一些较为显著的研究进展，并且相继出版了《莱布尼茨》（东大图书公司 1994 年出版）、《莱布尼茨与现象学》（中国社会科学出版社 2009 年出版）等几部具有较高学术价值的专著。武汉大学段德智教授新近推出的《莱布尼茨哲学研究》（人民出版社 2011 年出版）更是将我国的莱布尼茨研究推向了一个新的阶段。与以往的研究成果（包括西方学者撰写的莱布尼茨研究专著）相比，他的这部新著对莱布尼茨哲学的阐释和分析不仅更加全面和系统，而且更为深入和新颖，堪称一部广度和深度兼具、历史和逻辑并重的杰作。

在西方学术界，对莱布尼茨哲学的广泛关注肇始于 19 世纪中期。然而迄今为止，西方学者的大多数相关专著仍然是以"侧身像"而非"正面像"的形式将莱布尼茨哲学展现出来的。总的来看，早期的西方研究者常常片面地把莱布尼茨归结为一个狭隘的理性主义哲学家，而 20 世纪之后的西方研究者则大多强调从主谓词逻辑或分析哲学、科学哲学的立场出发来揭示后者的逻辑学意义，但对后者依据的三大基本原则（矛盾原则、充足理由原则、圆满性原则）之间的相互关联及其具有的本体论或形而上学意义则缺乏足够的重视。①例如，当代的英国分析哲学家伯特兰·罗素虽然坚持从莱布尼茨的逻辑学来推演和揭示其全部哲学原理的意义，但是他却比较片面地将莱布尼茨的矛盾原则看成其哲学的唯一思维原则，而把其充足理由原则也归结为矛盾原则，甚至宣称："充足理由律是必然的和分析的，而不是一个同矛盾原则并列的原则，而只

---

　　①　桑靖宇：《莱布尼茨与现象学》，中国社会科学出版社 2009 年版，第 6~7 页。

是它的一个结论。"①

　　然而在段德智看来，"虽然矛盾原则依然是莱布尼茨哲学的一项基本原则，但是充足理由原则和圆满性原则同矛盾原则一样，也是莱布尼茨哲学所依据的相对独立的基本思维原则；如果说矛盾原则是关于本质的大原则的话，那么充足理由原则是关于存在的大原则，而圆满性原则是关于自由和自由选择的大原则"②。因此，他一方面承认只有从莱布尼茨的逻辑原则入手才能深入把握其全部哲学原理的性质和意义，另一方面又没有像西方的某些分析哲学家那样以"拒斥形而上学"的名义否定后者的本体论或形而上学性质和意义。③ 为了克服当代西方莱布尼茨研究中的这一常见弊病，他首先在《莱布尼茨哲学研究》的第二章中着重阐释了这三大基本原则之间的相互关联、相互贯通和相互依存，随后又以这三大原则作为逻辑支点，用大量的篇幅（第三章、第四章和第五章）对莱布尼茨的本体论、认识论和道德论这三大理论板块进行了系统的、深入的、共时性的逻辑分析。

　　段德智之所以能够以"正面像"的形式将莱布尼茨哲学呈现在读者面前，乃至达到超越于西方很多同类著作之上的理论深度和广度，主要得益于他本人从三十多年的莱布尼茨研究中积累而来的广博的相关知识。早在 20 世纪 70 年代，他便师从我国著名的莱布尼茨专家陈修斋先生涉足这一研究领域，后来又受陈先生的亲自委托完成了《莱布尼茨》一书，并翻译了《形而上学论》和《神正论》等几部莱布尼茨原典以及罗素撰写的《对莱布尼茨哲学的批评性解释》等几部研究专著。为了进一步拓展自己的理论视野，他还曾多次前往莱布尼茨的故乡德国进行访问、进修和交流，从而与国际莱布尼茨研究会副主席 Hans Poser 教授、美

---

　　① 罗素：《对莱布尼茨哲学的批评性解释》，段德智等译，商务印书馆2000 年版，第 41 页。
　　② 段德智：《莱布尼茨哲学研究》，人民出版社 2011 年版，第 127 页。
　　③ 段德智：《莱布尼茨哲学研究》，人民出版社 2011 年版，第 121 页。

国匹兹堡大学 Nicholas Rescher 教授、柏林-勃兰登堡科学院莱布尼茨编辑部主任李文潮教授、柏林科学院波茨坦莱布尼茨编辑部主任 Hartmut Rudolph 博士等诸多国际知名的莱布尼茨专家建立了深厚友谊，并且利用自己在德国收集的大量原始资料撰写过一系列体现了国际莱布尼茨研究最新进展的学术论文。例如，他的"对莱布尼茨的逻辑学的再解释：对罗素关于莱布尼茨的逻辑学的解释的一个批评"、"论莱布尼茨的自主的和神恩的和谐学说及其现时代意义"、"试论莱布尼茨和谐学说的理论特征：兼论其与中国阴阳和谐学说的根本差异"、"试论莱布尼茨的现象主义与单子主义的内在关联：对国际莱布尼茨研究中的一个重大问题的回应"。鉴于他在国际莱布尼茨研究领域作出的突出贡献，第七届国际莱布尼茨哲学大会（2001 年）邀请他担任了会议主席团成员。

正是凭借在长期的莱布尼茨研究生涯中获得的广博的相关知识和开阔的理论视野，他的这部新著在系统阐释莱布尼茨的本体论、认识论和道德学理论时，不仅能够准确抓住后者的基本原则、关键环节和思想要旨，而且能够通过全面剖析后者的思想背景和理论源流来丰富和深化读者的理解。在构思和撰写该书的漫长过程中，他曾深有感触地指出："莱布尼茨的哲学思想就是西方哲学史和他所在时代的哲学的一面活的镜子。离开了莱布尼茨哲学的思想背景，离开了莱布尼茨这面哲学镜子所反映的种种形态的哲学思想，莱布尼茨的哲学思想就根本无从理解和阐释，就像一面镜子离开了它所反映的对象就根本无从理解和阐释一样。"① 正是在这一认识的指导下，他在对莱布尼茨的三大基本原则和三大理论板块进行共时性的系统分析的同时，亦对后者的思想背景及其在德国古典哲学、意志主义、现象学与存在主义、分析哲学、直觉主义美学、当代道德哲学和政治哲学中的深广影响进行了历时性的深入考察（详见《莱布尼茨哲学研究》第一

---

① 段德智：《莱布尼茨哲学研究》，人民出版社 2011 年版，第 500 页。

章和第五章），从而使该书真正体现出了广度和深度兼具、历史和逻辑并重的理论特征。

（本文原载《哲学门》2012 年第二册，作者系武汉大学哲学学院宗教学系教授）

《新中国宗教工作史》序

叶小文

20 世纪初，在俄国工人阶级争取社会主义胜利的重要历史时刻，列宁写了一篇题为《社会主义和宗教》的文章。在这篇著名文章中，列宁向无产阶级政党和无产阶级革命家提出了一个重大的政治难题：坚持唯物主义和无神论的无产阶级政党究竟应当如何对待宗教？究竟应当如何处理社会主义和宗教的关系？列宁运用马克思主义宗教观，结合当时俄国革命的实际，制定了无产阶级政党对待宗教的正确态度和原则。后来的相当一部分社会主义国家，包括列宁亲自缔造的苏联在内，虽然也曾努力贯彻列宁所确定下来的各项原则，也曾积累下了一些宝贵的经验，但由于不能与时俱进地发展马克思主义宗教观，在处理宗教问题上频频失误，给我们留下了极为深刻的教训。在这些教训中，最为惨痛的莫过于苏联的解体和东欧的剧变。在本世纪初，江泽民同志在谈到苏联的解体和东欧的剧变时，曾经深刻地指出："在苏联解体、东欧剧变的过程中，国际敌对势力就利用了宗教。"① 这就向作为社会主义国家执政党的无产阶级政党再次尖锐地提出了"社会主义和宗教"的问题。

毋庸讳言，中国共产党在处理"社会主义和宗教"这个大题目时也是既有成功的经验又有失败的教训的。所幸的是，中国共产党人和中国人民在不断总结其宗教工作经验教训的基础上，沿

---

① 江泽民：《论宗教问题》（2001 年 12 月 10 日），《江泽民文选》第 3 卷，人民出版社 2006 年版，第 377 页。

着社会主义道路将我国的宗教工作不断地向前推进，不断地丰富和完善中国特色的社会主义宗教理论体系。以毛泽东为核心的党的第一代中央领导集体，在领导中国人民进行新民主主义革命、社会主义革命和建设的过程中，按照马克思主义宗教观的基本原则，确立了宗教信仰自由的政策，建立了党同宗教界的爱国统一战线。党的十一届三中全会以后，以邓小平为核心的党的第二代中央领导集体，认真总结社会主义中国建立以来党在宗教问题上正反两方面的经验，比较系统地阐明了党在社会主义时期关于宗教问题的基本观点和基本政策，实现了宗教工作指导思想上的拨乱反正。以江泽民为核心的党的第三代中央领导集体，运用邓小平理论和"三个代表"重要思想观察思考宗教问题，根据冷战结束后国际格局的深刻变化和民族、宗教问题日益突出的新形势，结合我国改革开放和现代化的新实践以及宗教领域方面出现的新情况，对社会主义社会的宗教问题，从理论到实践进行了多方面的积极探索，创造性处理我国的宗教问题推动宗教工作取得了新的成就。党的十六大以来，以胡锦涛为总书记的党中央继往开来，根据中国特色社会主义实践的新要求，运用邓小平理论、"三个代表"重要思想和科学发展观观察思考宗教问题，从党和国家全局的高度审视"宗教关系"，进一步强调发挥宗教在构建和谐社会和促进经济社会建设方面的积极作用，从政治、社会、文化层面进一步全面推进积极引导宗教与社会主义社会相适应、相和谐，使得我国的宗教工作在新的历史时期在理论和实践两个方面都有了新的发展。

60 多年来，经过几代人的不懈努力，我党在认识和处理"社会主义和宗教"问题方面取得了重大成就，积累了丰富的经验，极大地丰富和发展了马克思主义宗教观。我们的成就和经验集中起来，主要在于以下两点：一是从实践层面看，中国共产党，作为社会主义中国的执政党，在长期的宗教工作实践中，艰苦探索，积极进取，在不断总结正反两方面经验的基础上，逐步制定出了一条既合乎马克思主义宗教观又适合我国国情的宗教工作的基本方针，积极引导宗教与社会主义社会相适应，积极防范和坚决抵制境外敌对势力利用宗教对我国实施的渗透、破坏和颠覆活动。二是从理论层面看，中国共产党，作为社会主义中国的执政党，在长期的宗教工作实践中，不仅根据我国的国情认真坚持马克思主义的宗教观，而且根据国内外的新形势，在不断总结正反两方面经验的基础上，与时俱进地发展马克思主义的宗教观，初步形成了中国特色的社会主义宗教观。具体说来，我党在长期宗教工作实践中形成的宗教工作基本方针主要在于下述四方面的内容：（1）"全面正确地贯彻宗教信仰自由政策"；（2）"依法管理宗教事务"；（3）"积极引导宗教与社会主义社会相适应"；（4）"坚持独立自主自办的原则，坚决抵制境外利用宗教进行渗透"。① 而中国特色的社会主义宗教观的主要内容则可概括为下述三项：（1）"充分认识宗教存在的长期性"；（2）"深刻理解宗教问题的群众性"；（3）"善于把握宗教问题的特殊复杂性"。② 我们完全有理由宣布，中国共产党在中国特色的宗教工作基本方针和中国特色的社会主义宗教观方面的上述成就，不仅是中国特色的社会主义理论的一项重要内容，而且也是中国共产党人对马克思主义宗教理论和国际社会主义运动的一项卓越贡献。

段德智教授的新著《新中国宗教工作和反宗教渗透60年》依据马克思主义的宗教观，从维护国家主权和国家安全、积极引导宗教与社会主义社会相适应的高度，在对新中国宗教工作和反宗教渗透60年的曲折历程做出详尽考察的基础上，对新中国宗教工作基本方针和中国特色的社会主义宗教观逐步趋于完善的过程做了生动的富有历史感的说明，对于新中国抵制境外宗教渗透、反对宗教干涉主义和民族分裂主义的艰苦历程、主要成就和基本经验也做出了具体、深入和动态的阐述。该著主题宏大，观点正确，结构合理，史料翔实，逻辑严谨，堪称我国宗教学界在

---

① 江泽民：《论宗教问题》（2001年12月10日），《江泽民文选》第3卷，人民出版社2006年版，第383~391页。

② 参见叶小文：《社会主义的宗教论》，《红旗文摘》2003年第1期。

这一研究领域推出的一部力作。

该著最根本的努力在于对新中国宗教工作 60 年的曲折历程做出了非常具体、非常详实的考察。此前也有不少学者对新中国宗教工作 60 年的曲折历程做过考察和阐述，但是至今没有一部著作像该著一样用 40 万字的篇幅对这一曲折历程做出如此具体、如此详实的考察。唐太宗曾说："以史为镜，可以见兴潜。"晚清经学家龚自珍说："入则道，出则史。欲知大道，必先为史。"英国哲学家培根也说过："读史可以明智"。若要对中国特色的宗教工作基本方针和中国特色的社会主义宗教观有一种真切的了解，除了认真学习马克思主义的宗教理论外，最根本的便在于对新中国宗教工作的曲折历程有一种具体的了解和把握。而这或许正是作者写作该著的初衷。事实上，只要我们认真地读一下该著，我们就会发现，作者对我党中国特色的宗教工作基本方针和中国特色的社会主义宗教观的理解就贯穿于他对新中国宗教工作 60 年的曲折历程的具体描述之中。作者之所以用"表明新中国宗教工作和反宗教渗透 60 年一方面是新中国宗教工作基本方针在总结正反两方面经验的基础上逐步臻于完善的过程，另一方面又是中国特色的社会主义宗教理论体系在总结正反两方面经验的基础上初步形成的过程"作为该著的宗旨，即是谓此。既然如此，该著对于我们深入理解党的社会主义宗教工作基本方针和中国特色的社会主义宗教观必将有所裨益。

贯穿该著的另一个中心思想在于反复强调在社会主义宗教工作中动态地坚持马克思主义宗教观的绝对必要性。在作者看来，动态地坚持马克思主义的宗教观具有两个层面的内容，一方面是要与时俱进地发展马克思主义的宗教观，另一方面是要在反对错误的思想和倾向的过程中坚持和发展马克思主义宗教观。作者之所以要用差不多整部著作来如此具体详尽地刻画新中国宗教工作 60 年的曲折历程，之所以对构成这一历史过程的"积极探索"、"蒙受挫折"、"拨乱反正"和"稳步推进"四个阶段分别做出尽可能详尽的阐述，并不是为历史而历史，而是想以此告诉人们，不仅右的错误会给党的宗教工作带来损害，而且"左"的错误也会给党的宗教工作带来损害，甚至是更惨重的损害；为要使新中国宗教工作始终健康地向前发展，我们就必须"坚持两条战线作战"，有右反右，有"左"反"左"，而且还应当将防"左"和反"左"放在"更重要的位置"。而且，唯其如此，我们才能够在坚持马克思主义宗教观中与时俱进不断地发展马克思主义宗教观。这是新中国宗教工作60年的曲折历程留给我们的最宝贵的精神财富之一，这也是作者写作该著的用意之一。正确理解和牢牢汲取这一历史经验，努力继承历史留给我们的这一笔宝贵财富，不仅有助于我们正确地认识新中国宗教工作的曲折历史，而且也有助于我们深刻地理解和把握党的宗教工作基本方针和中国特色社会主义宗教观的真髓。

该著的另一项重要努力在于从史论统一的角度对"中国特色的社会主义宗教理论体系"的形成过程和逻辑架构作出说明。中国特色的社会主义宗教理论体系这一术语此前也曾被人使用过，作者的贡献一方面在于紧密结合新中国宗教工作的具体实践，历史地阐述了这一理论体系的形成过程，另一方面又在于依据马克思主义的实践观，对这一体系的逻辑架构作出了富有历史感的说明。按照作者的说法，"新中国宗教工作和反宗教渗透60年"同时也就是"中国特色的社会主义宗教理论体系在总结正反两方面经验的基础上初步形成的过程"，这就不仅将中国特色的社会主义理论体系的构建放到了新中国宗教工作的具体实践的基础之上，而且也赋予了该理论体系以流动性、变动性、未完成性和开放性。在论及这一理论体系的逻辑框架时，作者依据中国宗教工作的历史进程，多次强调了该体系的一体两面性。按照作者的理解，中国特色的社会主义理论体系内蕴着两个相对相关的层面，一个是党的基于中国国情的宗教工作基本方针，一个是党的中国特色的社会主义宗教观，一个着眼于其实践层面，一个着眼于其观念层面。尤为难能的是，在该著中，作者不仅分别强调和阐述了这两个层面，而且还依据马克思主义的实践观，根据新中国宗教工作的实际进程，对其一体性或内在统一性作出了富有历史感的说明。例如作者指出，作为党的宗教工作基本方针内容之一的

"积极引导宗教与社会主义社会相适应"就不仅以宗教的长期性为其立论根据，而且也以宗教的群众性为其立论根据。再如作者还曾指出，作为党的宗教工作基本方针内容之一的"坚持独立自主自办的原则，坚决抵制境外利用宗教进行渗透"不仅以宗教的长期性为立论根据，而且还以宗教的特殊复杂性，特别是以宗教的国际性为立论根据。对于中国特色的社会主义宗教理论，我也曾进行过多年的思考和探讨。早在2003年初，我即在《红旗文稿》上发表过一篇题为《社会主义的宗教论》的论文。当年，我还在《世界宗教研究》和《中国宗教》上发表过几篇相关的论文。在这些论文中，我不仅明确地将马克思主义的宗教观当作党的宗教工作基本方针和社会主义的宗教论的立论基础，而且还以"充分认识宗教存在的长期性，积极引导宗教与社会主义社会相适应"、"深刻理解宗教问题的群众性，全面贯彻党的宗教信仰自由政策"和"善于把握宗教问题的特殊复杂性，依法管理宗教事务"来概述"社会主义的宗教论"的核心内容，从而也就突出地强调了马克思主义的宗教观与党的宗教工作基本方针的内在统一性。段德智教授的表述与我的表述小有差别，但却有异曲同工之妙。

本著以相当大的篇幅来阐明新中国防范和抵制境外宗教渗透60年的历史进程、主要成就和基本经验。在阐述这一问题时，作者着重阐述了下述三个比较重要的观点。首先，作者在对"境外宗教渗透"做出结构性语义学解析的基础上指出："境外宗教渗透"的终极主体是"境外敌对势力"而非"宗教"，从而"境外宗教渗透"并非一个"宗教问题"，而是一个"政治问题"；"境外宗教渗透"本质上是一种"政治渗透"，是"资本主义意识形态输出"和"资本主义社会复制"。其次，防范和抵制境外宗教渗透不仅对于贯彻执行党的宗教工作基本方针具有重大的意义，而且对于维护国家主权和国家安全也具有重大的意义。最后，作者特别强调了防范和抵制境外宗教渗透与"积极开展宗教方面的国际友好往来"及新中国整个宗教工作的辩证关联。强调它们之间是一种相对相关、相辅相成的关系，而非非此即彼、不相兼容的关系，特别强调了防范和抵制境外宗教渗透乃新中国宗教工作的分内之事。此外，作者强调为要做好反宗教渗透工作，就必须"讲政治"，不断提高政治鉴别能力，就必须对境外宗教渗透持实事求是的态度和立场，既不能"视而不见"，也不能"草木皆兵"。所有这些观点都是比较得体的。

该著洋洋四十万言，内容相当丰富，本序所论只是其中部分内容。毋庸讳言，既然本著主题宏大，其所论对象纷纭复杂，它就难免有所缺失，难免有需要进一步丰富充实乃至予以调整和修正之处。但是，无论如何，从笔者所论各点看来，该著确实有其超越同类著作之处。相信读者只要肯认真读下去，总会从中获得助益的。是为序。

（本序作者系中央社会主义学院党组书记和常务副院长，曾长期担任过国务院宗教事务局局长和国家宗教事务局局长，《新中国宗教工作史》2013 年由人民出版社出版）

《新中国宗教工作史》评介

朱传棨

段德智教授的《新中国宗教工作史》，作为其所主持的教育部哲学社会科学研究重大课题攻关项目的一项重要阶段性成果，近期由人民出版社正式出版。

《新中国宗教工作史》全著除前言和结语外，含五章，计44万言。它不是一部就新中国宗教工作论新中国宗教工作的史学著作，而是一部基于当代国际社会主义运动反思的新中国宗教工作史，特别是一部基于东欧剧变反思的新中国宗教工作史。

首先，作者从防范和抵制境外宗教渗透、维护社会主义意识形态安全和国家安全的高度来理解和阐述新中国宗教工作的历史。东欧剧变虽然有很多深层原因，但未能有效地防范和抵制境外宗教渗透，特别是未能有效地防范和抵制美国—梵蒂冈的"神圣同盟"对其实施的宗教渗透无疑是其中的一项重要原因。基于这样一种认识，该著始终将防范和抵制境外宗教渗透、维护社会主义意识形态安全和国家安全作为其最重要的线索之一。

其次，本书特别关注引导宗教与社会主义社会相适应问题，将其视为社会主义国家宗教工作基本方针的中心内容和社会主义国家宗教工作成败的试金石。作者不仅从引导宗教与社会主义社会相适应的高度来理解和阐述我国政府在新中国建立初期引导我国宗教进行的"去帝国主义化"和"去封建化"的宗教改造运动，而且还从引导宗教与社会主义社会相适应的高度来理解和阐述新中国此后的宗教工作，特别是十一届三中全会以后的宗教工作，指出坚持"积极引导宗教与社会主义社会相适应"是新中国宗教工作的一项

"基本经验",也是新中国宗教工作对当代国际社会主义运动作出的一项重要的理论贡献。

最后,作者特别注重从政治路线的高度来审视和阐述新中国的宗教工作。在作者看来,前苏联和前东欧社会主义国家之所以没有很好地解决宗教与社会主义社会相适应的问题,归根到底是宗教工作的政治路线出了问题。鉴于此,作者在阐述新中国宗教工作时不时地从政治路线的高度做出较为深入的评判和分析,并且强调指出:"60多年的历史告诉我们,为要贯彻执行正确的宗教工作路线和方针,最重要的一条就是要坚持同时在两条战线作战:既要反对右的倾向,又要反对'左'的倾向。""在宗教工作中,我们不仅要坚持两条战线作战,有右反右,有'左'反'左',而且还应当将防'左'和反'左'放在更重要的位置。"应该说,作者的这些观点是对新中国宗教工作经验和教训的一个相当中肯的总结。

(本文原载《光明日报》2013年9月28日,作者系武汉大学哲学学院教授)

一部史与思并重的新中国
宗教工作史著作
——段德智《新中国宗教工作史》评介

黄 超

段德智教授的新作《新中国宗教工作史》近日由人民出版社出版。该著兼采编年体体例与纪传体风格，极力爬梳新中国宗教工作60多年的丰富史料，将一幅波澜壮阔的新中国宗教工作的历史画卷客观、全面地展现在读者面前。然而，实践层面的历史叙事并非该著的唯一目的，著者遵循历史与逻辑在历史基础上相统一的原则，在具体描述新中国宗教工作历史进程的同时，对观念层面的"中国特色的社会主义宗教理论体系"的形成过程和逻辑架构，以及实践层面与观念层面的内在统一性进行了历史性探索。古人云："出乎史，入乎道。"其实，道亦在史中。工作史与观念史的结合，述史与反思的并重，使《新中国宗教工作史》以拙朴的体例和平实的描述营造出一部思想史才可能具备的独特韵味。

《新中国宗教工作史》全书除前言外，含五章和结语六个部分，计44万言。一如作者在该著前言中所指出的，尽管《新中国宗教工作史》的中心内容在于对新中国宗教工作的一种"带有编年体性质的历史叙事"，但该著并没有将这种"历史叙事"做成一系列历史事件的罗列或诸多史料的简单汇总。作者参照了共和国史学家历史分段的惯例，但更多地紧密结合我国宗教工作的实际，以总体史的眼光，将60多年的新中国宗教工作划分成相互衔接的四个历史阶段，即"积极探索"阶段、"蒙受挫折"阶段、"拨乱反

正"阶段和"稳步推进"阶段①。该著的上述历史分段将新中国
宗教工作的经验事实与观念体系有机地衔接起来，避免了历史解读
的"碎片化"或"非此即彼"，既有助于读者将新中国的宗教工作
发展史理解成一个渐进发展的历史过程，较为准确地理解和把握新
中国宗教工作的统一性和连续性，又有助于读者对新中国宗教工作
的曲折性有比较明晰的认识，较为准确地理解和把握新中国宗教工
作的阶段性和间断性。

在史料的运用与编排上，该著主要采取了编年体体例，对相关
重大的历史事件，如中国天主教自选自圣主教、西藏叛乱及西藏问
题国际化、宗教工作的拨乱反正、依法取缔"呼喊派"、拉萨
"3·14"事件、乌鲁木齐"7·5"事件以及中梵"共融"之争等，
都做了尽可能具体和生动的描述和刻画。不仅如此，该著还全面融
入了纪传体的鲜活风格，特别注重对典型人物的描述和刻画。既然
在作者看来，"历史毕竟是人的历史，至少是以人为中心的历史"，
则对典型人物的描述和刻画自然就成了该著的一项在所难免的职
责。这就使得该著往往既抽象又具象、既深刻又生动。例如，该著
在描述和刻画20世纪50年代至70年代"宗教与宗教工作的艰辛
历程"时，使用了下述三个标题："宗教界的反右派斗争：岳崇岱
与马震武"，"宗教工作领导层的反右倾斗争：李维汉与班禅"和
"极'左'思潮下的宗教冬眠：赵朴初与喜饶嘉措"，就收到了极
好的效果。正是基于对典型事件和典型人物的同等重视，该著在后
面为读者同时提供了包含事与人的三个附录："新中国宗教工作年
表"、"新中国历任中央统战部部长一览表"和"新中国历任国务
院宗教事务局局长一览表"。

任何成功的历史著作都离不开史与论的辩证统一。"因史成
论"、"史论统一"是《新中国宗教工作史》始终坚守的写作宗旨
和学术品格。该著在用五章篇幅对新中国宗教工作做出纵向考察
后，在"结语：新中国宗教工作的历史回顾与历史启示"中用了
20多页（第339~365页）的篇幅对全著做出了相当有理论深度的

---

① 段德智：《新中国宗教工作史》，人民出版社2013年版，第2页。

概括。"结语"在对新中国宗教工作的曲折历程做出扼要概括的基础上，从"宗教立法逐步完善"、"宗教工作方针与时俱进"、"宗教自身建设逐步加强"、"宗教对外交流日趋活跃"和"中国特色的社会主义宗教理论逐步成熟"等五个方面高度概括了新中国宗教工作的主要成就；又从"宗教工作的政治基础：坚持两条战线作战，既要反对右的倾向，又要反对'左'的倾向"、"宗教工作的法律基础：坚持推进宗教工作的法治化"、"宗教工作的政治保证：坚持'积极引导宗教与社会主义社会相适应'的工作方针"、"宗教工作的认识论基础：充分认识宗教的长期性和群众性"和"宗教工作的方法论基础：坚持两点论，反对一点论"等五个方面对新中国宗教的基本经验做了深刻的总结。读者在阅读"结语"时，应该能够真切体会到它与前面五章的内在关联，史实与史论，水到渠成，水乳交融，不可分割。

更加难能可贵的是，该著对新中国宗教工作史的反思并没有局限在实践层面，而是同时深入到观念层面，对"中国特色的社会主义宗教理论体系"的形成过程和逻辑结构进行了富有历史感的说明。作者深刻指出，新中国宗教工作 60 多年的历史本质上是中国特色的社会主义宗教理论体系在总结正反两方面经验的基础上初步形成的过程：既是新中国宗教工作基本方针在总结正反两方面经验的基础上逐步臻于完善的过程，又是中国特色的马克思主义宗教观在总结正反两方面经验的基础上逐步臻于成熟的过程。"这就不仅将中国特色的社会主义宗教理论体系的构建奠放到了新中国宗教工作的具体实践的基础上，而且也赋予了该理论体系以流动性、变动性、未完成性和开放性。"① 该著不是脱离实践空洞地讨论理论，在作者看来，中国特色的社会主义宗教理论体系内蕴着两个相对相关的层面：一个是党的基于中国国情的宗教工作基本方针，一个是党的中国特色的社会主义宗教观；前者着眼于实践层面，后者着眼于观念层面。从某种意义上看，整部《新中国宗教工作史》正是依据马克思主义的实践观，根据新中国宗教工作的实际进程，历史

---

① 段德智：《新中国宗教工作史》，人民出版社 2013 年版，第 4 页。

地、雄辩地说明了二者的一体性或内在统一性。

　　既然史与思只有在历史的实践中才能达到辩证的统一，既然对新中国宗教工作的历史总结从根本上讲并不仅仅是书斋里的学问，那么，问题意识与当代视野必然成为《新中国宗教工作史》的又一深层关切。该著通篇立足于当代国际社会主义运动的大视野，立足于对当代国际社会主义运动经验教训的深刻反思，特别是立足于对东欧剧变的深刻反思。例如，正是由于立足于对东欧剧变的深刻反思，该著才不仅将防范和抵制境外宗教渗透作为新中国宗教工作的重要一维，强调这一工作"与我国60多年的宗教工作相始终"①，而且还将积极引导宗教与社会主义社会相适应视为社会主义国家宗教工作基本方针的第一内容，视为社会主义国家宗教工作成败的试金石②。该著的这样一种国际大视野不仅有利于我们深刻地总结和理解60多年来新中国宗教工作的经验教训和中国特色，而且也有助于我们更为全面深刻地理解和把握新中国宗教工作方针的理论精髓及其所内蕴的某些世界意义或普世价值，特别是其对当代国际社会主义运动的理论贡献。

　　叶小文先生在给该著所写的序中称赞"该著主题宏大，观点正确，结构合理，史料翔实，逻辑严谨，堪称我国宗教学界在这一研究领域推出的一部力作"③。只要肯认真读下去，相信读者总能够从这部史与思结合的著作中获得某种教益的。

　　（本文原载《中国宗教》2013年第10期，作者系武汉大学哲学学院宗教学系副教授）

---

　　① 段德智：《新中国宗教工作史》，人民出版社2013年版，第358页。
　　② 段德智：《新中国宗教工作史》，人民出版社2013年版，第351~352页。
　　③ 段德智：《新中国宗教工作史》，人民出版社2013年版，"序"第3页。

一部新意迭出的宗教工作史著作

——段德智《新中国宗教工作史》评介

严　真

　　段德智教授的新作《新中国宗教工作史》作为其所主持的教育部哲学社会科学研究重大课题攻关项目"境外宗教渗透与我国意识形态安全战略研究"的一项重要阶段性成果，近日由人民出版社出版。

　　《新中国宗教工作史》全书除前言外，含五章和结语六个部分，计 44 万言。五章和结语的标题依次为：第一章"过渡时期的宗教工作与反宗教渗透（1949—1957）"；第二章"新中国宗教工作的曲折发展（1957—1978）"；第三章"新中国宗教工作的拨乱反正（1978—1991）"；第四章"新冷战时代的宗教工作与反宗教渗透 I（1991—2001）"；第五章"新冷战时代的宗教工作与反宗教渗透 II（2001 年至今）"；结语"新中国宗教工作的历史回顾与历史启示"。该著作为我国第一部依据马克思主义的宗教观和逻辑与历史相统一的原则，从维护国家主权和国家安全、积极引导宗教与社会主义社会相适应的高度，对新中国宗教工作 60 多年的曲折历程作出具体、详实考察并对其主要成就和基本经验作出概括说明的学术专著，其根本目标在于表明新中国宗教工作 60 多年的历史本质上是中国特色的社会主义宗教理论体系在总结正反两方面经验的基础上初步形成的过程：既是新中国宗教工作基本方针在总结正反两方面经验的基础上逐步臻于完善的过程，又是中国特色的马克思主义宗教观在总结正反两方面经验的基础上逐步臻于成熟的过程，表明抵制境外宗教渗透、反对宗教干涉主义和宗教民族主义对于维护国家主权和国家安全、积极引导宗教与社会主义社会相适应的绝对必要性。

综观全书，该著不仅史料翔实，而且新意迭出。

第一，该著是一部立足于当代国际社会主义运动反思，特别是东欧剧变反思的学术著作。通常，国别史或断代的国别史，往往是就国别史来谈国别史，就断代的国别史来谈断代的国别史。但《新中国宗教工作史》却不落窠臼，通篇立足于当代国际社会主义运动的大视野，立足于对当代国际社会主义运动经验教训的深刻反思，特别是立足于对东欧剧变的深刻反思。例如，正是由于立足于对东欧剧变的深刻反思，该著才不仅将防范和抵制境外宗教渗透作为新中国宗教工作的重要一维，强调这一工作"与我国60多年的宗教工作相始终"①，而且还将积极引导宗教与社会主义社会相适应视为社会主义国家宗教工作基本方针的第一内容，视为社会主义国家宗教工作成败的试金石②。该著的这样一种国际大视野不仅有利于我们深刻地总结和理解60多年来新中国宗教工作的经验教训和中国特色，而且也有助于我们更为全面深刻地理解和把握新中国宗教工作方针的理论精髓及其所内蕴的某些世界意义或普世价值，特别是其对当代国际社会主义运动的理论贡献。

第二，讲求历史与逻辑在历史基础上的统一是该著的另一个显著特点，也是该著的一大亮点。一如作者在该著前言中所指出的，尽管《新中国宗教工作史》，如其标题所示，其中心内容，在于对新中国宗教工作的一种"带有编年体性质的历史叙事"，但该著并没有将这种"历史叙事"弄成一系列历史事件的罗列或诸多史料的简单汇总，而是依据历史与逻辑在历史基础上相统一的原则，紧密结合我国宗教工作的实际，将60多年的新中国宗教工作划分成相互衔接的四个历史阶段，即"积极探索"阶段、"蒙受挫折"阶

---

① 段德智：《新中国宗教工作史》，人民出版社2013年版，第358页。

② 参见段德智：《新中国宗教工作史》，人民出版社2013年版，第351~352页。

段、"拨乱反正"阶段和"稳步推进"阶段①。这就为读者从总体上理解和把握 60 多年的新中国宗教工作发展史提供了一个明晰的历史线索。将 60 多年的新中国宗教工作发展史概括成上述四个发展阶段，既有助于读者将新中国的宗教工作发展史理解成一个渐进发展的历史过程，较为准确地理解和把握新中国宗教工作的统一性和连续性，又有助于读者对新中国宗教工作的曲折性有比较明晰的认识，较为准确地理解和把握新中国宗教工作的阶段性和间断性，避免将新中国宗教工作史的理解和把握片面化和简单化。其学术价值不言自明。

第三，该著不仅从纵向维度将 60 多年的新中国宗教工作划分成"积极探索"、"蒙受挫折"、"拨乱反正"和"稳步推进"四个相互衔接的历史阶段，而且还从横向维度对 60 多年的新中国宗教工作做政治路线方面的深层分析，将坚持两条战线作战（即既反对右的倾向又反对"左"的倾向）规定为新中国宗教工作的"政治基础"②。该著结合 60 多年新中国宗教工作两条战线作战的实际，还非常中肯地得出了"虽说无论是'左'的错误还是右的错误都危害党和人民的宗教工作，但总的来说，'左'的错误的危害要甚于右的错误"③ 的结论。作者还进而据此强调说："在宗教工作中，我们不仅要坚持两条战线作战，有右反右，有'左'反'左'，而且还应当将防'左'和反'左'放在更重要的位置。"④应该说，作者对新中国宗教工作的这一分析是既实事求是又入木三分的。

第四，该著虽说基本上属于史学范畴，但它却始终着眼于"因史成论"、"论从史出"的写作宗旨，从而使该著在一定程度上具有论著的学术品味。该著在用五章篇幅对新中国宗教工作做出纵向考察后，在"结语：新中国宗教工作的历史回顾与历史启示"

---

① 段德智：《新中国宗教工作史》，人民出版社 2013 年版，第 2 页。
② 段德智：《新中国宗教工作史》，人民出版社 2013 年版，第 349 页。
③ 段德智：《新中国宗教工作史》，人民出版社 2013 年版，第 349 页。
④ 段德智：《新中国宗教工作史》，人民出版社 2013 年版，第 349 页。

中用了20多页（第339~365页）的篇幅对全著做出了相当有理论深度的概括。"结语"在对新中国宗教工作的曲折历程作出扼要概括的基础上，从"宗教立法逐步完善"、"宗教工作方针与时俱进"、"宗教自身建设逐步加强"、"宗教对外交流日趋活跃"和"中国特色的社会主义宗教理论逐步成熟"等五个方面高度概括了新中国宗教工作的主要成就；又从"宗教工作的政治基础：坚持两条战线作战，既要反对右的倾向，又要反对'左'的倾向"、"宗教工作的法律基础：坚持推进宗教工作的法治化"、"宗教工作的政治保证：坚持'积极引导宗教与社会主义社会相适应'的工作方针"、"宗教工作的认识论基础：充分认识宗教的长期性和群众性"和"宗教工作的方法论基础：坚持两点论，反对一点论"等五个方面对新中国宗教的基本经验做了深刻的总结。清人龚自珍在谈到其"出乎史，入乎道"的治史精要时曾突出地强调了治史者当"自尊其心"的治学原则。该著坚持"因史成论"和"论从史出"，不仅体现了作者的理论自信，而且也体现了作者的理论自尊。这也是难能且值得称道的。

第五，该著虽然既注重史料的考证和铺陈又注重理论的反思和凝练，但却并未因此而显得呆板和枯燥。该著对相关重大的历史事件，如中国天主教自选自圣主教、西藏叛乱及西藏问题国际化、宗教工作的拨乱反正、依法取缔"呼喊派"、拉萨"3·14"事件、乌鲁木齐"7·5"事件以及中梵"共融"之争等，都做了尽可能具体和生动的描述和刻画。不仅如此，该著还特别注重对典型人物的描述和刻画。既然在作者看来，"历史毕竟是人的历史，至少是以人为中心的历史"，则对典型人物的描述和刻画自然就成了该著的一项在所难免的职责。这就使得该著往往既抽象又具象、既深刻又生动。例如，该著在描述和刻画20世纪50年代至70年代"宗教与宗教工作的艰辛历程"时，使用了下述三个标题："宗教界的反右派斗争：岳崇岱与马震武"，"宗教工作领导层的反右倾斗争：李维汉与班禅"和"极'左'思潮下的宗教冬眠：赵朴初与喜饶嘉措"，就收到了极好的效果。该著的引人入胜与此写作手法不无关系。

曾经担任国务院宗教事务局局长和国家宗教事务局局长达 14 年之久的中共中央委员、中央社会主义学院党组书记及第一副院长叶小文先生在给该著所写的序中称赞"该著主题宏大,观点正确,结构合理,史料翔实,逻辑严谨,堪称我国宗教学界在这一研究领域推出的一部力作"①。只要肯认真读下去,相信读者总能够从这部新意迭出的著作中获得某种教益的。

(本文原载《武汉大学学报》2014 年第 2 期,作者系武汉大学哲学学院教授)

---

① 段德智:《新中国宗教工作史》,人民出版社 2013 年版,"序"第 3 页。

研究"死亡"的人和
一部关于"死亡"的专著

阿 明 冯 林

最近，湖北人民出版社推出的一部近四十万字的《死亡哲学》，刚上市不久，便引起了学术界的注意。《湖北日报》、《长江日报》、《读书》杂志等率先给予评介，称之为我国理论界第一部研究死亡哲学的专著。另外，《求是》杂志也将予以介绍。据悉，湖北人民出版社还准备携带这部著作赴京参加全国图书评奖。在持续冷清了一段时间的出版界，这本黑封皮的理论新著能够成为大家注目的热点，显然是令人振奋的。

这本书的著者段德智是武汉大学哲学系的一位中年学者。他治学勤勉、为人朴实，在武大哲学系几乎有口皆碑。据说他在硕士学位论文答辩会上，由于把洛克的《人类理智论》读得滚瓜烂熟，以致无论问他关于此书的哪一个问题，他都能立刻说出洛克在该书的第几卷第几章第几节对此问题是怎样论述的。这使亲见此情景的许多哲学界人士大为惊讶。须知这是超过七百页的一部巨著！

段德智对死亡问题的思考由来已久，大概可以追溯到"文化大革命"期间武大著名的新文学史家刘绥松教授夫妇因迫害双双跳楼身亡，以及1976年周恩来总理逝世后人民痛切哀悼的"四五"事件。他对笔者说："这是我第一次真切地感受到一个伟人的死对普通民众的巨大感召力。也许就在这个时期，我开始自觉不自觉地思索起死亡问题来了，而且或许这些也就是我写这本书的最初动因……"

段德智那时还只是偏远的鄂西鹤峰县委宣传部的一名普通干部，他对死亡的思考还不可能进入哲学本体。对死亡问题做行而上的哲学探究是在他考入武大哲学系攻读西哲史的硕士研究生后，尤其当他 1987 年作为访问学者赴美进修时，听了一学期死亡哲学课，阅读了大量的资料，才意识到死亡哲学作为哲学的一个分支，一方面是人生哲学或生命哲学的深化和延展，另一方面又是我们达到哲学本体认识的有效工具、捷径或契机；换言之，它不只具有人生观和价值观的意义，而且还具有世界观和本体论的意义。他心头不由生发出一种颇近乎当年子贡所发出的"大哉死乎"的无限感慨，也生发出了赶快动手写作一两本有关死亡的书的激情。于是，回国后，段德智在武大哲学系首次开设了后来被中西哲学史界的权威萧萐父和陈修斋两教授称之为"破天荒"的"死亡哲学"的专题课，并立即动手写起《死亡哲学》这本书来。

段德智精通英语，且在哲学著作的翻译方面已完成了多部重要的译稿。如威廉·素利的《英国哲学史》、罗素的《莱布尼茨哲学述评》、威廉·巴雷特的《非理性的人》，以及雅克·乔朗的《死亡与西方思想》等，这给他撰写《死亡哲学》打下了知识和学术素养上的坚实基础。而当他在开始写作时，就显得得心应手，游刃有余。尤其是他在阐述西方自苏格拉底到海德格尔以来的众多哲学家对死亡问题的千姿百态的观点时所表现出的从容不迫、如数家珍的气度，的确令人折服。

当然，《死亡哲学》并不仅仅是一部介绍死亡哲学的各种理论流变的著作，它更重要的学术价值还在于著者段德智在对死亡哲学的史撰式阐述中，时时刻刻体现出独立的主体建构勇气。譬如他刻意地把死亡哲学的历史发展描述成一个必然的、有秩序地进程，一个包含着诸阶段于自身内的"有机的全体"，一个"在发展中的系统"；再譬如他以一个整章的篇幅来阐述"马克思主义的死亡哲学"是"我们时代唯一不可超越的死亡哲学"，并在导论中指出："人的有死性与不朽性，死亡的必然性与人生的自由的辩证联结，个体生命（小我）的有限性与群体生命（大我）的无限性的辩证联结，个体死亡价值与人类社会发展走向人类解放大业的辩证联结"是马克思主义死亡哲学的基本内容,等等,都体现出著者的理论识见。

由于死亡哲学作为一门独立的哲学学科在我国还只是初露端倪,《死亡哲学》作为这个有待众多学者参与的新领域的开拓性著作,其理论建构也许远非无懈可击,但仅凭段德智筚路蓝缕、只身挺进的理论勇气,也足以让我们表示敬意。何况据段德智告诉笔者,这本《死亡哲学》只是他涉足死亡哲学研究领域系统工程的一部发轫之作,好戏还在后头呢!

(本文原载《书刊导报》1992 年 2 月 28 日"书与人"版,作者系《书刊导报》记者)

湖边的玄谈

——记段德智先生的一堂课

倪 轶

理学院 208 教室是段德智先生今年上《宗教学概论》的地方。教室外有一段阳台，远处是波光粼粼的东湖。下午的斜阳，通过阳台射进教室，使整间屋子半明半暗；秋风吹入，携来一股新鲜的水汽。此地此景，都让人感到一种别致的况味。

选这门课的，只有十几个同学。段德智先生作为哲学学院副院长、我国高校第二个宗教学系的开创者，却没有在意这样一种冷清。他说，这门课开设较晚，大家都不熟悉，没有选课是可以理解的。话语间透着一股平和与宽容。

今天这堂课讲的是宗教学的起源和意义。在谈到宗教神学同哲学发展的内在关联时，段先生摘下黑边眼镜，以古希腊哲学为例，缓缓说道："古希腊自然哲学的奠基人泰勒斯，用自然的眼光看待世界。他说，世界的本原是水。而赫拉克利特不同意他的观点，认为世界的本原是火。这种认识的差别说明，人类对世界本原的认识往往带有主观色彩。于是有人说，干脆研究'人'吧。自然哲学由此过渡到'人'的哲学，过渡到以人为万物尺度的哲学。可是，假设人是万物的尺度，而各人看法都不一样，那么也就没有了尺度。所以，道德哲学家苏格拉底站出来说，人是由神创造出来的，只有神，才能作为评判世界的唯一根据。"这样，古希腊罗马哲学的中心就由自然哲学和道德哲学转向了宗教哲学或宗教神学。段先生在简明而生动的描述中融入了自己的学术观点，把一段原本复杂的人类思想嬗变剖析得清清楚楚。

364

佛祖的拈花一笑，基督的因信称义，本来都是不可言说的宗教体悟；繁杂的教义，生涩的宗教研究史，都让授课者感到难以下手。段先生不是这样。他善于从细微处见精神，从西方圣哲的痴行笑语和管锥幽见中发掘出宗教学的意义。比如他谈到一个有趣的现象，说德国古典哲学家，如费希特、谢林、黑格尔、费尔巴哈，都是出自神学院或神学系，而非哲学系。康德在大学期间，非常爱听宗教、神学讲演。到了古稀之年，他总结说，宗教是他毕生研究的四大问题之一。科学巨人爱因斯坦说得更明确：宗教若没有科学，就是瘸子；科学若没有宗教，就成了瞎子！

段德智先生没有过分乐观地估计我国宗教学研究的发展前景，相反，他的话语里饱带着沉重的情愫。中国是个缺乏宗教情感的大国，宗教学研究很晚，直到 20 世纪 30 年代才有少量宗教学译著。介绍到这里，段先生似乎被触动了某种情绪，他昂起头，仿佛在自言自语："十二亿人的大国，几千年文化，却出不了一个海德格尔，其中一个重要原因，在于我们的哲学研究者们不少人缺乏宗教意识和宗教气质，有些人甚至成了'风'派：今天有人说儒家不好，这些人就不分青红皂白地批儒家，明天有人说法家不好，他们就掉过头来不分青红皂白地批法家。他们没有把自己的哲学观点当作自己的内在生命来坚持，来维护和发展。作为哲学研究者，应该对自己的事业有一种神圣感、使命感，否则就不可能进行真正意义上的哲学研究。"

话语仍然那么平静，但我们从中却看到了一个学者应有的澹澹峻骨和执着的治学精神。这，恰恰是一个学生从老师那里真正应该学到的东西。

课间休息时间到了，段德智先生走下讲台。课堂下的段先生，其实是一个再平常不过的老者。他穿着一身半旧的西服，袖口沾满了粉笔灰；背微微弓着，头发已经花白，宽宽的脸宠透着一种谦和。他并没有坐下来休息，而是从皮包里拿出一些照片招呼大家看。那是暑假里他和哲学学院的其他老师出访韩国一些大学时拍的。他指着照片上的一些景物介绍……同学们簇拥在段先生身边，兴致勃勃地传看着，七嘴八舌地讨论着。在东湖之畔的这样一间教室里，一老众小在知识时空里的怡然畅游，无形中构成了一幅格外明媚温馨的文化图景。我想，这是人类真正应该珍惜和骄傲的地方。

上课铃声响了，段德智先生回到了讲台上。我注意到，他在静静等待铃声结束的当儿，侧过头来向阳台外望去。湖上渔帆片片，对岸的霞霭飘散成绮，樯橹随风传来款款轻歌。仰观苍宇，低吟陆沉，或许，宗教的智慧和玄秘，正是从此中参透来的。

（本文曾见于《武汉大学报》1997 年 10 月 20 日第 2 版校样，后未刊出，作者系大通社记者）

段德智：探讨死亡的哲学内涵

陈　洁

　　1989 年在武汉大学读书的学生中，很多人大概都记得段德智，那一年他开了"死亡哲学"选修课，报名的有 700 多人，而武汉大学本部最大的教室只能容纳 300 人。结果他上课时教室挤得像菜市场。

　　他并不是靠插科打诨、轶事趣闻吸引学生的。因为后来该课的讲义《死亡哲学》获了"第六届中国图书奖"。他在书中提出，死亡哲学一方面具有人生观和价值观的意义，是人生哲学或价值哲学的深化和延展，另一方面又具有世界观和本体论的意义，对死亡问题的哲学思考是我们达到哲学本体论认识的重要工具和契机。国外早有"死亡学"，内容关涉实存主体、生死解脱、终极存在和宗教探讨等主要问题，段德智将死亡划分为"死而上学"和"死而下学"，后者是对丧葬祭祀、死刑、死亡过程及其理论的研究，前者则关注死亡的必然性和偶然性、人生的有限性和无限性、死亡的必然和人生的自由等。20 世纪 80 年代末，学术界还少有人在哲学层面上注意到生和死，他是中国死亡哲学研究领域的拓荒者之一。

　　段德智是个勤奋的人，他是 1968 年从武汉大学哲学系毕业的，那时文革已开始两年了，他学了多少东西可想而知。但 1978 年时，他能用英文给武大写信申请报考研究生，陈修斋先生自然很高兴招他为弟子。硕士毕业答辩时，他又出了一次小小的风头，为了研究洛克，他通读了《人类理智论》，以至于别人问到相关的任何问题，他都能说出在该书的第几卷、第几章、第几节。多年以后陈修斋说起这事还惊叹：那可是本 700 多页的巨著呀！

　　段德智的主要学术领域为外国哲学、死亡哲学和宗教学。他立论每每独特又言之有理，比如他认为莱布尼茨的元哲学在于他的三项基本思维原则，即关于本质的矛盾原则、关于存在的充足理由原则和关于自由的圆满性原则，以及三项原则的相互关系。又比如他认为宗教神学归根到底是一种人学，现实的、历史的、处于一定社会关系中的人乃是所有宗教神学之谜的谜底。世界各种宗教只具有维特根斯坦的"家族相似"性质，不应当把我国宗教学界盛行的"四要素说"理解为宗教的严格定义。

　　段德智现任武汉大学哲学系与宗教学系教授、博士生导师。主要论著和译著有：《欧洲哲学史上的经验主义和理性主义》、《莱布尼茨》、《英国哲学史》等。

　　（本文原载《中华读书报》2000 年 11 月 22 日"新观点"栏，作者系《中华读书报》记者、北京理工大学人文与社会科学学院教授）

珞珈山上的宗教学殿堂

——武汉大学宗教学系主任段德智教授访谈

于 光

离开武汉大学已经有 12 个年头了，再回母校竟有了生疏感。印象中的不少景物已难觅踪影，只是依然郁郁葱葱的花木和深秋时节的绵绵细雨还能唤起当年的记忆。母校变了，但是追求知识，完善人生的校训仍然没变。

在"变"与"不变"当中，1997 年武汉大学成立的宗教学系引起了我极大的兴趣。这是继北京大学之后，全国高校设立的第二个宗教学系，也是唯一与哲学系分离、独立存在的宗教学系。为此，我走访了该系主任段德智教授。

记：武大一直走在高校改革前列，十几年前就率先实行了学分制，为众多高校效仿。成立宗教学系出于什么考虑，是不是随着国内的宗教热也赶一赶潮流？

段：我们是在 1995 年开始筹建工作的。成立这个系主要是从学术、社会以及时代三个方面考虑。1998 年我在美国出席第 20 届世界哲学大会，会议特邀代表有 100 多名，连一些小的国家都有，可是我国却没有一位。这反映出国际上是很不重视我国的哲学研究的。我们的哲学研究队伍是庞大的，可成果却与我们的大国地位极不相称，也没有很好地与国际哲学研究衔接上。这里面原因很多，但长期以来我们对宗教缺乏研究，一部分哲学研究人员缺乏使命意识、承担意识和献身精神无疑是一项重要缘由。因此，加强宗教学研究是推进哲学研究的一项重大助力，而且也为我国的哲学研究走向世界，同国际接轨所必须。宗教研究本来是哲学研究课题中的应

369

有之义。亚里士多德曾把自己的第一哲学即关于有之为有的哲学定义为"神学"；黑格尔不止一次地突出强调过哲学和宗教之间的辩证统一关系；我国历来就有理学（哲学）和礼教（宗教）一体互补的思想。不仅如此，宗教是文化的内核，是深层次的东西，它与文化的诸多分支都有着这样或那样的关联。因而，从学术角度看，加强宗教学研究势在必行。

从社会层面看，宗教不仅仅是一种意识形态，也是一种社会实体。在人类社会活动中它曾经起过重要作用，其影响和地位是不容忽视的。比如民族问题在很多情况下，同宗教问题就分不开；现在国际上出现的争端大部分也都能在宗教纷争里找到根源。因此，加强宗教学研究的社会意义相当重大。

从时代角度看，我们这个时代是科技时代。科技是我们这个时代发展的车轮或者说是支撑点。其发展速度和所创造的成就使整个人类物质文明前进的步伐大大加快了。但是，科技对于人类社会发展而言是中性的东西：它既可以造福人类，也可以毁灭人类。从某种意义上讲，现在人类的生存比在历史上任何时候都更为严重、更为普遍地受到威胁。这就有一个科技发展的方向问题，而这一问题却是科技本身无法解决的。需要其他社会力量对其进行制约、制衡，以此来保证科学技术朝着造福人类的方向发展。从学术、社会和时代这三个方面讲，加强宗教学研究之意义是相当重大的，对此我们责无旁贷。我们成立宗教学系完全是着眼于中国学术的发展以及人类社会和当今时代的需要，具有自觉的使命意识和担当意识，决不是为了赶什么时髦。

记：据我所知，迄今为止，武汉大学是全国高校中唯一把宗教学系与哲学系分离开来的学校，您认为有必要这样做吗？这种分离有什么意义？

段：这个问题涉及宗教同哲学的关系。从我国现行的学科分类讲，宗教是作为一个二级学科放在哲学一级学科之下的。但我认为，宗教学对哲学的隶属关系在我国也不可能长久继续下去。中世纪西方有个说法：哲学是神学的婢女。这个说法从文艺复兴时期便受到了批判。但是事情也不应该完全倒置过来，宗教不会也不可能成为哲学的婢女。宗教学理应也势必能成为同哲学并列的一个一级学科。1996年我在一篇论文中说过，再过50年，中国高校中的宗教学系很可能会不比哲学系少。这是个世界潮流。像美国哈佛大学，哲学系很小，而开设的宗教学课程却很多，还有一个神学院和宗教学系，后者的影响较哲学系要大得多。宗教学有它自身相对独立的学科结构，像西方就有宗教伦理学、宗教社会学、宗教人类学、宗教史学、宗教心理学、宗教文化学等等。如果强行把它镶嵌在哲学的框架之中，其发展必然要受到许多人为的限制；而且宗教学想要同其他学科，如文学、史学、艺术、法学等处于比较充分的交流状态或互存互动的关系中，也只有突破哲学的框架才有可能。

记：近年来各高校纷纷成立宗教学系，开设宗教学课程，同其他高校比，武汉大学宗教学系有什么特色？

段：我们的宗教学系，强调的是宗教学，关键在这个"学"字上，就是注重学术态度，把宗教当作学术研究对象来对待，强调思考宗教的普遍本质及其发展规律，强调用全球的、普世的和多元的眼光及视角研究宗教现象。针对我国宗教研究的历史和现状，我们还特别强调了"三个区别"：一是强调把研究宗教同信仰宗教区别开来。二是强调把宗教学研究同神学研究区别开来。神学研究是在一特定的宗教传统之内，对一宗教的教义、戒律、制度、信仰进行研究、论证和辩护，而宗教学研究则强调研究者同研究对象拉开距离，旨在把握宗教的普遍本质。三是强调把宗教学研究与传统意义上的宗教研究区别开来。所谓传统意义上的宗教研究是指在哲学的框架下对宗教进行研究的一种模式，而宗教学的研究就是要打破这一模式，把心理学、社会学、人类学和比较宗教学的方法引进来，对宗教加以更为全面的研究。

这也是国际上通行的宗教研究的方法。如果仍然仅仅从哲学史的路子进去，这样的"宗教学"也就不再是一个新兴人文学科了。此外，我们办宗教学系，强调面向世界，强调同国际接轨，强调按照宗教学固有的学科结构进行宗教学的学科建设。当然，我们也比较注意结合中国的国情来进行宗教学的学科建设。既要有全球眼光，也要从国情出发，两者兼顾，努力走出一条宗教学教学和研究的新路子。这就是我们的理念，也可以算得上我们的特色。

记：建系 3 年多来，当初的设想是否已初见端倪，请您谈谈系里的状况和发展方向。

段：我们正在按照自己的理念和设想向前走，目前已经取得了一些成绩。例如，在学科建设方面，这几年我们可以说是在超常发展。1998 年，即宗教学系成立的第二年，我们就被批准设立宗教学硕士点，接着于 1999 年被批准为湖北省学位委员会首批博士点建设立项单位，2000 年通过国务院学位委员会组织的专家通讯评议，被批准设立宗教学博士点，同时又被有关部门批准设立本科专业，于 2001 年起开始招生。再如，在研究生教学方面，我们也有一些特色。我们曾为研究生设立了三个主要研究方向：宗教伦理学、宗教人类学和佛学研究。先后开设了（或即将开设）宗教伦理学、宗教人类学、宗教社会学等多门在我国高校颇有特色的课程。在学术研究方面，我们在"宗教伦理的社会功能"、"宗教伦理与生死观"、"神正论研究"、"现当代佛学研究"、"禅宗研究"、"当代中国宗教状况研究"诸多方面都取得了一些有一定影响的学术成果。至于我们宗教学系今后一个阶段的发展，我们的理念主要有两个：一是形成特色，二是突出重点。我们将在今后的一个时期里以"基督宗教与宗教伦理学"为学科建设的重点，努力营造一个可望被教育部认可的新的国家级宗教学研究基地。

记：由于众所周知的原因，过去我们大多数人都接受了无神论教育，现在人们开始承认宗教也是一种文化，在大学里，部分大学生对宗教产生了兴趣，您认为这种现象我们应该怎样认识？

段：我认为无神论有各种形式，真正的无神论教育与宗教研究并不矛盾。因为真正的无神论必定是彻底的无神论。用毛泽东的话来说，是"无所畏惧"的，是敢于直面所有的客观事实（文化现象）的。作为建立在马克思主义唯物史观基础之上的无神论，便是或应是这样一种真正的或彻底的无神论。它应当而且势必承认作为种种人类文化现象中之一种的宗教现象，因为宗教是一个人类社会发展到一定时期便出现并且在人类历史上业已存在了 10 万年以上的文化现象和社会存在。这是一个不以人的主观意志为转移的客观事实。而且，我们也不能不思考：为什么当人类进入文明社会后的几千年的历史发展中，不管是在东方还是在西方，一代代王朝瓦解了，一种种社会制度更迭了，而一些宗教却能一直延续下来？因此，如果你要对作为人类文化现象的宗教进行批判，首先就必须承认它、了解它和研究它。那些不承认、不了解、不研究而一味否定的无神论，那些把宗教视作骗子加傻子产物的无神论，毕竟是一种有所畏惧的无神论，因而只能算作一种低级形态的无神论。马克思超出费尔巴哈的地方正在于他不仅指出了神的本质在于它是人的本质的一种异化，而且还指出了作为宗教之谜的谜底的"人"不是一个抽象的概念，而是那种有血有肉的、总是处于一定社会关系中的现实的历史的人。从这个意义上讲，让学生了解宗教、研究宗教同无神论教育不仅不矛盾，而且恰恰为科学的无神论教育所必须。了解宗教、研究宗教也为从事无神论教育的工作者所必须。只有了解宗教、研究宗教的人才能把无神论的立场贯彻到底，只有这样的无神论者才算得上合格的无神论教育家。

宗教可以从信仰的层面看，也可以从文化的视角看。若从文化的视角看，大学生对宗教产生兴趣是件好事，至少说明党的宗教政策正在落实。把宗教当成反动的东西，不加分析地、笼统地加以批判，这不是马克思主义的无神论立场所要求的，也不是我国现时的宗教政策所允许的，只能算作低级无神论的一种幼稚病。其实，大学生对宗教感兴趣这件事一方面可以使他们的人生境界更加高远，去追求一些圣洁的东西，不为眼前一时的名利享受所束缚；另一方面由于宗教是文化的内核，是文化中深层的高远的终极的东西，人文社会科学学科的大学生对宗教有所了解，有助于他们从更深的层次上掌握各种人文社会科学学科。这个道理很简单，比如研究文学、建筑学、艺术、历史……的大学生，了解一点宗教会大有益处。当然应当因势利导，把宗教信仰与宗教文化区别开来，让学生从文化的层面来把握人类文化的深层底蕴，而不是让学生接受消极的、遁世的东西。

记：能否谈谈您的学术经历和研究成果？

段：德国哲学家费尔巴哈在谈到他的学术经历时曾经说过，他的第一个思想是上帝，第二个思想是理性，第三个也是最后一个是人。如果说我自己有什么学术经历的话，我的第一个研究对象则是自然（理性），第二个研究对象是人（非理性），第三个研究对象是神（超理性）。读研究生时我的专业是外国哲学，主要研究洛克，后来对现代西方哲学人本主义和死亡哲学产生兴趣，最近几年则侧重基督宗教和宗教伦理学研究。

我是 78 级的硕士生（导师为陈修斋和杨祖陶先生），当时"文革"刚结束，出于对"以阶级斗争为纲"这样一条政治路线的愤懑和厌恶，选择了"欧洲近代唯理论和经验论"方向，旨在专攻西方认识论，主要研究的是英国经验论大师洛克。我不仅参编了由我的导师陈修斋先生主编的《欧洲哲学史上的经验主义和理性主义》一书，而且还翻译了英国哲学家威廉·理奇·索利的《英国哲学史》。在对英国经验论特别是洛克的研究过程中我逐渐意识到，认识论中有个认识主体问题，任何认识活动中都有个认识主体的精神活动问题；为要全方位地和深层次地理解和研究认识论问题，就必须研究人的问题。于是，我从 20 世纪 80 年代起便开始着重研究现代西方哲学人本主义。我在武汉大学第一个开出了"现代西方哲学人本主义"和"死亡哲学"课程。同时还翻译出版了美国存在主义哲学家威廉·巴雷特的名著《非理性的人》，写作出版了《死亡哲学》一书。后者不仅同我在"文革"后的学术经历和学术思考有关，而且同我在"文革"期间的人生经历和人生体验直接有关。该书出版后反响较大，曾先后获得"第六届中国图书奖"和"国家教委首届人文社会科学优秀成果奖"。但是，在对现代西方哲学人本主义和人的生死问题的思考过程中，我越来越深刻地意识到：人不仅是一个认知主体，一个道德主体和社会历史主体，而且也是以潜在或彰显的形式的信仰主体（或宗教信仰主体）。因此，只有正视和研究人的信仰层面，方有可能对人有一个全方位、深层次的理解和把握。鉴此，从 20 世纪 90 年代中期，我便开始注重对宗教和宗教学的理解和研究了。1995 年，我和同事一起在武汉大学首次为本科生开设《宗教学概论》课程。1998 年，我访问哈佛大学进修宗教学。在哈佛大学燕京学社期间，我动手翻译了杜维明先生的《论儒学的宗教性》一书。回国后主编了《宗教思想家论人生》丛书，启动了《武汉大学宗教学研究丛书》的编辑出版工作。2000年我又与他人一起编辑出版了论文集《世纪之交的宗教与宗教学研究》。此外，我的主要研究成果还有《莱布尼茨》（合著）和《对莱布尼茨哲学的批评性解释》（译著）等。

虽然分析起来，关于我的学术历程可以说有一个从自然（理性）到人（非理性）再到神（超理性）的演进过程，但是变来变去，似乎还是回到了原来的地方。当然，无论是洛克的认识论和宗教哲学，还是莱布尼茨的认识论和宗教哲学，在我的哲学视野中所呈现的面目，同20年前都大相径庭了。我相信，即使我现在重新做20年前所做的工作，其工作方法和工作结果也定会有很大的差异。但同20年前一样的是，我依然处于走向哲学和宗教学的途中，并可以非常自信地说，我毕竟是在一步一步地走向珞珈山哲学和宗教学殿堂的深处。

（本文原载《世界宗教文化》2001年第1期，作者系中国社会科学院《世界宗教研究年鉴》副主编）

朴素无华求真知

——记哲学学院段德智教授

付克新

我校宗教学学科自 1997 年创建以来，一直保持着快速发展的良好态势，在国内有很高的知名度，多年来一直稳居全国前两名，成为我校近十年来人文社会科学领域发展状态最佳的学科之一。那么，宗教系奠基人、现任哲学学院党委书记和宗教学系系主任的段德智教授又是怎样一个人呢？

创立宗教学系：成就斐然

1995 年之前，我校不仅没有宗教学系和宗教学教研室，也未开设过宗教学概论一类的课程。有今天的成绩，段德智教授耗费了大量心血。1996 年他筹建武汉大学宗教学研究中心；1997 年，继北京大学在全国高校第二个设立宗教学系；1998 年，设立宗教学硕士点；1999 年，被批准为湖北省学位委员会首批博士点立项单位；2000 年，经国务院学位委员会专家评议通过，设立宗教学博士点；2001 年，开始招收宗教学专业本科生；2002 年，综合实力排名全国第二；2004 年，研究生教育和本科生教育排名全国第二……

如果考虑到目前我国宗教学学科已设有一个国家重点学科点和三个国家级研究基地这样一个事实，以上排名便意味着我校宗教学系的综合实力和现有国家重点学科点及国家级研究基地不相上下。

莱布尼茨研究：国际水准

莱布尼茨研究是段德智教授的强项，在国内同行中长期保持着领先优势。段德智早年师从著名哲学家陈修斋先生和杨祖陶先生，主要研究欧洲经验主义和理性主义，尤以研究洛克和莱布尼茨见长。据说，当年他对洛克著作的熟悉和透彻程度曾经让许多专家学者感到震惊。

陈修斋先生是我国研究莱布尼茨的权威学者，对他的莱布尼茨研究有极其深刻的影响。陈先生病重期间，曾经委托他写作《莱布尼茨》一书。他在进一步认真研读陈修斋先生已经发表的有关论文和尚未发表的有关手稿以及莱布尼茨原著的基础上，经过近三年的努力，终于在陈修斋先生去世一年后（即 1994 年）在我国台湾出版了该书。该书出版后，受到学术界的普遍好评，曾获教育部"第二届人文社会科学研究成果奖"二等奖。

段德智教授的莱布尼茨研究不仅在国内有很高的学术地位，在国际同行中也有很高的声誉。在最高规格的国际莱布尼茨学术会议——德国柏林第七届莱布尼茨国际学术研讨会上，他与国际莱布尼茨研究的顶尖级学者，如耶鲁大学的 R. Adams、巴黎大学的 M. Fichant、芝加哥大学的 D. Garbert 等，一起被推选为大会主席团成员。此外，在 2001 年国际莱布尼茨学会年会上，他还代表中国莱布尼茨研究学者作了关于中国莱布尼茨研究现状的报告。

死亡哲学研究：国内佼佼者

段德智教授可算是中国内地死亡哲学研究的佼佼者。早在 20 世纪 80 年代，他在对欧洲近代认识论的研究过程中逐渐体悟到：研究认识论必须首先了解作为认识主体的人，从而把研究重点逐步转移到了现代西方哲学人本主义，并在我校第一个开出了"现代西方哲学人本主义"和"死亡哲学"课程，同时翻译出版了《非理性的人》，写作出版了《死亡哲学》一书。《死亡哲学》出版后受到了国内学术界的一致好评，并且于 1992 年获得了"第六届中国图书奖"二等奖，1995 年又获得国家教委"首届人文社会科学优秀成果奖"二等奖。

按照段德智教授的理解，死亡哲学虽名为谈死，实乃谈生，明显地具有人生观和价值观的意义，或毋宁说它是人生哲学或生命哲学的一种深化、延续和扩展。不仅如此，死亡哲学还明显地具有世界观和本体论意义，是一种元哲学和元宗教学层面的东西。柏拉图说"哲学是死亡的排练"；叔本华说"死亡是给予哲学灵感的守护神和它的美神"；我国现代史学家范文澜先生曾经把"佛学"概括为"研究死的学问"；而宗教学奠基人麦克斯·缪勒也把人们对死亡的思考看作"最早的和最重要的宗教因素"。正因为如此，在段德智教授这里，死亡哲学研究实在是他的现代西方哲学人本主义哲学研究和宗教学研究的一项不可或缺的内容。而他在开展宗教学研究和现代西方哲学人本主义研究的同时，也始终在思考死亡哲学中的一些问题；不仅于近期与人合著了《脑死亡：现代死亡学》（科学出版社 2004 年版），而且还在继续思考他的中国死亡哲学和死亡哲学论纲的写作框架问题，北京大学出版社已多次向他约稿。

翻译《神学大全》：新的征程

段德智教授牢记"翻译乃西学研究的基础"这样一条师训，在科研过程中，从来都没有间断过外文元典的翻译工作。自 20 世纪 80 年代以来，除前面提到的两部外，还相继翻译出版了《英国哲学史》、《论儒学的宗教性》和《哲学辞典》等。自 1999 年从哈佛大学返校后，为了推进我国中世纪思想研究，他又开始组织翻译中世纪影响最大的哲学家和神学家托马斯·阿奎那的《神学大全》和《反异教大全》。

翻译《神学大全》和《反异教大全》，对他的学术生涯可说是一个新的征程。这项工程虽然自清朝顺治年间就已经有人"觊觎"过，但是至今也只是译出了其中极小的一部分。他之所以要组织全文翻译《神学大全》和《反异教大全》，在一定意义上，也是决心要圆这个中国人几百年来一直想圆而未圆的梦。

经过近五年的努力,这项大工程业已完成了六成以上。预计三年后全部竣工。商务印书馆非常重视这一译事,视出版这两部巨著为他们的一项"政绩工程"。美国天主教大学 G. McLean 教授和德国柏林自由大学基督宗教哲学教授 W. Schmidt-Biggemann 等都盛赞这一译事是一项"具有国际意义的重大学术工程"。

正当我们采访这位荣誉等身却朴素无华的导师时,又听到了一个喜讯:他所领导的"基督宗教和西方宗教文化研究中心"已经被评审为武汉大学人文社会科学校级重点研究基地。我们相信,他及他所领导的这一学术团队将会继往开来,在新的征程中,铸就一个又一个辉煌。

(本文原载《武汉大学报》2004 年 12 月 24 日,作者系《武汉大学报》记者)

东风便试新刀尺，万花千叶一手裁

——哲学学院党委书记段德智教授访谈

唐 婷 杨 蓉

金秋送爽，2004 全国博士生学术论坛于 10 月 18 日开幕了。我们就武汉大学哲学学院的博士培养教育情况走访了哲学学院的党委书记段德智教授。

记者：段教授您好，首先想请您给我们介绍一下武汉大学哲学学院博士生培养教育的发展历程。

段教授：武汉大学哲学学院历史悠久，源远流长，其前身可一直上溯到武昌高等师范学校于 1922 年 9 月设立的教育哲学系。但是在相当长的一个历史时期里，我们着重进行的是本科生哲学教学。1956 年，哲学系在我国著名的哲学家李达老校长的主持下恢复重建后，开始招收研究生，但是，一方面，招收规模很小，从 1956 年到 1964 年，总共只招收了三个人；另一方面，招收学生的规格还不够高。当时招收的研究生，按照前苏联的体制，称做"副博士研究生"，其实只相当于"硕士研究生"。因此，我们学院（1996 年以前称做哲学系）的博士生的招收和培养工作，真正说来，是在我国改革开放以后才起步的。

武汉大学哲学学院是我国改革开放后第一批博士学位授权点的设点单位。早在 1981 年，就被允准招收博士生，首先是现代西方哲学设立了博士点，接着是马克思主义哲学、西方哲学史、中国哲学、美学设立了博士点。2000 年，宗教学专业的博士点设点申请获国务院学位委员会组织的专家评议通过。同年，国务院学位委员会批准我们为一级学科博士学位授权单位。这样，我们自 2000 年起就开始在哲学学科下属所有二级学科，包括科技技术哲学、伦理学和逻辑学在内，都招收和培养博士生了。至今我们已招收博士生 345 人，其中已有 190 人毕业并获得博士学位。

记者：段教授，接下来想请您给我们谈一下贵院培养教育博士生的基本理念。

段教授：培养博士生既是一种荣誉，更是一种责任。多年来，我们学院的领导和全体教师一直把培养博士生视为我们最重要的教学工作之一来抓，并逐步积累了一些经验，形成了一些"理念"。归结起来，主要是"人格教育"、"元典研读"和"国际化"这样三点。首先，是"人格教育"。西圣苏格拉底讲"认识你自己"，我国历来强调"为己之学"，《大学》中更有"格致诚正修齐治平"之说，把"为人"同"为学"结合起来。我们哲学学院的先辈历来重视为人与为学的统一，注重人格教育。多年来，我们一直恪守这样的传统，在博士生工作中，把思想政治教育和人格教育放在十分突出的地位，非常强调培养博士生的法制观念和最低限度的道德意识，十分重视培养博士生的法律意识、道德观念、使命意识和承担意识。在具体的教学工作中，我们特别重视"元典研读"。黑格尔曾经强调说，要"从原始史料"去"研究"哲学和哲学史。研读元典一方面可以说是我们的基本教学内容，另一方面也可以说是我们的一个基本教学方法。不仅马克思主义哲学、中国哲学和外国哲学专业的教学强调元典研读，而且宗教学和其他专业的教学也非常重视元典研读。最后，是"国际化"。多年来，在博士生教学中，我们不仅总是尽可能多地在引导学生阅读国际学术界相关领域的最新研究成果，而且还邀请了一批又一批国际知名学者，如著名科学哲学家、新历史主义代表、美国社会科学院院士 D. 夏皮尔教授，美国人文、艺术及科学院院士、哈佛大学杜维明教授，国际莱布尼茨学会副主席与学术委员会主任委员、柏林理工大学哲学系教授汉斯·波塞尔教授等，给博士生讲演乃至开设课程。据不完全统计，从 2000 年至今，我们先后邀请 68 人次外籍专家来我院讲学，在促成我院博士生教学活动国际化方面起到了极好的作用。此外，我们还积极开展同境外一些大学联合培养博士生的活动。

记者：段教授，您作为哲学学院的资深教授，对哲学学院博士生的培养质量有着怎样的看法呢？

段教授：我们的博士生的培养质量总的说来是比较高的。他们中的大多数在读书期间就发表了一些有较高学术水准在学术界有一定影响的论文，而他们的学位论文绝大多数在良好水平以上，其中约有 10%被评为省级优秀博士论文，1996 年博士生丁四新的学位论文《郭店楚墓竹简思想研究》（导师为郭齐勇教授）还被评为全国优秀博士学位论文。他们中大多数毕业后在各自的工作岗位上表现得非常出色。一些分配到我们著名高校的毕业生业已成为那里的学术骨干和学科带头人；一些分配到中央部委和地方省级机关工作，业已走上了重要领导岗位；一些分配到企事业单位工作的，业已升迁为该企业的董事长；分配到军事院校工作的，有人业已晋升为将军。

但同兄弟院校相比，我们的博士生培养工作还存在诸多不足。例如，我们的博士生教学工作的国际化程度还不够高，我们的被评为"全国优秀博士论文"的博士论文的数量同我们学院在全国的学术地位还不相称等等，正因为如此，我们对本届博士论坛是寄予厚望的，我们对本届论坛的具体筹备工作是特别用心的。我们根据学校的具体安排，主要特别细心地做了两件事：一是精心组织会议论文，至 9 月初，我们共收到来自北京大学、中国人民大学、复旦大学、中国社会科学院、吉林大学、中山大学、南开大学以及香港中文大学和香港科技大学等著名大学的会议论文 178 篇，这个数目应该说是相当可观的；二是我们精心安排了会议日程，不仅安排了 20 个论文提交者大会发言，还安排了 55 个论文提交者作小组发言，其用意在于使我们精选出来的 75 篇比较优秀的论文都能够获得一个会议交流的机会。我们认为，本届"全国博士学术论坛"在我校举行对于我们意义重大：它不仅是我们向全国哲学界展示我们学院博士生群体学术科研水平的极好机会，也是我们向兄弟院校学习的极好机会。我们相信，通过这次"论坛"，我们一定能够从兄弟院校那里学到更多非常宝贵的东西，我们的博士生培养工作将会更上一层楼。

（本文原载武汉大学《社科动态》第 12 期，后为《珞珈山水》、武汉大学《研究生工作通讯》2004 年第 3 期和《中国高校报网》转载，作者系博士学位论坛记者）

段德智：凌寒独自暗香来

陈　洁

几年前，在全国哲学社会科学计划办公室的官方网站上看到一则"通报批评"，那些申请到课题却不能按时结项的统统被"曝光"。一个心无恶意的朋友顺口评论说："瞧，丢人丢大了吧，拿了钱不干活。该！"我一个个看下去，看到了一个名字：段德智。

我说："别人的情况我不知道，这个人不属于你说的一列。"

算起来，正是十年前，我要采访段德智，他呵呵地笑着，挠挠头说："等我有了像样的成果再说吧。"那时候，他已经出了《死亡哲学》等多本专著和译著，是武汉大学哲学系的教授、博导，国内少数几个莱布尼茨研究专家，创建了武汉大学的宗教学系并任学科带头人，被邀请参加世界哲学大会……

但这些，都还不够"成果"。那时候，我不知道段德智说的"成果"是什么。而这一次，他答应了接受我的采访。

从生命开始的哲学

采访就从他的"曝光"开始，他照例呵呵地笑，挠挠头说，那是他主持的国家社科基金项目"从主体性到主体间性：当代西方科学主义与人本主义趋同性研究"，2001年批下来的项目，本来应该在2003年6月结项的。这个研究内容，他20世纪80年代中期就开始准备了，1987年到1989年间，他先后写了两份提纲，并开始了第一阶段的写作。90年代做了两次大的修改，申请国家社

384

科基金时又做了较大的修订，别说按时结项，就是申请到项目那会儿，要拿一个草样出来都是可以的，因为资料、思路、连同文本都是现成的。

但项目批下来，段德智却对自己的写作计划和过去十多年的思考产生了怀疑，觉得原来设想的写作规划不足以包含他心灵渴望倾吐的全部。段德智面临一个抉择：是继续维持原来的框架，因陋就简地修修补补，保证按时完工，还是"打破一个旧世界"，突破过去十来年、也是课题申报时拟定的框架，另起炉灶？前者轻松却不过瘾，后者任重而道远，前景茫茫。段德智仅凭本能和直觉就选择了后者。转眼到了结题验收的时间，他手里有文章、有书稿，但觉得不够成熟，不到拿得出手的程度，便任凭别人催促、曝光、批评，就是不接招。他还不知好歹，说，要不我把社科基金的钱给退了？横竖也没几万块钱。可学校不答应啊，这不是摆明了给咱集体抹黑吗？赶紧糊弄个东西出来交差吧。

段德智有他的倔脾气，他就硬拖着，一拖5年多。其实，他所谓"拿得出手"的标准很软性，就是自己觉得内心痛快了，要说的东西都表达出来了。如果要说硬性标准，就是行文中没有空白和盲点，每一个注释、出处、术语都有了着落，确实敲定，这就到"拿得出手"的时候了。

2008年9月，他终于拿出了该项目的最终成果：《主体生成论——对"主体死亡论"的一个回应与扬弃》，顺利结项并被评为优秀。需知与他同时报送的123份成果鉴定材料中，只有66项准予结项，结项率才53.66%。何况5名专家的匿名评审，平均给分92，是一个相当惊人和罕见的高分。评论说该成果"是一部蕴含着作者多年研究心血、成一家之言且有相当分量的学术专著"、"一部极富特色和创见的、具有较高理论价值的著作"、"一部对读者极富教益并在诸多学科领域都有思想火花辐射和碰撞的具有多重现实意义的著作，它必将在理论界、学术界产生广泛而持久的影响"。

等到今年年初，《主体生成论——对"主体死亡论"之超越》一书由人民出版社推出的时候，段德智毫不掩饰他的得意和满足了。他倒不是得意于那些赞誉之词（虽然匿名的盛赞颇为难得），而是说："它把我一辈子对人生、社会和哲学的所学所思所悟差不多都放进去了。不管别人怎么评说，作为一个学者，做到这一步，我也算差不多对得起自己了。这也可以说是一种自得之乐吧。"段德智自称在很长一段时间内对自己本质和核心的精神欲求并不清晰，直到项目结题、专著出版之后，他慢慢回味时才意识到，他真正想表达的，是"真实的集体"和"自由个性"问题。对这些问题的深层思考，其实要归因于他人生中那些梦魇般的经历和体验。他之所以不顾一切要写这样一本书，做这样一项研究，正是源于他的一些亲身经历。

德国哲学家费尔巴哈在谈到他的学术经历时曾说，他的第一个思想是上帝，第二个是理性，第三个也是最后一个是人。而纵观段德智的学术经历，他的第一个研究对象是自然（理性），第二个研究对象是人（非理性），第三个研究对象是神（超理性）。他读研究生时的专业是外国哲学，主要研究洛克，后来对现代西方哲学人本主义和死亡哲学有兴趣，最近几年则侧重基督宗教和宗教伦理学研究。而这条学术轨迹的根，却埋在四十年前，青年段德智的生命当中。

理性、自然和人生的开始

1963 年，段德智从河南农村考入武汉大学哲学系，当时的大学是五年制，读到大三的时候，"文革"开始了。段德智出生农村，家贫，饿过肚子，小学五年级时，早上起来要先挑水浇完黄瓜才能去上学的，根正苗红成分低，不怕被冲击。但"停课闹革命"，他的学业中断了。

1968 年毕业后，他和部分同学先被送到湖北朱湖军垦农场"劳动锻炼"，干起农活来，当地农民都比不过他。他开起插秧机来，一天能拿下 38 亩地！后来被分到当时属恩施专区的鹤峰县工作，当过区中学的教师和校长，教过小学 1 到 5 年级的语数等一切课程。

1972年11月18日，这是一个段德智张口就可以报出的日子。那一天，他正组织学生开会，传达林彪事件的上级精神，突然被告知有人揭发他与武汉地区的"五一六"反革命组织有关系。他被带走，隔离审查。这件事现在说起来似乎微不足道，但在当时，对于当事人来说，实在是一场惊心动魄的冲击。有些被审查的人丢了命，也有的人为求自保开始乱咬别人。段德智说，"回想起来我都有点佩服自己"，他没有牵连一个人，也没有写认罪的交代材料，倒认真看起书来。都当过阶级敌人了，还怕什么呢？他还气呼呼地给毛泽东写了一封信反映情况。当然，"敬爱的毛主席"也没给他回信讨论这个问题。

段德智至今保留了他的"平反文件"的抄本，里面说，段德智同志"经调查核实，尚未发现有黑线联系的罪行，属于事出有因，查无实据，应予否定"。当年，革委会的人在其办公室给段德智看了那份盖着鹤峰县革命委员会大印的"处理意见书"，段德智就当着他的面，将文件抄到了他退还的有关材料背后。

段德智事后说，"反右"和"文革"中，他看到许多人被平白无故剥夺政治权利甚至生存权，现在，无妄之灾也降临他的头上。"一个人倘若被无缘无故地剥夺政治权利和自由，这种人生经历必定是刻骨铭心的。"他开始关注和思考生和死、人和人的主体性，一辈子的学术基点，都在这里。

高校终于恢复招生了，时已调任鹤峰县委宣传部工作的段德智给母校写了封信，表示想报考外国哲学史的研究生，这封信是用英语写的，表示他有专业学习的能力。段德智高中才开始学英文，但在"文革"中也一直没断过外语自学。1978年，在乡下蹲点的他提前五六天收了稻谷，甚至来不及搓掉裤脚的泥，便赶往考场。几个月后，他成为陈修斋和杨祖陶联合指导的第一届研究生，中国哲学研究界"珞珈山派"的大师兄。

非理性、人和哲学研究

出于对"以阶级斗争为纲"这一政治路线的愤懑和厌恶，段德智选择了"欧洲近代唯理论和经验论"作为研究方向，专攻西方认识论，主要研究对象是英国经验论大师洛克。他参编了陈修斋主编的《欧洲哲学史上的经验主义和理性主义》一书，还翻译了威廉·理奇·索利的《英国哲学史》。

段德智的勤奋努力能吃苦，是有口皆碑的。为了研究洛克，他把700多页的《人类理智论》读得滚瓜烂熟，以至于不论别人说到此书的任何问题，他都能立刻说出洛克在第几卷第几章第几节对此问题是怎样论述的。这使得亲见此情景的许多外哲史界人士大跌眼镜。我亲见过段德智读的书，厚厚的一大本，从第一页到最后一页都划满了波浪线和横杆，天头、地脚和切口都写满了字，密密麻麻的，可见这个人看书的时候有多卖劲。

1981年秋，段德智留校任教，当时的条件很困难，妻子的户口没法解决，一家四口挤在一间小屋里。下雨的时候，室内水漫金山，得铺上一块一块的砖头，家人"跳跃式"出入，才不至于趟水。而段德智居然能在被水浸泡的床头，看他的哲学原版书。

在研究洛克的过程中，段德智逐渐意识到，认识论有个认识主体的问题，要全方位、深层次地理解认识论问题，就必须研究人。于是，从20世纪80年代开始，他着重研究现代西方哲学的人本主义。他翻译威廉·巴雷特的《非理性的人》，并在武汉大学第一个开出了"现代西方哲学人本主义"和"死亡哲学"的课程，由此成为中国内地死亡哲学研究的领头人。《死亡哲学》一书不仅是他的学术思考，也与其人生经历和体验直接有关，出版后分别获得1992年的"中国图书奖"和1995年的"首届人文社会科学优秀成果奖"。而他写作出版此书时，还是一名讲师。

莱布尼茨研究也是段德智的强项，在国内同行中长期保持领先优势，享有很高的学术地位和良好的学术声誉，译著《对莱布尼茨哲学的批评性解释》和合著《莱布尼茨》在学界都颇有影响，在莱布尼茨研究最高规格的国际会议（德国柏林第七届莱布尼茨国际学术研讨会）上，他被推选为大会主席团成员并发言。

超理性、神和宗教研究

在对现代西方哲学人本主义和生死问题的思考过程中，段德智越来越深刻地意识到：人不仅是认知主体、道德主体和社会历史主体，而且也是潜在或彰显形式的（宗教）信仰主体。于是，从20世纪90年代中期开始，段德智侧重于宗教和宗教学研究。1995年，他和同事首次为武大的本科生开设"宗教学概论"课程。1998年访问哈佛燕京学社，进修宗教学，同时开始翻译杜维明的《论儒学的宗教性》。回国后又主编了《宗教思想家论人生》丛书，启动《武汉大学宗教学研究》丛书的编辑出版工作。我国现行的学科分类将宗教作为二级学科放在哲学一级学科之下。国际上的宗教学与哲学却不是隶属关系，哈佛大学的哲学系规模和影响都很小，宗教学课程却很多，还有一个神学院和宗教学系。因为宗教学有相对独立的学科结构：宗教伦理学、宗教社会学、宗教人类学、宗教史学、宗教心理学、宗教文化学等，没法强行嵌入哲学的框架中，否则其发展必然受到人为的限制。

所以，在北京大学之后，段德智创建了全国高校第二个宗教学系，而且是唯一与哲学系分离、独立存在的宗教学系。武汉大学宗教系经历了跨越式发展：1997年，设立宗教学系一次成功，1998年，设立宗教学硕士点一次成功，2000年设立宗教学博士点一次性通过，并设立宗教学本科生专业，2002年，宗教学专业综合实力排名全国第二，2004年本科生和研究生教育均排名全国第二……

武汉大学基督宗教与西方宗教文化研究中心的宗教研究强调"三个区别"：把宗教学研究同宗教信仰、神学研究、传统意义上的宗教研究三者区别开来。并且注意结合中国国情进行宗教学学科建设，设立了三个研究方向——宗教伦理学、宗教人类学和佛学研究，研究团队以基督宗教研究为体，以中西宗教文化比较研究和宗教心理学研究为两翼。现有研究人员掌握的外语语种包括英、法、德、日、俄、希腊、希伯来和拉丁语等，具备直接与国际学术界对话和交流的基础和能力，学术潜力和发展空间巨大。

如今，段德智正参照多种英译本和拉丁本，主持翻译托马斯·阿奎那的《神学大全》、《反异教大全》和《论存在者与本质》。这无疑是一个新的起点，《神学大全》和《反异教大全》两书加起来有450多万字，光拉丁文本就有一尺多厚。都说"三十不学艺"，可为了宗教学研究，实心眼的段德智年近四十时开始自学拉丁文，如今已经能比较流利地阅读了。

美国圣路易大学哲学系的 Stump 女士被牛津大学王尔德讲座委员会称为目前英语世界中最重要的哲学家之一，她非常看好段德智主持的阿奎那主要著作的翻译工作，认为可以和中世纪的哲学家波爱修（Boëthius）进行的事业相媲美。波爱修第一个把希腊语的亚里士多德著作翻译成拉丁文，从而影响了欧洲一千多年，而"中国的波爱修"将对国际阿奎那研究和中国哲学界产生深远影响。而在阿奎那研究领域享有世界声誉的美国哲学协会会长 Eleonore Stump 教授也说："也许在不远的将来，我们需要来中国，向中国的、特别是武汉大学的同仁们请教阿奎那的哲学！"

段德智的身上有一种非常深刻和有趣的矛盾。任何一个接触过他的人都会觉得，这是一个老好人，谦逊得无以复加，对谁都客气。但说到自己的研究和人生，他每每表现出"洋洋得意"和当仁不让来。比如，他总结自己的哲学研究三部曲，"一步一步地走向珞珈山哲学和宗教学殿堂的深处"。他显然对自己很满意，借用他自己的术语来说：主体性很强，而且高度自我认同。如果用一句话来概括，他是一个在哲学研究中无比幸福的人。

有一件事对段德智的刺激很大。1998年，他应邀出席了第20届世界哲学大会，会议有100多名"特邀代表"，连一些小国家都有，我国却没有一位，可见国际上多么不重视我国的哲学研究。我们的哲学研究队伍很庞大，从业人员很多，可成果却极不相称，也没有很好地与国际哲学研究衔接上。原因很多，但段德智认为，这无疑与我们部分哲学研究人员缺乏使命意识、承担意识和献身精神有关。

所以，段德智要做一个"对得起自己的存在和自己的良心"

的人。在一个学术腐败成为持续的公共话题的年代，段德智无疑是属于"活化石"类别的学人。他很少参加学术会议，平均一两年才出门一次，也很少出书，平均好几年才出一本，但他的课上得不少，老的课一轮一轮地上，每年都有新内容，还不时开设新课。他更多的时间，只是在家里坐着，在一屋子的书和一台电脑的中间，看书、思考、写字。但人生有时候是件很奇怪的事情。这么一个不折腾的段德智，半辈子却干了不少事情：莱布尼茨研究、死亡哲学的开拓、翻译《神学大全》、创立宗教学系……

话说梅花是世上最无畏惧，也最不着急的花，既不怕苦寒，又不着急花开得晚，还不着急花开被混同于雪。这个不着急，来自骨子里的自信和骄傲。所谓"墙角数枝梅，凌寒独自开。遥知不是雪，为有暗香来。"段德智就是这么一个具有梅精神的人，不着急、不害怕、不温不火、不躁不愠，自成一段疏影寒香。

（本文原载《中华读书报》2009 年 5 月 13 日，作者系《中华读书报》记者、北京理工大学人文与社会科学学院教授）

世界哲学王国里的中国板块

陈　洁

2009 年年末，在东湖之滨，珞珈山下，武汉大学的哲学学院悄无声息地举办了一场学术座谈会。会议的规模非常小，参会人员不过十来人，会期只一天，只围绕一个主题："主体性哲学与希望人学"。只讨论一本书：人民出版社的《主体生成论——对"主体死亡论"之超越》。整个研讨会是一种非常低调的做派。

但是，这个惊动了清华大学万俊人、北京大学赵敦华、中国人民大学李秋零等国内多位一流哲学教授的小型座谈，却别有一番深意……

不断成长的中国哲学

这里说的中国哲学，不是"中国的哲学"，而是"在中国的哲学"。自从"哲学"这个西方的学科界定进入中国这块土地，一百多年来，排异反应就一直存在着。而且，新中国成立之后的很长一段时间，世界哲学王国里，中国这个板块都是相对虚弱的一块。一方面，中国哲学长期不能获得西方哲学界的一致认同，另一方面，中国对于西方哲学的发展及其讨论的问题，大多只是处在引进、介绍、解说的阶段，基本上没有发言权或话语权。

当然，中国的哲学学者们一直在学术和思想的世界里，进行着艰苦卓绝的努力。经过两岸学者——尤其是"现代新儒家集团"中的几代学者——的共同努力，中国哲学、儒家思想，连同"亚洲价值观"，已经渐渐在世界哲学领域里争得了一席之地，越来越多的西方哲学学者注意到了中国思想。对于西方哲学界来说，中国哲学如今已经成为世界哲学领域不应该被忽视的一个板块。

一个具有象征性意义的事实是，1948年成立的国际哲学团体联合会（International Federation of Philosophical Societies，简称FISP）隶属于联合国教科文组织（UNESCO），被公认为是当代世界哲学学科最大、最高级别的国际学术组织，由其发起的世界哲学大会（WCP）1900年首次在法国巴黎召开，1948年后每5年召开一次，被全球学术界称为"世界知性的盛宴"、"智慧奥运会"、"哲学奥运会"，是当前世界哲学学科最高级别的国际学术会议，是世界哲学最前沿的展示阵地。前20届世界哲学大会都在西方国家举行。而最近的一次，2008年7月、8月间的第22届世界哲学大会，则在韩国的首尔召开，成为第一次真正意义上"在亚洲"或"在东方"召开的世界哲学大会（第21届世界哲学大会在横跨欧亚的伊斯坦布尔举办），标志着"一向被排除在世界哲学概念之外的东方哲学思维，终于正式进入哲学之门"。

就是在这次大会上，中文首次被列为世界哲学大会的七种工作语言之一。而且，内地史无前例地派出了多达一百多人的代表团参会，中国社会科学院哲学所组织了"儒家的创造性发展与21世纪的世界哲学"学会会议，是世界哲学大会历史上首次采用中文作为会议语言。会议期间，中国哲学家（包括港澳台地区）还组织了"来自亚洲文化的哲学"、"中西哲学对话"、"新一轮中西哲学比较研究"、"跨文化交流与亚洲语境"、"亚洲的中国哲学方法"、"全球化背景下的亚洲价值和信念"等多场圆桌会议。大会还专门组织了两场关于当代中国哲学的小组会议，多个国家的哲学家都提到，中国哲学将会为世界哲学作出更大的贡献。种种迹象表明，中国哲学和文化正在世界上显示出广泛的影响力，中国学者也正在世界哲学大家庭里扮演越来越重要的角色。

但是，所谓"中国哲学"，相对于西方哲学来说毕竟是一个相当"异质"的存在。改观不大的是，对于西方哲学界讨论得热火朝天的主流问题、核心问题，中国学者却多少有一点"插不上嘴"。西方有学者甚至直言："中国的哲学教授们对世界哲学的贡献非常有限。""我们开始注意他们的问题，而他们却不太真的能参加讨论我们的问题。"

但是，西方学者未免断言太早了，殊不知情况总是在变化当中的。中国学者并不像某些傲慢的西方学者想的那样，完全不能对于西方哲学核心问题给予回应。

主体死亡？中国哲学界的回答

在一本畅销多年的西方哲学史普及读物《苏菲的世界》里，作者提出的第一个哲学问题就是"我是谁?"这个"我"，哲学上另有一个名词，叫"主体"。关于主体的思考，是最古老、最核心的哲学问题之一。

北京大学的赵敦华教授介绍说，甚至从人类有哲学开始，就已经开始思考人作为主体的问题了。当然，古人用的词不是"主体"，而是"灵魂"。"万物有灵论"可能是最早的宗教，最早的哲学也没有摆脱此论，毕达哥拉斯就把"灵魂"作为哲学的思考对象。到阿那克萨戈拉提出 nous 概念，得到苏格拉底的高度评价。哲学家们认为，肉体或者灵魂都可能会朽灭，但总该有无限而不朽的东西，那就是柏拉图的理智世界（nous）、亚里士多德的人类理智（nous）、黑格尔的"实体即主体"、绝对精神、上帝等。

但是，笛卡儿的 cogito 才真正开启了近代哲学的新主题："主体"。"我思故我在"标志着主体性原则得以确立，并且成为几乎所有哲学体系围之旋转的枢纽。当然，这个主体从一开始就是认知主体，"自我"就是"自我意识"，康德承袭了这一思路。

后来，现代西方哲学批判主体性哲学，用"主体的死亡"来比喻认知理性是狭隘、有限和有朽的。这是一个严峻的挑战。如何回应这种挑战，如何在"主体死亡论"的背景下重建主体性哲学，成为现代哲学的一个不可回避的课题。围绕这个问题，西方很多哲学学者在展开研究，部分哲学家试图给出答案。

现在，一位中国学者给出了他的答案，这就是武汉大学哲学学院段德智教授的《主体生成论——对"主体死亡论"之超越》。

这本书的雏形是段德智主持的国家社科基金项目"从主体性到主体间性——当代现代西方科学主义与人文主义研究"的最终成果,该项目从 2001 年立项到 2007 年结项,历时 7 年。在 2008年的国家社科项目评比中获得了罕见的高分,被评为"优秀"级别的成果。修订后的《主体生成论——对"主体死亡论"之超越》于 2009 年出版,甫一问世,便引起哲学界的广泛关注。因为它所回答的问题的重要性,也因为它回答的严谨、深度和高度。

在武汉大学专为此书召开的学术座谈会上,人们意识到,段德智已经迈出了从哲学教授到哲学家的第一步,而且是坚实又稳健的一步。

李秋零教授概括说,段德智对于主体死亡论的回应包括了两个部分:

第一,他强调主体的"生成性",并以之为人的本质特征。一方面,人不是天生的主体,人的主体性不是现成的,而是逐渐生成的。另一方面,人的主体化过程是永远不可能完成的过程。这两者将作为主体的人与神和动物区别开来:动物根本不会生成,而神则根本无需生成。

人之成为人,主体之成为主体,有一个进化的过程,这在今天几乎已成为常识。但人的主体是一个永远不可完成的过程,这一点不是所有人都能接受的。人是需要理想和希望的,段德智却断言:"我们所谓人的主体性的未来之维……是永远处于我们前面的东西,是我们永远要为之奋斗但是永远不可能完全实现出来的东西。"这种令人"绝望"的未来之维,却被段德智称为"希望之维",并将"主体生成论"称之为"希望人学"。他在"对乌托邦的中性理解"中提到,康德的"世界整体的知识"是一个先验幻相,却有引导知识走向体系化的"范导"积极作用,同样,具有不确定性的乌托邦也同样可以充当人的主体性生成过程的范导原则。所以,"主体死亡论"是"近现代主体性哲学的一种自否定和自发展",而"主体生成论"又超越了"主体死亡论"。这是一个否定之否定的过程。

第二,段德智提出主体的生成与主体性意识的生成是统一的,人的自我意识觉醒的过程也就是人的主体性形成的过程。他还将人类自我意识觉醒的过程划分为三个阶段：以群体意识为主导、以个体意识为主导和以他我意识为主导。

一般谈论主体性都从个人的自我意识出发，认为近代哲学的兴起才是西方自我意识和主体性的觉醒。段德智则认为，原始社会的"氏族膜拜"和"集体表象"、奴隶社会的"团体意识"、封建社会的"宗教意识"（统称为"群体意识"）也是人的自我意识和主体性的表现形式之一。

简言之，群体意识是以类为主体的自我意识，个体意识以个人为主体，是对群体意识的否定，而"他我意识"考察个人之间的关系（"主体间性"），又是对个体意识的一种否定，是一种更高层次的、承认个体独立地位的群体意识。经过这种正、反、合的否定之否定运动，人的主体性达到了一个新的高度。

段德智对于"主体死亡"问题的这个回答，一方面是对近代认知主体性哲学的反动，另一方面也是对黑格尔"实体即主体"的形而上学的改造。而且无论是否定还是改造，都或多或少有其宗教背景。这些都使得段德智的哲学构建显得卓尔不群。

整体来说，对于西方的哲学问题，中国主要还处于"跟着讲"或"照着讲"的地位。整个 20 世纪，新的哲学范畴的提出、新的哲学体系的构建，差不多都是西方人做出来的。冯友兰、贺麟等中国哲人，也是受了西方哲学的熏陶后才有所作为的。直到今天，中国的西哲著作，基本上也停留在"介绍西方"的阶段，著作的突出，往往在于"及时引介了西方最新研究成果"，或者"介绍时的理解比较深刻"。

不过，经过一个多世纪的磨合，特别是近三十年的磨合，世界哲坛上应该开始有中国人自己的声音了，现在，中国人可以尝试着"讲自己"了。

段德智对于主体问题的回答，就是一次难得的"讲自己"的尝试。这是一个令人惊喜的开端，中国哲学家正在国际哲学界争取话语权，他们开始能够正面回答西方当代哲学的核心问题、主流问题，而且，逻辑之严密、笔调之清新、内容之丰富，都令人信服。

值得给予高度的重视。

任重而道远

　　段德智早年研究莱布尼茨，不仅在国内同行中长期保持领先优势，而且在国际同行中也获得很高的赞誉和认可，曾任德国柏林第七届莱布尼茨国际学术研讨会（最高规格的莱布尼茨国际学术会议）大会主席团成员。近年来，他主持阿奎那著作的翻译，同样引起了国际学界的关注，被天主教哲学学会世界联合会主席乔治·麦克莱恩和柏林自由大学基督教哲学教授 Wilhelm Schmidt-Beggemann 称为"具有国际意义的重大学术工程"。目前英语世界中最重要的哲学家之一、美国圣路易大学哲学系的 Stump 女士将段德智比作中世纪的波爱修（Boëthius，曾把希腊语的亚里士多德著作翻译成拉丁文，影响欧洲一千多年），并预言段德智主持的武汉大学基督宗教与西方宗教文化研究中心将成为该方面研究的重镇。作为美国哲学协会会长，Eleonore Stump 竟发出这样的感慨："也许，在不远的将来，我们需要来中国，向中国的、特别是武汉大学的这些同仁们请教阿奎那的哲学！"而新近的《主体生成论》则是段德智作为哲学家尝试建立自己理论框架的开始，试图走出一条中国人自己的哲学道路。

　　清华大学的万俊人教授认为，段德智及其所在武汉大学哲学学院的工作，只是中国哲学学界的一个缩影。中国的哲学研究在过去几十年积累的基础上，正在逐步产生独创性成果。包括早些时候，中国人民大学的张立文提出"和合学"，北京大学张世英补充"希望哲学"等，都是原创性哲学。中国的哲学学者开始了哲学家的成长之路。而随着他们的成长，随着中国哲学与世界哲学界交流越来越广泛和深入，世界哲学地图中的中国板块已经越来越壮大和坚实。

　　当然，中国要在世界哲学界获得一定的地位，还有很长的路要走。一个小小的例证是，一百多年来，每届世界哲学大会都有几十到百余名数量不等的特邀代表（因其在哲学领域的独创性贡献而被特邀与会的人，其全部费用由会议支付），中国哲学家还一直没有获得特邀。这多少反映出国际上对我国哲学研究的重视程度。我们或许有全世界最庞大的哲学研究队伍，成果却与这个队伍数量并不相称，没有很好地与国际哲学研究衔接上。中国学者中能以哲学家的姿态直接回答重要哲学问题的人，更是凤毛麟角。

这里面原因很多，历史差距、学术制度、价值观念、语言劣势、学养根基、自由空间等，都是导致中国哲学慢半拍的原因。以语言为例，除了通用的英、德两种语言，要参与西方哲学话题的讨论，还需要希腊文、拉丁文基础，这对于东方学者来说有一定的难度，段德智就是从 40 岁才开始学习拉丁文的，如今能够阅读，却不能写作。这是很多中国哲学研究者共同的瓶颈。

但不管怎么说，中国哲学教授在向哲学家转化和成长，并且尝试参与到世界哲学前沿的构建工程当中去，中国学者，正在让世界哲学界期待。

（本文原载《中华读书报》2009 年 12 月 16 日，作者系《中华读书报》记者、北京理工大学人文与社会科学学院教授）

段德智：心怀纯洁的学术信仰

沈　庭

> 七十古稀今未稀，先生学术正当时。
> 桃李天下蹊径远，著作等身美誉驰。
> 中西通贯堂庑阔，新故相资最为师。
> 四月春光来贺寿，一枝一叶莫非诗。

这首诗是武汉大学哲学学院院长吴根友教授为宗教学系段德智教授七十华诞寿庆所作，是对段德智教授学术人生的高度概括和评价。

即使退休，段德智依然初心不改，醉心学术，笔耕不辍，取得了一系列令人瞩目的学术成就。

20世纪80年代初，他便遵照陈修斋先生的嘱托，启动了霍布斯《论物体》的翻译工作，却直到2014年10月才交稿，历时三十余年，出版社的责任编辑都已经换了三位，以致商务印书馆的朱泱编辑直接恳求段教授："您就翻译得粗糙点嘛，多少留点工作给我们编辑做啊！"段德智对待学术的态度可见一斑。

段德智长期关注死亡问题、宗教问题的哲学研究，这些在国内学界曾经一度属于比较敏感的话题。但几十年如一日，他却执着地扎根于这些领域。在他看来，哲学无"禁区"："哲学思考的对象应该具有最广泛的普遍性，所以哲学应该有勇气去正视宗教现象、死亡现象，否则它便是懦弱的、肤浅的、片面的哲学。"

在他眼里，"虚一而静"尤为重要。他认为一个学者应专心致志地全身心投入学术研究，避免受世俗名声和现实利益的诱惑，不与他人攀比。需要坚持一种纯洁的学术信仰，信仰是哲学发展的一个重要动力。他认为，中国可能是世界上哲学研究者数量最多的国家，但在当今国际哲学的大舞台上还没有出现像胡塞尔、海德格尔、萨特等一流的大哲学家。有一些中国哲学研究者对自身的哲学事业缺乏学术信仰和神圣感。只有对学术研究保持一份纯洁的信仰，才能够专注于内在的自我完善和自我超越，才能免于外在因素的干扰，勇攀学术高峰。

正是这坚定执着的信仰，使段德智的学术生涯在退休后也不断走向辉煌。

2009 年，他主持的项目"境外宗教渗透与我国意识形态安全战略研究"获批教育部哲学社会科学重大攻关项目；2014 年，他主持的项目"《莱布尼茨文集》翻译与研究"获批国家社科基金重大项目。

虽然年近古稀，但近几年，段德智几乎每年都要坚持出版两本以上有影响的学术专著或译著。《主体生成论——对"主体死亡论"之超越》、《宗教学》、《莱布尼茨哲学研究》等著作不胜枚举，其中《主体生成论——对"主体死亡论"之超越》作为社科基金项目的最终成果被鉴定为"优秀等级"。赵敦华、万俊人、李秋零等国内知名哲学教授高度评价此书，称赞其为"当代中国主体性哲学的出场"，是"段德智教授作为哲学家的一个学术身份证"。此书同时也获得了"第八届湖北省社会科学优秀成果奖"一等奖。

2015 年 1 月，喜讯再次传来，段德智的《莱布尼茨哲学研究》获"第九届湖北省社会科学优秀成果奖"一等奖，他成为哲学学院近年来第一个连续两届获得省社科优秀成果奖一等奖的学者。此外其译著《神学大全》第一集被评为 2013 年商务印书馆"十大好书"之一。

面对如此骄人的成绩，段德智保持了一贯的谦虚。在他看来，这些成绩与他自己定的目标还差得很远。在翻译上，他希望自己的译著能够像陈康先生所说的让外国同仁"以不通中文为恨"；在哲学研究上，他引用黑格尔将哲学史比作"洪流"的比喻，力求自己能够将哲学史这股"洪流"往更远方推进一点点。在他眼中，立志高远不过是哲学研究者的必备素质，只有高远的目标才能够提升学者的精神境界，使其拥有更为宽阔的学术眼光，才能直面国际哲学发展本身来从事哲学研究。

当笔者问到为什么他在退休后，仍然坚持学术研究时，段德智对这个问题略感惊讶。在他看来，一方面，学术即人生，一个学者应当将其一生奉献给学术事业，生命不息，研究不止；另一方面，人生即学术，一个学者，尤其是一个哲学研究者，当从自己的人生体验出发，来反思和体悟学术问题，否则，学术研究将既无助于学者得道，也无助于学者言道。

段德智的学术和人生早已浑然一体。退休对他而言不过是一个意义不大的时间点，甚至包括职称、名誉、经济利益等外在的事物，他都已然"心无挂碍"。他只是怀着纯洁的学术信仰，以此为研究哲学的动力，不断追求着心中的哲学梦。

（本文原载《武汉大学报》2015 年 11 月 6 日，作者系武汉大学国学院讲师）

附录一：

学术人生与人生学术

——七十自述

段德智*

摘要：本文从学术筹划、学术活动和学术成果诸层面对本人半个世纪的哲学生涯进行回顾和解说，以期表明学术理想和人生体验对哲学学者的不可或缺性。

关键词：学术人生；人生学术；哲学梦；人生体验

所谓学术人生，是说一个学者当将其一生奉献给学术事业，生命不息，学术研究不止。所谓人生学术，是说一个学者，尤其是一个哲学研究者，当从自己的人生体验出发，来反思和体悟学术问题；否则，学术终究还是个身外之物，如是，则学术研究就将既无助于学者得道，也无助于学者言道。从这个意义上，我们不妨将人生学术视为治学的根本大术和不二境界。掌握这样一种根本大术，达到这样一种不二境界并非一件易事，并不是每个学者都能如愿以偿的，但我们每个普通学者却都应当"心向往之"。回顾半个世纪以来自己学习和思考哲学的历程，深感"向往"这样一种"大术"和"境界"意义重大。可以说，正是这样一种"向往"，成就了自己的学术人生。

---

* 段德智，武汉大学哲学学院教授，主要从事莱布尼茨、人生哲学、宗教学、宗教哲学和托马斯·阿奎那研究，Email：duandzh1963@ 163. com.

一、两进珞珈山，追逐哲学梦

我是 1963 年从豫北的一个中学考进武汉大学哲学系的。那年 8 月，我怀揣着录取通知书，背着一个包袱（用一个床单抱着一个被子、一个毯子和几件衣服），从太行山脚下，几经辗转，来到了珞珈山。后来，我知道，当我走进珞珈山的时候，在地球的那一边，美国著名的黑人领袖马丁·路德·金正在华盛顿林肯纪念堂发表他的《我有一个梦》的著名演讲。其实，当时的我，也有一个梦，那就是哲学梦。对何谓哲学，当时自己虽然不甚了了，但心里有一点却是清楚的，这就是哲学比起所有其他学科都要高深一些。既然哲学是世界观，它就关涉到整个世界，关涉到整个世界的现在、过去和未来，既然哲学按照毛泽东的说法，是"关于自然知识和社会知识的概括和总结"，① 那它自然就要比所有其他专业知识都要高深一些。因此之故，当时做的哲学梦是一个美梦，每念及能够进入哲学系学习，心里便不免滋生几分自豪感。

梦想就是一个人生目标，它总能激发人的种种潜能，排除万难，去实现梦想。刚刚走进珞珈山的我，就有这样一份激情。众所周知，武汉大学哲学系是 1956 年与复旦大学哲学系、中山大学哲学系等一起恢复重建并开始招生的。当年招的全是调干生。后来为了进一步落实李达校长"集天下英才而教之"的教育思想，开始招收部分参加高考的高中生。至我们那一年，则开始全部招收参加高考的高中生。学生的课程也做了相应的调整。例如，要求学生在低年级选修一门理科课程。我记得当年允许选修的有三门课程：高等数学、生物学和物理学。政治辅导员亲自做我的思想工作，动员

---

① 毛泽东曾经指出："自从有阶级的社会存在以来，世界上的知识只有两门，一门叫做生产斗争知识，一门叫做阶级斗争知识。自然科学、社会科学，就是这两门知识的结晶，哲学则是关于自然知识和社会知识的概括和总结。"见毛泽东：《毛泽东选集》第 3 卷，人民出版社 1964 年版，第 817~818 页。

我选修高等数学。他的理由是：高等数学虽然学起来比较难，但对于培养和锻炼抽象思维能力和哲学思维能力却大有益处。既然对培养和锻炼哲学思维能力有好处，我就不假思索地答应了。这大概就是梦想的作用。尽管我自己对学高等数学心里也有一点谱，我在高中阶段，数学学得还不错，还曾当过两年多代数课代表，自认为应付下来不成问题。但无论如何，推动我做出这一决定的还是政治辅导员的那番话，还是我心中的那个哲学梦。而且，正是这个哲学梦，使我在学习过程中从来就不惜力气。当时，武大哲学系非常强调学生记课堂笔记，将其视为提高教学质量的一项基本手段。新生入校后，系里专门安排高年级学生介绍作课堂笔记的经验。但我却认为，既然老师讲稿的思想源头是经典著作，我何不逆流而上，直接走进讲稿的源头呢？于是，我将大量的时间都用于阅读经典著作本身上，对一些主要课程，恨不得将其主要论点都在马恩列斯毛的著作中找到其原始出处。这使得我的学习工作量几乎成倍增加。而且，这样一种学习劲头在当时政治环境下无疑有"只专不红"之虞。但我却特立独行，乐此不疲。30多年后，当我们班的同学聚会时，我的室友康人全（来自湖南）还特别以赞扬的口吻提及此事。这大概也与我的哲学梦有关。

当时，武大哲学系实行五年制。但随着"文化大革命"爆发，尤其是随着"批判""李达三家村"活动的开始，我们至1966年6月，不到三年，就全部"停课闹革命"了。尽管如此，武汉大学哲学系也没有白上。在这近三年里，当时哲学系开设的基本课程，如哲学原理、中国哲学史等，差不多都学过了，更何况自己还读了一些哲学原著。这无疑为我今后的哲学学习和哲学思考，乃至哲学研究打下了一个基础。还有一点也非常重要。这就是英语水平的提高。当时，全国各地中学绝大多数开设的都是俄语，很少有学校开设英语。幸运的是，我虽然在初中阶段学的是俄语，但到高中阶段，学的却是英语。在这种情况下，武汉大学的学生绝大多数学的也是俄语，只有极少数学生学习英语。就我们那一届进校的学生来说，全校也就只有七八十个学生学英语（外文系学生除外）。这些学生都在一个大课堂上学习。由于自己学习比较勤奋，英语学习成绩一直比较好，每学期差不多都是全班分数最高的少数几个学生之一，没想到这竟为自己后来阅读和翻译专业书籍打下了一个较好的基础。

按照原先的教学计划，我们本应当在1968年7月毕业，但由于"文化大革命"，一切都乱套了，我们一直拖到12月才毕业。就在我们毕业分配之际，12月22日，《人民日报》在头版以整版的篇幅，刊登了由新华社转发的《我们也有两只手，不在城市里吃闲饭》的文章，在报眼位置的《毛主席语录》栏里，发表了毛泽东的"最新指示"："知识青年到农村去，接受贫下中农再教育，很有必要。要说服城里的干部和其他人，把自己初中、高中、大学毕业的子女送到乡下去，来一个动员。"根据毛泽东的这一最新指示，我先是被动员到黄陂朱湖军垦农场劳动锻炼了14个月，继而又被再分配到了恩施地区鹤峰县工作。当时流行着一个说法，叫"英雄的恩施，战斗的郧阳……可耻的武汉"。其实，对于我们那一届大学生来说，一个人也不得留武汉，从而连"可耻"的资格都没有。而分配到恩施之所以冠以"英雄"的雅号，乃是因为恩施地区是当时湖北省最贫穷的地区。而我再分配到恩施地区后，又被分配到恩施地区最贫困的鹤峰县，可谓是一竿子"英雄"到底了。

我分配到鹤峰县后，又被分配到下面的一个区里，先在区文教辅导站工作，不久，由于当时湖北省实行区办高中的教育改革措施，我便作为新办高中的负责人到了中学，后来又被正式任命为中学校长。1975年2月，毛泽东发了一个最新指示，强调"要使全国知道"无产阶级专政理论。我便因此而被调到了鹤峰县委宣传部工作，一直工作到1978年10月。

1977年10月，国务院批转教育部《关于高等学校招收研究生的意见》。根据这一意见，1978年，我国恢复研究生招收。当时，我并没有太大的犹豫，便报了名。我们那一届大学生，由于政治大环境，走向社会后，总的来说，处境都不怎么好。我个人虽然也一度受到挫折，但相对于多数同学来说，处境还算不错。但为什么自己执意要报考研究生呢？说到底，还是为了圆自己的哲学梦。

报考研究生，首先面临的是一个专业或研究方向的选择问题。就我在大学本科学过的课程而言，最适合的当是哲学原理、马克思主义哲学和中国哲学史，但经过再三考虑，我还是选择了西方哲学史，选择了认识论。为什么要选择认识论呢？这是因为当时我对以阶级斗争为纲和斗争哲学那一套很厌恶，对列宁所说的"辩证法是活生生的、多方面的认识"，"辩证法就是黑格尔和马克思主义的认识论"笃信不疑。① 那么，我又为什么要选择西方哲学和西方哲学史呢？这一方面是因为我当时已经朦胧地意识到中国应当放眼世界，应当积极借鉴西学，另一方面是因为鉴于"文化大革命"中两派辩论，一时诡辩成风，从而认为健康的哲学理应坚持论从史出的道路。在当时，我尤其推崇西方近代哲学家培根，既佩服他改革西方哲学的雄才大略，也佩服他的切中时弊（既切中 17 世纪西方哲学的时弊，也切中 20 世纪 70 年代中国哲学的时弊）的实验哲学。培根的治学方案也令我动心。他认为，英语虽然只有 20 多个字母，但却可以组成无数多个英文单词。而整个世界虽然气象万千，其实也非常简单，也是由少数几个形式组合而成的，只要掌握了这少数几个形式，就可以理解和掌握整个世界，就可以出一批批的科学研究成果。他的这个说法竟在我这个西方哲学史初学者心中激起了一层层涟漪，竟然做梦般地设计了一个出一套哲学史著作（以英国哲学和英国哲学史为中心）的远景规划。

带着这样的哲学憧憬，我以英文的形式给招收"欧洲近代经验主义和理性主义"研究方向的陈修斋先生写了一封信。我之所以给他写这封信，一方面旨在表明我决意从事这一研究方向研究的心迹，另一方面也试图向他表明我的英文也能够应付这一领域的研究工作。他接到我的信后，非常兴奋，不时地向其他教师提及此事（朱传棨老师此后曾多次同我谈及此事）。当时，在鄂西山区，各个部门对于我们这样一些大学生报考研究生的态度通常都比较消极。其实，这也是在所难免的。长期以来，很少有大学生分配到这么贫穷的地区工作。现在，好不容易分配到这里工作的一批大学生

---

① 列宁：《哲学笔记》，人民出版社 1963 年版，第 411 页。

又要通过考研究生的途径离开了。他们自然不太甘心。我所在的单位也是如此，他们的决定是：报考研究生可以，但必须继续在农村蹲点。在这种情势下，我只好白天和农民一起劳动，晚上抽时间准备考试（有时候，即使晚上也还需要参加和主持生产队的会议）。尽管如此，我还是通过了硕士研究生考试，正式成为武汉大学哲学系西方哲学专业"欧洲近代经验主义和理性主义"研究方向的一名研究生，成了陈修斋先生和杨祖陶先生的一名研究生。

1978 年 10 月，我带着录取通知书第二次走进了珞珈山，开始了我的硕士研究生的学习工作。与 13 年前一样，我也是怀着哲学梦走进珞珈山的。不过这一次，我的哲学观已经发生了重大的变化。哲学已经不再是一个众口一词的抽象概念，而是明显地打上了我个人的烙印。诚然，即使在这个时候，我对哲学的理解依然是肤浅的和片面的，但由于我对社会和人生已经有了新的体验和理解，从而这样一种肤浅的和片面的哲学观毕竟是我自己的肤浅的和片面的哲学观。更何况此时的我，不仅有了哲学梦，而且还有了写哲学著作的梦，作哲学家的梦。尽管所有这些梦都非常稚嫩，非常乌托邦，但无论如何，已经与 13 年前大不相同了。

我国著名理学家朱熹曾写过一首题为《观书有感》的小诗，其全文是："半亩方塘一鉴开，天光云影共徘徊。问渠哪得清如许？为有源头活水来。"现在，我终于可以自信地说：哲学已经不复是一个差不多每个哲学研究者都耳熟能详的苍白的抽象概念，而是开始扎根于自己的社会感受和人生体验，有其"源头活水"且其中"徘徊"着"天光云影"的活生生的哲学理解活动了。

二、从人生哲学起步：《死亡哲学》
与《主体生成论》

既然自己钟情于西方哲学和认识论，尤其是钟情于英国经验论，所以整个硕士研究生学习期间，生活过得既紧张又热烈。刚入校时，我对"哲学史方法论"很感兴趣。哲学史方法论这门课程有一种哲学的旨趣，既关涉到何谓哲学的一些基本问题，也关涉及到如何研究哲学的方法问题。这对于我后来注重从哲学的高度研究哲学史、注重因史成论、出史入道的研究方法产生了积极的影响。我连续写作了《关于哲学史性质和对象的一些看法》、《关于哲学史的对象、范围及其他：与孙叔平先生商榷》、《从欧洲哲学的发展看宗教对哲学的影响》、《关于"逻辑与历史一致"方法的几点意见》等多篇论文，其中，《关于哲学史的对象、范围及其他》一文还作为首篇文章收录在湖北省哲学史年会编辑的1980年论文集中。

但在对哲学史方法论的进一步思考和研究中，我却发现，即使哲学史方法论的研究和探讨也需要紧密结合哲学史的具体研究进行，脱离了哲学史的具体深入的研究，哲学史方法论的研究便会流于形式，除陷入一些无谓的争论外，几乎不可能有任何更进一步的收获。例如，对米利都学派的演进过程，你既可以从质量互变规律的角度加以审视，也可以从否定之否定规律的角度加以审视。如果你从质量互变规律的角度看问题，你就会说：阿那克西曼德的"阿派朗"相对于泰勒斯的"水"，阿那克西米尼的"气"相对于阿那克西曼德的"阿派朗"，都是哲学发展的更高阶段。倘若你从否定之否定的规律的角度看问题，你就可能把米利都学派从泰勒斯的"水"到阿那克西曼德的"阿派朗"的发展，既看作一种退步（退回神秘主义），又看作一种进步（从具象进展到抽象）。这使我想起了列宁的一句话："马克思主义的最本质的东西、马克思主义的活的灵魂：具体地分析具体的情况。"① 由于这样一种反思，我的兴趣迅速地转到对西方哲学史本身的学习和研究上来。我的导师陈修斋先生是我国欧洲近代经验论和唯理论领域的权威人物和领军人物。根据他的安排，我在攻读硕士学位期间，主要研究洛克的经验论。这一方面是因为洛克是英国经验论的主要代表人物，另一方面是因为洛克的认识论与他长期研究的莱布尼茨的认识论有交集

---

① 列宁：《列宁选集》第4卷（上），人民出版社1975年版，第290页。

（莱布尼茨的《人类理智新论》就是在逐章逐节分析评判洛克的《人类理智论》的基础上写出来的）。此后，洛克的《人类理智论》就成了我的主要读物。一年多下来，我可以说对洛克这部著作的篇章结构和基本观点差不多已经了然在胸。1980年10月4日至9日，欧洲近代唯理论和经验论研讨会在我校召开。这次会议规格很高，我国有关专家，如汪子嵩、汝信、朱德生、王太庆、钟宇人、余丽嫦、吕大吉、冒从虎、陈景璇、胡景钊、闫吉达、洪汉鼎、周晓亮、胡平、张尚仁等都与会了。贺麟先生不仅发来贺信，而且还向会议提交了论文《休谟的怀疑论和启蒙思想》。我在会上也做过几次简短的发言。由于我的发言注重依据洛克的原著本身，颇得与会专家的好评。会下，一些专家还特意为此向陈修斋先生道贺（陈修斋先生曾多次同我谈起此事）。我在学位论文答辩时，由于我对洛克原著比较熟悉，也得到了包括著名学者江天骥先生在内的答辩委员会成员的好评。至于后来有报道称，我把《人类理智论》读得滚瓜烂熟，以至于不论别人说到此书的任何问题，我都能立刻说出洛克在第几卷第几章第几节对此问题是怎样论述的，无疑有所夸张。不过，此后，我比较注重阅读原著的习惯还是一直保持下来了。

获得硕士学位后，我留校任教，从事西方哲学史的教学和欧洲近代经验论和唯理论研究。80年代初，在欧洲近代经验论和唯理论研究方面，我主要做了两件事：一是译出了《英国哲学史》，一是启动了霍布斯《论物体》的翻译工作。中国社会科学院哲学所非常注重借鉴西方学者关于西方哲学的研究成果，于80年代初，成立了以贺麟、洪谦、杨一之、温锡增为顾问，以汝信、汪子嵩、叶秀山、钟宇人等为成员的《西方哲学研究翻译丛书》编委会。我负责这套丛书中《英国哲学史》一书的翻译。该译著虽然于1992年才在山东人民出版社出版，但其实早在80年代初期我就把它翻译出来了。至于《论物体》的翻译问题，在我攻读硕士学位期间，陈修斋先生就曾同我谈及此事。按照陈先生的说法，当时全国只有一套11卷本的《托马斯·霍布斯英文著作集》（藏在武汉大学哲学系资料室），希望我能将其中第 1 卷，即《论物体》，翻译出来。80 年代初，经陈先生直接交涉，该书的翻译纳入了商务印书馆的出版计划，并由陈兆福先生担任此书的责任编辑。在《英国哲学史》译事初步结束后，我便立即启动了此书的翻译工作。① 然而，当此书翻译近半时，我却突然搁笔，突然将精力转移到现代西方哲学和现代哲学人本主义的研究上了。我的研究方向之所以会出现如此突然的转向，其原因主要有两个。首先，在翻译和研究英国近代经验论的过程中，我逐渐意识到：对哲学史的研究有一个理论视角或理论制高点的问题，这就是现当代西方哲学，如果对现当代西方哲学两眼一抹黑，在西方哲学史的研究上是断然不可能取得高水平的成果的。其次，"认识论中有一个认识主体问题，任何认识活动中都有个认识主体的精神活动问题；为要全方位地和深层次地理解和认识论问题，就必须研究人的问题。"②

基于第一种认识，我和陈维杭先生于 80 年代中期一起制定了《现代西方哲学》教学大纲。该大纲共 4 编，分别讲授"非理性主义（人本主义）思潮"、"实用主义思潮"、"科学主义思潮"和"其他流派"，可以看作武汉大学哲学系第一个《现代西方哲学》教学大纲。③ 基于第二种认识，我先后制定了《现代西方哲学思潮评析》④《现代西方哲学人本主义》和《现代西方哲学人本主义原著选读》（研究生课程）等教学大纲，并开出了相关课程。这在武汉大学哲学系，也是史无前例的。与此相呼应，我逐步将研究的重点或中心移向了西方人生哲学上，从而逐步形成了《死亡哲学》

---

① 此书译稿直至 2014 年 10 月才交给商务印书馆。

② 于光：《珞珈山上的宗教学殿堂——武汉大学宗教学系主任段德智教授访谈》，《世界宗教文化》2001 年第 1 期。

③ 此前，江天骥先生曾以讲座形式较为系统地讲授美国哲学和西方科学主义思潮。

④ 该大纲除绪论外，共含 5 章：（1）意志主义与精神分析学；（2）现象学与存在主义；（3）哲学解释学与法兰克福学派；（4）马克思主义与"西方马克思主义"；（5）马克思主义与哲学人本主义。

和《主体生成论》这样的研究成果。

我在思考和写作《死亡哲学》时，有两个命题对我的触动特别大，这就是海德格尔的"向死而在"和柏拉图的"哲学是死亡的排练"。前者涉及人生态度问题，后者则进而涉及治学（治哲学）的态度问题。海德格尔的向死而在既关乎他的"能在"概念，也关涉到他的"在世"概念。其实，在海德格尔之前，雅斯贝尔斯就曾经提出过"边缘处境"范畴。他断言：一个人只有意识到或体验到边缘处境（面向虚无），才能够被抛回自身，才能够去生存，才能够自由。在他看来，人的边缘处境主要有四种，这就是：死亡、苦难、斗争和罪过。与雅斯贝尔斯不同，海德格尔用"死亡"涵盖人的整个边缘处境，提出了向死而在。我觉得，雅斯贝尔斯的"边缘处境"概念和海德格尔的"向死而在"思想直指人生哲学的核心层面，是任何人生哲学都不应当规避的。苏格拉底曾经说过："未经反思的生活是不值得过的。"我们可以进一步说，没有"边缘处境"意识或死亡意识的人对人生的反思都是肤浅的反思，都是未触及人生底层的反思。对此，我是有亲身经历和亲身体会的。正因为如此，海德格尔的向死而在才引起了我强烈的共鸣。

柏拉图的"哲学是死亡的排练"对我也有很大的触动。柏拉图有两个著名的哲学命题：一个是"哲学始自诧异（θαυμάζω）"；[①]再一个是"哲学是死亡的排练（μελετη）"。[②] 相形之下，后一个命题比前一个命题似乎更根本、更深刻。如果说前一个命题着眼的似乎是一个认识论问题，后一个命题则关涉到本体论、生存论、哲学学或哲学动力学问题。因为在柏拉图看来，一个人若想成为一个"真哲学家"，他就必须彻底摆脱与肉体相关的有生有灭的尘世事物的羁绊，全身心投身于不生不灭的理念世界。其实，柏拉图在这里讲的，不仅适用于治哲学，也适合于治其他学术。没有死亡意识，没有死亡练习，一个学者是很难成就大学术的。我国古代哲学

---

① 柏拉图：《泰阿泰德篇》，155D。
② 柏拉图：《斐多篇》，67E。

家庄子也曾强调过：我们只有通过"外天下"、"外物"、"外生"、"朝彻"、"见独"、"无古今"、"入于不死不生"，进入所谓"撄宁"状态，方可"得道"，方可成为"真人"。这与柏拉图所讲的几乎毫无二致。可以说，雅斯贝尔斯、海德格尔、柏拉图和庄子的这些话，把死亡或死亡意识的生存论功能和哲学功能淋漓尽致地表达出来了。

《死亡哲学》出版后，受到好评。《中国图书评论》《读书》《文摘报》《新闻出版报》《哲学动态》《中国社会科学》《北京日报》《中国老年报》《新华文摘》等20多家报纸杂志或予以报道，或刊载书评。《中国图书评论》1992年第2期第16页还刊出了北京大学金克木教授手捧拙著的照片。① 台湾的《基督教论坛报》《鹅湖》《哲学与文化》等也发表了相关书评。1994年，该书在台湾出版。台湾和香港的一些高校还将其作为相关课程的教材和主要参考书。20世纪90年代，我亲眼看到这本书曾在纽约的书店和书摊上销售。该书1992年12月获第六届"中国图书奖"二等奖。当时，由于中国国家图书奖、教育部优秀成果奖和中国出版政府奖等均未设置，该奖就成了一个级别特别高的奖项。例如，获得同届二等奖的张世英（《黑格尔辞典》）、梁思成（《图像中国建筑史》）、杨叔子（《时间序列分析的工程应用》）等都堪称一代著名学者。而我在写作此书时，只不过是一个普通的讲师而已。荣获这一奖项，实在让人感到意外。此后，该书又于1995年先后荣获"湖北省首届社会科学优秀成果奖"二等奖和中华人民共和国教育委员会"全国高等学校首届人文社会科学优秀成果奖"二等奖。当年，当我将刚刚出版的《死亡哲学》呈送给躺在病床上的陈修斋先生时，陈先生接连说了三遍："这一炮打响了！"这些始料未

---

① 金克木（1912—2000），我国著名的梵学研究家、哲学家、语言学家和文学家。他虽然一生只领到过一个小学文凭，但却与季羡林、张中行、邓光铭齐名，并称"未名四老"。1946年10月27日—1948年7月19日期间，曾在武汉大学哲学系任教，主讲印度哲学史及梵文。在1947年发生的"六一惨案"中，他是国民党军警宪特抓捕的五位著名学者一。此后，转任北京大学东语系教授，长达52年。

及的荣誉在很大程度上增强了我的学术自信，使我坚信：继续沿着人生学术的道路走下去是有希望的。

《主体生成论》乍看起来，与《死亡哲学》是两回事，其实，生死乃一体两面，它们讲的都是一个东西，都是人生哲学，只不过其侧重面有所不同罢了。其中，《死亡哲学》主要是从死亡角度来讲人生哲学的，《主体生成论》则是从人的主体性的角度来讲人生哲学的。前面说过，我自 1986 年起，便开始思考和讲授现代西方哲学人本主义。而在这样一种教学和思考的同时，我便着手写作一部标题为《西方哲学人本主义研究》的著作。经过几年的努力，初步完成了该著的主体部分。与同类著作相比，该著有两个优点：一是该著虽然也与同类著作一样，旨在介绍、阐释和评判西方哲学人本主义的各主要流派，但却比较注重依据文本，努力依据当代哲学大家的原著对其思想作出有根有据的有一定理论深度的阐释和评判。第二个优点在于该著并不像大多数同类著作那样，停留在对现代西方哲学人本主义流派及其代表人物一个接一个的罗列，而是在于对于各流派代表人物以及各流派之间的历史联系和逻辑联系作出有一定理论深度的勾勒。形成初稿时，自我感觉还不错，但放了几年后，便越看越不顺眼，仿佛是从水果店里买来的一篮子水果似的。这种感觉使我下决心自己当一回果农，栽种并培育出自己的水果。马克思曾经说过："人是人的最高本质"，"人的根本就是人本身"。① 那么，"人本身"又是什么呢？既然"一个种的整体特性、种的类特性就在于生命活动的性质"，既然"自由的有意识的活动"即是人的生命活动的特殊性质，即是"人的类特性"，既然不仅人所改造了的"对象世界"，而且，即使"人的肉体的存在"也都是人的生命活动的产物，② 则人的主体性如果不是"人本身"的唯一规定性，它也应当构成"人本身"的本质规定性或本质规

---

① 马克思：《〈黑格尔法哲学批判〉导言》，《马克思恩格斯选集》第 1 卷，人民出版社 1995 年版，第 9 页。

② 马克思：《1844 年经济学哲学手稿》，人民出版社 2000 年版，第 57、92 页。

定性之一。由此，我便获得了审视西方哲学人本主义的一个新的视角和理论高度，从而开启了我对人的主体性的系列思考。《主体生成论》也就是在这样一种思考中酝酿并产生出来的。

20 世纪 80 年代和 90 年代，由于人们对人性问题的特别关注，人学或人的主体性研究差不多可以视为中国学界的一种显学，不仅发表了一批批论文，而且还出版了大量内容有点雷同的著作。我在人的主体性问题上所作出的特殊努力主要在于从本体论层面对人的主体性结构进行了较为深层次的探讨，具体地讲，主要体现在下述三个方面。首先，批评了当时我国哲学界存在的将人的主体褊狭化的理论倾向，突出和强调了人的生存主体的本源性和逻辑在先性。一些学者明言：主体性肇始于西方近代，肇始于笛卡尔的"我思故我在"。① 毋庸讳言，至近代，认识论已取代本体论成为哲学的首要问题，人的作为认知主体的属性得到了前所未有的彰显，但我们却不能因此而将西方近代规定为人的主体或主体性的历史起点。其实，人的主体或主体性早在人脱离动物界之日起就已经存在，就已经彰显出来了。用宗教学奠基人缪勒的话说就是，从印度人说"Mar"这个词的时候，他们就已经有主体意识了。② 也正是在这个意义上，马克思才强调说："人始终是主体。"③ 人的主体或主体性体内容是无限丰富的，体现在其生存活动的方方面面。例如，人作为一种文化存在，他不仅是认识主体，而且还是评价主体、决策主体和实践主体；人作为一种精神存在，他不仅是道德主体，而且还是审美主体和信仰主体；人作为一种社会存在，他不仅是一种交往行为主体，而且还是政治主体和历史主体等。④ 而在人的主体或主体性的所有层面中，最根本的则是作为生存主体的人。因此，那种将人的主体或主体性归结为认知主体的做法是极其片面的和褊狭的，是完全不可取的。本著在对主体类型学作出全面系统考察的

① 参见段德智：《主体生成论》，人民出版社 2009 年版，第 7 页。
② 参见段德智：《主体生成论》，人民出版社 2009 年版，第 70~71 页。
③ 马克思：《1844 年经济学哲学手稿》，人民出版社 2000 年版，第 92 页。
④ 参见段德智：《主体生成论》，人民出版社 2009 年版，第 337~362 页。

基础上，不仅阐释了主体类型的多样性，而且还强调了多样主体类型在生存主体基础上的统一性。

其次，本著反对对人的主体或主体性作抽象化的理解，强调人的主体或主体性本质上乃一生气勃勃的生存活动和创造活动，强调人的主体或主体性活动的未来之维，将人的主体活动的未来之维规定为主体生成论的"纵深维度"，称其为主体生成论的"希望之维"、"意义之维"、"超越之维"和"生成之维"，将人的主体的生存活动既理解为人的理想世界（理想环境）的生成过程，又理解为人的理想自我的生成过程。主体生成论之为主体生成论，盖源于此。不难看出，正是在这种人的理想世界和人的理想自我的生成过程中，我们不仅看到了人之区别于神（神的本性是现成的，而非生成的）的本质规定性，也看到了人之区别于物（物的本性也是现成的，而非生成的）的本质规定性。毫无疑问，我们的这些思想不仅奠基于马克思主义的实践论，吸收和借鉴了我国古代哲学中"富有谓之大业，日新谓之盛德，生生之谓易"的辩证思想，而且也明显地吸收和借鉴了海德格尔的"时间"概念，只是扬弃了其时间概念中的消极内容和悲观意蕴而已。

最后，本著还特别注重和强调人的主体的"共在"的维度或"在世"的维度，注重和强调人的主体的个体性与社会性的辩证关联和张力结构。一方面，针对克尔凯郭尔的"孤独个体"，阐述了主体的社会性，强调了关系本体论和社会本体论，谴责克尔凯郭尔的"孤独个体"无非是一种"先验的鲁滨逊"；不仅把人的主体生成史刻画成从"人的合群性"（"群体意识）"到"人的主体性"（"自我意识"）再到"人的主体间性"（"他我意识"）的历史演进过程，而且还把人的主体的这样一种生成史视为人类社会从"自然经济社会"发展到"商品经济社会"再发展到"产品经济社会"的发展史的必然产物。另一方面，针对长期以来，人们片面地强调社会决定论，宣扬无视人的个性自由和个性发展的"螺丝钉"精神的理论倾向，我提出并区分了社会本体论的两种形态，即"强社会本体论"和"弱社会本体论"。指出：所谓强社会本体论，其所意指的是那种突出和强调社会、民族和国家具有至上地位或不可约束权力的社会理论，一种容易导致极权主义的社会理论，在西方哲学史上，霍布斯、黑格尔所倡导的就是这样一种社会理论。所谓弱社会本体论，其所意指的是一种虽然注重社会、民族和国家的重要性和必要性，但却要求给予个人利益和个人自由留下充分余地的社会理论。马克思所说的"真实的集体"、"真正的共同体"或"自由人的联合体"当属于"弱社会本体论"的社会类型。因为按照马克思和恩格斯在《共产党宣言》中的说法，在"真实的集体"、"真正的共同体"或"自由人的联合体"之中，"每个人的自由发展是一切人的自由发展的条件"。① 构建这样一种"自由人的联合体"，乃《主体生成论》的终极指归。

需要说明的是，我于 2001 年曾大体以《西方哲学人本主义研究》的思路和框架申报了一个国家社会科学基金项目。《主体生成论》即是该项目的终极成果。按照通则，我本应当于 2004 年结题。但由于上述思考费时费神，直到 2008 年 7 月，我才完成了《主体生成论》书稿。所幸的是，后续工作一帆风顺。尽管《主体生成论》对当初申报课题的主旨小有偏离，但全国哲学社会科学规划办公室组织的匿名鉴定专家似乎不太计较此事，反而对其作出了极高的评价，称它"是一部蕴含著作者多年研究心血、成一家之言且有相当分量的学术专著"，给出了相当罕见的高分，将其学术等级鉴定为"优秀"。该著于 2009 年出版后，也得到好评。《哲学研究》《哲学动态》《哲学门》《光明日报》《中华读书报》《武汉大学学报》《华中科技大学学报》等报纸杂志发表十多篇书评、报道和评论性文字，称赞该著"是一部极富特色和创见的、具有较高理论价值的著作"，是"一部纯哲学的书"，"展示出一个'希望人学'的哲学体系"，是一部展现"从抽象到具体"思路的、突破英美哲学局限的具有"原创性"的著作，是"当代中国'主体性哲学'的出场"，是"段德智教授作为哲学家的一个学术身份证"。2013 年，该著获第八届湖北省社会科学优秀成果奖一等奖。

---

① 马克思、恩格斯：《共产党宣言》，《马克思恩格斯选集》第 1 卷，人民出版社 1995 年版，第 294 页。

这部著作从 1986 年谋篇布局、动手写作开始，到 2009 年人民出版社出版，过去了整整 23 个年头。在这个意义上，这是一部迟到了 20 多年的著作，但正因为它的这样一种迟到，使它实现了一种脱胎换骨的改造：从一部将别人的东西"拿过来"的著作演变成了一部将我自己的东西"拿出去"的著作。迟到 20 年，可能会付出这样那样的代价，但考虑到这部著作的这样一种转型，这种付出终究还是非常值得的。

三、作为人的"终极关怀"的宗教：《宗教学》与《神学大全》的翻译和研究

从人生哲学的角度看，人是一个面向未来、走向未来的未完成的存在。但从宗教学和宗教哲学的角度看，人则是一个面向无限、走向无限的有限者。而所谓无限，至少从宗教、宗教学和宗教哲学的立场看，无非是宗教的一种信仰对象，用宗教现象学家鲁道夫·奥托的话说，无非是一种"神圣"或"神秘者"。正是在这个意义上，宗教被保罗·蒂利希界定为人的"终极关怀"。他强调说："人最终关切的是自己的存在及意义。'生，还是死'这个问题，在这个意义上是一个终极的、无条件的、整体的和无限的关切的问题。"① 由此看来，宗教哲学与人生哲学并非截然二分的东西，而是具有内在统一性的东西。由此也可以明白，我何以在研究人生哲学的同时或之后，会着手研究宗教学和宗教哲学。

我从 1995 年开始比较系统地研究宗教学和宗教哲学。此后，在很长一段时间里，我差不多将主要精力都放在宗教学和宗教哲学的研究方面了，从而相继取得了一些相关成果（尽管其间也穿插着做过其他一些研究工作）。这些成果主要有（按照时间顺序）：《论儒学的宗教性》（武汉大学出版社，1999 年）；《世纪之交的宗教与宗教学研究》（主编，湖北人民出版社，2000 年）；《宗教思

---

① Paul Tillich. Systematic Theology. Vol. 1, Chicago：The University of Chicago Press，1951，p. 14.

想家论宗教与人生》丛书（主编，湖北人民出版社，2001年）；
《邪教不是宗教》（主编，湖北人民出版社，2001年）；《湖北宗教
研究》（主编，宗教文化出版社，2004年）；《宗教与社会》（文史
出版社，2005年）；《宗教概论》（人民出版社，2005年）；《宗教
学》（人民出版社，2009年）；《论存在者与本质》（商务印书馆，
2013年）；《新中国宗教工作史》（人民出版社，2013年）；《神学
大全》第1集（5册，商务印书馆，2013年）；《哲学的宗教维度》
（商务印书馆，2014年）；《中世纪哲学研究》（人民出版社，2014
年）；《境外宗教渗透与苏东剧变》（主编，人民出版社，即出）；
《论独一理智》（商务印书馆，即出）；《反异教大全》（4册，商务
印书馆，即出）。

　　这些著作，可以分为两个大的系列：宗教学与宗教哲学研究系
列和托马斯著作翻译与研究系列。属于宗教学与宗教哲学研究系列
的著作主要有：《宗教概论》，《宗教学》（宗教学原理），《论儒学
的宗教性》，《哲学的宗教维度》（宗教哲学），《宗教思想家论宗
教与人生》（宗教伦理学），《宗教与社会》、《新中国宗教工作史》
和《境外宗教渗透与苏东剧变》（宗教社会学）。其中，较为重要
的是《宗教学》和《哲学的宗教维度》。属于托马斯著作翻译与研
究的译作和著作主要有：《论存在者与本质》，《神学大全》第1
集，《中世纪哲学研究》，《论独一理智》和《反异教大全》。其
中，较为重要、较为根本的是《两全》的翻译与研究，最为重要
的则是《神学大全》的翻译与研究。

　　下面，我们就来对《宗教学》、《哲学的宗教维度》及《神学
大全》的翻译和研究作扼要的说明。

　　《宗教学》为我国"普通高等教育'十一五'国家级规划教
材"中的一种。该书共6篇13章。它们分别是"概论篇"（含
"宗教学的历史沿革与学科性质"、"宗教学的学科结构与研究方
法"两章）、"历史篇"（含"宗教的起源"、"宗教的历史发展"
两章）、"本质篇"（含"宗教的要素"、"宗教的特殊本质"和
"宗教的普遍本质"三章）、"功能篇"（含"宗教的社会功能"和
"宗教的文化功能"两章）、"时代篇"（含"宗教的世俗化"和
"宗教对话与宗教多元主义"两章）和"宗教与社会主义篇"（含

"宗教的长期存在与宗教信仰自由政策"和"依法管理宗教和宗教与社会主义相适应"两章)。在同类著作中，该著被认为是"最见理论系统又最有理论深度的著作"。

与同类著作相比，《宗教学》特别注重理论探源。这从对宗教要素的阐述可见一斑。对宗教要素问题，人们先后提出过种种不同的观点，有"两要素说"、"四要素说"、"五要素说"和"七要素说"等，真可谓见仁见智、众说纷纭。而我们则提出了"三要素说"，即认为宗教一般由宗教意识、宗教行为和宗教组织三个要素组成。与其他学者不同的是，我们还进一步给出了有关理据，这就是宗教和宗教学的"最高问题或基本问题"。"既然宗教和宗教学的最高问题或基本问题在于宗教存在与宗教意识及其相互关系的问题，既然宗教存在主要关乎宗教信众、宗教组织和宗教制度，宗教信仰、宗教观念、宗教情感和宗教体验归根到底都是宗教意识问题，而宗教行为则基本上是一个宗教意识与宗教存在或宗教意识与宗教组织和宗教制度的同一性问题，则我们的宗教'三要素'说就势必是一种既高屋建瓴又顺理成章的事情了。"① 这就使得我们的观点不仅言之有据，而且在逻辑上相当周延，无懈可击。这显然与本人受过一定的哲学训练有关。此外，该著不仅注重考察"宗教的普遍本质"，而且还特别注重考察"宗教的特殊本质"；不仅反对"宗教排他主义"，而且也注重对"宗教多元主义"作批判性考察；不仅关注宗教信仰层面的对话，而且还特别关注宗教文化层面的对话；不仅注重阐释宗教的本质，尤其注重阐释宗教的功能；所有这些都可以看作是本著的特色。当年，康熙曾批评罗马教廷代牧主教阎当"妄论中国之道"是"站在门外""讨论屋中之事"。当前，我国的一些宗教学研究在讨论和阐释宗教和宗教学时，只注意从社会、理性和人文科学的角度来谈论宗教，即"站在门外"来讨论和阐释宗教，而不注重从宗教本身的角度来思考宗教，这就自觉不自觉地犯了当年阎当的错误。而我们在本著中，则坚持两点论，既注重"站在门外""讨论屋中之事"，也注意"进到屋内""讨论屋内之事"乃至"屋外之事"。正因为如此，有学者认为，

---

① 段德智：《宗教学》，人民出版社 2010 年版，第 129 页。

《宗教学》既是一部内容全面、自成体系的教材，也是一部自成一格、有相当理论深度的学术著作。

哲学与宗教的关系是哲学学中的一个老问题。著名的美国哲学家梯利在谈到希腊哲学时，曾相当精辟地说："希腊哲学自宗教始，至宗教终。"恩格斯曾说过在中世纪，宗教神学处于"万流归宗"的话。黑格尔尽管说过要穿七里长靴穿过中世纪的话，但在论及他自己所在时代的哲学时，却依然非常中肯地说道："神在近代哲学中所起的作用，要比古代哲学中大得多。"① 他甚至进一步强调指出："哲学乃是同宗教并无二致的活动。"② 但长期以来，我国的一些宗教学学者却总是以这样那样的形式强调宗教对哲学的"负功能"，无视甚至抹杀宗教对哲学的"正功能"。我出版本著的一个重要目的即在于拨乱反正，使人们更多地了解宗教哲学功能的两重性，即宗教功能的"悖反"性质，进一步充分发挥宗教对哲学的正功能。在《哲学的宗教维度》这部著作中，我刻意强调了下述几点：（1）"哲学的宗教维度所意指的既非哲学的外在部件或外部印记，也非哲学的内部构成，而是意指哲学的精神意境、理论品格和致思路向，这也就是我们所说的哲学的宗教性"；（2）哲学的宗教维度的另一种含义在于"对宗教的哲学反思或哲学考察"；（3）"哲学的宗教性关涉的是哲学的理论品格和发展动因问题"，属于"哲学动力学"范畴；（4）"对宗教的哲学反思所关涉的则是哲学的研究范围问题，亦即哲学究竟有无'禁区'的问题"。③ 这些都可以看作是我本人半个世纪思考和研究哲学和宗教学的基本心得，也是我之所以编写《哲学的宗教维度》④ 的根本旨趣。

---

① 黑格尔：《哲学史讲演录》第 4 卷，贺麟、王太庆译，商务印书馆 1978 年版，第 184 页。

② 黑格尔：《宗教哲学》（上），魏庆征译，中国社会科学出版社 1999 年版，第 17 页。

③ 段德智：《哲学的宗教维度》，商务印书馆 2014 年版，第 1~2 页。

④ 该著除"导论"外，共含 6 章：（1）"作为西方中世纪基督宗教哲学的经院哲学"；（2）"西方近现代哲学的宗教性"；（3）"中国传统哲学的宗教性"；（4）"对宗教人学本质的哲学反思"；（5）"对宗教功能的哲学反思"；（6）"《圣经》之道：对《圣经》的哲学解读"。

对托马斯著作的翻译和研究一事，早在 1997—1998 年我访问哈佛大学期间就确定下来了，当时，我正忙于翻译杜维明先生《论儒学的宗教性》。1998 年回国后，在将《论儒学的宗教性》交稿后，对托马斯著作的翻译和研究便提到日程上了。

托马斯无论在基督宗教神学史上，还是在西方哲学史上，都享有崇高的学术地位。在迄今为止的基督宗教神学史上，他是一位无与伦比的基督宗教神学家，而不仅仅是一位无与伦比的基督宗教神学家之一。这是因为在漫长的基督宗教神学史上，除托马斯外，至今尚没有一人撰写出一部堪与《圣经》相提并论的基督宗教神学著作，但托马斯却写出了这样一部著作，这就是他的《神学大全》。① 在西方哲学史上，托马斯是迄今为止少数几个最伟大的哲学家之一。当代西方大哲罗素在谈到托马斯在西方哲学史上的历史地位和当代影响时，曾经相当中肯地指出：托马斯作为"最伟大的经院哲学家"，不仅具有"历史上的重要性"，而且还有"当代的影响"，他不仅具有柏拉图、亚里士多德、康德和黑格尔"同样"的历史地位，而且，就其当代影响而言，"事实上"，"还超过康德和黑格尔两人"。② 因此，对于托马斯著作的翻译和研究无论对于基督宗教神学，还是对于西方哲学史研究都是无可替代的。

在我们翻译的托马斯的著作中，最早出版的是他的《论存在者与本质》。这本小书虽然只是一个哲学小品，但却是其著作中"最具形而上学底蕴、最见形而上学系统的哲学精品"。该译著一出版，就成了商务印书馆的热销产品。2013 年 4 月出版第一次印刷，仅 8 个月后，商务印书馆便于 2014 年 1 月推出了第二次印刷，加印了 4000 册。《神学大全》第 1 集（五册）也于 2013 年 10 月

---

① 教皇利奥十三曾经指出："托马斯首要的和真正独享的荣誉，任何一个天主教博士都不能分享的荣誉，在于：在特伦特大公会议期间，神父们竟一致同意，将托马斯的《神学大全》，与《圣经》和至上教皇的教令一起，摆放在祭坛上，昭示它们乃人们寻求智慧、理性、灵感和各种答案的源泉。"参见段德智：《中世纪哲学研究》，人民出版社 2014 年版，第 276 页。

② 参见罗素：《西方哲学史》上卷，何兆武、李约瑟译，商务印书馆 1981 年版，第 549 页。

出版，曾被评为商务印书馆 2013 年度十大好书之一。托马斯的
《论独一理智》和《反异教大全》（4 册）也将于今明两年内出版。
一个人的著作是一个思想家思想的载体，翻译一个人的著作则是研
究一个人思想的最可靠最便捷的手段。正是通过对托马斯著作的翻
译，我们发现了一个与流俗意见很不相同的托马斯。例如，在西方
哲学史界，流行着托马斯的哲学无非是亚里士多德哲学的翻版的说
法，但经过阅读和翻译托马斯的原著，我们发现事情却并不是这么
一回事。

　　例如，托马斯与亚里士多德在本质学说上便大不相同。亚里士
多德与柏拉图一样，坚持本质或形式的普遍性原则。他曾经举例
说：生父与嫡子虽然并非"同一个物体"，但是，他们的"形式"
（品种）却"相同"。他还用加利亚和苏格拉底的例子加以说明：
"如此这般的一个形式体现于这些肌肉与骨骼之中，当我们已经得
有此综合实体，这就是加利亚或苏格拉底；他们因物质各别亦遂各
成为一'这个'，但其形式却相同；他们的形式是不可区分的。"①
与强调本质或形式的普遍性的亚里士多德相反，托马斯旗帜鲜明地
强调了本质的特殊性。他在《论存在者与本质》中，曾经强调指
出：本质"只能是特殊的，而不可能是普遍的（essentia sit tantum
particularis et non universalis）。"② 在托马斯看来，生父与嫡子、加
利亚和苏格拉底所具有的形式并非一种"普遍的形式"或"形式
本身"，而是一种"个体化形式"。不仅他们的形式不同，他们的
质料也不同。因为他们每个人身上的骨和肉都并非那种"绝对的
骨和肉"（os et caro absolute），而是"这根骨头和这块肌肉"（hoc
os et haec caro），一种"特指质料"（materia signata）。个体化原则
乃托马斯哲学的一项根本原则。

　　不仅托马斯的本质学说或形式学说明显地区别于亚里士多德的
本质学说或形式学说，而且他的存在学说也与亚里士多德的迥异。

　　① Aristotle, Metaph. , 1033b20-1034a10.
　　② 托马斯·阿奎那：《论存在者与本质》，段德智译，商务印书馆 2013
年版，第 17 页。

422

在亚里士多德那里，"存在是最普遍的概念"。① 诚然，亚里士多德也用"这一个"表示所指称的存在，表示"第一实体"，并且强调指出："实体在定义上、认识顺序上、时间上都在先。"② 但这毕竟也是一种典型的实体主义的表达式。托马斯的存在概念则不同，它既非亚里士多德的普遍概念，也非亚里士多德的"这一个"或"第一实体"，"存在"或"是"的基本规定性是"活动"或"在活动"。托马斯明确指出："'是'的纯粹意义是'在行动'。"③他在《反异教大全》第1卷22章7节中强调指出："存在即是活动的名称（Esse actum quondam niminat），因为一件事物被说成是存在，并不是因为它处于潜在状态之中，而是因为它处于活动之中（sed ex eo quod est in actu）。"他在《论上帝的力量》问题7第2条中进一步强调指出："存在是一切活动的现实性（actualitas omnium actuum），因此是一切完善的完善性（perfectio omnium perfectionum）。"需要指出的是：托马斯通过"上帝即存在和存在活动"这一哲学公式，第一个明确地将活动规定为哲学的最高原则，从而从根本上突破了亚里士多德的乃至古希腊罗马哲学的实体主义藩篱，开启了或奠定了现当代生存哲学的基本原则。

在翻译托马斯中研究托马斯，在研究托马斯中翻译托马斯，既是我们翻译托马斯的一项基本原则，也是我们研究托马斯的一项基本原则。最近，《中世纪哲学研究》一书已经刊行。诚然，这部著作中还包含有"中世纪经院哲学概论"和"中世纪阿拉伯哲学概论"两章，但其最富创见、最具学术价值的东西还是集中在"阿奎那哲学概论"和"阿奎那本质学说与公平价格学说研究"这两章中。而且，如果说本书前面两章的内容有什么学术价值，那这在很大程度上也依赖于我们对托马斯著作的翻译和研究。我们相信，

---

① Aristotle, Metaph., 1001a 21. 也请参见海德格尔：《存在与时间》，陈嘉映、王庆节译，三联书店1987年版，第4页。

② Aristotle, Metaph., 1028a33-34.

③ 托马斯·阿奎那：《论受造的精神》，转引自赵敦华：《基督教哲学1500年》，人民出版社1994年版，第375页。

我们的托马斯翻译和研究工作将有望不仅对西方中世纪哲学研究作出积极的贡献，也有望对整个西方哲学史的研究作出积极的贡献。

四、走出"哲学迷宫"：从《莱布尼茨》到10卷本《莱布尼茨文集》

人出门总是要回家的。既然我的哲学生涯是从思考和研究西方近代认识论起步的，既然我之所以研究西方现代哲学、西方现代哲学人本主义、宗教学和宗教哲学，所抱定的初衷都是为了更好地研究认识论，则在对上述领域有所涉猎的情况下，回过头来研究西方近代认识论、研究莱布尼茨就是一件可以理解的事情了。此外，进一步研究莱布尼茨还有一层意义，这就是将我的导师陈修斋先生的学术事业继续推向前进。所谓薪火相传、师道长存，此之谓也。

陈修斋先生是我国研究莱布尼茨哲学的权威学者。从20世纪40年代起，他就走上了研究莱布尼茨的哲学道路，不仅翻译出版了《人类理智新论》《新系统及其说明》和《莱布尼茨与克拉克论战书信集》等重要著作，而且还发表了《黑格尔对莱布尼茨思想中矛盾律与充足理由律的二元并列问题的解决》和《莱布尼茨哲学体系初探》等多篇高水平的学术论文，是我国莱布尼茨哲学研究的卓越奠基人。遗憾的是，先生英年早逝，终究未能将我国的莱布尼茨研究事业继续推向前进。

大约在20世纪90年代初，美国天普大学宗教学研究所教授傅伟勋先生致信陈修斋先生，约他为台湾东大图书公司《世界哲学家丛书》撰写《莱布尼茨》一书。由于陈先生当时业已病魔缠身，终究未能启动这项工作。大概在1992年初，陈先生约我讨论此事，委托我执笔完成此书，并对我口授了写作提纲（宏观框架）。随后，我在认真阅读陈修斋先生有关论文以及莱布尼茨有关著作的基础上，又草拟了一个较为详尽的写作提纲，获陈先生认可。自此，开始了《莱布尼茨》的写作工作。1993年12月，我在陈先生去世4个月后，完成了该书的初稿；1994年4月，在陈先生去世后8个月后最后定稿。1994年11月，该书作为《世界哲学家》丛书中一种在台湾出版。该书出版后，受到好评。1998 年 12 月，该书荣获中华人民共和国教育部"普通高等学校第二届人文社会科学研究成果奖"二等奖。

陈修斋先生去世后，我努力继承他的事业，将莱布尼茨研究事业继续推向前进。在翻译方面，2000 年，我在商务印书馆出版了罗素的《对莱布尼茨哲学的批评性解释》①，在《世纪之交的宗教与宗教学研究》上发表了莱布尼茨的《神正论》的"序言"。在论文写作方面，我陆续写作并发表了《莱布尼茨对现代西方哲学的影响》（《武汉大学学报》1996 年第 6 期），《对莱布尼茨的逻辑学的再解释：对罗素关于莱布尼茨的逻辑学的解释的一个批评》（《武汉大学学报》1999 年第 2 期），《论莱布尼茨的自主的和神恩的和谐学说及其现时代意义》（《世界宗教研究》2000 年第 1 期）），《试论莱布尼茨的现象主义与单子主义的内在关联：对国际莱布尼茨研究中一个重大问题的回应》（《哲学研究》2002 年第 9 期），《试论莱布尼茨和谐学说的理论特征：兼论其与中国阴阳和谐学说的根本差异》（《复旦学报》2003 年第 3 期）等多篇论文。

我在莱布尼茨研究方面取得的最重要的研究成果是《莱布尼茨哲学研究》。该著 2011 年 9 月，作为《哲学史家文库》第 2 辑中一种在人民出版社出版。该著 50 万字，含六章：第 1 章，"莱布尼茨的生平、著述与人格"；第 2 章，"莱布尼茨哲学的生成、主要旨趣及其所依据的基本原则"；第 3 章，"莱布尼茨的本体论思想"；第 4 章，"莱布尼茨的认识论思想"；第 5 章，"莱布尼茨的道德学思想"；第 6 章，"莱布尼茨对后世哲学的深广影响"。

本著的学术创新主要体现在下述几个方面：

第一，本著针对国际莱布尼茨哲学界一部分学者将中年莱布尼茨（现象主义或物体哲学）和老年莱布尼茨（单子主义或本体哲学）片面地割裂和对峙起来的理论倾向，将莱布尼茨哲学著述和

---

① 该译著由段德智、张传有、陈家琪译，由陈修斋、段德智校。出版后，为商务印书馆向第五届北京图书节推荐的三部精品图书之一；2003 年 10 月，获湖北省人民政府"湖北省第三届社会科学优秀成果奖"三等奖。

哲学思想的发展理解成一个"生成"的"过程"，从历史（第2章第2节和第2章第3节）和逻辑（第3章第5节）两个层面强调和论证了它们之间的统一性和内在关联性。

第二，针对国际哲学界一部分分析哲学家（如罗素等）简单地将莱布尼茨的充足理由原则归结为矛盾原则的片面做法，不仅强调了莱布尼茨哲学原则的"多元性"（矛盾原则、充足理由原则和圆满性原则），突出和强调了充足理由原则在其哲学中的"元哲学"地位，还进而强调和阐释了其哲学原则之间的"辩证关联"，并在此基础上，勾勒了莱布尼茨哲学的"总体构架"（见本著第121页）。

第三，本著不仅强调和阐释了莱布尼茨的"现象主义"（物体哲学）与其"单子主义"（本体哲学）的内在统一性，而且还具体昭示了它们相互关联的"基本中介"（"有形实体"—"单纯实体"、"次级物质"—"原初物质"、"派生的力"—"原初的力"），强调并阐释了其本体论思想的"整体性"和"层次性"（见本著第3章第5节）。

第四，针对一些西方学者片面关注莱布尼茨"微知觉"学说非理性主义向度的理论倾向，本著区分和阐释了微知觉的三重意涵："类型学的意涵"、"本体论的意涵"和"动力学的意涵"，强调和阐释了这一学说的理性主义性质。

第五，本著系统地阐述了莱布尼茨道德学思想，指出，莱布尼茨的道德学不仅涵盖以"人的自由与人的快乐"为中心内容的"人学思想"，而且还涵盖以"自然神学与神正论"为中心内容的"神学思想"以及以"普遍正义与乐观主义"为中心内容的"社会思想"。其核心内容和中心话题在于莱布尼茨的"自由与必然"学说（第5章第1—3节）。

该著出版后，得到了极高的评价。《中国图书评论》不仅将其列为"2011年印象深刻、值得推荐"的"80余种"图书之一（也是其推荐的4种"哲学宗教类"图书之一），而且还称赞其"代表中国哲学界目前关于莱布尼茨哲学研究的最高水准"（《中国图书评论》2012年第1期第10、22—23页）；《自然辩证法研究》刊文称赞其为"目前中国大陆关于莱布尼茨哲学研究最为全面深入系统的学术成果"（《自然辩证法研究》2012年第7期第128页）；《哲学研究》刊文称：它"标志着莱布尼茨研究在中国已进入一个新的阶段"（《哲学研究》2012年第5期第126页）。2015年1月，获第九届湖北省社会科学优秀成果奖一等奖。

2014年11月，我主持申报的"《莱布尼茨文集》的翻译与研究"作为国家社会科学基金重大项目获准立项。本项目的内容主要含两个方面：一是10卷本《莱布尼茨文集》的编译；二是《莱布尼茨文集》的研究。10卷本《莱布尼茨文集》的各集内容依序为：（1）《莱布尼茨早期形而上学文集》；（2）《莱布尼茨后期形而上学文集》；（3）《人类理智新论》；（4）《莱布尼茨认识论文集》；（5）《莱布尼茨自然哲学与物体哲学文集》；（6）《莱布尼茨数学、逻辑学与语言哲学文集》；（7）《莱布尼茨道德学、政治学与法学文集》；（8）《神正论》；（9）《莱布尼茨自然神学文集》；（10）《莱布尼茨中国学文集》。在《莱布尼茨文集》的研究方面，我们将主要集中在莱布尼茨前定和谐学说、自然神学与中国学、自然哲学与物体哲学领域开展研究。莱布尼茨著作（主要由法文和拉丁文写成）的编译工作，除德译和英译工作成绩显著外，规模较大的便是俄文版和日文版《莱布尼茨著作集》。俄文版《莱布尼茨著作集》由苏联科学院研究所编译并于20世纪80年代出版，全集含四卷，其内容分别为形而上学、《人类理智新论》、认识论—方法论—逻辑学和《神正论》。日文版的《莱布尼茨著作集》于20世纪末出齐。其各卷的内容依次为：《论理学》（原文如此），《数学论·数学》，《数学论·自然学》，《人类理智新论》上，《人类理智新论》下，《神正论》上，《神正论》下，《前期哲学》，《后期哲学》与《中国学·地质学·普遍学》。不难看出，我们的《莱布尼茨文集》无论从内容的丰富性，还是从编排的合理性，都有超越俄文版和日文版《莱布尼茨著作集》之处。因此，倘若我们能如期完成我们的翻译和研究工作，届时，我们将超过俄罗斯和日本，而走到世界各国的前列。

陈修斋先生的莱布尼茨研究不仅在国内首屈一指，而且在国际莱布尼茨学界也享有盛誉。他的成就和荣誉为我们的莱布尼茨研究走向世界铺平了道路，提供了机会。早在 2001 年 9 月，由国际莱布尼茨学会、柏林理工大学哲学系和柏林—勃兰登堡科学院主持召开的第七届莱布尼茨国际学术会议上，我便被推选为会议主席团成员（共 36 人，中国学者两人，另一位学者为中国社会科学院哲学所殷登祥研究员，见会议手册内封），并担任"莱布尼茨逻辑学"分会主席。在该届大会的例行年会上，我还被安排作"关于中国当代莱布尼茨研究的几个问题"的发言（参阅《第七届莱布尼茨国际学术会议在柏林召开》，《哲学动态》2002 年第 3 期），其中文稿以《中国当代莱布尼茨研究述介》为标题，刊于《哲学动态》2003 年第 7 期。德国大报《柏林日报》在第七届莱布尼茨国际学术会议之后（于 9 月 18 日），在"柏林理工大学召开的莱布尼茨国际会议的中国兴趣（Auch für Chinese interessant: Leibniz-Kongress an der TU）为题的一篇报道中，将武汉大学莱布尼茨研究中心的建立视为中国莱布尼茨热的典型例证（So besteht beispiesweise seit kurzem an der Universität Wuhan eine eibniz - Forschungsstelle）。

莱布尼茨在《神正论》中曾经谈到哲学迷宫的问题。他写道："有两个著名的迷宫，常常使我们的理性误入歧途：一个是关于自由和必然的大问题，首先是关于恶的产生和起源的问题；另一个问题则在于连续性和看来是它的要素的不可分的点的争论，这个问题牵涉到对于无限性的思考。第一个问题烦扰着几乎整个人类，而第二个问题则只是让哲学家们费心。"① 我们相信，在对莱布尼茨哲学的深入研究中，我们必定能够找到走出哲学迷宫的"阿里阿德涅之线"，既有助于当代哲学的构建，也有助当代人类文明的开发。

五、结语：学术人生与人在途中

虽然，在半个世纪的哲学思考和哲学研究中，我在人生哲学、

---

① Leibniz. Essais De Théodicée. GF Flammarion, 1969, p. 29.

宗教研究（宗教学、宗教哲学和托马斯著作的翻译和研究）和莱布尼茨研究领域均取得了一些成就，但这并不能构成自己躺下来歇息的理据。事实上，还有许多事情等待着自己去做。且不要说国家社科基金项目"《莱布尼茨文集》的翻译和研究"才刚刚起步，即使在人生哲学和宗教研究领域也还有许多事情需要自己去拼搏奋斗。例如，在人生哲学研究领域，尽管我在 2006 年出版的《西方死亡哲学》的后记中就已经向读者允诺写作并出版《中国死亡哲学》，尽管这项工作早在 20 世纪 90 年代就已经启动，并且业已完成了其主体部分，但毕竟还是个"半拉子工程"。再如，在《神学大全》的翻译方面，尽管其第 1 集业已出版，但第 2 集和第 3 集的翻译和修订的任务还很重。所有这些一刻都不容自己今后稍有懈怠。

事实上，人生就是这么回事，永远都应该有些事情等待人们去做。所谓人是一种面向未来、走向未来的未完成的存在，所谓人是一个面向无限、走向无限的有限者，即是谓此。海德格尔曾用月亮与人生作比较，月亮在其未满月前，它就"总有一角悬欠着"，当其盈满（农历每月 16）时，它就不仅作为"月亮"，而且作为"完满的月亮"，"作为整体""现成摆在那里"。作为"此在"、作为主体的人则不同，当其没有任何悬欠在外的东西时，他就不仅不是一个"完满的人"，而且还不是一个处于生存状态的人，不是一个面向未来而在的人，一句话，他就不复是一个原本意义上的人，而成了一个与"物"毫无二致的东西。这样看来，有事情去做，对于一个处于生存状态的人来说，并非一件坏事，而恰恰是一件使其处于生存状态的必要条件，恰恰是其生命的基本体征。法国启蒙思想家伏尔泰在谈到人的这一宿命时，曾经感叹道："最长的莫过于时间，因为它永远无穷无尽，最短的也莫过于时间，因为我们所有的计划都来不及完成。"真正说来，"我们所有的计划都来不及完成"正是面向未来而在的人的宿命。即使一个人在其自然生命结束之前完成了他早先制订的计划，他作为一个面向未来而在的人，依然需要在其自然生命结束之前，甚至在其自然生命结束的瞬间筹划这一时间节点之后的事情。这就是人的宿命，这就是人的应然规定性。这也应当是一个学者的宿命和应然规定性。一旦他企图摆脱这样的宿命，一旦他失去了他的应然规定性，他就不复是一个学者了，尽管在他的"过去"，在他的"历史"上，他曾经是一位学者，而且还可能曾经是一位杰出的学者，但就其当下生存状态而言，他已经不复是一位学者了。

当然，人作为一个面向无限的有限者，其生命的价值在于他在其有限的人生尽可能多地创造出超越其有限人生的东西，在于他能在其身后留下一些东西。我国古代有所谓"立德"、"立功"、"立言"的"三不朽"之说，作为一个学者，即使不能"创制垂法"和"惩恶除难"，倘若能够在"言得其要，理足可传"方面多少有点建树，也不失为一项正当的人生抉择。愿以此自勉！

2015 年 1 月
写于武昌珞珈山南麓

段德智著作年表

（1986—2014）

1986 年

11 月：《欧洲哲学史上的经验主义和理性主义》（陈修斋主编，段德智参编，人民出版社出版）。段德智著第 2 章："欧洲近代经验主义和理性主义的主要代表及其发展概况"；该著 1995 年获中华人民共和国教育委员会"全国高等学校首届人文社会科学优秀成果奖"二等奖。

1987 年

3 月：《欧洲哲学史稿（1986 年修订版）》（陈修斋、杨祖陶著，段德智参编，湖北人民出版社出版），段德智著第 1 章第 1 节、第 2 节、第 3 节 1—3 部分；该教材 1988 年获国家教育委员会优秀教材一等奖。

1991 年

8 月：《死亡哲学》，湖北人民出版社出版。该著 1992 年 12 月获"第六届中国图书奖"二等奖；1995 年 6 月获"湖北省首届社会科学优秀成果奖"二等奖；1995 年 12 月获中华人民共和国教育委员会"全国高等学校首届人文社会科学优秀成果奖"二等奖。

1992 年

1 月：《非理性的人》（段德智译，陈修斋校），上海译文出版社出版。本书为《二十世纪西方哲学译丛》中一种。

10 月：《英国哲学史》（段德智译，陈修斋校），山东人民出版社出版。本著为中国社会科学院哲学研究所《西方哲学研究翻译丛书》中一种。

1994 年

8月：《死亡哲学》，（台北）洪叶出版公司出版。

11月：《莱布尼茨》（陈修斋、段德智著），（台北）东大图书公司出版。本著为傅伟勋、韦政通主编《世界哲学家丛书》中一种，1998年12月获中华人民共和国教育部"普通高等学校第二届人文社会科学研究成果奖"二等奖。

1995 年

11月：《陈修斋哲学与哲学史论文集》（选编），武汉大学出版社出版。

1996 年

7月：《死亡哲学》（修订版），湖北人民出版社出版。

1997 年

4月：《陈修斋先生纪念文集》（编），武汉大学出版社出版。

1999 年

1月：《哲学辞典》（段德智、尹大贻、金常政译），（台北）猫头鹰出版社出版。

7月：《论儒学的宗教性》（段德智译、林同奇校），武汉大学出版社出版。

2000 年

5月：《对莱布尼茨哲学的批评性解释》（段德智、张传有、陈家琪译，陈修斋、段德智校），商务印书馆出版。本著为商务印书馆向第五届北京图书节推荐的三部精品图书之一；2003年10月，获湖北省人民政府"湖北省第三届社会科学优秀成果奖"三等奖。

6月：《世纪之交的宗教与宗教学研究》（主编），湖北人民出版社出版。

2001 年

4—5月：《宗教思想家论宗教与人生》丛书（全三册，主编），湖北人民出版社出版。

6月：《邪教不是宗教》（主编，段德智、吴广成、方永、杨乐强、黄超撰稿），湖北人民出版社出版。

2003 年

2月：《希腊思想和科学精神的起源》（陈修斋译，段德智修订），广西师范大学出版社出版。

2004 年

8月：《湖北宗教研究》（主编），宗教文化出版社出版。

12月：《脑死亡：现代死亡学》（陈中华主编，段德智参编），科学出版社出版。段德智著第3章："对死亡现象的哲学与宗教学思考"。

2005 年

7月：《宗教与社会：对作为宗教学的宗教社会学的一个研究》，文史出版社出版。

8月：《马克思主义哲学的当代论域》（陶德麟、汪新砚主编，段德智参编），人民出版社出版。段德智著第17章："宗教哲学的当代命运"。

8月：《当代英美哲学地图》（欧阳康主编，段德智参编），人民出版社出版。本人译第2章，芭比希："大陆哲学在英美"；第4章，科廷汉姆："哲学及其历史"；第5章，索萨："形而上学"；第12章，斯温伯恩："宗教哲学"。

9月：《当代英美著名哲学家学术自述》（欧阳康主编，段德智参编），人民出版社出版。段德智译第12章，雷谢尔："科学时代的宗教"。

10月：《宗教概论》，人民出版社出版。

2006 年

10月：《西方死亡哲学》，北京大学出版社出版。该著在1991年8月湖北人民出版社出版的《死亡哲学》基础上修订而成。

2007 年

5月：《经院哲学与宗教文化研究丛书》（主编），人民出版社出版（至今已出7种）。

7月：《非理性的人》（段德智译，陈修斋校），上海译文出版社再版。

2008 年

7 月：《中庸洞见（中英文对照本）》，人民出版社出版。该著在 1999 年武汉大学出版社出版的《论儒学的宗教性》基础上修订而成。

2009 年

2 月：《主体生成论——对"主体死亡论"之超越》，人民出版社出版。本著作为社科基金项目终极成果为全国哲学社会科学规划办公室鉴定为"优秀等级"；2013 年 12 月获第八届湖北省社会科学优秀成果奖一等奖。

3 月：《陈修斋论哲学与哲学史》（陈修斋著，段德智编），人民出版社出版。

2010 年

9 月：《宗教学》，人民出版社出版。该著为普通高等教育"十一五"国家级规划教材。

2011 年

6 月：《哲学人生：陈修斋先生 90 周年诞辰纪念文集》（编），人民出版社出版。

9 月：《莱布尼茨哲学研究》，人民出版社出版。该著为人民出版社《哲学史家文库》第 2 辑中的一种，并于 2015 年 1 月获第九届湖北省社会科学优秀成果奖一等奖，2015 年 12 月获教育部第七届高等学校科学研究优秀成果奖（人文社会科学）二等奖。

2012 年

9 月：《罗素文集》第 1 卷《对莱布尼茨哲学的批评性解释》（第 1 译者），商务印书馆出版。

11 月：《非理性的人》（段德智译，陈修斋校），上海译文出版社出版。本著为上海译文出版社"译文经典"丛书中的一种。

12 月：《天主教思想与文化》（主编），（香港）原道出版有限公司出版。

2013 年

3 月：西方古典哲学原著选辑《中世纪哲学》（上下卷，赵敦华、傅乐安主编，段德智参编），商务印书馆出版。段德智译：

（1）迈蒙尼德《迷途指津》选译；（2）托马斯《论存在者与本质》；（3）艾克哈特《上帝慰藉之书》选译；段德智校：（1）托马斯《神学大全》选译；（2）托马斯《反异教大全》选译。

4月：《论存在者与本质》，商务印书馆出版。

5月：《新中国宗教工作史》，人民出版社出版。

6月：《中庸：论儒学的宗教性》（段德智译，林同奇校），三联书店出版。该著在1999年武汉大学出版社出版的《论儒学的宗教性》基础上修订而成。

10月：《神学大全》第1集第1卷，商务印书馆出版。

《神学大全》第1集第2卷、第3卷，商务印书馆出版。

《神学大全》第1集第4卷、第5卷（段德智、方永译），商务印书馆出版。

《神学大全》第1集第6卷，商务印书馆出版。

《神学大全》第1集第7卷（段德智、徐弢译），商务印书馆出版。

《神学大全》第1集被评为2013年商务印书馆"十大好书"之一。

2014年

10月：《哲学的宗教维度》，商务印书馆出版。

11月：《中世纪哲学研究》，人民出版社出版。

附录三：

段德智论文、译文年表

（1982—2014）

1982 年

4 月：《简论洛克的白板学说》，见中国社会科学哲学研究所西方哲学研究室编：《外国哲学史研究集刊》（5），上海人民出版社。

8 月：《王夫之的唯物主义》（陈荣捷著，许苏民译，段德智校），见湖南省船山学社编：《王船山研究参考资料》，湖南船山学社。

1986 年

11 月：《英国经验派哲学及其发展》，《学习月刊》第 8 期。

1987 年

1 月：《现代西方科学主义哲学思潮评介》，《学习月刊》第 1 期。

2 月：《现代西方哲学人本主义评介》，《学习月刊》第 2 期。

1990 年

2 月：《简论笛卡尔"我思故我在"的历史嬗变与历史命运——从笛卡尔到胡塞尔和萨特》，《武汉大学学报》第 2 期。

1991 年

9 月：《马克思主义的死亡哲学及中国死亡哲学的历史地位刍议》，《武汉大学学报》第 5 期。

1992 年

5 月：《答〈死亡哲学〉读者问》，《湖北社会科学》第 5 期。

6 月：《死而不亡者寿》，《老年问题研究》第 2 期。

8月：《死亡哲学概念浅析》,《新东方》第8期。

1993年

2月：《存在与分析哲学家》、《哲学译丛》第1期。

3月：《贺麟人格刍议》,《哲学杂志》第1期。

9月：《陈修斋同志逝世》,《哲学战线》第3期。

12月：《否定性，有限性与人性》,《哲学战线》第4期。

12月：《法国大革命的新阐释——读〈法兰西风格：革命的政治文化〉》,《历史研究》第6期。

1994年

1月：《陈修斋的哲学生涯与理论贡献刍议》,《武汉大学学报》第1期。

6月：《简评〈法兰西风格：大革命的政治文化〉》,《法国研究》第1期。

6月：《浅谈陈修斋先生在西欧近代唯理论和经验论哲学研究方面的贡献》,《哲学战线》第2期。

8月：《一部研究熊十力哲学思想的力作》,《光明日报》8月5日。

9月：《"大学之要"在于"自由"——读王阳明〈大学古本序〉》,见萧汉明、郭齐勇编：《不尽长江滚滚来——中国文化的昨天、今天与明天》,东方出版社。

10月：《冯友兰新理学的历史地位与理论局限刍议》,见章必功主编：《文化与传播》（第二辑）,上海文化出版社。

12月：《莱布尼茨的"普遍文字"与"综合科学"设想刍议》,《哲学战线》第4期。

1995年

1月：《莱布尼茨哲学个殊性和独创性短论——〈莱布尼茨〉自序》,《哲学战线》第1期。

3月：《陈修斋的哲学思想》,见方克立、王其水主编：《二十世纪中国哲学·第二卷·人物志》（上）,华夏出版社。

1996年

5月：《浅谈安乐死的人学意义及其立法问题》,《老年问题研究》第 2 期。

11 月:《试论西方宗教哲学的当代发展——当代西方宗教哲学人学化趋势初探》,见武汉大学哲学系编:《珞珈哲学论坛》第 1 辑,武汉大学出版社。

11 月:《莱布尼茨对现代西方哲学的影响》,《武汉大学学报》第 6 期。

1997 年

2 月:《中国学术未来辉煌的关键——评〈现代传播〉第 5 期〈主编札记〉》,《现代传播》第 1 期。

2 月:《二十一世纪中国宗教学前景展望》,《现代传播》第 1 期。

3 月:《孔子死亡哲学思想述评》,见辅大哲学系所编:《中国哲学与伦理学》(下),(台北)辅仁大学出版社。

4 月:《贺麟〈近代唯心论简释〉述评》,《二十世纪中国哲学·第三卷·论著述评上》,华夏出版社。

4 月:《陈修斋、杨祖陶〈欧洲哲学史稿〉述评》,《二十世纪中国哲学:第三卷·论著述评》(下),华夏出版社。

4 月:《〈死亡哲学〉述评》,见方克立、王其水主编:《二十世纪中国哲学:第三卷·论著述评》(下),华夏出版社。

6 月:《简论中国传统哲学的准宗教性格》,见吴根友主编:《场与有——中外哲学的比较与融通》(4),武汉大学出版社。

7 月:《21 世纪中国宗教学研究前瞻》,《江海学刊》第 4 期。

9 月:《从孔子死亡哲学思想看中国哲学的世界化与现代化的同步性》,《科学·经济·社会》第 3 期。

11 月:《"不出而出"与"出而不出"——试论孔子死亡哲学的理论特征》,《武汉大学学报》第 6 期。

11 月:《试论孔子思想的哲学品格及其当代意义——与苏格拉底死亡哲学思想的一个比较研究》,《中州学刊》第 6 期。

1998 年

4 月:《正确认识宗教与科学的辩证关系》,《中国宗教》1998年第 2 期。(该文摘自《21 世纪中国宗教学研究前瞻》,《江海学刊》第4期。)

8月：On the History, Theoretical Difficulties and Prospects of the Western Subjectivity Thought，第20届世界哲学大会（美国波士顿）会议论文。

11月：On the Doctrine of the Harmony of Autonomy and Grace of Leibniz and Its Contemporary Significances，华盛顿国际学术研讨会会议论文。

1999 年

1月：《究竟有无日本哲学》（布洛克著），见武汉大学哲学系编：《珞珈哲学论坛》第2辑，辽海出版社。

3月：《对莱布尼茨的逻辑学的再解释——对罗素关于莱布尼茨的逻辑学的解释的一个批评》，《武汉大学学报》第2期。（后被《高等学校文科学报文摘》第4期转载。）

7月：《从存有的层次性看儒学的宗教性》，《哲学动态》第7期。

7月：《论孔子死亡哲学的理论特征》，（台北）《鹅湖》第7期。

8月：《试论西方宗教哲学的人学化趋势及其历史定命》，《哲学研究》第8期。

2000 年

1月：《论莱布尼茨的自主的和神恩的和谐学说及其现时代意义》，《世界宗教研究》第1期。

6月：《宗教神学归根结底是一种人学——宗教思想家论人生》，见武汉大学人文科学学院哲学系，武汉大学人文科学学院宗教学系编：《珞珈哲学论坛·第4辑·世纪之交的宗教与宗教学研究》，湖北人民出版社。

6月：《神正论·序》（莱布尼茨），见武汉大学人文科学学院哲学系，武汉大学人文科学学院宗教学系编：《珞珈哲学论坛·第4辑·世纪之交的宗教与宗教学研究》，湖北人民出版社。

6月：《科学时代的宗教》（尼古拉·雷谢尔著），见武汉大学人文科学学院哲学系，武汉大学人文科学学院宗教学系编：《珞珈哲学论坛·第4辑·世纪之交的宗教与宗教学研究》，湖北人民出版社。

6月：《莱布尼茨的〈神正论〉与世间诸善的汇合》（格里高利·布朗，余亮译，段德智校），见武汉大学人文科学学院哲学系，武汉大学人文科学学院宗教学系编：《珞珈哲学论坛·第4辑·世纪之交的宗教与宗教学研究》，湖北人民出版社。

6月：《哈佛大学与宗教研究》，见武汉大学人文科学学院哲学系，武汉大学人文科学学院宗教学系编：《珞珈哲学论坛·第4辑·世纪之交的宗教与宗教学研究》，湖北人民出版社。

6月：《美国天主教大学宗教研究学院与宗教教育》，见武汉大学人文科学学院哲学系，武汉大学人文科学学院宗教学系编：《珞珈哲学论坛·第4辑·世纪之交的宗教与宗教学研究》，湖北人民出版社。

6月：《从哲学与宗教的内在关联看宗教教育在当代大学生文化素质教育中的重要地位》，见武汉大学人文科学学院哲学系，武汉大学人文科学学院宗教学系编：《珞珈哲学论坛·第5辑·面向21世纪的哲学教育》，湖北人民出版社。

9月：《从全球化的观点看儒学的宗教性——兼评哈佛汉学家的世界情怀》，中国哈佛-燕京学者第三届学术研讨会（苏州会议）会议论文。

9月：《西方主体性思想的历史演进与发展前景——兼评"主体死亡"观点》，《武汉大学学报》第5期。

11月：《论希克多元论假说的乌托邦性质——对21世纪基督宗教对话形态的一个考察》，中国社会科学院基督教研究中心"中国当代学人基督宗教会议"学术研讨会论文。

2001 年

2月：《"上与造物者游，而下与外死生无终始者为友"：对庄子生死观的一个考察》，《三峡大学学报》第2期。

5月：《从"中国礼仪之争"看基督宗教的全球化与本土化》，[加拿大]《维真学刊》第2期。

5月：《墨子生死观述评：兼论儒墨两家生死观的同异》，（台中)《中国文化月刊》第 254 期。

7 月：《试论希克多元论假说的乌托邦性质：对 21 世纪基督宗教对话形态的一个考察》，(台湾)《宗教哲学》7 月。(该文原为 2000 年 11 月召开的"中国当代学人基督宗教研究"学术研讨会会议论文。)

9 月：《试论当代中国邪教滋生、蔓延的社会文化根源》，《世界宗教研究》第 3 期。

9 月：On the Doctrine of Harmony of Leibniz and Its Fundamental Differences with the Doctrine of Chinese Yin-yang Harmony，"第 7 届莱布尼茨国际学术研讨会"(德国柏林) 会议论文，2001 年 in *NIHIL SINE RATIONE*，VII Internatioanaler Leibniz-Kongreß.

10 月：《试论现代西方哲学的"返老还童"：现代西方主体性哲学发展趋势研究》，《江海学刊》第 5 期。

10 月：《论希克多元论假说的乌托邦性质——对 21 世纪基督宗教对话形态的一个考察》，见卓新平，许志伟主编：《基督宗教研究》(第 4 辑)，宗教文化出版社。(该文为作者向 2000 年 11 月召开的"中国当代学人基督宗教会议"学术研讨会提交的论文。)

12 月：《实现宗教管理现代化的基本方略》，《济南市行政学院学报》第 4 期。

12 月：On the History, Theoretical Difficulties and Prospects of the Western Subjectivity Thought，in *Philosophical Challenges and Opprtunities Of Globalization*，Volume II，The Council for Research in Values and Philosophy.

2002 年

3 月：《第七届莱布尼茨国际学术会议在柏林召开》(李文潮、余慧贤)，《哲学动态》第 3 期。

7 月：《从全球化的观点看儒学的宗教性：兼评哈佛汉学家的世界情怀》，见刘海平主编：《文明对话：本土知识的全球意义》，上海外语教育出版社。(该文原为作者向中国哈佛-燕京学者第三届学术研讨会 (苏州会议) 会议提交的论文。)

7 月：《试论宗教对话的层次性、基本中介与普遍模式：三论

21 世纪基督宗教的对话形态》，《武汉大学学报》第 4 期。

9 月：《试论莱布尼茨的现象主义与单子主义的内在关联：对国际莱布尼茨研究中一个重大问题的回应》，《哲学研究》第 9 期。

10 月：《存在与分析哲学家》（巴雷特著），见宋继杰：《BE-ING 与分析哲学家》（上卷），河北大学出版社。（该文原载《哲学译丛》1993 年第 1 期。）

2003 年

3 月：《"全球化道教" 与 "道教化全球"》，《世界宗教文化》第 1 期。

5 月：《从儒学的宗教性看儒家的主体性思想及其现时代意义》，《华中科技大学》第 3 期。

7 月：《试论莱布尼茨和谐学说的理论特征：兼论其与中国阴阳和谐学说的根本差异》，《复旦学报》第 4 期。（该文原为 "第 7 届莱布尼茨国际学术研讨会"〔德国柏林〕会议论文 On the Doctrine of Harmony of Leibniz and Its Fundamental Differences with the Doctrine of Chinese Yin-yang Harmony, in *Nihil Sine Ratione*, VII Internatioanaler Leibniz-Kongreß.）

7 月：《中国当代莱布尼茨研究述介》，《哲学动态》第 7 期。

12 月：《 "全球一体化" 与当代中国基督宗教的历史使命》，（香港）《神学与生活》第 26 期。

2004 年

6 月：《中国宗教的 "轴心时代"》，《世界宗教研究》第 2 期。

7 月：《试论现代西方基督宗教伦理思想的历史演绎、多元发展与理论困难》，《武汉大学学报》第 4 期。

7 月：《宗教的人学、道德伦理和社会学意义》，《武汉大学学报》第 4 期。

8 月：《论儒学的宗教性及其同社会主义文明建设的辩证关联》，见段德智主编：《湖北宗教研究》，宗教文化出版社。

8 月：《 "匡正" 必须 "去伪"， "去伪" 必须 "辨伪"》，见段德智主编：《湖北宗教研究》，宗教文化出版社。

9月：《当代伦理的重构与"回到苏格拉底"：试论苏格拉底伦理思想的历史意义与当代启示》，《东南大学学报》第5期。

2005 年

5月：《试论当代宗教哲学的历史背景和主要论域》（斯温伯恩著），《世界哲学》第3期。

7月：《法国大革命的新阐释——读〈法兰西风格：革命的政治文化〉》，见《历史研究》编辑部：《〈历史研究〉五十年论文选》，社会科学文献出版社。（本文原载《历史研究》1993年第6期。）

2006 年

6月：《试论阿奎那的本质特殊学说及其现时代意义》，香港中国神学院"中世纪与宗教改革论坛"会议论文。

6月：On the Monistic Characteristic of Confucianism and Its Universal Significances：A Study of Reasons of Possibility of Religions Entering into Public Forum，香港浸会大学"宗教与价值公共领域：公共宗教的中西文化对话"会议论文。

7月：On the Way to Aquinas：An Understanding and Interpretation of Materia Signata，北京大学与美国哲学学会主持的"中世纪哲学：第12届中美哲学与宗教研讨会"会议论文。

7月：《树立宗教学意识乃推进我国宗教学研究的当务之急》，《武汉大学学报》（人文科学版）第4期。

7月：《试论宗教学概念的基本内涵及其对宗教学研究的规范功能》，《武汉大学学报》（人文科学版）第4期。

7月：《"庄严国土"，宗教有责》，《武汉大学学报》（哲学社会科学版）第4期。

8月：《阿奎那的本质学说对亚里士多德的超越及其意义》，《哲学研究》第8期。

12月：《试论阿奎那的本质特殊学说及其现时代意义》，《哲学动态》第8期。（该文原为作者向2006年6月在香港中国神学院召开的"中世纪与宗教改革论坛"提交的会议论文。）

12月：《试论阿奎那特指质料学说的变革性质及其神哲学意

义：兼论 materia signata 的中文翻译》（段德智、赵敦华著），《世界宗教研究》第 4 期。

2007 年

1 月：《论存在者与本质》（托马斯·阿奎那著），《世界哲学》第 1 期。

6 月：《试论经院哲学的学院性质及其学术地位》，《基督教思想评论》第 1 期。

6 月：《论神圣学问的本性与范围》（托马斯·阿奎那著），《基督教思想评论》第 1 期。

6 月：《千淘万漉虽辛苦，吹尽狂沙始到金：评刘素民〈托马斯·阿奎那自然法思想研究〉》，《基督教思想评论》第 1 期。

7 月：《试论阿奎那公平价格学说的理论基础和基本维度及其现时代意义》，见许志伟主编：《经济思想史思评论》第 2 辑，经济科学出版社。

12 月：Aquinas' transcendence to Aristotle in the doctrine of essence, Frontiers of Philosophy in China, 2007, Volume 4.

2008 年

3 月：《西方哲学家的生命观》，《和雅》第 2 期。

6 月：《近 30 年来的宗教哲学之争及其学术贡献》，见谢地坤主编：《中国哲学年鉴 2008》，哲学研究杂志社。

7 月：《何谓真理?》（托马斯·阿奎那著），《世界哲学》第 4 期。

9 月：《"全球宗教哲学的本体论"之争及其学术意义》，《浙江学刊》第 5 期。

9 月：《"宗教鸦片论"的南北战争及其学术贡献》，《复旦学报》第 5 期。

9 月：《"读书不唯稻粱谋"——评翟志宏〈阿奎那自然神学思想研究〉》，见许志伟编：《基督教思想评论》，上海人民出版社。

9 月：《30 年的 3 次宗教哲学之争》，《中国民族报》9 月 17 日。

9月：《试论阿奎那存在论的变革性质和现时代意义——兼评董尚文〈阿奎那存在论研究〉》，《华中科技大学学报》第5期。

10月：人生哲学讲演《自我实现的哲学思考》，载《爱思想》。

12月：《概论儒学的一元论特征及其普遍意义：对宗教进入公共生活何以可能的一个研究》，见江丕盛等编：《宗教价值与公共领域：公共宗教的中西文化对话》，中国社会科学出版社。

12月：《柏林访问记：所历所见所闻所思所悟》，载《爱思想》。

2009 年

1月：《中国大陆近30年来的宗教哲学之争及其学术贡献》，《武汉大学学报》第1期。

3月：《哈佛大学与宗教研究》，《经济管理文摘》第5期。（该文原载《世纪之交的宗教与宗教学研究》，湖北人民出版社，2000年版。）

6月：《浅谈学术境界、学术精神和学术尊严》，《评价与管理》第2期。

6月：宗教学演讲《社会和谐与宗教承担》，载《爱思想》。

7月：《浩荡为学，高尚做人——纪念著名学者任继愈先生》，《学习时报》7月20日。

7月：《社会和谐与宗教承担》，《经济管理文摘》第13期。

11月：《师德问题乃教风中第一重要的问题：从陈修斋、萧萐父、杨祖陶三位先生批改作业谈起》，《哲学评论》，湖北人民出版社。

11月：《近三十年来的"儒学是否宗教"之争及其学术贡献》，《晋阳学刊》第6期。

12月：On Thomas Aquinas' Doctrine of *materia signata*, Duan Dezhi and Zhao Dunhua, Frontiers of Philosophy in China, 2009, Volume 4.

2010 年

4月：《贺麟人格刍议》，见中国社会科学院哲学研究所西方哲学史研究室编：《贺麟先生百年诞辰纪念文集》，中国社会科学出版社。（该文原载《哲学杂志》1993年第1期。）

7月：《试论阿奎那公平价格学说的理论基础和基本维度及其现时代意义》，《晋阳学刊》第4期。（该文原载《经济思想史思评论》第2辑，经济科学出版报社2007年版。）

7月：《论独一理智——驳阿维洛伊主义者》，《世界哲学》第6期。

10月：《"君子而时中"与哲学思维的处境性和具体性》，见汪信砚、陈祖亮主编：《陶德麟先生八十华诞暨新中国马克思主义哲学研究六十年学术研讨会文集》，武汉大学出版社。

11月：《武汉大学士林哲学教学和研究近况》，（台北）《哲学与文化》第6期。

2011 年

1月：《浅议宗教的文学艺术功能》，《华中科技大学学报》第1期。

11月：《陈修斋哲学人格刍议：纪念陈修斋先生诞辰90周年》，《武汉大学学报》第6期。

2012 年

3月：《中世纪阿拉伯哲学的西方属性及其对拉丁哲学的影响》，《哲学动态》第3期。

3月：《文化自觉与文化攀附和文化自省：从当代新儒家儒学宗教性讨论及其缺失谈起》，《华中科技大学学报》第2期。

5月：《论中国基督宗教"有限自养"说的历史背景及政治实质》，《世界宗教研究》第3期。

5月：《文化自觉与文化攀附和文化自省：从当代新儒家儒学宗教性讨论及其缺失谈起》，《高等学校文科学术文摘》第3期。（该文原载《华中科技大学学报》2012年第2期。）

7月：《我国建国初期宗教渗透与反宗教渗透之争及反宗教渗透工作的主要经验教训》，《科学与无神论》第3期。

8月：《中世纪阿拉伯哲学的西方属性及其对拉丁哲学的影响》，《中国社会科学文摘》第8期。（该文原载《哲学动态》2012

年第 3 期。)

11 月：《哲学的宗教维度与哲学动力学》，见《外国哲学》编委会编：《外国哲学》（第 26 辑），商务印书馆。

12 月：《经院哲学的学院性质及其兴盛的文化背景和社会背景刍议》，《天主教思想与文化》，（香港）原道出版有限公司。

12 月：《天主教思想与文化》"编者序"，见段德智主编：《天主教思想与文化》，（香港）原道出版有限公司。

12 月："一个为学术而学术的学者：在'杨祖陶先生首译《耶拿逻辑》座谈会'上的发言"。

2013 年

1 月：《从"托马斯的现代化"到"现代化的托马斯：试论吉尔松的学术贡献并简评车桂〈吉尔松哲学研究〉》，《华中科技大学学报》第 1 期。

6 月：《新中国宗教工作的曲折历程、主要成就和基本经验》，《武汉科技大学学报》第 3 期。

6 月：《概论中国传统哲学的准宗教性格》，《中原文化研究》第 3 期。（该文原载《场与有》〔4〕，武汉大学出版社，1997 年。）

7 月：《作为一种文化形态与一种意识形态的宗教：对我国宗教本质属性争论的一个反思》，《马克思主义与现实》第 4 期。

7 月：《试论宗教与科学的关系及宗教的科学功能》，《华中科技大学学报》第 4 期。

9 月：《莱布尼茨语言哲学的理性主义实质及其历史地位研究》，《武汉大学学报》第 5 期。

10 月：《有效防范和抵制境外宗教渗透活动的几点建议》，教育部《专家建议》第 21 期。

12 月：《哲学的宗教维度与哲学动力学》，见《外国哲学》编委会编：《外国哲学》（第 26 辑），商务印书馆。

2014 年

2 月：《冯友兰新理学的历史地位与理论局限》，《中原文化研究》第 1 期。（该文原载《文化与传播》〔第二辑〕，上海文化出版社，1994 年。）

4月：《宗教殖民主义及其哲学基础》，《世界宗教研究》第2期。

6月：人生哲学讲演《死亡与人生》。

7月：《警惕宗教殖民主义》，《红旗文摘》第7期。（该文摘自《宗教殖民主义及其哲学基础》，《世界宗教研究》第2期。）

9月：《试论宗教与哲学关系的历史演绎及宗教的哲学功能》，《华中科技大学学报》第5期。

11月：《美国公民宗教的政治轨迹：从"美国"公民宗教到"世界"公民宗教》，见中国战略与管理研究会主编：《战略与管理》，海南出版社。

11月：《托马斯的历史地位与当代影响：在武汉大学举办的"托马斯·阿奎那与中世纪哲学学术研讨会"开幕式上的致辞》。

12月：《陈修斋》，钱伟长总主编：《20世纪中国知名科学家学术成就概览》哲学卷，科学出版社。

编　后　记

　　每个人都会跑步，但是，最激动人心的跑步还是博尔特的百米冲刺。同样，哲学是一种思想的运动，每个人都可以参与这一项思想运动，但是，只有极少数将其全部人生投入其中，并能够在前人基础上真正有所创新的哲学工作者，才称得上哲学家。段德智教授两进珞珈山，追逐哲学梦，在半个多世纪的哲学思考和哲学研究中，从自己的人生体验出发，来反思和体悟哲学问题，在人生哲学、宗教研究（宗教学、宗教哲学和托马斯著作的翻译和研究）和莱布尼茨研究领域均取得了卓越的成就。段德智教授历时二十余年完成《主体生成论》，该书出版后，国内同行普遍认为，该书是中国学者在当代西方哲学核心问题、主流问题上从"跟着讲"、"照着讲"进展到"自己讲"、"讲自己"的标志性成果。段德智教授从 1998 年启动对托马斯·阿奎那著作的翻译和研究工作，当美国哲学协会会长 Eleonore Stump 教授了解到段德智教授的工作计划和成果后，称段德智教授为"当代中国的波爱修"，她感慨："也许，在不远的将来，我们需要来中国，向中国的、特别是武汉大学的这些同仁们请教阿奎那的哲学！"在莱布尼茨研究方面，段德智教授不忘初心，希望将其导师陈修斋先生的事业推向前进，他坚信通过对莱布尼茨哲学的深入研究，我们必定能够找到走出哲学迷宫的"阿里阿德涅之线"，既有助于当代哲学的构建，也有助于当代人类文明的开发。我们不难发现，即使以一个苛刻的标准来衡量，段德智教授在他所从事的主要研究领域中的任何一个领域取得的成就，都是一般学者所无法企及的，都无愧于哲学家的天职。纵然如此，段德智教授并没有"自己躺下来歇息"的任何打算，相反，他所承担的学术任务甚至不容自己稍有懈怠。因此，我们组织编写《段德智学术思想研究论集》，既希望从段德智教授的人生学术中提炼和吸取丰富的思想养分，又希望通过对其学术人生的了解而获取无尽的精神力量。

2015 年春，段德智教授喜迎七十华诞，他的学生从全国各地乃至海外表达自己的喜悦之情并希望回武汉庆祝。段老师既不喜欢各类庆典的繁文缛节，又不希望看到学生往返的劳碌奔波，故一一婉拒。学生们反复商议之后提出，我们不举办一般的庆典，但是可以举办一个小型的"段德智学术思想研讨会"，大家知道，段老师一贯拒绝人事纷扰，但是唯独学术是从来不拒的。2015 年 4 月 18 日晨，师生一行二十余人，自驾从武汉大学出发，前往武汉近郊的梁子湖。是日也，弟子侍坐，湖面风云际会，烟波浩渺，师生畅论学术，其乐融融。《段德智学术思想研究论集》即是这次会议的一项重要成果。武汉大学哲学学院的领导和老师一直关心段老师的学术和生活，院长吴根友教授热情支持"段德智学术思想研讨会"的召开，他不仅在研讨会上题诗赞誉和祝福段老师"七十古稀今未稀，先生学术正当时"，而且在会后欣然为本论集作序；哲学学院副院长郝长墀教授在研讨会发言中回顾了与段老师的学术交往经历，他特别强调，与中国学术界呈现出的学风浮夸、追名逐利的浮躁现象形成鲜明对照，作为一个学者，段德智先生在目前中国学术界树立了典范。

在本论集即将付梓之际，我们向所有关心、支持文集编辑和出版的老师、同学、同事和朋友表示真挚的感谢。武汉大学出版社学术分社社长胡程立女士非常重视《段德智学术思想研究论集》一书，她多次亲自来到哲学学院，为本论集的出版出谋划策，并允诺以最短的时间高质量出版本论集。在此一并致谢。

编 者

2016 年 8 月 25 日

于武昌珞珈山